Journée de la responsabilité civile 2006

Collection
Genevoise

Faculté de droit de Genève

Droit de la responsabilité

Journée de la responsabilité civile 2006

Les causes
du dommage

Edité par
Christine Chappuis et Bénédict Winiger

Schulthess § 2007

Information bibliographique: ‹Die Deutsche Bibliothek›.
Die Deutsche Bibliothek a répertorié cette publication dans la Deutsche Nationalbibliografie;
les données bibliographiques détaillées peuvent être consultées sur Internet à l'adresse
‹http://dnb.ddb.de›.

© Schulthess Médias Juridiques SA, Genève · Zurich · Bâle 2007
   ISBN 978-3-7255-5518-5

www.schulthess.com

Avant-propos

Après la responsabilité fondée sur la confiance, les responsabilités objectives et la notion de préjudice, la Journée de la responsabilité civile 2006 a été consacrée aux causes du dommage. Notion centrale en matière de responsabilité civile, la causalité a fait l'objet de nombreuses décisions et discussions ces dernières années. Le moment était propice pour en reprendre quelques éléments centraux et les soumettre à une nouvelle analyse.

Comme par le passé, notre démarche est celle de généralistes de la responsabilité civile, qui cherchent à tirer les leçons qu'inspirent les développements intervenus dans divers domaines. Une typologie actualisée de la causalité était indispensable d'entrée de cause avec, en contrepoint, un flash sur la jurisprudence du Tribunal fédéral. Puis, à côté de thèmes transversaux comme celui de l'influence psychologique qu'une personne peut exercer sur l'auteur direct d'un dommage ou du comportement de substitution licite, un problème très débattu en Suisse – les lésions cervicales non objectivables (couramment dénommées «coup du lapin») – a été soumis de manière contradictoire aux réflexions croisées de l'avocat et de l'assureur.

Nonobstant la remise à neuf du droit de la société anonyme, plusieurs décisions intéressantes ont récemment nié la responsabilité d'administrateurs ou de fondateurs alors même qu'une violation de leurs devoirs était établie. Une évolution à surveiller, tout comme celle que l'on observe en matière médicale où l'expert joue un rôle capital en matière de causalité. Une discussion animée s'est engagée au sujet de l'indemnisation de la perte d'une chance, un thème divisant tout autant les participants à la Journée que les spécialistes hors de Suisse. La présentation des solutions en droit comparé s'est accompagnée de considérations pratiques relatives au procès manqué et d'une réflexion autour des implications de cette théorie sur la causalité. Une décision très attendue du Tribunal fédéral, reproduite en annexe, est venue couronner cette passionnante discussion. Vaste champ de possibles, la causalité mérite de rester sous étroite surveillance.

Aux conférenciers et présidents de séances de la Journée 2006, qui en ont assuré le succès, va toute notre gratitude. Mme Mounier, assistante à la Faculté de droit, s'est chargée de la relecture des manuscrits dont Mme Tschopp a effectué la mise en pages. Que toutes deux soient également remerciées de leur participation au présent ouvrage.

Christine Chappuis   Bénédict Winiger

Octobre 2007

5

Sommaire

Liste des auteurs

FLORENCE AUBRY GIRARDIN	Juge au Tribunal administratif fédéral
VINCENT BRULHART	Professeur aux Universités de Genève et Lausanne
CHRISTINE CHAPPUIS	Professeure à l'Université de Genève
PHILIPPE DUCOR	Professeur associé à la Faculté de droit de Genève, avocat, médecin spécialiste FMH en médecine interne
ALEXANDRE GUYAZ	Docteur en droit, avocat, Lausanne
ALAIN HIRSCH	Avocat, Schellenberg Wittmer, professeur honoraire à l'Université de Genève
LAURENT HIRSCH	Avocat à Genève
THOMAS KADNER GRAZIANO	Professeur à l'Université de Genève
HENRY PETER	Professeur à l'Université de Genève
THOMAS PROBST	Professeur à l'Université de Fribourg
NINA SAUERWEIN	Docteure en droit, avocate, Etude Nobel & Hug, Zurich
FRANZ WERRO	Professeur à l'Université de Fribourg et au Georgetown University Law Center, Washington, DC
BÉNÉDICT WINIGER	Professeur à l'Université de Genève

Abréviations

AcP	Archiv für civilistische Praxis
AI	Assurance Invalidité
AJP	Allgemeine juristische Praxis / Pratique juridique actuelle (PJA)
al.	alinéa
All ER	All England's Law Reports
AP	Areios Pagos
APRC	Avant-projet de Loi fédérale sur la responsabilité civile
AREDOC	Association pour l'étude et la Réparation du Dommage Corporel
art.	article
ASA	Association Suisse d'Assurances
ATF	Arrêt du Tribunal fédéral (Recueil officiel)
ATFA	Arrêt du Tribunal fédéral des assurances (Recueil officiel)
BCNCC	Bulletin du Conseil National des Commissaires aux Comptes
BGH	Bundesgerichtshof
BGHZ	Bundesgerichtshofsentscheidung
BJM	Basler Juristische Mitteilungen (BJM)
BK	Berner Kommentar
BSK-OR	Basler Kommentar, Obligationenrecht
Bull. civ	Bulletin civil
Cour de cass.	Cour de Cassation
Cass. com.	Cour de Cassation, Chambre commerciale
c./cons./consid.	considérant
CC	Code civil suisse du 10 décembre 1907 (RS 210)
CEA	Comité Européen des Assurances
CEREDOC	Confédération Européenne d'Experts en Evaluation et Réparation du Dommage Corporel
cf.	confer
ch.	chiffre

CHF	francs suisses
CO	Loi fédérale du 30 mars 1911 complétant le Code civil suisse, Livre cinquième : Droit des obligations (RS 220)
CO-CR	Commentaire romand, Code des obligations
CP	Code pénal suisse du 21 décembre 1937 (RS 311.0)
D.	Recueil Dalloz
éd.	édition
édit.	éditeur
ég.	également
EWCA Civ.	Court of Appeal of England and Wales Decisions (Civil Division)
FF	Feuille fédérale
FMH	Fédération des Médecins Suisses
Foro it.	Foro italiano
ibid.	ibidem
i.e.	id est
Inst.	Institutiones
IRAL	Institut de recherche sur le droit de la responsabilité civile et des assurances
JCP	Juris-classeur périodique (Semaine Juridique)
JdT	Journal des tribunaux
JZ	Juristen Zeitung
LAA	Loi fédérale du 20 mars 1981 sur l'assurance-accidents (RS 832.20)
LAI	Loi fédérale du 19 juin 1959 sur l'assurance-invalidité (RS 831.20)
LAVS	Loi fédérale du 20 décembre 1946 sur l'assurance-vieillesse et survivants (RS 831.10)
LIE	Loi fédérale du 24 juin 1902 concernant les installations électriques à faible et à fort courant (Loi sur les installations électriques, RS 734.0)
LITC	Loi fédérale du 4 octobre 1963 sur les installations de transport par conduites de combustibles ou carburants liquides ou gazeux (Loi sur les installations de transport par conduites, RS 746.1)

LCR	Loi fédérale du 19 décembre 1958 sur la circulation routière (RS 741.01)
LFMG	Loi fédérale du 13 décembre 1996 sur le matériel de guerre (RS 514.51)
LP	Loi fédérale du 11 avril 1889 sur la poursuite pour dettes et la faillite (RS 281.1)
LPGA	Loi fédérale du 6 octobre 2000 sur la partie générale du droit des assurances sociales (RS 830.1)
LQR	Law Quarterly Review
LRCiv	Avant-projet de Loi fédérale sur la responsabilité civile
LRCN	Loi fédérale du 18 mars 1983 sur la responsabilité civile en matière nucléaire (RS 732.44)
LRespC	Loi fédérale du 28 mars 1905 sur la responsabilité civile des entreprises de chemins de fer et de bateaux à vapeur et de La Poste Suisse (RS 221.112.742)
LTF	Loi fédérale du 17 juin 2005 sur le Tribunal fédéral (RS 173.110)
MünchKomm	Münchener Kommentar
ms	milliseconde
n.	note de bas de page
N	numéro marginal
NJ	Nederlandse Jurisprudentsie
NJW	Neue Juristische Wochenschrift
n$^{o(s)}$	Numéro(s)
OBH	Oberster Gerichtshof
OG	Obergericht
OJLSt	Oxford Journal of Legal Studies
OLG	Oberlandesgericht
OMS	Organisation Mondiales de la Santé
p.	page
PETL	Principles of European Tort Law (Principes européens de la responsabilité civile)
p. ex.	par exemple
pp.	pages

PU	Principes d'UNIDROIT
RAMA	Assurance-maladie et accidents : jurisprudence et pratique administrative / Kranken und Unfallversicherung : Rechtprechung und Verwaltungspraxis (RKUV)
RDAF	Revue de droit administratif et fiscal
REAS	Responsabilité et assurance / Haftung und Versicherung (HAVE)
RJ	Repertorio de Jurisprudencia Aranzadi
RJB	Revue de la société des juristes bernois
RS	Recueil systématique du droit fédéral (accessible sur www.admin.ch/ch/f/rs/rs.html
RSAS	Revue suisse des assurances sociales et de la prévoyance professionnelle / Schweizerische Zeitschrift für Sozialversicherung und berufliche Vorsorge (sZs)
RSDA	Revue suisse de droit des affaires
RVJ	Revue valaisanne de jurisprudence
s.	et suivant(e)
SA	Société anonyme
SBVR	Schweizerische Bundesverwaltungsrecht
SJ	Semaine judiciaire
SJZ	Schweizerische Juristen-Zeitung / Revue Suisse de Jurisprudence (RSJ)
spéc.	spécialement
ss	et suivant(e)s
TF	Tribunal fédéral
TFA	Tribunal fédéral des assurances
TS	Tribunal supremo
UKHL	United Kingdom House of Lords
ULR	Uniform Law Review
v.	voir
vol.	volume
WLR	Weekly Law Reports
ZBVJ	Zeitschrift des bernischen Juristenvereins
ZEuP	Zeitschrift für Europäisches Privatrecht

La causalité aujourd'hui

Thomas Probst*

Table des matières

I.   Introduction

La causalité constitue un élément aussi fondamental que naturel de la responsabilité civile. En effet, si l'on posait à un non-juriste la question de savoir quelles conditions devraient, selon lui, être réunies afin de pouvoir légitimement exiger de quelqu'un le versement d'une somme d'argent à la suite

---

*   Professeur à l'Université de Fribourg.

d'un événement dommageable, il raisonnerait probablement de la manière suivante : premièrement, il faut qu'un dommage soit effectivement survenu et, deuxièmement, il faut que ce dommage soit dû à un comportement (action, omission) de la personne en cause. En d'autres termes, si l'on veut tenir quelqu'un responsable d'un dommage, il doit avoir *provoqué* le dommage ou, au moins, y avoir *contribué*.

L'exigence d'un *lien de causalité* entre le *dommage* et le *comportement* du responsable se dégage donc de manière assez naturelle. Aussi, toute société guidée par la raison arrivera-t-elle à un système de responsabilité civile basé au moins sur *trois éléments* constitutifs, à savoir l'existence d'un *dommage*, un *comportement inadéquat* du présumé responsable et un *lien de causalité* entre ces deux éléments. Ce constat – évidemment banal – est confirmé par de nombreux codes civils dont les dispositions relatives à la responsabilité civile mentionnent régulièrement ces trois éléments. A titre d'exemple, on citera l'art. 1382 du CC français[1], le § 823 du BGB allemand[2], l'art. 1902 du CC espagnol[3], l'art. 483 du CC portugais[4] ou encore l'art. 2043 du CC italien[5]. Bien entendu, comme quatrième élément on pourrait encore évoquer la *faute* exprimant la culpabilité du responsable, mais la question de savoir si la responsabilité civile est entièrement objective ou si elle exige une faute imputable au responsable relève plutôt de la nature juridique de la responsabilité civile que des conditions fondamentales de celle-ci.

La présente contribution introductive au sujet de la causalité en tant que condition fondamentale de la responsabilité civile vise, d'un côté, à rappeler les éléments de base afin de préparer le terrain pour les contributions suivantes et, de l'autre côté, à relever quelques points intéressants ou problématiques.

---

[1] « *Tout fait quelconque de l'homme, qui cause à autrui un dommage, oblige celui par la faute duquel il est arrivé, à le réparer* ».

[2] « *(1) Wer vorsätzlich oder fahrlässig das Leben, den Körper, die Gesundheit, die Freiheit, das Eigentum oder ein sonstiges Recht eines andern widerrechtlich verletzt, ist dem anderen zum Ersatz des daraus entstehenden Schadens verpflichtet. (2) Die gleiche Verpflichtung trifft denjenigen, welcher gegen ein den Schutz eines anderen bezweckendes Gesetz verstösst. Ist nach dem Inhalte des Gesetzes ein Verstoss gegen dieses auch ohne Verschulden möglich, so tritt die Ersatzpflicht nur im Falle des Verschuldens ein* ».

[3] « *El que por acción u omisión causa daño a otro, interviniendo culpa o negligencia, está obligado a reparar el daño causado* ».

[4] « *(1) Aquele que, com dolo ou mera culpa, violar ilicitamente o direito de outrem ou qualquer disposição legal destinada a proteger interesses alheios fica obrigado a indemnizar o lesado pelos danos resultantes da violação. (2) Só existe obrigação de indemnizar independentemente de culpa nos casos especificados na lei* ».

[5] « *Qualunque fatto doloso, o colposo, che cagiona ad altri un danno ingiusto, obbliga colui che ha commesso il fatto a resarcire il danno* ».

II. Eléments de base de la causalité

Doctrine et jurisprudence suisses sont unanimes à admettre que la causalité
– comme condition fondamentale de la responsabilité civile – comprend deux
aspects, à savoir un élément de *fait* et un élément de *droit*. Cette distinction a
non seulement une portée *matérielle* mais également une portée *procédurale*.
Ainsi, la *causalité naturelle,* qui constitue la base matérielle du lien de causalité
et qui est considérée comme le constat d'un fait, est en principe définitivement déterminée par la dernière instance cantonale – sous réserve d'un éventuel recours constitutionnel subsidiaire[6] – alors que la causalité *adéquate*, qui
apporte une limitation *juridique* à la causalité naturelle, peut être librement
revue par le Tribunal fédéral dans le cadre d'un recours en matière civile[7].

III. La causalité naturelle (élément de fait)

A. La notion

La *causalité naturelle* comme élément de fait partage en principe l'approche
des sciences naturelles et s'intéresse à la question de savoir s'il existe un *rapport de cause à effet* entre deux faits, à savoir entre le comportement (action ou
omission) d'une personne et un dommage survenu. Selon une formule consacrée un «comportement est la cause naturelle d'un résultat s'il en constitue
l'une des *conditiones sine qua non*»[8]. Autrement dit, la causalité naturelle est
établie lorsqu'on ne peut faire abstraction d'un fait (comportement) sans que
le résultat (dommage) en question ne tombe aussi[9].

Exemple:

Si l'automobiliste avait respecté le feu rouge, il n'aurait pas écrasé la personne qui était en train de traverser la route sur le passage piéton.

---

6   Art. 113 ss LTF.

7   Art. 72 ss LTF; ATF 132 III 715, 718 cons. 2.2 («*Die natürliche Kausalität ist gegeben, wenn ein Handeln (z.B. falsche Angaben im Emissionsprospekt) Ursache im Sinn einer conditio sine qua non für
den Eintritt eines Schadens ist. Dies ist eine Tatfrage, die nur im Verfahren der staatsrechtlichen
Beschwerde überprüft werden kann. Rechtsfrage ist demgegenüber, ob zwischen der Ursache und
dem Schadenseintritt ein adäquater Kausalzusammenhang besteht. Dies ist eine Wertungsge-
sichtspunkten unterliegende Rechtsfrage, die nur im Berufungsverfahren überprüft werden kann
(BGE 123 III 110 E. 2 S. 111, 113 II 345 E. 2a S. 351, 113 II 52 E. 2 S. 55 f.»*). – Pour le droit pénal,
cf. ATF 122 IV 17, 23.

8   ATF 122 IV 17, 23 (mise en évidence par l'auteur); arrêt du 13 juin 2007 (4A_61/2007) X. c. Réseau
hospitalier fribourgeois, cons. 4.4.2.

9   ATF 95 IV 139.

La causalité naturelle peut exister non seulement entre une cause et son effet *immédiat* qui en résulte *directement* mais, lors d'un enchaînement de plusieurs faits consécutifs, également lorsqu'une première cause entraîne un premier effet qui, à son tour, entraîne un second effet et ainsi de suite, de sorte que l'effet final n'est que le *résultat médiat* ou *indirect* de la cause originelle[10]. Pour reprendre le cas de l'automobiliste et du piéton:

Exemple:

Si le piéton blessé par l'automobiliste est amené à l'hôpital où ce dernier meurt d'une infection suite à un traitement médical inadéquat par le médecin, l'automobiliste a non seulement causé la blessure mais aussi la mort du piéton sous l'angle de la causalité *naturelle*. En effet, si l'accident n'avait pas eu lieu, le piéton n'aurait pas eu besoin d'un traitement médical qui, par malchance, a été effectué de manière inadéquate.

Bien que la causalité naturelle en tant que concept théorique semble relativement simple, son application en pratique n'est pas toujours aisée. Ceci notamment pour deux raisons: premièrement, la *terminologie* employée n'est pas toujours claire et peut varier d'un auteur à l'autre ce qui ne facilite pas la compréhension. Par exemple, la notion de «causalité hypothétique» est assez vague et n'est pas employée de manière uniforme[11]. Deuxièmement, s'il est vrai que la causalité naturelle repose sur un concept inspiré des sciences naturelles, il n'en est pas moins vrai que cette approche ne suffit pas aux besoins d'un système juridique. Par exemple, le fait de ne pas avoir agi (omission) ne peut pas être la cause d'un dommage du point de vue des sciences naturelles[12]. Aussi, l'analyse juridique doit-elle parfois aller au delà d'une approche purement scientifique si elle entend appréhender la réalité sociale de manière adéquate. Cela implique que dans ces situations la distinction traditionnelle entre la causalité naturelle (élément de fait) et la causalité adéquate (élément de droit) est mise en cause.

Au vu de ce qui précède, il convient de rappeler quelques distinctions opérées en matière de causalité naturelle.

B. La causalité dépassée et dépassante (*überholende Kausalität*)

Le lien de causalité naturelle fait défaut lorsqu'un *fait initial aurait causé* un certain dommage mais que le dommage a effectivement été *provoqué par un*

---

[10] ATF du 31 octobre 2003 (5C.125/2003), SJ 2004 I 407.

[11] Voir p. ex. Brehm, Commentaire bernois, art. 41 N 149 ss; Honsell, Haftpflichtrecht, § 3 N 50; Schwenzer, Obligationenrecht, N 21.04; ainsi que ci-après, III.H.

[12] Pour le phénomène de la «causalité naturelle par omission», voir ci-après, III.I.

autre fait. En d'autres termes, un comportement A aurait entraîné un dommage mais, avant que ce dommage ne survienne, il est causé par un autre comportement B[13]. Dans une telle situation, le comportement A (qui aurait causé le dommage) constitue la cause *dépassée* tandis que le comportement B (qui a effectivement causé le dommage) est la cause *dépassante*. Alors que la causalité dépassante est *réelle*, la causalité dépassée a un caractère *hypothétique* car elle ne cause que le *risque* d'un dommage ultérieur sans qu'elle aboutisse au dommage provoqué par la cause dépassante. Lorsque la cause dépassante constitue un fait générateur de responsabilité, elle engage la responsabilité de son auteur[14].

Exemple:

Par inadvertance, une infirmière injecte un médicament mortel à un patient. Après l'injection, le patient sort de l'hôpital pour faire une promenade. Lors de cette promenade, il est percuté par un chauffard avant que le médicament n'ait pu produire ses effets[15].

Dans cette situation, il est admis que *seul* le comportement de *l'automobiliste* est dans un rapport de causalité naturelle avec le décès du patient. Aussi, l'infirmière ne répond-elle pas du dommage découlant de la mort du patient et, par conséquent, l'automobiliste ne pourra pas se prévaloir, sous l'angle de la causalité naturelle, du fait que le lésé serait de toute manière décédé des suites de l'injection erronée du médicament[16]. Le comportement de l'automobiliste constitue dès lors la *cause dépassante*, qui empêche que l'injection de l'infirmière (*cause dépassée*) produise ses effets. Par conséquent, seul l'automobiliste est tenu de réparer le dommage qu'il a causé.

L'approche selon laquelle la cause dépassée ne relativise pas la responsabilité pour la cause dépassante est non seulement logique du point de vue théorique mais répond également aux besoins d'un bon fonctionnement des rapports sociaux. Elle est logique parce que la cause dépassée n'engendre pas de *préjudice* mais enclenche seulement un processus causal qui *aurait pu aboutir* à un préjudice. En d'autres termes, la cause dépassée crée simplement le *risque* d'un préjudice mais pas un préjudice réel. Or, le simple risque d'un préjudice n'est pas suffisant pour fonder la responsabilité civile de l'auteur du risque; il faut la *réalisation* du risque. De plus, cette approche répond aux besoins d'un bon fonctionnement des rapports sociaux parce que – comme le fameux économiste John Maynard Keynes le déclarait autrefois en réponse aux critiques qui lui été adressées de faire une analyse à court terme de la

---

13   Cf. ATF du 31 octobre 2003 (5C.125/2003), SJ 2004 I 407, 410, cons. 3.3.

14   DESCHENAUX / TERCIER, Responsabilité civile, 56 N 21.

15   Cf. REY, Ausservertragliches Haftpflichtrecht, N 609a.

16   Cf. BREHM, Commentaire bernois, art. 41 N 147 s.

conjoncture : « *In the long run we are all dead* »[17]. En effet, admettre l'argument que la causalité dépassée réduit ou écarte la responsabilité pour la cause dépassante aboutirait, si l'on poursuivait cette logique jusqu'au bout, à la conclusion absurde qu'un assassin pourrait objecter que sa victime serait de toute manière décédée tôt ou tard.

C.   La causalité outrepassante (*nachträgliche Kausalität*)

La causalité dépassante est à ne pas confondre avec la causalité *outrepassante* (*nachträgliche Kausalität*), où la *cause initiale* a produit tous ses effets et le dommage s'est réalisé. Dans cette situation, une *cause subséquente* ne peut plus avoir d'incidence ni sur la survenance ni sur l'étendue du dommage parce que la causalité est close[18]. Etant donnée que la cause subséquente ne prend pas le relais de la cause initiale, on n'en tient pas compte sur le plan de la causalité et seul l'auteur de la cause initiale répondra du dommage[19].

> **Exemples :**
>
> Un domestique laisse mourir un animal par négligence. Le lendemain, un incendie se déclare dans l'étable et entraîne la mort de tous les animaux présents y compris de l'animal décédé la veille par la négligence du domestique[20].
>
> Le véhicule du conducteur A écrase un chat mort sur la chaussée de l'autoroute qui vient d'être tué par le véhicule du conducteur B.

On peut se demander si la distinction entre la causalité *dépassante* et la causalité *outrepassante* n'est pas superflue et si le concept de la *rupture du lien de causalité* ne suffit pas pour régler les hypothèses visées. Il faut répondre à ces deux questions par la négative.

Premièrement, d'un point de vue *dogmatique*, la distinction entre la causalité dépassante et la causalité outrepassante a sa raison d'être. Dans le cas de la *causalité outrepassante*, le dommage du bien est accompli par la cause initiale (p. ex. la mort du chat est causée par la première voiture qui l'écrase), de sorte que la cause subséquente n'est plus à même de causer le même dommage une seconde fois (p. ex. la deuxième voiture écrase le chat qui est déjà mort). Il en va autrement de la *cause dépassante* qui provoque bel et bien un dommage qu'une autre cause (causalité dépassée) aurait plus tard également provo-

---

[17] KEYNES, A Tract on Monetary Reform, ch. 3.

[18] Voir RJJ 2005 154, 162 ; DESCHENAUX / TERCIER, Responsabilité civile, 57 N 25 ; HONSELL, Haftpflichtrecht, 41 N 54 ; CR CO I-WERRO, art. 41 N 34.

[19] DESCHENAUX / TERCIER, Responsabilité civile, 57 N 25.

[20] Cf. DESCHENAUX / TERCIER, Responsabilité civile, 57 N 25.

qué. Il s'agit donc de deux *hypothèses distinctes* même si juridiquement la responsabilité est engagée dans les deux cas par la cause qui a *effectivement engendré* le dommage.

Deuxièmement, l'interruption de la causalité par des faits interruptifs (force majeure, fait ou faute grave de la victime ou d'un tiers) ne relève pas de la causalité *naturelle* mais de la causalité *adéquate*[21]. Contrairement à la causalité dépassante ou outrepassante où le préjudice est provoqué par *une seule cause*, les faits interruptifs impliquent l'existence d'au moins *deux causes* ayant contribué à la survenance d'un dommage. Ainsi, lorsqu'un piéton, qui traverse le passage de sécurité malgré le feu rouge, se fait écraser par une voiture roulant correctement, les *deux causes* (comportement du piéton et comportement du conducteur) sont des *conditiones sine quibus non* pour la survenance du dommage. Toutefois, il y a *interruption* de la causalité adéquate par rapport à l'une des causes naturelles (comportement du conducteur) parce que l'autre cause naturelle (comportement du piéton) est à tel point *prépondérante* qu'elle relègue l'autre cause à l'arrière-plan. Aussi ne se justifie-t-il pas que la cause mineure entraîne la responsabilité civile. Du point de vue terminologique, il est trompeur de parler de *l'interruption* de la causalité parce que les deux comportements sont et restent causals. Par contre, une *appréciation normative* des deux causes conduit à la conclusion que la cause mineure n'est *socialement pas suffisamment inopportune* pour justifier une sanction par la responsabilité civile. Cette appréciation normative relève clairement de l'élément de droit de la causalité adéquate et non pas de l'élément de fait de la causalité naturelle. Il convient donc de bien séparer la causalité dépassante ou outrepassante des faits interruptifs de la causalité.

D. Le comportement de substitution licite (*rechtmässiges Alternativverhalten*)

Par rapport au lien de causalité, l'auteur d'un dommage fait parfois valoir – notamment en cas d'omission – que le dommage serait survenu *même s'il s'était comporté conformément au droit*. Est-ce que cet argument permet à l'auteur du dommage de se libérer de sa responsabilité civile? Dans sa jurisprudence, le Tribunal fédéral a admis l'argument du *comportement de substitution licite*[22]. Ainsi, le médecin qui a omis d'informer son patient sur les risques d'un

---

21 SCHWENZER, Obligationenrecht, N 20.01; DESCHENAUX/TERCIER, Responsabilité civile, 62 N 52; voir également ci-après, IV.D.

22 Voir notamment ATF 122 III 229, 233 ss; REY, Ausservertragliches Haftpflichtrecht, N 644 ss; SCHWENZER, Obligationenrecht, N 21.07; GAUCH/SCHLUEP/SCHMID/REY, N 2760; WERRO, Responsabilité civile, N 191. – Pour plus de détails, voir la contribution de F. WERRO dans le présent volume.

traitement médical peut objecter que le patient aurait consenti au traitement même s'il avait été informé correctement[23]. De même, le propriétaire d'un ouvrage défectueux peut faire valoir que le dommage se serait produit même si l'ouvrage n'avait pas été défectueux[24].

Le législateur lui-même prévoit cette objection dans certaines dispositions légales. Ainsi, le détenteur d'un animal ou l'employeur d'un travailleur (art. 55 CO) peut objecter que «*sa diligence n'eût pas empêché le dommage de se produire*»[25]. De la même manière, le débiteur en demeure échappe à sa responsabilité s'il prouve que «*le cas fortuit aurait atteint la chose due ... même si l'exécution avait eu lieu à temps*»[26].

Quel est le rapport entre le comportement de substitution licite et la causalité dépassante ou outrepassante? La notion du comportement de substitution licite se distingue des causalités dépassante et outrepassante par le fait que ces dernières se réfèrent à des *circonstances externes,* sur lesquelles le responsable n'a pas de prise, alors que le comportement de substitution licite se réfère au *propre comportement du responsable*, qui aurait pu (et dû) être différent, à savoir conforme au droit[27]. L'objection du comportement de substitution licite ne vise donc pas l'effet d'un fait extérieur (cause dépassante ou outrepassante) sur le lien de causalité mais l'effet hypothétique d'un *comportement alternatif licite* du responsable qui a causé le dommage par son comportement illicite.

E.   La causalité cumulative (*kumulative Kausalität*)

Le concept de la causalité naturelle peut poser des problèmes lorsque *plusieurs causes* sont à l'origine du même dommage, c'est-à-dire lorsqu'il y a *concurrence* de causes. Si plusieurs causes – chacune indépendante de l'autre (ou des autres) et suffisante, à elle seule, pour provoquer le dommage –, ont abouti au même préjudice, on parle de causalité *cumulative*[28].

Exemple:

Deux usines, indépendantes l'une de l'autre, polluent parallèlement le même cours d'eau avec une substance toxique dont la quantité provenant de chaque usine est suffisante pour tuer tous les poissons.

---

23   ATF 117 Ib 197, 206 ss; SJ 2004 I 117, 119 ss.

24   ATF 122 III 229, 234.

25   Art. 55 al. 1 (in fine) et art. 56 al. 1 (in fine) CO.

26   Art. 103 al. 2 CO.

27   ATF 122 III 229, 234.

28   SCHWENZER, Obligationenrecht, N 21.01; WERRO, Responsabilité civile, N 204 ss; voir également HONSELL, Haftpflichtrecht, § 3 N 69 ss qui emploie une définition plus large.

Dans cette hypothèse, la formule de la *conditio sine qua non*, consacrée par la causalité naturelle atteint ses limites puisque chacun des fabricants peut argumenter, en se basant sur cette formule, que le dommage serait survenu même *sans son propre comportement*. Plus concrètement, en faisant abstraction de la pollution du premier fabricant, le dommage se serait produit tout de même à cause de la pollution du deuxième fabricant, et vice versa. Bien que la *conditio sine qua non* ne soit pas remplie dans une telle situation, il est généralement admis que *chacun des auteurs* est responsable *pour l'entier du dommage*[29]; ceci conformément aux art. 50 et 51 CO, suivant que la faute soit commune ou non. Cela confirme que la causalité naturelle dépasse parfois le simple constat d'un fait et implique une appréciation *normative*.

F.   La causalité alternative (*alternative Kausalität*)

La *causalité alternative* se réfère à une situation où plusieurs causes sont susceptibles d'avoir été à l'origine d'un dommage mais *seule l'une d'elles* peut effectivement l'avoir causé *sans que l'on sache* toutefois *laquelle*[30].

Exemples:

Une chose a été dérobée dans une chambre. Seuls A et B sont entrés dans cette chambre, mais il n'est pas possible de déterminer lequel des deux a commis le vol.

Deux personnes lancent successivement une pierre depuis un pont traversant une autoroute. L'une des pierres touche le pare-brise d'une voiture et provoque un grave accident du conducteur sans qu'il soit possible de déterminer quelle pierre est à l'origine de l'accident.

La causalité alternative ne soulève pas un problème dogmatique mais un problème de *preuve* par rapport à la causalité naturelle. L'enjeu est de savoir si la victime doit supporter l'échec de la preuve de sorte que les auteurs (potentiels) échappent à toute responsabilité. A ce sujet, il convient de distinguer *deux hypothèses*:

–   Lorsque les deux auteurs potentiels de l'acte dommageable ont commis une *faute commune*, il se justifie de les tenir solidairement responsables selon l'art. 50 al. 1 CO, même si la victime ne parvient pas à prouver lequel d'entre eux a effectivement causé le préjudice[31].

---

29   BREHM, Commentaire bernois, art. 41 N 146; HONSELL, Haftpflichtrecht, § 3 N 71; SCHWENZER, Obligationenrecht, N 21.01.

30   BSK OR I-SCHNYDER, art. 41 N 25; HONSELL, Haftpflichtrecht, § 3 N 65; SCHWENZER, Obligationenrecht, N 21.02; BREHM, Commentaire bernois, art. 41 N 145.

31   SCHWENZER, Obligationenrecht, N 21.03; WERRO, Responsabilité civile, 50 N 199.

- En cas *d'absence de faute commune* des auteurs (potentiels), la simple *possibilité* qu'une personne ait causé le dommage ne suffit pas pour fonder une responsabilité (art. 8 CC). Par conséquent, c'est la victime de l'acte dommageable qui en pâtit[32]. Cette approche traditionnelle est toutefois considérée comme peu satisfaisante par une partie de la doctrine contemporaine qui favorise soit une *responsabilité solidaire*[33], soit une *responsabilité partagée*[34] des auteurs potentiels selon leur probabilité respective d'être à l'origine du préjudice (cette approche est utilisée par exemple en matière de responsabilité du fait des produits sous le nom de *market-share-liability*).

G.   La concurrence de causes partielles (*konkurrierende Teilursachen*)

Jusqu'ici nous sommes partis de l'idée que la cause en question suffit, à elle seule, pour provoquer l'entier du dommage. Or, il se peut qu'un fait dommageable ne soit que la *cause partielle* d'un préjudice. Ainsi, plusieurs auteurs peuvent partiellement causer un préjudice, le cas fortuit ou bien le comportement de la victime peut contribuer à la survenance du dommage.

On parle de *concurrence de causes partielles* lorsque plusieurs comportements ou faits ont ensemble causé un préjudice de telle manière *qu'aucun d'entre eux, à lui seul, ne l'aurait causé* ou, en tout cas, ne l'aurait causé dans son étendue effective[35]. Dans cette hypothèse, – contrairement à la situation de la causalité cumulative[36] –, chaque cause partielle constitue une *conditio sine qua non* du dommage de sorte que la causalité naturelle est établie.

Exemple:

Deux usines polluent le même cours d'eau avec une substance toxique dont la quantité provenant de chaque usine est *insuffisante* pour nuire aux poissons mais dont la quantité totale provenant des deux usines aboutit à la mort de tous les poissons.

En cas de concurrence de causes partielles, il est généralement admis que *chaque auteur engage sa responsabilité pour l'entier du préjudice*, même s'il n'en a causé qu'une partie. Par conséquent, tous les auteurs impliqués deviennent

---

[32] Brehm, Commentaire bernois, art. 41 N 145

[33] Dans ce sens Honsell, Haftpflichtrecht, § 3 N 67.

[34] Rey, Ausservertragliches Haftpflichtrecht, N 624; voir également Werro, Responsabilité civile, 51 N 202.

[35] Rey, Ausservertragliches Haftpflichtrecht, N 628; Werro, Responsabilité civile, 52 N 208; voir également Brehm, Commentaire bernois, art. 41 N 109a; BSK OR I-Schnyder, art. 41 N 28.

[36] Voir ci-dessus, III.E.

solidairement responsables pour la totalité du préjudice[37] et celui qui indemnise le lésé peut se retourner contre les coresponsables dans le cadre d'une action récursoire[38]. Lorsque le lésé lui-même a contribué à la survenance du dommage, on procédera à une réduction des dommages-intérêts[39].

Demeure réservé le cas (plutôt exceptionnel) où l'une des causes partielles apparaît à tel point prépondérante qu'elle relègue les autres causes partielles à l'arrière-plan et, partant, agit comme un fait interruptif de la causalité adéquate libérant ainsi les auteurs des autres causes partielles de leur responsabilité[40].

H.   La causalité hypothétique (*hypothetische Kausalität*)

En rapport avec la causalité naturelle, il est souvent question de faits *hypothétiques*. Ainsi, la causalité dépassante implique l'existence d'une *cause dépassée* qui, hypothétiquement, *aurait pu* provoquer – mais en réalité n'a pas provoqué – le préjudice[41]. Similairement, l'objection du *comportement de substitution licite* invoque un comportement hypothétique (licite) qui est opposé au comportement réel (illicite) de l'auteur du dommage[42]. Pareillement, la causalité naturelle en cas de *comportement dommageable par omission* repose sur des considérations hypothétiques[43]. Ces exemples soulèvent la question de savoir si et, le cas échéant, dans quelle mesure des arguments hypothétiques sont pertinents dans le cadre de la causalité naturelle. La réponse n'est pas uniforme et en partie *controversée* :

–   En ce qui concerne d'abord la *causalité dépassante*, l'opinion majoritaire considère que le dénouement hypothétique de la *cause dépassée* n'a pas d'influence sur la responsabilité de l'auteur de la cause *dépassante* et, par conséquent, que cette cause hypothétique n'est pas prise en compte[44]. Ce cas de figure amène une partie de la doctrine à poser la règle (plus

---

[37]   BREHM, Commentaire bernois, art. 41 N 109a ; REY, Ausservertragliches Haftpflichtrecht, N 633, 637, 643 ; WERRO, Responsabilité civile, 52 N 208.

[38]   WERRO, Responsabilité civile, 52 N 208.

[39]   Art. 44 al 1. CO.

[40]   Cette situation est plutôt rare parce qu'en cas de causes partielles seulement l'ensemble des causes est susceptible de provoquer le dommage. Il est donc peu probable qu'une cause qui, à elle seule, ne peut pas engendrer le dommage soit suffisamment prépondérante pour écarter la pertinence des autres causes partielles. – Voir également ATF 113 II 86, 89 cons. 1b.

[41]   Voir ci-dessus, III.B.

[42]   Voir ci-dessus, III.D.

[43]   Voir ci-après, III.I.

[44]   HONSELL, Haftpflichtrecht, § 3 N 51 ; BSK OR I-SCHNYDER, art. 41 N 26 ; WERRO, Responsabilité civile, 47 N 183. Voir ci-dessus, III.B.

générale) que la cause hypothétique ultérieure n'est juridiquement pas pertinente[45] parce que l'évolution hypothétique d'une cause ne change rien au fait qu'un dommage a bel et bien été causé. La jurisprudence du Tribunal fédéral à ce sujet n'est pas cohérente[46] : certains arrêts rejettent l'argument tiré des faits hypothétiques[47] alors que d'autres l'admettent ou lui sont favorables[48]. Parmi ces derniers on trouve notamment la *prédisposition constitutionnelle*, qui sans le fait dommageable, aurait abouti au même dommage[49].

– Pour ce qui est du *comportement de substitution licite*, jurisprudence et doctrine contemporaines ont tendance à admettre cette objection, notamment en cas d'omissions[50]. Les limites de cette objection hypothétique sont toutefois encore peu claires.

– Finalement, quant à la causalité naturelle relative à un *comportement dommageable par omission*, il est généralement reconnu que cette causalité ne peut être établie que sur la base de considérations hypothétiques[51].

Au vu de ce qui précède on peut constater que doctrine et jurisprudence ont choisi une *approche casuistique* pour traiter des causes hypothétiques. Pour ce qui est de la causalité naturelle en cas de *comportement dommageable par omission* ainsi que du *comportement de substitution licite,* des faits et causes hypothétiques sont largement considérés comme *pertinents*. Par contre, en cas de *causalité dépassante,* la cause dépassée est jugée sans pertinence. Néanmoins, la jurisprudence admet des causes hypothétiques notamment dans le cadre de la *prédisposition constitutionnelle* et du calcul du *dommage futur*[52]. Il en ressort un ensemble plutôt complexe qui ne sert ni la sécurité juridique ni la cohérence du système juridique.

I. La causalité naturelle en cas de comportement dommageable par omission

Strictement parlant et selon l'approche des sciences naturelles, le fait de ne pas avoir agi (inaction, omission) ne peut *pas* être la *cause* d'un préjudice puisque

---

45 Cf. Brehm, Commentaire bernois, art. 41 N 149 ; BSK OR I-Schnyder, art. 41 N 276.

46 Pour un aperçu, voir ATF 115 II 440, 443 ss.

47 P. ex. ATF non publié du 9 mai 1989 dans la cause B.

48 P. ex. ATF 39 II 476 (frais de déménagement du locataire) ; 113 II 86, 92 ss (prédisposition constitutionnelle) ; 113 II 323, 339 (frais de vêtements mortuaires) ; 115 II 440, 445 (cons. 4b in fine) ; 131 II 12, 13 s. (prédisposition constitutionnelle).

49 ATF 113 II 86 ; 131 II 12.

50 Voir ci-dessus, III.D.

51 Voir ci-après, III.I.

52 Schwenzer, Obligationenrecht, N 21.06.

nihil ex nihilo fit! Toutefois, la science juridique qui relève beaucoup plus de la *prudentia* que de la *scientia* ne peut pas en rester là. Si l'ordre juridique impose à une personne une obligation d'agir (p. ex. en vertu d'une disposition légale[53] ou du principe général du «Gefahrensatz»[54]) en vue d'éviter la survenance d'un préjudice, le rapport de causalité entre la violation de l'obligation d'agir (inaction) et le dommage survenu revêt forcément un caractère *hypothétique*. Pour établir ce lien de causalité hypothétique, il faut – en vertu d'une *appréciation normative* – arriver à la conviction que, selon l'expérience générale de la vie, l'acte omis par l'auteur *aurait* évité la survenance du dommage[55]. Etant donné que les conséquences d'une inaction ne sont pas réelles mais hypothétiques, l'exigence de leur preuve ne peut pas être aussi stricte que pour les faits réels mais doit être adaptée à la situation particulière. Par conséquent, la jurisprudence se contente de la *vraisemblance prépondérante* pour prouver que l'acte omis aurait évité la survenance du dommage en cause[56].

A cela s'ajoute une deuxième particularité de la causalité hypothétique en cas d'omission. Afin d'établir le lien hypothétique sur la base d'une appréciation normative, on ne peut s'empêcher de recourir – directement ou indirectement – à *l'expérience générale de la vie*[57], soit au même critère que celui qui est traditionnellement employé pour juger de la causalité *adéquate*. Cela implique qu'en cas de comportement dommageable par omission, la causalité naturelle et la causalité adéquate ont tendance à *se confondre* de sorte que la distinction entre la *constatation d'un fait* (causalité naturelle) sur le plan ontologique et son *appréciation juridique* (causalité adéquate) sur le plan normatif tend à disparaître. Toutefois, le Tribunal fédéral s'efforce de maintenir la distinction, notamment pour des raisons procédurales, en argumentant que d'admettre un lien de causalité hypothétique implique une appréciation des preuves que la juridiction suprême ne peut pas revoir dans le cadre d'un recours en matière civile[58]. Dans un arrêt récent, le Tribunal fédéral semble même vouloir aller plus loin. Il déclare qu'il n'est pas judicieux de réexaminer la causalité naturelle hypothétique admise par l'instance cantonale[59] et en déduit qu'il est lié à cette «constatation» sous réserve du cas où l'instance cantonale admet la causalité *exclusivement* sur la base de l'expérience de la vie. Cette réserve ne

---

[53] P. ex. l'art. 51 LCR.

[54] Voir p. ex. ATF 112 II 138, 141 cons. 3a ; Honsell, Haftpflichtrecht, § 3 N 35 s.

[55] ATF 121 III 358, 363 cons. 5 ; Brehm, Commentaire bernois, art. 41 N 108, 119 ; Werro, Responsabilité civile, 49 N 188.

[56] Cf. ATF 124 III 155, 165 cons. 3d ; 121 III 358, 363 cons. 5 («*Dabei genügt es, wenn nach den Erfahrungen des Lebens und dem gewöhnlichen Lauf der Dinge eine überwiegende Wahrscheinlichkeit für diesen hypothetischen Kausalvelauf spricht*») ; ATF 115 II 440, 450.

[57] ATF 124 III 155, 165 ; 121 III 358, 363 cons. 5 ; ATF 115 II 440, 447 s.

[58] Cf. ATF 115 II 440, 447 cons. 5.

[59] ATF 132 III 715, 718 cons. 2.3.

sera toutefois quasiment jamais réalisée parce que les règles de procédure imposent au demandeur le soin d'alléguer les faits et les preuves y afférentes. Par conséquent, en pratique, le demandeur offrira toujours quelques preuves pour rendre l'hypothèse du lien de causalité de l'omission vraisemblable et l'instance cantonale y fera toujours référence d'une manière ou d'une autre. Le résultat en est qu'il n'y a plus de contrôle réel de la causalité adéquate par le Tribunal fédéral en cas d'omission. Un tel traitement différent de la causalité, selon qu'elle se rapporte à une action ou à une omission, n'est pas très convaincant.

IV. La causalité adéquate (élément de droit)

A. Nécessité et notion de la causalité adéquate

L'existence d'un rapport de cause à effet (causalité naturelle) entre le comportement (action, inaction) d'une personne déterminée et un préjudice concret n'est pas une condition suffisante pour imputer à cette personne le préjudice survenu, sinon – pour prendre un exemple – les parents répondraient, de leur vivant, de tout le comportement de leurs enfants puisqu'ils constituent forcément une *conditio sine qua non* de l'existence de leurs descendants. Aussi, la causalité naturelle a-t-elle besoin d'un *correctif normatif* limitant la chaîne infinie des causes successives qui sont (directement ou indirectement) à l'origine d'un préjudice. Cette limite indispensable est posée par la théorie de la *causalité adéquate* qui entend fixer une *limite juridique* à l'obligation de réparer un préjudice. Selon cette théorie, une cause naturelle n'est juridiquement pertinente que si, « d'après le cours ordinaire des choses et l'expérience générale de la vie, le fait considéré était propre à entraîner un effet du genre de celui qui s'est produit »[60], de sorte que la survenance de ce résultat paraît de façon générale favorisée par le faite en question[61]. Cette formule passablement vague implique un large pouvoir d'appréciation du juge et, partant, constitue une source d'insécurité juridique pour le justiciable.

B. La causalité adéquate comme notion uniforme ?

Afin de décider dans un cas d'espèce si la causalité naturelle est adéquate ou non, le juge doit user de son *pouvoir d'appréciation* conformément à l'art. 4

---

60   ATF 112 II 439, 442.

61   ATF 129 II 312, 318; 123 III 110, 112; Schwenzer, Obligationenrecht, N 19.03; Werro, Responsabilité civile, 54 N 214.

CC, c'est-à-dire qu'il doit trancher selon les règles du droit et de l'équité. Ce faisant, il prend en compte les objectifs de politique juridique poursuivis par la norme applicable dans le cas concret[62]. Cela comporte le risque que la distinction entre les suites adéquates et inadéquates d'un fait dommageable (p. ex. accident routier) puisse varier d'un domaine juridique à l'autre. Dans la jurisprudence du Tribunal fédéral, tel est notamment le cas en droit de la responsabilité civile et en droit des assurances sociales (p. ex. pour les accidents de type « coup du lapin »[63]) ce qui soulève la question de savoir si cette différenciation de la causalité adéquate est justifiée, respectivement si le concept de la causalité adéquate ne devrait pas forcément être uniforme ?

Le Tribunal fédéral justifie son approche différenciée notamment par le fait que le droit de la responsabilité civile permet de tenir facilement compte des causes concomitantes du dommage (p. ex. la prédisposition constitutionnelle de la victime) dans le calcul du dommage (art. 43 s. CO) alors que tel n'est pas le cas en droit des assurances sociales où les prestations sont dues dans les limites de la loi une fois la causalité admise. Ainsi, en vertu de l'art. 36 al. 2 LAA, les rentes d'invalidité et de survivants ne peuvent être réduites en raison d'un état maladif antérieur qui ne portait pas atteinte à la capacité de gain[64].

Cette différenciation jurisprudentielle fait l'objet de critiques par une partie de la doctrine, qui estime que les motifs énumérés par le Tribunal fédéral pour une application différente du principe de la causalité adéquate dans les domaines de la responsabilité civile d'une part, et des assurances sociales d'autre part, ne sont pas concluants. La forte imbrication de ces deux branches nécessiterait plutôt une appréciation commune des fonctions remplies par les deux systèmes de compensation. Etant donné que la causalité adéquate est établie de la même manière dans les deux domaines pour les atteintes physiques[65], il faudrait que l'appréciation uniforme de celle-ci soit étendue aux atteintes psychiques, pour arriver à une application générale du modèle adopté par le Tribunal fédéral des assurances[66].

---

[62] ATF 113 II 110, 112 s.

[63] ATF 123 V 98, 103 s., 115 V 413, 414 ; voir également 117 V 359.

[64] Cf. ATF 123 III 110, 114 s. ; 113 II 86, 89s.

[65] ATF 118 V 286 ; 117 V 359, 365 (« *Bei organisch nachweisbar behandlungsbedürftigem Befund deckt sich somit bei der Beurteilung gesundheitlicher Störungen die adäquate, d.h. rechtserhebliche Kausalität weitgehend mit der natürlichen Kausalität ; die Adäquanz hat hier gegenüber dem natürlichen Kausalzusammenhang praktisch keine selbständige Bedeutung* »).

[66] Rumo-Jungo, Haftpflicht und Sozialversicherung, 352 N 785. Voir également les contributions d'A. Guyaz et de V. Brulhart dans le présent volume.

C. Les critiques adressées à la théorie de la causalité adéquate

La théorie de la causalité adéquate fait l'objet de critiques en doctrine[67], notamment parce que la causalité serait trop facilement admise en pratique. Afin de limiter la responsabilité de manière raisonnable, certains auteurs se réfèrent à la «*Normzwecktheorie*» (théorie du but de la norme) qui, indépendamment de la causalité naturelle, se fonde sur la norme (légale ou conventionnelle) à appliquer[68]. Selon cette théorie, il faut se demander si le but de la protection de la norme de responsabilité applicable appelle la réparation du dommage qui s'est produit dans le cas particulier. Pour les dommages-intérêts contractuels, il faut se poser la même question par rapport au but du contrat violé. En d'autres termes, à l'instar de la théorie de la causalité adéquate on s'interroge sur un rapport d'adéquation ou de conformité, mais cette fois entre les effets dommageables considérés et les *intérêts* dont la loi (ou le contrat) *veut assurer la sauvegarde*[69].

D. Les facteurs interruptifs de la causalité adéquate

Une cause cesse d'être adéquate lorsqu'une autre cause apparaît à tel point prépondérante qu'elle rejette la première à l'arrière-plan[70]. On parle à ce sujet de facteurs interruptifs de causalité. Ces facteurs sont habituellement classés en trois catégories, à savoir la *force majeure*, le fait ou la *faute grave* de la *victime* ainsi que le fait ou la *faute grave* d'un tiers. A l'exception de l'art. 44 al. 1 CO, qui évoque les faits dont répond la personne lésée, le Code des obligations ne se prononce pas sur les motifs exonératoires alors qu'une bonne partie des lois spéciales instituant une responsabilité pour risque en mentionnent certains[71]. La doctrine leur attribue une portée générale[72].

Dans sa jurisprudence, le Tribunal fédéral n'admet l'interruption du lien de causalité que de façon restrictive[73]. Cela tient au fait qu'il préfère à cette approche radicale du «tout ou rien» celle de la réduction de l'indemnité (art. 43 s. CO), qui permet plus de souplesse.

---

[67] Deschenaux, Norme et causalité, 399 ss; Rey, Ausservertragliches Haftpflichtrecht, 126 N 545-548; Roberto, Haftpflichtrecht, 56 N 192-195.

[68] Rey, Ausservertragliches Haftpflichtrecht, N 547; Deschenaux, Norme et causalité, 414 ss; Roberto, Haftpflichtrecht, N 98 ss; Schwenzer, N 19.07; Widmer / Wessner, Rapport explicatif, 109 ss.

[69] Deschenaux, Norme et causalité, 414.

[70] Brehm, Commentaire bernois, art. 41 N 136.

[71] Voir p. ex. art. 1 al. 1 LRespC, art. 27 al. 1 LIE, art. 59 al. 1 LCR, art. 33 al. 2 LITC, art. 5 LRCN.

[72] Widmer / Wessner, Rapport explicatif, 114.

[73] Voir les exemples donnés par Brehm, Commentaire bernois, art. 41 N 133 et 144 ss.

Sur le plan dogmatique, des critiques sont émises par une partie de la doctrine estimant que la théorie de l'interruption du lien de causalité est *contradictoire* parce que le lien de causalité adéquate ne peut à la fois être *affirmé* et *nié*[74]. Selon cet avis doctrinal, l'art. 44 CO permettrait de réduire ou même d'exclure l'indemnité en cas de force majeure ou de faute grave d'un tiers, sans qu'il soit nécessaire de se fonder sur le concept de l'interruption du lien de causalité[75].

Cette critique est justifiée mais il nous semble que la contradiction relève plutôt d'une terminologie inconsidérée que d'une contradiction dogmatique. Pratiquement parlant, le juge fera son raisonnement en deux étapes : dans un premier temps, il établira si une cause concrète est dans un rapport de causalité adéquate avec un préjudice qu'elle a entraîné. En cas de réponse affirmative, il admettra *provisoirement* la causalité adéquate de cette cause. Dans un deuxième temps, le juge se posera alors la question de savoir si une *cause concomitante* (force majeure, faute de la victime, faut d'un tiers), qui est également à l'origine du préjudice, apparaît à tel point prépondérante qu'elle rejette la première cause à l'arrière-plan. Si la réponse est également affirmative, le juge en déduira que *l'interruption de la causalité* par rapport à la première cause, dont il avait *provisoirement* admis qu'elle était adéquate, est établie et que dès lors, *en conclusion finale,* la première cause n'est *pas* dans un rapport de causalité adéquate avec le préjudice survenu.

V. Evolution récente et future

Le droit de la responsabilité civile évolue de sorte que des éléments nouveaux viennent régulièrement enrichir le débat juridique. Parmi les sujets méritant d'être mentionnées en rapport avec la causalité, on évoque ici brièvement à la *responsabilité des administrateurs*[76] et à la *perte d'une chance*[77].

A. Causalité et responsabilité des administrateurs

Avant la révision de l'art. 759 CO en 1991[78], le lien de causalité adéquate entre le comportement d'un administrateur d'une société anonyme et un

---

74   HONSELL, Haftpflichtrecht, 39 N 37 ; SCHWENZER, N 20.03-20.06.

75   Dans ce sens, SCHWENZER, N 20.05.

76   Voir à ce sujet la contribution de H. PETER dans le présent volume.

77   Voir à ce sujet la contribution de T. KADNER dans le présent volume.

78   En vigueur depuis le 1er juillet 1992.

dommage survenu était admis lorsque son comportement était propre à entraîner les effets tels qu'ils étaient survenus. Pour échapper à sa responsabilité, l'administrateur ne pouvait pas faire valoir que le dommage serait survenu même s'il avait agi avec diligence[79]. L'ancien art. 759 CO consacrait ainsi une *responsabilité solidaire absolue* pour les organes de la société[80].

Depuis la révision de l'art. 759 al. 1 CO, la situation a changé. La nouvelle disposition consacre le principe de la *solidarité différencié,* qui prévoit l'imputation personnelle du dommage en raison de la faute de l'administrateur[81]. Aussi, l'administrateur ne répond-il pas (ou plus) du dommage qu'il n'a pas lui-même causé de manière adéquate[82].

B.   La perte d'une chance

Le problème de l'indemnisation d'une chance perdue se pose selon la doctrine française lorsqu'une « ‹ situation, par définition avantageuse pour la future victime, comportait un aléa et lorsque, par le fait du défendeur, cet aléa a disparu, emportant les chances qu'avait le demandeur de conserver une situation bénéfique ou de la voir se réaliser ›. Les juges indemnisent alors ‹ la réalisation désormais impossible d'un événement heureux mais aléatoire › »[83]. Par exemple, si un avocat négligent n'interjette pas un recours en temps utile, il est impossible de déterminer si le procès aurait été gagné. D'une part, l'avenir est déjà tracé : le procès ne sera jamais plaidé ; d'autre part, des facteurs extérieurs essentiels auraient joué dans le futur : incertitudes de la justice pour le procès notamment. Mais il est certain que le client a perdu quelque chose : c'est parce que le recours n'a pas été déposé dans les délais, que le justiciable n'a pas pu faire valoir ses droits. Le fait imputable au responsable a donc privé la victime de la chance d'atteindre un résultat meilleur[84].

Dans de telles circonstances, le préjudice est fonction de la probabilité qu'avait le lésé d'obtenir un profit ou d'éviter un désavantage pécuniaire. Compte tenu de l'aléa qui entoure le résultat, la perte n'a pas pour objet l'issue favorable, mais bien la *probabilité d'obtenir cette issue favorable.* Ainsi conçue, la perte d'une chance relève de la qualification du dommage, et non de l'évaluation de la causalité : le fait générateur de la responsabilité ne

---

[79]   ATF 99 II 176, 181; Böckli, Aktienrecht, 2134 N 418.

[80]   BSK OR II-Widmer / Banz, art. 759 N 1.

[81]   Meier-Hayoz / Forstmoser, § 16 N 385.

[82]   BSK OR II-Widmer / Banz, art. 759 N 3-6.

[83]   Müller, La perte d'une chance, 48 N 34.

[84]   Müller, La perte d'une chance, 47 N 32 s.

fait pas perdre le résultat possible, mais une certaine probabilité d'obtenir ce résultat[85].

Pour le droit suisse, la question se pose de savoir si la théorie de la perte d'une chance peut ou doit être reprise. La réponse du Tribunal fédéral est *négative*. Dans un arrêt récent, le Tribunal fédéral est arrivé à la conclusion « que la réception en droit suisse de la théorie de la perte d'une chance développée notamment par la jurisprudence française est, à tout le moins, problématique »[86]. Il est clair que cet arrêt ne ferme pas définitivement la porte helvétique à ce concept français mais les chances pour une réception de la perte d'une chance en droit suisse ont considérablement diminué.

VI. Conclusions

La causalité en tant que condition fondamentale de la responsabilité civile revêt une complexité dogmatique et pratique qui est souvent sous-estimée. A première vue, cette complexité semble essentiellement provenir de l'incertitude inhérente à un critère aussi indéfini et générique qu'est celui du « *cours ordinaire des choses et l'expérience générale de la vie* » appliqué par la doctrine et la jurisprudence dans le cadre de la causalité *adéquate* afin d'imputer à une personne déterminée un dommage survenu. Il n'est donc pas surprenant que le débat juridique, tant du point de vue de la pratique que de celui de la théorie, porte surtout sur cet aspect de la causalité.

Or, une analyse plus approfondie, amène à la conclusion que la vraie problématique de la causalité réside dans la *causalité naturelle*. L'approche empruntée aux sciences naturelles pour établir un rapport de cause à effet entre le comportement d'une personne et un préjudice subi par une autre personne est, dans une large mesure, inappropriée aux besoins du droit. La société, que le droit entend organiser et guider par des règles de conduites, constitue un ensemble complexe qui ne suit pas les règles rigides des sciences naturelles. Les personnes physiques et morales ne sont pas des « molécules sociales » qui obéissent aux lois naturelles découvertes et établies par la physique et la chimie. Il ne peut donc pas surprendre que la formule consacrée de la *conditio sine qua non,* qui tente de transposer l'approche des sciences naturelles dans le domaine juridique, rend certes service pour établir la causalité naturelle dans des cas plus ou moins évidents mais perd pratiquement toute son utilité face à des cas plus délicats tels que la causalité par omission ou la causalité cumulative.

---

85 Dans le même sens, WERRO, Responsabilité civile, 35 N 129.

86 Arrêt du 13 juin 2007 (4A_61/2007) X. c. Réseau hospitalier fribourgeois, cons. 4.4.3, partiellement reproduit en annexe à la contribution d'A. Hirsch au présent volume.

Il faut en conclure que la science juridique manque d'une analyse fondamentale du phénomène de la causalité d'un point de vue *interdisciplinaire,*
qui intègre notamment les connaissances de la philosophie et de la théorie
de la science. Le but d'une telle analyse consisterait à trouver une meilleure
conception juridique de la causalité, qui constitue un pilier essentiel de notre
système de la responsabilité civile.

VII. Bibliographie

Böckli Peter, Schweizer Aktienrecht, 3e éd., Zurich 2004.

Brehm Roland, Berner Kommentar, Bd VI/1/3/1, Die Entstehung durch unerlaubte Handlungen, 3e éd., Berne 2006.

Deschenaux Henri, Tercier Pierre, La responsabilité civile, 2e éd., Berne 1982.

Deschenaux Henri, Norme et causalité en responsabilité civile, in: Stabilité et dynamisme du droit dans la jurisprudence du Tribunal Fédéral Suisse, Recueil offert au Tribunal fédéral à l'occasion de son centenaire par les Facultés de droit suisses, Bâle 1975.

Meier-Hayoz Arthur, Forstmoser Peter, Schweizerisches Gesellschaftsrecht, 9e éd, Berne 2004.

Gauch Peter, Schluep Walter, Schmid Jörg, Rey Heinz, Schweizerisches Obligationenrecht, Allgemeiner Teil, 8e éd., Zurich, 2003.

Honsell Heinrich, Schweizerisches Haftpflichtrecht, 4e éd., Zurich, Bâle, Genève 2005

Keynes John Maynard, A Tract on Monetary Reform, 1923.

Müller Christoph, La perte d'une chance: étude comparative en vue de son indemnisation en droit suisse, notamment dans la responsabilité médicale, Berne 2002.

Rey Heinz, Ausservertragliches Haftpflichtrecht, 3e éd., Zurich, Bâle, Genève 2003.

Roberto Vito, Schweizerisches Haftpflichtrecht, Zurich 2002.

Rumo-Jungo Alexandra, Haftpflicht und Sozialversicherung: Begriffe, Wertungen und Schadenausgleich, Fribourg 1998.

Schnyder Anton K., Basler Kommentar, Obligationenrecht I, 3e éd., Bâle 2003.

Schwenzer Ingeborg, Schweizerisches Obligationenrecht, Allgemeiner Teil, 4e éd., Berne 2006.

Werro Franz, La responsabilité civile, Berne 2005.

Idem, Commentaire romand, Code des obligations I, Genève, Bâle, Munich, 2003.

Widmer Peter, Banz Oliver Basler Kommentar, Obligationenrecht II, 2e éd., Bâle 2002.

Widmer Pierre, Wessner Pierre, Révision et unification du droit de la responsabilité civile, Rapport explicatif, Berne 2000.

Causalité: l'influence psychologique en droit suisse

Bénédict Winiger[*]

Table des matières

I.   Définition: difficultés théoriques et pratiques

La «causalité psychologique» ne fait, à première vue, pas partie des grandes catégories de causalité retenues par la doctrine suisse. Pourtant, il s'agit d'une forme de causalité très ancienne et répandue partout en Europe. Déjà dans l'Antiquité romaine, les juges étaient confrontés à ce problème. Ainsi, un tiers avait persuadé l'esclave d'autrui de monter sur un arbre. L'esclave a fait une chute et s'est blessé. La question était alors de savoir si le tiers devait réparation au propriétaire pour avoir incité l'esclave[1]. Gaius considérait qu'une réparation était due. A l'instar du droit romain, encore aujourd'hui la plupart des ordres juridiques européens, y compris le droit suisse, reconnaissent cette forme de causalité.

Le problème central de ce type de cas provient du fait que la causalité psychologique suppose par définition le concours de la personne influencée. Sur ce point, la causalité psychologique diffère fondamentalement de la causalité mécanique, où une cause A conduit, par les lois de la nature, à un effet B. Dans notre exemple, où l'on part de l'idée que le tiers n'avait aucun

---

[*]   Professeur à l'Université de Genève.
[1]   Inst. Gai. 3, 219.

pouvoir juridique sur l'esclave, ce dernier a dû donner son consentement. Etant donné que l'esclave a accepté de monter sur l'arbre, on peut se demander si l'on peut toujours parler d'un rapport causal, puisque l'esclave a agi de son propre gré.

De manière générale, la causalité psychologique peut poser un certain nombre de problèmes délicats. Premièrement, nos ordres juridiques partent en principe de l'idée que le sujet de droit est capable de discernement et qu'il est en mesure de déterminer ses actes. Ils supposent aussi que le sujet de droit soit capable de mesurer les nombreuses et diverses incitations et suggestions auxquelles il est inévitablement exposé. On attend également du sujet de droit qu'il soit capable de résister, en tout cas dans une certaine mesure, aux propositions qui lui sont faites. Dès lors, dans certains cas, le juge peut être amené à se demander si la personne qui a subi l'influence n'aurait pas dû y résister. Par exemple, l'esclave qui est monté sur l'arbre, n'aurait-il pas dû se rendre compte du danger et s'opposer à la sollicitation ? Ou, autrement dit, s'il a acquiescé, ne s'est-il pas blessé par sa propre faute ?

Deuxièmement, il peut parfois s'avérer difficile de déterminer si, réellement, une influence a été exercée. La décision de la personne en question étant un acte intérieur, dont on ne connaît pas nécessairement les motifs, le juge est souvent réduit à l'interprétation d'indices pour trancher si c'est véritablement l'incitation du tiers qui a été déterminante ou, peut-être, un autre facteur. Le fait que A ait proposé à B de se livrer à un certain acte ne signifie pas nécessairement que B, qui commet cet acte, ait réellement été déterminé par A. En termes de causalité, cela signifie que la démonstration du rapport causal entre l'incitation à un acte et sa commission reste parfois hautement spéculative. Concrètement, cette difficulté se traduit souvent par l'exigence du juge que le sollicitant ait agi avec une certaine intensité, par exemple en insistant particulièrement ou en exerçant même des pressions.

Troisièmement, le juge peut être confronté à des problèmes subtils d'évaluation. Les ordres juridiques, nous le verrons, n'interdisent évidemment pas toutes les formes d'influence. Or, la limite entre celles qui sont admissibles et celles qui ne le sont pas est floue. De ce fait, le juge peut se trouver devant des problèmes extrêmement délicats de délimitation entre pressions licites et illicites.

Dans les faits, il existe une gradation infinie en intensités d'influences psychologiques allant de pressions massives pour déterminer intentionnellement la volonté d'une personne à des influences à peine perceptibles et exercées fortuitement sur autrui. Pour les premières, on pourrait prendre comme exemple la menace avec une arme pour que la personne exécute un acte dommageable. Pour les dernières, on pourrait penser à des influences qui se font par hasard, par exemple, si A travers la rue au feu rouge et entraîne B qui se fait happer par un véhicule.

Si les déterminations volontaires de la volonté, par exemple par la menace ou l'instigation, sont relativement bien connues et réglées dans la loi et par une jurisprudence abondante, les influences psychologiques qui se font par hasard et celles qui reposent sur des degrés infimes d'influence peuvent poser des problèmes considérables.

Pour les influences qui prennent place par hasard, une des questions est de savoir si celui qui exerce l'influence devait se rendre compte que son comportement pourrait affecter autrui. Une autre question concerne les particularités de la personne influencée. Prenons l'exemple du piéton A qui traverse la route au feu rouge. B, qui le suit par hasard et aveuglément et subit un dommage par un véhicule qui le touche, peut-il demander des dommages-intérêts à A ? Si B était un adulte, on pourrait partir de l'idée qu'il devait lui-même faire attention au trafic. Si, en revanche, B était un enfant, la situation serait probablement différente. On pourrait soutenir – surtout si A était un adulte – qu'il devait se rendre compte du réflexe d'imitation courant chez les enfants et le rendre responsable des effets prévisibles du « mauvais exemple » qu'il a donné. Il est évident que ce type de considérations ouvre un débat extrêmement large et délicat sur les comportements autorisés ou interdits, mettant en jeu notamment la liberté d'agir individuelle.

Un cas comparable serait celui où un jeune homme, excité par un film violent, sort dans la rue et agresse un passant. Admettons que les experts établissent un rapport hautement probable de causalité entre la violence des scènes cinématographiques et l'acte perpétré par l'auteur du dommage. La question est alors de savoir si le producteur du film, le distributeur ou peut-être même le responsable de la salle de spectacle pourraient être rendus responsables du dommage causé par le jeune homme. La réponse dépend notamment d'une pesée des intérêts entre, d'une part, la sécurité publique et individuelle et, d'autre part, la liberté d'expression notamment artistique de l'industrie cinématographique ou du spectacle. Si la liberté d'expression doit évidemment bénéficier d'une forte protection, il serait probablement déraisonnable de se fermer *a priori* a une obligation de réparation (i) si le rapport de causalité est démontré avec une haute probabilité, (ii) si l'intensité de l'événement rendait prévisible et probable qu'une influence soit exercée et (iii) si on ne pouvait pas s'attendre à ce que la personne influencée résiste à la pression psychologique exercée.

Sur le plan européen, des juges ont été confrontés à ce problème. Ainsi, dans un cas belge, un piéton traversa hâtivement un boulevard pour venir en aide aux victimes d'un accident de circulation. Se faisant renverser par une voiture, il demanda des dommages-intérêts à l'auteur du premier accident. La Cour de cassation considéra qu'il n'aurait pas dû traverser la rue de cette façon et rejeta la demande. Le verdict fait penser que le piéton aurait dû contrôler l'influence psychologique exercée par le premier accident[2].

Dans un cas allemand, un contrôleur de billet courrait dans un métro après un resquilleur qui essayait de s'échapper. Pendant la course, le contrôleur tomba dans un escalier et se blessa. La question était de savoir si le resquilleur devait les frais médicaux du contrôleur. Le tribunal répondait par l'affirmative, au motif que le resquilleur avait exposé le contrôleur à un risque prévisible, que le comportement du contrôleur avait été légal et que ce dernier avait de bonnes raisons de se lancer à la poursuite du resquilleur[3].

Dans un cas espagnol, un mineur essaya d'échapper à un gardien de nuit qui l'avait sommé de quitter le parking d'un supermarché. Au cour de la course-poursuite, le mineur fit une chute malheureuse et se blessa. Le juge considéra que le gardien de nuit aurait dû prévoir que la course-poursuite diminuerait la capacité du fuyant d'évaluer les risques encourus et lui imposa la réparation du dommage à hauteur de 20%[4].

Ces cas montrent certains des problèmes que peut susciter la causalité psychologique. Omniprésente dans la vie quotidienne, elle pénètre le droit sur les plans les plus divers. Traitée parfois directement par le législateur et, le plus souvent, par la jurisprudence, elle n'a pas, en Suisse, fait l'objet d'analyses dogmatiques approfondies sous l'angle de la causalité. Néanmoins, on pourrait dire que le « spectre rôde » et place, dans certains domaines de la responsabilité, les autorités judiciaires devant de véritables défis.

Avant d'entrer dans le vif du sujet, prenons à titre d'illustration d'une influence psychologique un vieux cas d'école de la jurisprudence du Tribunal fédéral. Deux hommes avaient passé ensemble un moment bien arrosé dans un café[5]. Le demandeur suggéra alors avec insistance au défendeur de faire un tour en voiture qui se termina par un accident causé par la faute du défendeur. Une des questions que les juges durent alors trancher était de savoir si le demandeur répondait du fait d'avoir suggéré le tour. Dans le cas d'espèce, la question était doublement délicate. D'abord, on aurait pu s'attendre à ce que le défendeur se rende compte de son incapacité de conduire et qu'il refuse de prendre le volant. Ensuite, l'accident a été causé par le défendeur-conducteur. Le demandeur, qui l'avait incité, était simplement assis à côté de lui et n'était intervenu en rien dans les manœuvres exécutées par son acolyte.

---

2   Cour de Cassation, 16 juin 1995; P.93.0309.N; voir aussi Bénédict Winiger, Helmut Koziol et al. (ed.), Digest of European Tort Law. Vol. 1: Essential cases on natural causation (Winiger/Koziol, Digest), Wien 2007, 212 s., 4/7/1 ss.

3   Bundesgerichtshof, 13 juillet 1971, VI ZR 125/70, BGHZ 57,25; voir aussi Winiger/Koziol, Digest, 195s, 4/2/1 ss.

4   Tribunal Supremo, 3 octobre 1996, RJ 1996, 7011; voir aussi Winiger/Koziol, Digest, 220 s., 4/10/1 ss.

5   ATF 69 II 412.

Le Tribunal fédéral considéra que le demandeur avait persuadé le défendeur de conduire et qu'il s'était également efforcé de dissiper les doutes du défendeur et d'autres personnes présentes au café. Par ailleurs, le demandeur devait, selon le Tribunal fédéral, se rendre compte de l'état d'ébriété du défendeur et du danger que sa proposition pouvait générer à la fois pour lui-même et pour le défendeur, mais également pour le trafic en général. Cet arrêt, qui date de 1943, montre que le Tribunal fédéral reconnaît depuis longtemps l'influence psychologique comme une forme de causalité.

Avant de nous pencher sur certaines formes de causalité par influence psychologique, délimitons brièvement le champ d'investigation. Parfois, la doctrine parle de *psychische Einwirkungen* (influences psychologiques)[6] pour décrire les effets d'une intervention non physique sur une personne. Parmi les cas typiques de cette catégorie se trouvent notamment les différentes formes de dommages par chocs psychologiques. Par exemple, une personne a été effrayée par un accident qui s'est déroulé sous ses jeux. Consécutivement, son état de santé se détériore. Dans la présente analyse, nous ne traiterons pas de ce type de causalité qui est en réalité une prolongation « dématérialisée » des chocs physiques, où la personne n'a pas été frappée par un objet, mais par une impression qui a causé une détérioration de son état de santé. Nous nous intéresserons ici principalement à des formes de causalité par influence psychologique où la personne influencée a donné son assentiment à l'acte en question.

De même, nous n'aborderons pas la problématique des influences psychologiques en droit pénal. Il s'agit là d'un sujet extrêmement vaste qui dépasserait de loin notre propos.

Dans la présente contribution, il ne s'agira pas de faire une présentation exhaustive de la causalité psychologique qui, en fait, surgit dans de très nombreuses situations, mais seulement d'en montrer quelques occurrences particulières. A cette fin, nous avons retenu, un peu arbitrairement, trois catégories souples, à savoir : les influences inadmissibles, admissibles et imposées.

II.   Quelques occurrences en droit suisse

A.   Influences psychologiques inadmissibles : l'instigation

A différents endroits du code des obligations, le législateur a réglé certaines formes de causalité psychologique. Ainsi, l'art. 50 du Code des obligations

---

6   Notamment Heinrich HONSELL, Schweizerisches Haftpflichtrecht, 3. Auflage, Zürich 2000, 4, n. 8 ss, n. 11.

mentionne textuellement l'instigateur. Celui-ci est en quelque sorte le prototype du personnage qui exerce une influence psychologique sur une personne.

La constellation de base envisagée par rapport à l'instigation est, on le sait, celle où A cherche à déterminer B à intervenir dans une entreprise commune. L'art. 50 CO précise que, pour déterminer la responsabilité, il n'y a pas lieu de distinguer entre l'instigateur, l'auteur principal et le complice. Cela répond évidemment à un besoin pratique. En effet, en cas d'entreprises communes, il est souvent difficile pour la victime de connaître les fonctions précises de chacun des auteurs. La solidarité externe des co-auteurs peut être une protection efficace contre cette opacité qui pourrait former pour le lésé un obstacle pour obtenir réparation.

Le fait que l'instigateur réponde du dommage au même titre que les autres auteurs montre que, pour la responsabilité externe, exercer de l'influence sur autrui n'est pas considéré comme un acte plus anodin que d'avoir causé le dommage matériellement.

Récemment, le Tribunal fédéral a eu l'occasion de s'exprimer sur la notion d'instigation. En l'occurrence, la demanderesse était titulaire d'un brevet concernant une certaine technologie dans le domaine des machines à tisser. Elle reprochait à la défenderesse, qui fabriquait également des machines à tisser, non pas d'utiliser directement cette technologie, mais de vendre des machines que les client pouvaient utiliser de telle sorte que le brevet de la demanderesse était violé. Selon le Tribunal fédéral, l'objet du procès n'était donc pas une violation directe d'un brevet, mais une participation à une telle violation[7]. C'est dans ce cadre que notre haute cour se pencha sur la notion d'instigation qu'elle définit, en s'appuyant sur la doctrine: «Est instigateur celui qui détermine fautivement autrui à commettre un acte objectivement illicite, par exemple, en proposant explicitement des objets, qui ne tombent pas sous un droit protégé, pour une utilisation qui violerait un droit réel immatériel»[8]. Un peu plus loin, le Tribunal fédéral précisa que l'instigation,

---

[7] «Die Klägerin wirft der Beklagten nicht vor, selbst Erzeugnisse (Stickereien) in Verletzung ihres Verfahrenspatents herzustellen. Sie sieht jedoch eine Patentverletzung darin, dass die Beklagte Maschinen anbietet und vertreibt, welche durch die Abnehmer patentverletzend betrieben werden können. Prozessgegenstand ist damit nicht eine unmittelbare Patentverletzung, sondern eine Teilnahme daran im Sinne von Art. 66 lit. D PatG.», ATF 129 III 588 c. 4.

[8] ATF 129 III 588 c. 4.1. «Anstifter ist, wer einen andern schuldhaft zu einer objektiv rechtswidrigen Handlung veranlasst (Brehm, Berner Kommentar, N. 24 zu Art. 50 OR), beispielsweise dadurch, dass er Gegenstände, die unter kein Schutzrecht fallen, ausdrücklich für eine immaterialgüterrechtverletzende Verwendung anpreist (Hess-Blumer, a.a.O., S. 103; Handelsgericht ZH in: SMI 1984 S. 235 ff., 238, in welchem Entscheid das Anpreisen allerdings als Begünstigung gewertet wird).».
Notons que, pour a signification de l'instigation en droit des brevets, le Tribunal fédéral renvoie ici explicitement aux art. 41 ss 50 CO.

dans le cas présent, supposait une invitation ou sollicitation *directe* d'utiliser les machines d'une manière violant le brevet en question[9]. La simple commercialisation d'un bien qui, entre autres, permettait une violation d'un brevet n'aurait pas été considérée comme instigation.

Notons d'abord que, dans ce cas, le Tribunal fédéral n'analysa pas explicitement le rapport de causalité qui se trouve à la base de cette définition. Rappelons simplement qu'il faut évidemment en premier lieu un rapport de causalité naturelle, dans le sens que le dommage ne se serait pas produit sans l'acte en question (*conditio sine qua non*). En second lieu, il faut selon le droit suisse également un rapport de causalité adéquate, que le Tribunal fédéral n'évoque ici que furtivement[10].

Cette définition de l'instigation énumère cumulativement une faute, un acte objectivement illicite et la détermination (« veranlassen ») d'un tiers de se livrer à un certain acte. C'est le terme « veranlassen » qui nous intéresse en l'occurrence. Il désigne une attitude qui cherche à provoquer un acte (ou une abstention) auprès d'autrui, ou bien, sous sa forme plus déterminée, qui provoque effectivement la démarche proposée. Les deux significations se distinguent par rapport au résultat qui est seulement recherché dans la première acception, alors qu'il est atteint dans la seconde[11]. Sans doute, le Tribunal fédéral utilisa le terme dans la deuxième acception. Il suppose pour l'instigation que l'instigateur ait atteint son but en réussissant à déterminer la volonté de la personne visée. Selon cette définition, il suffit que l'instigateur ait exercé une influence purement psychologique, par opposition à une intervention matérielle ou physique. Si une intervention matérielle parallèle n'est évidemment pas exclue, les conditions pour l'instigation sont remplies si l'auteur a simplement pris ou fait prendre les dispositions nécessaires pour obtenir d'autrui l'attitude souhaitée. Ainsi, l'instigation peut être, par exemple, purement verbale.

La doctrine souligne que la notion d'instigation en droit civil n'est pas identique avec celle du droit pénal[12]. Une simple négligence suffit. Ainsi, une remarque imprudente qui détermine l'attitude du destinataire peut déjà être

---

9   « Geht es um das Anbieten oder Inverkehrbringen allgemein im Handel erhältlicher Erzeugnisse, wird diesfalls im Allgemeinen aus dem Erfordernis eines adäquaten Kausalzusammenhangs eine patentrechtsrelevante Teilnahmehandlung zu verneinen sein, es sei denn, die Waren würden ausdrücklich für den patentverletzenden Gebrauch angepriesen, was als Anstiftung im Sinne von Art. 66 lit. d PatG zu qualifizieren wäre (BGE 34 II 362 E. 3 ; HESS-BLUMER, a.a.O., S. 103 f. ; vgl. analog § 10 Abs. 2 DPatG). », ATF 129 III 588 c. 4.1.

10   ATF 129 III 588 c. 4.1.

11   Pour les significations du terme voir par exemple Duden, Deutsches Universalwörterbuch A-Z, Mannheim etc. 1989, 1631.

12   Hermann BECKER, Berner Kommentar VI/1, Bern 1941, Art. 50, n. 6 ; Oftinger/Stark, Haftpflichtrecht II/1, § 16 n. 324 ss ; Roland BREHM, Berner Kommentar VI/1/3/2, 2. Aufl., OR 50, n. 22 ss.

considérée comme instigation[13]. Selon certains auteurs, l'instigateur doit toutefois être conscient du fait que ses actes peuvent avoir une influence sur l'autre personne[14]. Cela montre que, en droit suisse, le niveau d'intensité de l'influence peut être relativement bas. Une véritable pression psychologique sur la personne influencée n'est pas nécessairement requise.

B.   Influences psychologiques admissibles

Dans cette catégorie, il s'agira essentiellement de formes d'influences psychologiques qui sont admises lorsqu'elles remplissent certaines conditions, mais interdites si elles dépassent le cadre fixé par la loi ou la jurisprudence.

(i)   Le rapport entre bailleur et locataire. Une des formes d'influence psychologique est réglée dans l'art. 271a al. 1 c CO. Le législateur y prévoit que le congé est annulable si le bailleur l'a prononcé dans le seul but d'amener le locataire à acheter l'appartement loué. En termes de causalité, cette disposition semble interdire au bailleur d'exercer un certain type d'influence psychologique sur le locataire pour obtenir la conclusion d'un contrat. Le Tribunal fédéral a précisé la teneur de cet article[15]. Suite à une offre du bailleur de vendre l'appartement à son locataire, ce dernier a entamé des négociations qui, toutefois, n'ont pas abouti. Le bailleur ayant été en contact avec d'autres personnes intéressées, il a résilié le bail. Le locataire s'est opposé à cette résiliation en faisant valoir l'art. 271a al. 1 c CO et s'est notamment plaint d'avoir été mis sous pression par le propriétaire-bailleur[16]. La haute cour constata, notamment à la lumière des travaux préparatoires, que cette disposition avait un champ d'application très étroit. Ainsi, cet article ne s'applique pas à tous les cas de congé liés plus ou moins à une vente : « Le texte légal ne vise pas tout congé lié à une offre d'achat de la chose louée, mais seulement (...) le congé donné pour faire pression sur le locataire. »[17]. En d'autres termes, le bailleur ne peut pas menacer le locataire de résilier le bail pour l'amener à acheter son logement. En revanche, dit le Tribunal fédéral en s'appuyant sur la doctrine, rien n'interdit au bailleur de procéder à une résiliation même après avoir proposé au locataire la vente de l'appartement, si le congé n'a pas comme but direct de faire pression sur le locataire d'acheter le bien locatif. La distinction du Tribunal fédéral concerne ici le type de pression. Il n'exclue pas toute forme

---

[13]   OFTINGER / STARK, Haftpflichtrecht II/1, § 16 n. 324 ; Roland BREHM, Berner Kommentar VI/1/3/1, 2. Aufl., OR 50, n. 24.

[14]   OFTINGER / STARK, Haftpflichtrecht II/1, § 16 n. 326 qui renvoie à l'ATF 57 II 420.

[15]   ATF 4C.446/1997.

[16]   ATF 4C.446/1997 c. 4a.

[17]   ATF 4C.446/1997 c. 4c.

de pression, mais seulement une forme spécifique. Evidemment, tout congé soumet le locataire à une pression. Ceci est le cas *a fortiori* si le locataire sait qu'il pourrait acheter le logement. Cette forme de pression n'est toutefois pas interdite, si elle n'est pas exercée spécifiquement pour aligner le locataire sur la proposition de vente. En termes de causalité, cela signifie que certaines influences sont interdites, si elles sont spécifiques, alors que d'autres – en quelque sorte diffuses – qui peuvent avoir le même effet, sont admises.

(ii) Le conseil médical. En dehors d'une disposition directe de la loi, la jurisprudence a reconnu l'existence de certaines autres formes de causalité psychologique. Il s'agit notamment d'influences exercées par des personnes qui se trouvent dans une situation privilégiée par rapport à la personne qu'ils influencent. Il peut s'agir aussi bien de rapports délictuels que contractuels, par exemple en cas de responsabilité pour des conseils donnés ou, plus particulièrement pour la responsabilité contractuelle, les rapports entre le médecin et son patient.

La figure de base visée ici est celle où le personnel médical, par exemple un médecin, conseille un patient qui se détermine en fonction des informations obtenues. Ce cas de figure diffère de l'investigation dans la mesure où la personne influencée subit elle-même le dommage, alors que, dans les cas d'instigation visée à l'art. 50 CO, c'est le plus souvent un tiers qui est lésé. En revanche, les deux figures se ressemblent sur le plan causal, dans la mesure où l'influence d'une personne sur une autre a déterminé cette dernière dans sa prise de décision.

Le Tribunal fédéral a eu l'occasion de s'exprime à ce sujet notamment dans un arrêt de 2002. Il s'agissait en l'occurrence d'un jeune homme qui souffrait de troubles d'équilibre et de vertiges d'origine neurologique. Depuis plusieurs années, il était suivi médicalement dans les Hôpitaux universitaires de X. Suite à une aggravation des troubles, il consulta à nouveau les médecins de son hôpital et notamment un neurochirurgien. Ce dernier exécuta, le lendemain d'une brève consultation qui ne dépassa pas la demi-heure, une opération qui laissa de graves séquelles au patient dorénavant invalide.

Au cœur du procès se trouvait la question de l'information procurée au patient avant l'opération. Cette question nous intéresse ici plus particulièrement par rapport au consentement que le patient avait donné pour l'intervention. Plus précisément, la question était de savoir si l'information donnée au patient était suffisante pour que ce dernier puisse se décider en connaissance de cause ou si, par une information qui ne répondait pas aux exigences légales, il avait été influencé à prendre une décision préjudiciable pour lui. En termes de causalité, le problème était de savoir si, à travers les informations émises ou retenues, le médecin avait exercé une influence indue.

Le Tribunal fédéral constata que le médecin n'avait pas rendu le patient suffisamment attentif aux risques de l'opération et qu'il avait procédé à l'intervention hâtivement, le lendemain de l'entretien déjà.

Il aborda notamment la nature des informations qui permettent un consentement éclairé du patient et constata : « Le consentement éclairé du patient doit être donné librement, et pour être valable, il ne doit être entaché ni de tromperies (mensonges du médecin), ni de pressions, et encore moins de menaces »[18]. En d'autres termes, le Tribunal fédéral part de l'idée que le patient doit notamment disposer de toute la liberté pour prendre sa décision. Tout acte ou information qui limiterait cette liberté entacherait immédiatement le consentement et le rendrait inefficace, parce que la volonté du patient serait altérée[19].

Le Tribunal fédéral se pencha ensuite sur l'influence psychologique en tant que telle pour constater : « Les pressions d'ordre psychologique ne sont pas évidentes à définir ; il peut être en effet difficile de distinguer le conseil et la persuasion dont fait preuve un médecin consciencieux de la pression morale exercée par le praticien dont l'intensité invalide le consentement du malade ». On voit bien le problème pratique que pose ici l'influence psychologique. Tout en admettant la difficulté de l'exercice, le Tribunal fédéral distingue entre le médecin consciencieux et celui qui, par opposition, violerait son devoir professionnel. Le premier se livre à deux exercices distincts : premièrement, il doit procurer au patient toutes les informations qui peuvent lui être utiles pour sa décision. Deuxièmement, il peut chercher à persuader le patient. A ce médecin consciencieux, le Tribunal fédéral oppose l'attitude inadmissible du médecin qui exercerait des pressions sur le patient le privant de la liberté indispensable à sa décision. La doctrine emprunte le même chemin en exigeant, d'une part, une « totale liberté » du patient et, d'autre part, l'obligation du médecin « de ne pas s'incliner trop hâtivement devant un refus » du patient, dont la renonciation à l'intervention pourrait provenir davantage d'une incompréhension ou d'un manque d'information que d'une sérieuse évaluation de sa situation[20].

Le Tribunal fédéral nomma ici clairement le point délicat de son raisonnement. En réalité, la différence entre les deux attitudes réside dans l'intensité de l'influence exercée, où une persuasion modérée est admise alors que des pressions sont clairement rejetées.

---

[18]   ATF 4P.265/2002/ech, c. 5.2.

[19]   Voir ATF 4P.265/2002/ech, c. 5 ; 127 Ib 197. Par ailleurs, dans l'arrêt ATF 114 IA 358 c. 6 le Tribunal fédéral souligne l'importance fondamentale du consentement libre et éclairé du patient, sans cependant aborder la question de l'influence que le médecin serait autorisé à exercer.

[20]   Dominique Manaï, Les droits du patient face à la médecine contemporaine, Bâle etc. 1999, 120.

Signalons en passant que le Tribunal fédéral a aussi spécifié le type de pression à laquelle le patient était exposé en l'espèce: «Surtout, il était indispensable de permettre au malade de faire le point en lui accordant une journée ou deux de réflexion avant d'être opéré, afin qu'il puisse discuter avec ses proches ou ses amis de l'opportunité de subir l'intervention proposée. On voit ainsi que le patient a été mis sous pression, à telle enseigne qu'il a été en pratique détourné de solliciter un second avis médical»[21]. L'explication fournie ici semble indiquer que, pour le Tribunal fédéral, la pression peut prendre les formes les plus diverses, par exemple un simple manque d'information[22], mais aussi l'impossibilité de consulter des amis ou de laisser mûrir la décision dans un milieu extrahospitalier. En l'occurrence, le Tribunal fédéral dénonça par ailleurs explicitement que le médecin ait fixé la date de l'opération pour le lendemain matin déjà, au motif qu'il ne voulait pas laisser vide la salle d'opération qui venait de se libérer pour ce jour[23].

La difficulté saute aux yeux. Comment distinguer la persuasion de la pression, étant donné que ces deux attitudes diffèrent parfois seulement par leur intensité? Où situer la limite entre les deux? La difficulté s'accroît du reste par la demande du patient qui, la plupart du temps, ne maîtrise pas les aspects médicaux de son dossier et qui est souvent tenté de solliciter l'avis personnel du médecin. Le médecin qui répondrait par exemple «A votre place, je me soumettrais à l'opération!» franchirait-il le seuil de l'influence admissible? De même, la diversité des types de pressions apparemment envisagés par le Tribunal fédéral ne font qu'augmenter la difficulté.

Avec cette jurisprudence, le Tribunal fédéral entreprend une marche sur le fil du rasoir. Il reconnaît à juste titre que le médecin – et probablement même tout autre spécialiste qui agit dans le cadre de sa profession – a entre autres comme fonction d'assister son patient dans la prise de décision. Refuser des conseils que le patient demande expressément reviendrait probablement à une mauvaise exécution du contrat. En même temps, le Tribunal fédéral veut et doit limiter l'intensité de ces influences. Le critère ultime semble être la sauvegarde de la liberté du patient, qui repose d'une part sur une information médicale suffisante et, d'autre part, sur une liberté entière dans la prise de décision. Evidemment, ce critère laisse, malgré toutes les tentatives de clarification, subsister une importante marge d'appréciation.

---

[21]   Voir ATF 4P.265/2002/ech, c. 5.4.

[22]   Inversement, le Tribunal fédéral souligne aussi que les informations fournies ne doivent pas provoquer chez le patient des états d'angoisse; à ce sujet clairement par exemple ATF 117 Ib 197, 203 et indirectement 113 Ib 426 c. 2.

[23]   «L'usage rationnel et planifié des équipements hospitaliers, qui est un but en soi parfaitement louable, ne saurait pourtant être utilisé comme un moyen de pression pour contraindre le malade à accepter une lourde opération», ATF 4P.265/2002/ech, c. 5.4.

Sur le plan conceptuel, cette jurisprudence semble se démarquer des règles admises pour l'instigation réglée dans l'art. 50 CO. Est considéré comme instigateur, nous l'avons vu, celui qui exerce une influence sur l'autre personne, et cela même, s'il a agi par négligence. La doctrine ne semble pas se demander, dans le cas de l'instigation, si l'influence psychologique a atteint ou dépassé un certain seuil. Il suffit que les agissements de l'instigateur aient influencé le comportement de la personne en question. La jurisprudence du Tribunal fédéral ne semble du reste pas contredire cette vision. En revanche, dans le cas du conseil médical, une certaine prise d'influence est admissible selon le Tribunal fédéral et fait parfois même partie du travail du médecin. Ce dernier peut essayer de persuader son patient, à condition de ne pas dépasser un certain seuil d'intensité dans son influence.

C. Influences psychologiques imposées?

Si la personne qui accepte un conseil en dehors d'un contrat est relativement peu protégée en droit suisse, la jurisprudence impose en revanche dans certains cas que la personne conseillée accepte le conseil qu'elle a reçu. Tel était par exemple le cas dans l'ATF 96 V 100. Il s'agissait d'un groupe de plongeurs qui planifiaient une expédition dans des méandres souterrains de la source de l'Orbe. Contrairement à ses coéquipiers qui se servaient tous d'un équipement à air comprimé, un des plongeurs utilisait un appareil à oxygène, au motif qu'il connaissait cet équipement. Les autres plongeurs lui déconseillèrent ce choix. Après l'accident létal du plongeur, son assurance refusa des prestations en faisant valoir que, notamment, l'utilisation de l'appareil à oxygène avait fait de l'expédition une entreprise téméraire. Il est important de noter ici que les médecins n'avaient pas procédé à une analyse médicale approfondie – ils n'avaient notamment pas procédé à une autopsie – pour établir les causes de la mort.

Le Tribunal fédéral considéra qu'il s'était effectivement agi d'une entreprise téméraire. Parmi d'autres arguments, il retint que le plongeur avait été averti à plusieurs reprises, de manière générale par le président de sa fédération et immédiatement avant la plongée par ses coéquipiers[24].

En l'occurrence, les considérants du Tribunal fédéral montrent que, dans certains cas, la personne conseillée doit se soumettre à l'influence à laquelle elle a été exposée. Ne pas suivre un conseil peut engager sa responsabilité, ou, comme dans le cas présent, priver le lésé des prestations d'une assurance.

---

[24] ATF 96 V 100, 108, c. 5a.

D. Le problème général de la confiance à accorder ou refuser

Le même problème de l'influence psychologique a parfois été posé par rapport à la « fiabilité » du conseiller. En effet, notamment par rapport aux conseils donnés dans un cadre extracontractuel, on peut se demander dans quelle mesure la personne conseillée peut se fier à son conseiller. Est-ce qu'elle peut s'en remettre aux recommandations de quiconque ou doit-elle faire preuve d'un sens critique dans le choix de ses conseillers? En termes de causalité psychologique, la question est de savoir si la personne peut se réclamer du simple fait d'avoir été influencée ou doit-elle examiner de manière critique si cette influence émane d'une personne qui mérite d'être écoutée?

Une partie de la doctrine considère que la crédibilité d'un conseiller doit se justifier objectivement pour que la personne conseillée puisse se prévaloir de la protection de la loi[25]. Toutefois, à notre avis il faut préciser ici le point suivant. Si l'incompétence de celui qui donne un conseil est manifeste, par exemple parce qu'il s'agit d'un enfant en bas age ou parce que la personne est évidemment dérangée d'esprit, on peut naturellement s'attendre à ce que la personne qui cherche conseil s'en rende compte et ne suive pas ses recommandations. Si elle le suit néanmoins, elle en endosse le risque. En revanche, si cette incompétence n'est pas immédiatement manifeste et, notamment, s'il faut disposer de connaissances approfondies pour la déceler, on ne peut en principe pas reprocher au lésé d'avoir suivi un conseil. *A fortiori*, si le conseiller dispose de compétences particulières en la matière, par exemple un avocat ou un médecin qui donne un conseil dans un cadre extra contractuel, le crédit qui lui est accordée est *ipso facto* justifié objectivement. Cela signifie que, dans ce cas, on ne pourrait reprocher au lésé d'avoir suivi le conseiller et exclure ce dernier de toute responsabilité.

Dès lors, la question est de savoir dans quelle mesure le conseiller qui n'est pas lié par un contrat répond de ses conseils. De manière générale, la doctrine semble admettre que, en dehors d'un contrat, celui qui a été lésé par un conseil a comme moyen à sa disposition l'art. 41 al. 2 CO qui vise les dommages infligés intentionnellement et par des faits contraires aux mœurs. Par ailleurs, on peut éventuellement considérer qu'il s'agisse d'un acte contraire à la bonne foi qui serait, par conséquent, illicite[26]. Notons que les deux moyens sont particulièrement étroits et offrent au lésé une protection très limitée.

Toutefois, le Tribunal fédéral a développé, il y a quelque temps déjà, une jurisprudence où il accepte, à des conditions restrictives, la responsabilité pour conseil en dehors d'un rapport contractuel. Ainsi, la personne qui agit

---

25 OFTINGER / STARK, Haftpflichtrecht II/1, 44 s., n. 127 ss.

26 Voir notamment BREHM, BK 41, n. 46.

pour rendre un service (Gefälligkeitshandlung) et donne, en vertu de ses compétences professionnelles, des informations non vérifiées ou des informations dont elle sait qu'elles sont fausses, ou encore en taisant des éléments essentiels dont elle connaît l'importance pour la prise de décision finale, répond en vertu de l'art. 41 CO[27]. Pour notre propos, nous retiendrons dans cette formulation, qui vise par ailleurs aussi l'illicéité de l'acte, surtout l'expression «qui donne des indications fausses ou passe sous silence des faits qu'il connaît et dont il doit se dire que la révélation pourrait influencer la décision de l'autre partie». Notre haute cour vise ici explicitement l'*influence* – et, en d'autres termes, l'influence psychologique – qu'une information peut exercer sur la personne conseillée[28]. Notons par ailleurs que le fait de restreindre cette responsabilité aux conseils liés à la compétence professionnelle confirme l'idée d'une confiance objectivement justifiée exprimée par la doctrine.

On pourrait se demander si la responsabilité fondée sur la confiance a pris le relais de cette jurisprudence. Cette question est d'autant plus pertinente que, depuis le fameux arrêt «Swissair», les juristes contrôlent presque systématiquement si, en matière extra contractuelle, on ne pourrait pas faire valoir un rapport de confiance entre le lésé et un tiers. A titre personnel et étant donné les conditions toujours plus restrictives qui pèsent sur la responsabilité fondée sur la confiance, il me paraît judicieux de garder à l'esprit la jurisprudence du Tribunal fédéral au sujet des «Gefälligkeitshandlungen» qui offre un champ d'application beaucoup plus large.

III.　La place dogmatique de la causalité psychologique

On peut se demander comment situer la causalité psychologique sur le plan dogmatique. Sous l'angle de la causalité, sa place est sans doute à la fois dans le causalité naturelle et adéquate.

---

[27]　ATF 116 II 295 c. 4.

[28]　ATF 116 II 295 c. 4. Voir aussi ATF 96 V 100, 108 c. 5a: «Das Bundesgericht wertet Gefälligkeiten, welche weder in Ausübung eines Gewerbes noch gegen Entgelt erfolgen, als ausservertragliches Handeln (BGE 112 II 350 E. 1a mit Hinweis). Es hat dabei den Grundsatz entwickelt, dass aus Art. 41 OR schadenersatzpflichtig wird, wer aufgrund seines Fachwissens in Anspruch genommen wird, wunschgemäss Auskünfte erteilt oder Gefälligkeitsleistungen erbringt und dabei wider besseres Wissen oder leichtfertig unrichtige Angaben macht oder wesentliche Tatsachen verschweigt, die ihm bekannt sind und von denen er sich sagen muss, dass ihre Kenntnis den in Frage stehenden Entschluss beeinflussen könnten (BGE 111 II 474 E. 3).», Voir notamment Heinrich HONSELL, Die Haftung für Auskunft und Gutachten, insbesondere gegenüber Dritten, in Robert WALDBURGER et al (Hrsg.), Wirtschaftsrecht zu Beginn des 21. Jahrhunderts. Festschrift für Peter Nobel zum 60. Geburtstag, Bern 2005, 939 ss, 942 s.

a. Causalité naturelle. Dans un premier temps, le juge doit décider s'il avait existé, dans le cas qui lui est soumis, un lien de causalité psychologique entre celui qui a exercé une influence et l'attitude de la personne influencée. Nous avons vu les difficultés qui peuvent surgir, dues notamment au fait que la réception ou le rejet de l'influence est un phénomène purement interne à la personne. Par conséquent, on ne connaîtra jamais avec certitude le motif qui a déterminé l'attitude de la personne sous influence. Pour pallier à ce problème, le juge a évidemment la possibilité de travailler avec des présomptions, en inférant, par exemple à partir des pressions qu'il a pu établir, une influence sur la personne qui y était exposée.

b. Causalité adéquate. Dans un deuxième temps et si un lien de causalité naturelle a été admis, le juge se trouvera devant la délicate question de savoir si l'influence exercée répond aux conditions élaborées notamment par la jurisprudence du tribunal fédéral. Ici, la formule du «cours ordinaire des choses et l'expérience générale de la vie» utilisée couramment par notre haute cour peut être particulièrement utile, notamment pour décider si le destinataire de l'influence aurait dû résister aux sollicitations, auxquelles il avait été exposé.

IV.   Conclusions

Ce bref parcours montre que la causalité psychologique est un phénomène largement reconnu en droit suisse. Dans certains cas – comme à l'art. 50 du CO pour l'instigateur ou à l'art. 271a al. 1 c CO pour le rapport entre le bailleur et le locataire – le législateur lui-même règle certains problèmes d'influence psychologique. Dans d'autres cas – par exemple en matière de responsabilité médicale ou pour certains rapports extra contractuels – le Tribunal fédéral propose des solutions jurisprudentielles.

Selon les situations, dans lesquelles elle prend place, la causalité psychologique entraîne la responsabilité civile de l'auteur. Tel est notamment le cas pour l'instigateur qui répond de son acte dès qu'il a influencé autrui à causer un dommage. Dans d'autres situations, la causalité psychologique est considérée comme admissible, à condition qu'elle ne dépasse pas un certain seuil. Ainsi, le médecin peut chercher à exercer une influence sur le patient, à condition que ce dernier garde toute sa liberté psychologique pour prendre sa décision. Au-delà du seuil d'influence autorisé, on considère que le médecin n'a pas obtenu le consentement éclairé du patient et répond des dommages qui résultent de son intervention, et cela indépendamment de toute autre faute médicale. La conjonction des deux éléments, selon lesquelles le médecin peut influencer le malade, mais tout en laissant intacte sa liberté de se décider indépendamment, risque de poser des problèmes délicats d'évaluation. Dans la pratique, il sera difficile de savoir jusqu'où l'influence du médecin peut aller, sans que la liberté du patient ne soit diminuée.

Dans un troisième cas de figure, la personne qui reçoit un conseil doit s'y conformer. Si elle ne le fait pas, elle engage sa responsabilité. Tel était notamment le cas du plongeur qui avait été averti du péril de son entreprise. N'ayant pas tenu compte des conseils reçus, c'est-à-dire, ayant rejeté l'influence psychologique qui lui avait été offerte, son assureur était libéré de son obligation de couvrir l'événement dommageable consécutif.

Un cas à part concerne les influences psychologiques qui se produisent dans le cadre de conseils donnés par des experts en dehors d'un contrat. Si le conseil conduit à un dommage, le lésé est en principe mal protégé. Toutefois, pour des cas spécifiques, où le conseiller agit en vertu de certaines compétences professionnelles, manque de la diligence nécessaire et doit savoir que son conseil peut avoir une influence sur la prise de décision, le Tribunal fédéral admet la responsabilité basée sur l'art. 41 CO.

Dans certains cas, nous l'avons vu, la jurisprudence admet ouvertement que des influences psychologiques puissent se produire en toute légalité. C'est notamment le cas du médecin qui a le droit et parfois même le devoir d'influencer le patient. Dans d'autres cas, en revanche, la jurisprudence rend responsable des influences les plus infimes. Ainsi, l'instigateur répond en cas de dommage de la moindre influence qu'il a exercée sur le tiers.

Pour les cas d'instigation, nous l'avons vu, le Tribunal fédéral a fixé un seuil de tolérance extrêmement bas, l'instigateur répondant en principe de l'influence la plus infime. Cette solution laisse peut-être miroiter un certain effet préventif contre toute forme d'instigation. Toutefois, il serait à mon avis illusoire de vouloir rendre responsable un individu de la moindre influence exercée sur autrui. La réalité quotidienne nous contraint à exiger, sur le plan juridique, de l'individu une certaine résistance face aux sollicitations auxquelles il est constamment exposé. Comme nous l'avons vu, nos ordres juridiques s'appuient sur le discernement des sujets de droit et supposent, par conséquent, que l'individu soit en mesure de s'opposer, dans une certaine mesure, aux sollicitations auxquelles il est constamment exposé.

L'objection du comportement de substitution licite: de son utilité et de sa place

Franz Werro[*]

Table des matières

[*] Professeur à l'Université de Fribourg et au Georgetown University Law Center, Washington, DC. Je remercie Nathanelle Petrig et Béatrice Hurni, assistantes à la Faculté de droit de Fribourg, de leur aide précieuse dans la préparation et la mise au point de ce texte.

Introduction

L'existence d'un rapport de causalité entre le fait générateur de responsabilité et le préjudice constitue l'une des conditions nécessaires pour engager la responsabilité de l'auteur du dommage[1]. Par conséquent, pour que le lésé puisse obtenir la réparation de son dommage, il doit prouver que le fait générateur de responsabilité est la cause de son dommage. On distingue à cet égard entre la causalité naturelle et la causalité adéquate.

La causalité naturelle est un lien entre deux événements tel que sans le premier, le second ne se serait pas produit. Elle est établie lorsque le fait générateur de responsabilité est une condition nécessaire de la survenance du dommage ; elle cesse dès que le lien logique entre les deux fait défaut. Pour sa part, la causalité adéquate permet de poser les limites de la causalité naturelle au regard de considérations normatives. Elle relève donc du droit et est ainsi soumise à la connaissance du Tribunal fédéral[2].

Deux questions essentiellement se posent cependant aux frontières du fait et du droit. L'une est celle de savoir si la causalité est rompue lorsque le dommage résulte effectivement de la cause considérée, mais qu'on peut retenir qu'il serait survenu même sans cette cause ; c'est la question de la causalité hypothétique. L'autre est celle de savoir si le défendeur recherché qui ne conteste pas le caractère illicite de son comportement peut échapper à sa responsabilité en prouvant que, même s'il avait agi conformément au droit, le dommage serait de toute manière survenu. C'est la question relevant de l'objection du comportement de substitution licite qui sera l'objet du présent exposé. Celui-ci a pour but essentiel de reprendre l'analyse de cette objection sur la base de la jurisprudence récente. Après avoir défini l'objection du comportement de substitution licite (I.), nous examinerons la place de cette objection dans la loi (II.). Nous compléterons notre étude en analysant la question du fardeau de la preuve sur la base de quelques arrêts du Tribunal fédéral (III.).

---

[1]   Brehm, *Berner Kommentar*, n° 103 ad art. 41 CO ; Werro F., *La responsabilité civile*, Berne 2005, n° 174.

[2]   ATF 131 III 306, cons. 3.2.2.

I.   La notion de l'objection du comportement de substitution licite

1.   La définition de l'objection du comportement de substitution licite

Selon le Tribunal fédéral, l'objection du comportement de substitution licite se définit comme le moyen par lequel le défendeur à l'action en responsabilité fait valoir que le dommage serait néanmoins survenu s'il avait agi conformément au droit[3]. Le défendeur ne nie pas que son comportement ait été en fait inadéquat; il affirme cependant que s'il avait agi de manière correcte, cela n'aurait rien changé au résultat. Ainsi, un cycliste en train de changer ses vitesses ne fait pas attention à la circulation et entre en collision avec un enfant qui s'est soudainement élancé en courant sur la route : il peut faire valoir que, même s'il avait été attentif (comportement de substitution licite), il n'aurait pas pu éviter l'enfant et que dès lors son comportement inadéquat n'est pas la cause de l'accident[4].

L'objection du comportement de substitution licite est souvent présentée comme une création de la doctrine et de la jurisprudence allemandes, sous le nom de « *rechtsmässiges Alternativverhalten* »[5]. Il est sans doute vrai que la doctrine allemande a systématisé le contenu de cette notion et lui a donné un nom; il reste que celle-ci est consacrée par la loi civile suisse[6] et qu'elle échappe en réalité au carcan des frontières, nationales ou autres[7]; c'est ainsi qu'on retrouve cette objection en droit pénal, comme à chaque fois que se pose le problème de la causalité.

2.   Quelques délimitations

L'objection du comportement de substitution licite porte sur la causalité du comportement du défendeur. Il faut distinguer cette objection de la notion de causalité outrepassante et de celle de causalité dépassante et dépassée.

---

3   Arrêt 4C. 156/2005 du 28 septembre 2005, SJ 2006 I 221, cons. 3.5.6.

4   Cf. REY H., *Ausservertragliches Haftpflichtrecht*, 3e éd., Zurich / Bâle / Genève 2003, n° 649, p. 147.

5   STUDHALTER B., *Die Berufung des präsumtiven Haftpflichtigen auf hypothetische Kausalverläufe – Hypothetische Kausalität und rechtmässiges Alternativverhalten*, thèse Zurich 1995, p. 171 ss; HANAU P., *Die Kausalität der Pflichtwidrigkeit: eine Studie zum Problem des pflichtmässigen Alternativverhaltens im bürgerlichen Recht*, Göttingen 1971.

6   Cf. art. 55 CO, p. ex.

7   KRAMER E., *Die Kausalität im Haftpflichtrecht: neue Tendenzen in Theorie und Praxis*, RJB 1987, Berne, 289 ss, p. 290.

a.   La causalité outrepassante

Si, après qu'un dommage survienne, de nouveaux faits se produisent, également aptes à le causer, ceux-ci ne sont plus pris en compte. Ils relèvent de ce qu'on appelle la causalité outrepassante[8]. Le défendeur ne peut pas faire valoir cette causalité, car celle-ci ne supprime pas celle de son acte. Ainsi, une personne qui par négligence cause la mort d'un animal, ne peut se libérer en invoquant que le lendemain, un incendie ayant entraîné la destruction de l'immeuble où se trouvait l'animal aurait de toute façon tué l'animal en question. La série causale est close; un acte ou une omission ne peut pas être la cause d'un effet qui s'est déjà produit[9].

b.   La causalité dépassante et la causalité dépassée ou hypothétique

On distingue de l'hypothèse précédente celle dans laquelle un fait générateur de responsabilité est la cause d'un dommage, alors qu'on peut établir qu'une autre cause antérieure à ce fait aurait entraîné dans l'avenir ce même dommage. On qualifie le fait générateur de responsabilité de cause dépassante et la première cause de cause dépassée ou hypothétique[10]. Ici aussi, le défendeur doit répondre de son comportement (dépassant): il ne peut en principe pas se prévaloir de la cause dommageable dépassée, même s'il est certain que celle-ci aurait produit ses effets tôt ou tard. A titre d'exemple, on peut citer le cas du médecin qui commet une faute entraînant la mort de son patient, lequel, atteint d'une maladie incurable, serait de toute façon décédé peu de temps après l'acte fautif. La maladie déclarée conduisant à la mort imminente est acquise, mais on retient qu'elle ne supprime pas le caractère causal de l'acte du médecin[11]. La faute du médecin l'emporte (causalité dépassante) sur la maladie (causalité dépassée)[12].

---

8   WERRO F., in : F. Werro / L. Thévenoz (édit.), Commentaire romand CO-I, Bâle 2003 (cité : CR-CO), n° 35 ad art. 41.

9   DESCHENAUX H. / TERCIER P., *La responsabilité civile*, Berne 1982, § 4 ch. 2 n° 25.

10   WERRO, n° 181 ss ; REY, n° 604 ss.

11   Dans *le Restatement Third, Torts* (proposed final draft n° 1 du 6 avril 2005), on retient à juste titre que la mort imminente joue cependant un rôle dans la mesure des dommages-intérêts (§ 26 comment k). Cf. ég. *Restatement Second, Torts* § 924, comment e.

12   Un autre exemple régulièrement cité est celui de l'usufruitier qui néglige d'entretenir les bâtiments soumis à sa jouissance et qui sont sur le point de s'écrouler. Un incendiaire met le feu aux bâtiments qui détruit même les bâtiments encore en place : il y a, dans ce cas, rupture du lien de causalité entre le mauvais entretien et la destruction. En effet, le comportement de l'incendiaire se substitue (causalité dépassante) au mauvais entretien (causalité dépassée ou hypothétique) et seul l'incendiaire sera tenu à réparation (DESCHENAUX / TERCIER, § 4 ch. 2 n° 22).

On dit parfois que ce principe n'est pas sans exception et on cite l'exemple de la prédisposition constitutionnelle indépendante de la victime[13]. Cette prédisposition vise le cas dans lequel l'état de santé de la victime est tel que le dommage qui se réalise au moment d'une atteinte ne trouve pas sa cause dans cette atteinte, mais dans l'état de santé déjà déficient de la victime. La jurisprudence donne à cet égard les exemples de la victime souffrant d'hémophilie, de diabète, d'ostéoporose ou d'une tendance aux névroses[14].

Plus qu'une exception à la règle selon laquelle la causalité dépassante écarte la causalité hypothétique (cas du médecin qui tue son patient incurable), on devrait peut-être voir dans le cas de la prédisposition constitutionnelle une hypothèse distincte : en effet, dans ce cas, l'acte de l'auteur qui déclenche la prédisposition n'est pas la cause du même dommage que celui résultant de cette prédisposition ; il est la cause d'un dommage supplémentaire qui vient s'ajouter au premier[15]. Dans le cas du médecin, en revanche, les dommages subis se confondent : une même perte résulte d'une cause qui en remplace une autre ; la mort accidentelle absorbe en quelque sorte la mort qui serait survenue, entraînant des effets identiques.

c. La distinction entre le comportement de substitution licite et la causalité dépassée (ou hypothétique) ou outrepassante ?

En doctrine, on distingue le comportement de substitution licite de la causalité dépassée ou hypothétique que nous venons de voir. Dans la causalité hypothétique, on apprécie une cause immédiate qui en remplace une autre sur laquelle l'auteur n'a pas de prise ; dans le comportement de substitution licite, on porte le regard non pas sur une cause autre, mais sur l'alternative possible d'un comportement conforme au droit au moment du comportement illicite[16].

---

13 WERRO, CR-CO, n° 35 ad. art. 41; WERRO, n° 185.

14 Selon le Tribunal fédéral, «*on doit retenir sous l'angle de la causalité en matière de responsabilité civile, les états antérieurs dont on peut admettre avec certitude ou un haut degré de vraisemblance que même sans la survenance de l'évènement dommageable ils auraient influé sur l'intégrité physique du lésé ou abrégé sa durée de vie, bien qu'ils n'eussent développé aucune suite au moment de l'évènement [...] Lorsque le dommage qui en résulte se serait plus ou moins réalisé même sans l'accident, il ne saurait être imputé au responsable et retenu dans le calcul du dommage*» (ATF 113 II 86, JdT 1987 I 442 cons. 3b).

15 REY, n° 607c.

16 GAUCH P. / SCHLUEP W. / SCHMID J. / REY H., *Schweizerisches Obligationenrecht allgemeiner Teil, ohne ausservertragliches Haftpflichtrecht*, 8e éd., Zurich 2003, n° 2760 : «*Der Unterschied zur hypothetischen Kausalität besteht darin, dass die Hypothese nicht ein späteres Ereignis, sondern die mit den pflichtwidrigen Handlungen zeitlich zusammenfallende Alternative rechtmässigen Verhaltens betrifft*».

Le Tribunal fédéral reprend dans des termes semblables cette distinction[17], sans pourtant clairement en souligner la réalité et les implications. Dans l'arrêt même où il a expliqué la notion de comportement de substitution licite[18], il s'est en effet fondé sur une jurisprudence antérieure dans laquelle il avait à juger d'un cas de causalité hypothétique. Dans cette dernière affaire, une personne avait promis de vendre un immeuble et de signer une demande de permis de construire. Le promettant manqua à son engagement en omettant de signer cette demande et le bénéficiaire de la promesse de vente l'attaqua en justice[19]. La question était de savoir, si le promettant pouvait se libérer de sa responsabilité en objectant qu'abstraction faite de son comportement, des évènements futurs (à savoir l'opposition des voisins et le classement du terrain dans une zone de deux étages au lieu de trois) auraient de toute façon empêché la délivrance du permis de construire. Le Tribunal fédéral a apporté une réponse positive à cette question en jugeant que la causalité hypothétique des évènements futurs l'emportait sur l'omission du défendeur. Pour introduire, dans un arrêt ultérieur, l'exception de comportement de substitution licite, le Tribunal fédéral s'est référé à son jugement rendu dans l'affaire du permis de construire et a assimilé cette exception à la causalité hypothétique qu'il y avait retenue. Parlant du comportement de substitution licite, il a ainsi déclaré: «*Cette notion n'est pas étrangère à la jurisprudence du Tribunal fédéral. Ainsi, dans l'ATF 115 II 440, il a été jugé qu'en cas d'inexécution d'un contrat par omission, la partie contractante en faute peut être admise, sous certaines conditions, à faire valoir que, même si elle avait rempli ses obligations conformément au contrat, son cocontractant n'en aurait pas moins subi un dommage identique*»[20].

Le mélange des deux notions s'explique toutefois dans la mesure où, lorsque pour faire admettre que son comportement n'est pas causal le défendeur invoque des événements ultérieurs extérieurs (l'opposition des voisins, le classement dans une zone à bâtir), il fait valoir en réalité du même coup que le dommage serait également survenu, même s'il avait eu un comportement conforme au droit (signé la demande de permis)[21]. Inversement, si le défendeur entend démontrer que son comportement licite n'aurait rien changé, il

---

17 Au sujet de l'objection du comportement de substitution licite, le Tribunal fédéral déclare: «*Cette notion se distingue des causalités hypothétique et outrepassante en ce sens que, contrairement à ces dernières, qui font appel à des circonstances externes, généralement postérieures à la survenance du dommage, et sur lesquelles le responsable n'a pas de prise, elle fait intervenir, à titre de solution de rechange, le propre comportement du responsable, mais un comportement conforme au droit.*» (ATF 122 II 229, cons. 5a, p. 233).

18 ATF 122 II 229.

19 ATF 115 II 440, JdT 1990 I 362.

20 ATF 122 II 229, cons. 5a, p. 233.

21 Pour un cas de comportement de substitution licite, cf. ATF 39 II 476, cons. 2, où le bailleur se voit reconnaître le droit de ne pas payer les frais de déménagement à la suite d'une résiliation qui serait de toute façon intervenue une fois.

fait valoir simultanément qu'un événement extérieur, autre que le comportement qu'il a eu, est à l'origine du dommage. A notre avis, il y a donc bien lieu en principe d'assimiler comportement de substitution licite et causalité hypothétique, du moins là où celle-ci se rapporte à des événements postérieurs au comportement du défendeur. En revanche, il faut les distinguer lorsque ce sont des évènements antérieurs à la survenance de l'acte dommageable que l'auteur entendrait invoquer, comme c'est le cas, de façon inadmissible, de la maladie incurable dont le patient souffrait avant l'intervention fatale du médecin[22].

d. L'objection du comportement de substitution licite et la distinction entre les omissions et les actes positifs

Quand elles traitent de l'objection du comportement de substitution licite, la doctrine et la jurisprudence distinguent les actes positifs des omissions[23]. L'état de la question n'est cependant pas exempt de controverses.

i. Les omissions

En ce qui concerne les omissions, les opinions se rejoignent toutes pour admettre qu'entre l'omission et le résultat dommageable, le rapport de causalité est nécessairement hypothétique[24]. La raison en est que dans l'ordre naturel des choses, une omission ne peut être la cause d'un effet. Retenir, comme on le fait, un lien de causalité entre l'omission et le dommage implique par définition qu'à l'aide d'une hypothèse, on admette que le dommage ne se serait pas produit si l'intéressé avait agi conformément au droit[25].

---

[22] L'ATF 115 II 440 (JdT 1990 I 362, cons. 4) cite de nombreux arrêts qui relèvent tantôt de la causalité hypothétique, tantôt du comportement de substitution licite. Relève selon nous de cette notion, l'ATF 39 II 476 (JdT 1913 I 88), où le Tribunal rejette l'action d'un locataire en remboursement des frais occasionnés par un déménagement prématuré, motif pris du fait que ces frais seraient tombés plus tard à la charge du demandeur. Il en va de même de l'affaire de l'avocat qui rate le délai (ATF 87 II 372, ch. 2, JdT 1962 I 366), et de celle des parents de la victime d'un accident mortel réclamant une indemnité pour des vêtements de deuil et dans lequel la réclamation n'a pas été admise en entier, l'acquisition devant avoir lieu de toute façon (cf. ATF 113 II 339, JdT 1988 I 699 ss). Les autres arrêts cités sont des cas d'application de la causalité hypothétique, dès lors qu'ils font intervenir des éléments extérieurs au comportement de l'auteur. Tel est le cas de l'ATF 96 II 178 cons. b (JdT 1972 I 88), dans lequel le Tribunal fédéral a rejeté l'argument du défendeur qui plaidait qu'une avalanche naturelle aurait ultérieurement causé le même dommage que l'avalanche artificielle qu'il avait déclenchée. Tel est également le cas de l'arrêt sur la prédisposition constitutionnelle (ATF 113 II 92, cons. 3, JdT 1987 I 446).

[23] ATF 122 III 229, cons. 5a, p. 234; REY, n° 647 ss.

[24] KRAMER, p. 295.

[25] WERRO, CR-CO, n° 36 ad. art. 41; GAUCH P. / SINNIGER R., *Vom Nozon, der über die Ufer trat... und wie das Bundesgericht die Haftungsfrage entschied*, DC 1997, p. 42 ss, p. 48.

Ce qu'on peut relever, c'est que juger de la causalité naturelle de l'omission règle en réalité le sort de l'objection du comportement de substitution licite et inversement. On ne saurait en effet retenir cette objection (agir de façon licite n'aurait rien changé) sans écarter la causalité de l'omission illicite ; de même, en écartant la causalité d'une telle omission, l'objection du comportement de substitution licite devient sans objet[26]. Ainsi, si on admet que tendre la main (comme requis, par hypothèse) à une personne en train de se noyer n'aurait rien changé, on décide du même coup que le fait de ne l'avoir fait n'est pas la cause du dommage. Inversement, si on juge que le fait de ne pas avoir tendu la main à la personne en péril est la cause de mort de celle-ci, on écarte nécessairement l'objection selon laquelle tendre la main n'aurait rien changé.

Dans l'arrêt du Nozon, qui sera discuté ultérieurement de manière plus détaillée en relation avec la question du fardeau de la preuve (cf. *infra* III.1.c), le Tribunal fédéral avait à juger des conséquences du débordement du Nozon, alors que l'insuffisance des rives de ce cours d'eau avait été mise en cause. A cette occasion, il a affirmé à juste titre qu'à l'égard des omissions, « *les opinions convergent pour constater qu'entre l'acte omis et le résultat constaté, le rapport de cause à effet est nécessairement hypothétique, de sorte qu'à ce stade déjà il convient de se demander si le dommage serait survenu au cas où l'intéressé aurait agi conformément au droit. En d'autres termes, le juge doit d'emblée supputer les incidences concrètes de l'acte omis pour décider si l'omission a porté à conséquence dans le cas concret, ce qui suppose qu'il recherche, au préalable, en fonction du but protecteur de la disposition légale (ou du principe juridique) entrant en ligne de compte et des circonstances propres à la cause en litige, quel eût été l'acte à ne pas omettre* in casu »[27].

ii. Les actes positifs

En ce qui concerne les actes «positifs», les opinions sont partagées en doctrine[28]. Il y a d'abord celle des auteurs qui n'admettent pas l'objection du comportement de substitution licite et qui fondent leur refus sur le but de prévention de la norme. Selon ces derniers, celui qui a choisi d'avoir un comportement non conforme au droit devrait s'en tenir à son choix et en supporter les conséquences juridiques sans pouvoir plaider le caractère non causal de son comportement[29].

---

26   KRAMER, p. 295 : «*Der Einwand des rechtmässigen Alternativverhalten deckt sich somit hier mit dem Argument, die pflichtwidrige Unterlassung sei im gerade erläuterten Sinn gar nicht kausal gewesen*».

27   ATF 122 III 229.

28   Pour une présentation des diverses positions, cf. STUDHALTER, p. 205 ss et 243 ss ; cf. ég. KRAMER, p. 298.

29   Pour plus de détails sur cet avis, cf. KRAMER, p. 298 et les réf. citées, MünchKomm/Oetker, BGB 249 n° 111 ss ; à ce sujet, cf. ég. REY, n° 650.

Pour d'autres auteurs, plus nombreux, l'auteur d'un acte positif illicite doit être admis à faire valoir que cet acte n'est pas la cause adéquate du dommage : l'objection du comportement de substitution licite doit se faire en relation avec l'analyse du but protecteur de la norme violée : si celle-ci n'avait pas pour but d'empêcher le dommage qui s'est produit, le défendeur peut faire valoir que son acte n'engage pas sa responsabilité[30]. Par exemple, dans le cas du travailleur qui engage sa responsabilité en rompant son contrat de travail, ces auteurs estiment que ce dernier ne doit pas payer les frais d'annonce que l'employeur doit engager pour repourvoir le poste, car celui qui a conclu un contrat de durée indéterminée doit toujours compter avec le fait que l'autre partie au contrat résilie le contrat ou ne le prolonge pas : la norme qui sanctionne l'employé ne vise pas à protéger l'employeur contre une telle perte. Ne serait pas non plus responsable de l'accident d'un enfant le patron d'un établissement qui l'a autorisé à jouer aux quilles le soir alors qu'une directive interdit l'entrée aux enfants à ce moment, cette norme n'ayant pas pour but d'éviter de tels accidents. Le défendeur pourrait faire alors valoir que la norme n'avait pas pour but de protéger la victime contre le dommage qu'elle a subi, et que sa transgression est étrangère à l'accident qui s'est produit[31].

D'autres auteurs encore semblent cependant considérer que le problème de l'objection du comportement de substitution licite relève exclusivement de la causalité naturelle, qu'il y ait omission ou non[32]. En relation avec un acte positif, l'objection du comportement de substitution licite reviendrait simplement à faire valoir qu'un acte ou une omission conforme au droit n'aurait pas empêché le dommage.

Dans la jurisprudence du Tribunal fédéral, ces discussions doctrinales n'ont pas trouvé un écho précis. A la question de savoir si en cas d'acte positif, l'exception d'omission de comportement licite relève de la causalité naturelle ou de la causalité adéquate, il n'y a pas de réponse. Dans un arrêt récent impliquant l'acte positif d'un médecin (un faux certificat médical)[33], le Tribunal fédéral a – certes dans un *obiter dictum* – analysé l'objection du comportement de substitution en relation avec la causalité naturelle, là où, tenant celle-ci

---

30 A ce sujet, cf. KRAMER, p. 298 et les réf. citées ; cf ég. REY, n° 648.

31 C'est aussi la solution que propose la doctrine majoritaire allemande : « [...] *heute weitgehend anerkannt ist, dass für die Beurteilung eines Alternativverhaltens der Schutzzweck der jeweiligen Haftungsnorm massgeblich ist. [...] Eine Berücksichtigung des rechtmässigen Alternativverhaltens kommt daher nur dann in Betracht, wenn diese Norm bloss eine bestimmte Verletzungsart verhindern will und nicht auch den Verletzungserfolg überhaupt.* » (SCHIEMANN G., *Zweites Buch, Recht der Schuldverhältnisse*, Art. 249-254, in : J. von Staudingers Kommentar zum Bürgerlichen Gestzbuch, 13ᵉ éd., Berlin 1998, n° 102 ss ad. art. 249 BGB).

32 Dans ce sens, KRAMER, p. 298.

33 Arrêt 4C. 156/2005 du 28 septembre 2005, SJ 2006 I 221.

pour acquise, il n'avait pas à le faire – nous y reviendrons (cf. *infra* III *in initio* et III.1.e) – et où il aurait pu en conséquence la traiter sur le plan de la causalité adéquate ; il n'a toutefois pas envisagé cette possibilité[34]. Dans une autre affaire, relative à la violation positive d'un contrat, le Tribunal fédéral a aussi placé l'objection du comportement de substitution licite dans l'analyse de la causalité naturelle. Dans cette affaire en effet, un travailleur avait violé son contrat en détournant des anciens collègues de travail, avant de quitter son employeur, et en les faisant embaucher par la société qu'il venait ce créer : les juges ont considéré que ce travailleur était autorisé à démontrer que le dommage allégué par l'employeur se serait produit même s'il n'avait pas violé son contrat, car, en l'absence d'une prohibition de faire concurrence, rien ne l'aurait empêché d'obtenir, par des moyens licites après la fin des rapports de travail, le transfert de ses ex-collègues dans sa propre entreprise[35].

A notre avis, qu'on soit en présence d'un acte ou d'une omission, n'est en réalité pas décisif. L'analyse de l'objection du comportement de substitution licite en cas d'acte positif relève en principe de la causalité naturelle comme pour l'omission. L'exemple qui précède le montre bien. Procéder à cette analyse en relation avec la causalité adéquate dans des cas où la causalité naturelle est admise revient à porter un jugement normatif qui relève en réalité plus de la relation d'illicéité que de la causalité adéquate à proprement parler[36]. Nous laisserons ici de côté cette question et ne traiterons dès lors dans la suite de cette étude que de l'objection en relation avec la causalité naturelle.

3. Le fardeau de la preuve

Selon la jurisprudence du Tribunal fédéral, « *l'objection du comportement de substitution licite doit être soulevée par ‹ l'auteur › du dommage, qui doit démontrer que le préjudice serait survenu même s'il avait agi conformément au droit* »[37]. Toutefois, la règle générale veut qu'il appartienne au lésé de prouver que le comportement de l'auteur est bien la condition *sine qua non* du dommage (causalité naturelle). La question qui se pose est dès lors celle de savoir comment on peut concilier ces deux affirmations, car si le lésé prouve la causalité d'un acte ou d'une omission, il prive du même coup le défendeur de la possibilité de prouver le contraire. Donner le droit à ce dernier de faire valoir l'objection du comportement de substitution licite remet donc en cause à première vue

---

34 Arrêt 4C.156/2005 du 28 septembre 2005, cons. 3.5.6.

35 Arrêt 4C.217/1988, cons. 3.

36 Pour une référence à la relation d'illicéité, cf. ATF 122 III 229, cons. 5.

37 Arrêt 4C. 156/2005 du 28 septembre 2005, SJ 2006 I 230, cons. 3.5.6.

le fardeau de la preuve de la causalité à la charge du lésé. Nous reviendrons sur cette question à la lueur de quelques arrêts rendus par le Tribunal fédéral en cette matière (cf. *infra* III.).

II.   L'objection du comportement de substitution licite dans la loi

L'objection du comportement de substitution licite est souvent présentée comme une invention doctrinale ou jurisprudentielle. En réalité, comme nous l'avons relevé plus haut, la loi en a également reconnu l'existence, soit pour l'accepter, que ce soit en relation avec les règles sur la demeure du débiteur (1.) ou avec celles de certaines responsabilités du fait d'autrui (2.), soit pour la rejeter dans certains particuliers (3.).

1.   La responsabilité pour cas fortuit en cas de demeure du débiteur

Selon l'article 103 al. 2 CO, le débiteur en demeure répond du dommage qui en résulte. Du moment que la demeure lui est imputable, il répond même du cas fortuit qui atteint la chose due. Conformément à l'article 8 CC, le créancier supporte le fardeau de la preuve de la demeure, du cas fortuit et du dommage, mais non de la causalité naturelle entre le dommage et la demeure, cette causalité étant présumée[38]. Le débiteur peut toutefois renverser cette présomption et prouver que le cas fortuit aurait atteint la chose due même si l'exécution avait eu lieu à temps. Ainsi, le garagiste en retard dans la réparation d'une voiture ne répond pas des dégâts de carrosserie dus à la grêle pendant la nuit s'il peut prouver que la grêle aurait également atteint le véhicule chez son propriétaire qui ne dispose pas d'un parking ouvert[39].

Il en va de même pour la responsabilité pour cas fortuit de l'emprunteur (art. 306 al. 3 CO), de gestionnaire d'affaire sans mandat (art. 420 al. 3 CO) ainsi que du dépositaire (art. 474 al. 2 CO). Dans chacun des cas, la causalité entre le dommage et le manquement du débiteur est présumée. Pour se libérer, l'auteur doit apporter la preuve que, même s'il avait agi conformément au droit, le dommage serait survenu de la même manière. Apporter cette preuve revient pour ce dernier à détruire la présomption et démontrer que son comportement n'est pas la cause du dommage.

---

[38]   THÉVENOZ, CR-CO, n° 10 ad. art. 103.

[39]   THÉVENOZ, CR-CO, n° 14 ad. art. 103.

2. La prise en compte de l'objection du comportement licite dans certaines responsabilités du fait d'autrui

Un mécanisme semblable est prévu dans certaines responsabilités du fait d'autrui. En cas de dommage causé par un animal, le détenteur qui le détient est responsable, à moins qu'il ne démontre qu'il a agi avec la diligence requise (cf. art. 56 CO). S'il n'y parvient pas, le détenteur peut cependant encore se libérer en prouvant que le dommage se serait aussi produit s'il avait pris les mesures de prudence commandées par les circonstances[40]. L'article 56 CO présume non seulement le manque de diligence, mais aussi le lien de causalité entre ce manque de diligence et le dommage[41]. C'est donc à l'auteur de prouver que sa diligence n'eut pas empêché le dommage de se produire ou, en d'autres termes, qu'il n'y a pas de causalité naturelle entre son manque de diligence et le dommage. Selon le Tribunal fédéral, « *en prévoyant cette dernière possibilité, la loi ne fait que rappeler cette évidence que la violation du devoir de diligence doit être la cause du dommage. Elle codifie le principe général selon lequel aucun chef de responsabilité n'oblige à réparation si celui qui y est soumis prouve qu'un autre comportement de sa part, conforme au droit, aurait entraîné le même dommage que le comportement illicite qu'il a adopté en fait* »[42].

Le principe est le même pour la responsabilité de l'employeur (art. 55 CO)[43]. Lorsque l'acte illicite d'un employé est la cause d'un dommage, l'employeur est tenu de le réparer, à moins qu'il ne prouve qu'il a pris tous les soins commandés par les circonstances pour détourner le dommage. Cependant, en cas d'échec de cette preuve, il peut encore échapper à sa responsabilité s'il prouve que sa diligence n'eût pas empêché le dommage de se produire.

On notera que cette preuve libératoire n'existe pas pour le propriétaire appelé à répondre d'un défaut de son ouvrage. En effet, l'article 58 CO ne présume pas un manquement ni la causalité de celui-ci dans la survenance du dommage. Il n'y a donc pas de preuve libératoire. Il en résulte que l'objection du comportement de substitution licite ne saurait occuper en cette matière la même place que dans les normes légales que nous venons de passer en revue. Si le Tribunal fédéral a pu admettre cette objection à la faveur d'un propriétaire d'ouvrage recherché, c'est parce que dans le cas qui lui était soumis, la causalité du défaut de l'ouvrage, sans être acquise, paraissait vraisemblable ; nous y reviendrons plus loin (cf. *infra* III.1.d.).

---

40   ATF 131 II 115, JdT 2005 I 279, cons. 3.1.

41   Werro, CR-CO, n° 17 ad. art. 55 ; ATF 131 II 115, JdT 2005 I 279.

42   ATF 131 III 115, JdT 2005 I 279, cons. 3.1.

43   ATF 97 II 221, JdT 1972 I 365 cons. 1.

3. Le rejet de l'objection du comportement de substitution licite en cas de mort la victime

Si la loi a fait une place à l'objection du comportement de substitution licite, comme nous venons de le voir, elle l'a aussi parfois rejetée.

Il en est ainsi en cas de mort d'homme, où l'article 45 CO prévoit que les dommages intérêts comprennent les frais, notamment ceux d'inhumation. Sans cette disposition légale, le responsable pourrait faire admettre qu'il ne doit pas payer ces frais, dès lors que même s'il avait agi conformément au droit, ceux-ci seraient survenus à la mort de la personne. L'article 45 CO empêche ce raisonnement et impose au responsable du décès d'assumer les frais d'inhumation.

La question s'est posée par contre pour l'entretien de la tombe qui n'est pas énuméré dans l'article 45 CO. Le Tribunal fédéral a décidé que le responsable n'avait pas à assumer ces frais car l'entretien aurait de toute façon dû avoir lieu à la mort de la victime[44]. De même, pour les vêtements de deuil, la réclamation n'a pas été admise en plein car l'acquisition aurait eu lieu de toute façon[45].

III. L'objection du comportement de substitution licite et le fardeau de la preuve de la causalité

Comme nous l'avons relevé plus haut (cf. *supra* I.3.), le Tribunal fédéral admet qu'il revient au défendeur de prouver l'objection du comportement de substitution licite. Là où, comme c'est le cas dans les règles légales que nous avons vues (cf. *supra* II.), la causalité d'un manquement du sujet de la responsabilité est présumée, cette règle trouve tout son sens. Celle-ci est plus problématique, pour ne pas dire contradictoire, là où le lésé a le fardeau de la preuve de la causalité du manquement du défendeur. En effet, de deux choses, on est tenté de n'en retenir qu'une : ou il revient au lésé, en application de la règle générale de l'article 8 CC, de prouver l'existence du lien de causalité ; ou c'est à la personne recherchée de démontrer que même si son comportement avait été licite, le dommage se serait également produit. En effet, même si les parties doivent collaborer à l'établissement des preuves, le fardeau de la preuve d'un même fait pertinent ne peut incomber qu'à une seule des

---

44   ATF 113 II 339.

45   ATF 113 II 339, cité dans l'ATF 115 II 440, cons. 4a.

parties ; l'échec de la preuve de l'existence d'un fait ne peut logiquement être supporté que par une seule des parties[46].

L'analyse de la jurisprudence montre en réalité qu'au-delà des termes de cette alternative, la répartition du fardeau de la preuve de causalité varie selon les circonstances. Les tribunaux admettent parfois en fait de dispenser le demandeur de prouver la causalité, tout en laissant au besoin au défendeur le soin de prouver que le manquement incriminé n'est pas la cause du dommage. Après avoir présenté la pratique à l'aide de quelques exemples tirés de la jurisprudence du Tribunal fédéral (1.), nous tâcherons d'en dégager les enseignements qui s'imposent (2.).

1.   La jurisprudence du Tribunal fédéral

L'examen qui suit révèle quelques arrêts dans lesquels le Tribunal fédéral a traité de la question de la répartition du fardeau de la preuve de la causalité, que ce soit en relation avec des omissions ou des violations positives de contrats. Comme nous allons le voir, les réponses apportées ne sont pas univoques.

a.   *La preuve de la causalité d'une omission à la charge du lésé*

Dans un arrêt de 1961, le Tribunal fédéral a imposé à la partie demanderesse de prouver que le dommage subi était dû à l'omission du défendeur[47]. En fait, une mère et son enfant avaient introduit une action en dommages-intérêts contre un avocat qui avait omis d'ouvrir action en paternité en leur nom dans le délai fixé par la loi. Dans cet arrêt, le Tribunal fédéral a retenu que le défendeur ne pouvait être tenu responsable du dommage causé qu'à la condition que la partie demanderesse établisse ou du moins rende très vraisemblable que l'avocat aurait gagné le procès s'il avait introduit l'action à temps[48]. Malgré l'absence de certitude entourant l'issue du procès hypothétique en paternité, les juges ont admis la demande contre l'avocat.

Si le résultat est convaincant, l'arrêt paraît néanmoins retenir que c'est au lésé de supporter le fardeau de la preuve de la causalité du manquement

---

[46]   Hohl, n° 1175, qui écrit : « *Il n'est en effet pas possible qu'une partie ait le risque de la preuve quant à l'existence d'un fait et que l'autre l'ait quant à son inexistence. Si un fait demeure incertain, une seule des parties doit perdre le procès.* »

[47]   ATF 87 II 364, JdT 1962 I 363.

[48]   ATF 87 II 364, cons. 2.

avéré du défendeur[49]. Cette solution paraît sévère, en tous les cas si elle devait être prise à la lettre. Compte tenu de la clarté du manquement de l'avocat et de l'impact qu'il avait, le Tribunal fédéral aurait aussi pu admettre une présomption de causalité et inviter le défendeur à apporter la preuve que s'il avait agi sans faute, cette diligence n'aurait pas empêché le dommage de se produire. C'est ce qu'on retient aujourd'hui notamment en matière de responsabilité médicale pour sanctionner l'absence d'information du patient (cf. *infra* III.1.c). C'est aussi ce que le Tribunal fédéral a admis dans une affaire impliquant la violation d'un engagement contractuel ; cela ressort du point qui suit.

b. La preuve de l'absence de causalité de l'omission à la charge du responsable

Ainsi, dans un arrêt déjà cité plus haut[50], le Tribunal fédéral a permis au défendeur d'établir l'absence de causalité d'une omission contraire à ses engagements contractuels. Dans cette affaire, une personne avait promis de vendre un terrain à un tiers. La vente devait être conclue dans les trente jours après l'octroi d'un permis de construire ; la promesse de vente devenait caduque si la vente n'intervenait pas dans les quatre ans suivant la conclusion de la promesse. Contrairement à ce qu'il s'était engagé à faire, le promettant ne signa pas la demande de permis de construire. Le bénéficiaire de la promesse de vente attaqua ce dernier en justice. Le défendeur se défendit en objectant qu'abstraction faite de son comportement, des évènements futurs hypothétiques (à savoir l'opposition des voisins et le classement du terrain dans une zone de deux étages au lieu de trois) auraient de toute façon empêché la délivrance du permis de construire et, de ce fait, la vente.

A la différence de ce que nous venons de voir dans l'arrêt de l'avocat, les demandeurs n'ont pas eu à établir la causalité du manquement. Dans cette

---

49 Cf. ég. ATF 102 II 256, JdT 1977 I 214, où une maison de transport a expédié deux envois de montres en or comme «frêt ordinaire» et non comme «frêt de valeur». Une partie des montres est volée en cours de voyage. La question se pose de savoir si l'omission de la défenderesse a provoqué le préjudice découlant du vol des montres. Le Tribunal fédéral admet la causalité naturelle en constatant qu'une marchandise expédiée comme «frêt de valeur» est quasiment à l'abri du vol. De ce fait, il est évident que *«l'envoi de montres litigieux serait avec la plus grande vraisemblance parvenu intact à destination si la défenderesse l'avait expédié comme frêt de valeur»*. En d'autres termes, cela signifie que si la société de transport avait envoyé le paquet en «frêt de valeur» (acte omis), le dommage (le vol des montres) ne se serait pas produit. L'omission est donc causale et le transporteur répond. On déduit aussi de cet arrêt que ce n'est pas au responsable recherché de prouver que même s'il avait agi conformément au droit (s'il avait envoyé en «frêt de valeur») le préjudice ne se serait pas produit : il appartient au contraire au lésé de supporter le fardeau de la preuve de la causalité.

50 ATF 115 II 440, JdT 1990 I 362.

affaire, la question fut bien plutôt celle de savoir si la personne recherchée pouvait faire admettre la non causalité de son manquement. Considérant l'état incertain de la question, le Tribunal fédéral a retenu qu'il fallait en juger de cas en cas, non seulement selon un raisonnement logique mais selon un jugement de valeur[51].

Le Tribunal fédéral a estimé en l'occurrence que le défendeur pouvait se prévaloir des circonstances qui s'étaient produites après son manquement pour démontrer que celui-ci n'était pas causal. Le jugement est convaincant. En effet, apparemment, on pouvait ici retenir avec quasi certitude que la demande de permis de construire faite à temps n'aurait rien changé, dès lors que la suite des évènements rendait la construction impossible. S'il rejette à juste titre une règle abstraite de répartition du fardeau de la preuve, l'arrêt montre aussi qu'en présence d'un manquement clair et d'un dommage établi, on sera enclin à admettre sans preuve particulière l'existence de la causalité, tout en permettant au défendeur de prouver que celle-ci en réalité fait défaut parce qu'un comportement licite de sa part n'aurait pas empêché le dommage de se produire. C'est aussi ce qui ressort de l'analyse qui suit.

c.   *Le consentement hypothétique du patient : un cas d'application du comportement de substitution licite*

En matière médicale, le Tribunal fédéral s'est prononcé à plusieurs reprises sur la responsabilité civile du médecin qui opère un patient sans obtenir au préalable son consentement éclairé et la question du fardeau de la preuve de la causalité du manquement[52].

Le Tribunal fédéral retient ici que le patient n'a pas à prouver qu'il aurait refusé l'opération s'il avait reçu les informations nécessaires ; il admet aussi que le médecin peut échapper à sa responsabilité en prouvant que le patient aurait de toute façon accepté de subir l'acte médical. Le Tribunal fédéral déclare ainsi : « *Le fardeau de la preuve du consentement hypothétique incombe au médecin, à charge pour le patient de collaborer à cette preuve en rendant vraisemblable ou au moins en alléguant les motifs personnels qui l'auraient incité à refuser l'opération s'il en avait notamment connu les risques* [...] *Selon la jurisprudence, il ne faut pas se baser sur le modèle abstrait d'un ‹ patient raisonnable ›, mais sur la situation personnelle et concrète du patient dont il s'agit* [...] *Ce n'est que dans l'hypothèse où le patient ne fait pas état de motifs personnels qui l'auraient conduit à refuser l'inter-*

---

51   ATF 115 II 440, JdT 1990 I 362, cons. 4a : « *D'autres exceptions* [au principe selon lesquelles hypothétique ultérieure est juridiquement sans pertinence] *sont concevables, il faut en juger de cas en cas. On ne procédera pas par un raisonnement logique, mais bien par un jugement de valeur.* »

52   ATF 108 II 59 ; 117 Ib 197 ; arrêt 4P.265/2002 du 28 avril 2002, SJ 2004 I 117.

vention proposée qu'il convient de considérer objectivement s'il serait compréhensible, pour un patient sensé, de s'opposer à l'opération » [53].

Raisonner ainsi revient à présumer la causalité d'un manquement. Laisser au défendeur la possibilité de démontrer que son comportement licite n'aurait rien changé n'en est que la conséquence normale. Que ce renversement du fardeau soit érigé ici en règle générale l'est aussi ; la solution retenue trouve en effet sa justification dans la prise en compte des intérêts particuliers du patient, qui l'emportent clairement sur ceux du médecin qui a manqué à son devoir d'information.

d. L'objection du comportement de substitution licite en cas de défaut de l'ouvrage

Un arrêt relativement récent a retenu l'objection du comportement de substitution licite dans un cas d'application de la responsabilité du propriétaire d'ouvrage (cf. art. 58 CO) [54]. Il s'agit de l'arrêt dit du Nozon, du nom du cours d'eau vaudois à l'origine du procès direct devant le Tribunal fédéral intenté contre l'Etat de Vaud.

L'état de fait était en bref le suivant : sous l'effet de fortes crues, le cours du Nozon avait débordé et inondé des cultures. Les propriétaires de ces cultures endommagées s'en sont pris à l'Etat de Vaud en lui reprochant un mauvais entretien de l'ouvrage appelé à canaliser le cours du Nozon. Pour échapper à sa responsabilité, l'Etat de Vaud a fait valoir que le dommage se serait produit de la même façon si l'ouvrage n'avait pas été défectueux.

Le Tribunal fédéral a accepté cette manière de voir. Il a retenu qu'il fallait *«faire le départ entre un ouvrage défectueux et un ouvrage exempt de défauts, sur le vu des circonstances de fait pertinentes, puis [...] examiner si le propriétaire, en accomplissant en temps utile les actes nécessaires au maintien de l'ouvrage litigieux dans un état correspondant au niveau de construction ou d'entretien requis dans le cas d'espèce, eût empêché la survenance du dommage qui est survenu. En cas de réponse affirmative, l'existence d'un lien de causalité naturelle entre l'omission et le dommage qui s'est produit devra être admise et la responsabilité du propriétaire de l'ouvrage reconnue. Dans l'hypothèse inverse, la responsabilité dérivant de l'art. 58 CO*

---

[53] Arrêt 4P. 265/2002 du 28 avril 2002, SJ 2004 I 117, cons. 6.1 ; cf. aussi ATF 117 Ib 197.

[54] Pour une critique de cet arrêt, cf. GAUCH / SINNIGER, p. 47 ss, qui font valoir que la responsabilité du propriétaire d'ouvrage n'est pas fondée sur *le comportement* du défendeur, mais sur le seul état de l'ouvrage et que, de ce fait, l'objection du comportement licite n'a pas à proprement parler sa place en cette matière. Cette remarque est fondée ; *mutatis mutandis*, rien ne s'oppose cependant au fait d'envisager une exception du propriétaire fondée sur l'absence de défaut. Cette exception consiste à faire valoir que même si l'ouvrage n'avait pas été défectueux, le dommage se serait produit.

devra être exclue, faute d'un tel lien. » (cons. 5a *in fine*). Le Tribunal fédéral a jugé qu'un ouvrage exempt de défauts, n'aurait pas empêché la survenance du dommage ni n'en aurait réduit les effets : « *En d'autres termes, si le défendeur avait adopté un comportement conforme au droit, le résultat eût été le même. Il n'y a pas ici, entre l'omission contraire à la loi et le dommage constaté, la relation de cause à effet nécessaire qui permettrait d'attribuer celui-ci à celle-là* »[55]. L'action en paiement ouverte contre l'Etat de Vaud a ainsi été rejetée.

En présence des allégations des demandeurs, qui avaient prouvé leur dommage et l'insuffisance des digues, le Tribunal fédéral a admis que le défendeur prouvât le caractère non causal de son omission. Dans cet arrêt, le Tribunal fédéral ne s'est toutefois pas prononcé sur le fardeau de la preuve, contrairement à ce qu'il a fait en matière médicale (cf. *supra* III.1.c). Dans un arrêt ultérieur, il a certes affirmé, en se fondant sur l'arrêt du Nozon, que l'objection du comportement de substitution licite doit être soulevée par l'auteur et que c'est à ce dernier de supporter l'échec de la preuve[56]. Encore faut-il que l'objection soit envisageable. Tel ne peut être le cas que si les circonstances permettent de présumer en fait un manquement imputable au défendeur. Il ne s'agit pas non plus d'introduire une preuve libératoire à l'article 58 CO, à l'instar de celle que la loi prévoit dans d'autres responsabilités du fait d'autrui, comme celles que nous avons vues plus haut (*supra* II.).

e. Le fardeau de la preuve du comportement de substitution licite en cas de violation positive du contrat

Dans un arrêt déjà évoqué plus haut, le Tribunal fédéral s'est prononcé sur le fardeau de la preuve de l'objection du comportement de substitution licite dans un cas où le défendeur avait violé son contrat par un acte positif[57]. L'état de fait à la base de cet arrêt était le suivant : un médecin avait établi un certificat à l'intention de l'Assurance Invalidité (AI) attestant la capacité de travailler de sa patiente alors qu'elle était en réalité incapable de travailler. Ce certificat a justifié le refus de l'AI de payer une rente, ce qui a eu pour conséquence que l'assurance privée qui versait des indemnités journalières pour maladie à la patiente a dû maintenir ses prestations plutôt que de pouvoir les réduire. L'assurance a ouvert action contre le médecin.

Ayant tenu la causalité naturelle entre le faux certificat et le dommage pour acquise, le Tribunal fédéral a néanmoins évoqué dans un *obiter dictum* la question de savoir si le défendeur pouvait faire valoir une objection tirée

---

[55] ATF 122 III 229, cons. 5b, p. 236.

[56] Arrêt 4C. 156/2005, SJ 2006 I 232.

[57] Arrêt 4C. 156/2005, SJ 2006 I 232.

du comportement de substitution licite. Il a affirmé cette possibilité, mais l'a niée dans le cas d'espèce, non sans poser que le fardeau de la preuve de cette objection est à la charge du défendeur[58]. En ce qui concerne l'objet de cette preuve, on déduit de l'arrêt qu'il consistait dans le fait que l'Assurance Invalidité aurait aussi refusé ses prestations si le défendeur avait dressé un certificat médical conforme à la vérité.

Dans cette affaire, le Tribunal fédéral a ainsi placé la discussion de l'objection du comportement de substitution licite en relation avec la causalité naturelle, et non en relation avec la causalité adéquate comme le voudrait une partie de la doctrine quand il s'agit d'actes positifs (cf. *supra* I.2.d.ii). Cette approche nous paraît en principe juste : comme on l'a relevé plus haut (cf. *supra* I.2.d.ii *in fine*), analyser cette objection en relation avec la causalité adéquate revient à faire intervenir des considérations normatives relevant de la relation d'illicéité, en soi étrangères à la causalité proprement dite ; toutefois, discuter l'objection en relation avec la causalité naturelle n'a pas sa place dans les cas où la causalité naturelle est acquise, comme elle semblait l'être en l'espèce. Cela étant, le fait que l'on soit en présence d'un acte positif, et non d'une omission, ne devrait pas empêcher le défendeur de contester la causalité naturelle de son acte, là où celle-ci n'a pas été prouvée par le demandeur.

2.   Une appréciation

Il ressort de ce qui précède qu'en dehors des cas où la loi prévoit une présomption de causalité (cf. *supra* II.), et sous réserve de la question particulière de la causalité adéquate, l'objection du comportement de substitution licite n'a sa place que si le lésé n'a pas établi la causalité naturelle du manquement incriminé. Si cette causalité est prouvée, la non causalité ne peut plus l'être et l'objection est sans objet possible.

Comme le retient le Tribunal fédéral, on doit aussi admettre que le défendeur supporte le fardeau de la preuve de l'objection. Le reconnaître, c'est du même coup faire une entorse à la règle qui veut qu'il appartient au lésé de prouver la causalité. En dehors des cas où la loi prévoit la présomption de la causalité, autoriser le défendeur à faire valoir l'objection du comportement de substitution licite suppose dès lors qu'il y ait des raisons particulières de dispenser le lésé de la preuve de la causalité naturelle du manquement imputable au défendeur. Ce sont ces raisons qui ressortent des arrêts que nous avons examinés plus haut, même si le Tribunal fédéral ne le dit pas toujours explicitement.

---

[58]   Arrêt 4C. 156/2005, SJ 2006 I 232, cons. 3.5.6.

Sans doute en est-il ainsi quand le dommage et le manquement sont clairement établis. Le fait est bien connu. En pareil cas, une tendance naturelle conduit le tribunal à admettre sans preuve particulière la possibilité d'une relation causale entre les deux, tout en permettant au défendeur d'établir le contraire[59]. C'est le raisonnement qui, comme une règle, guide le Tribunal fédéral en matière médicale. C'est à notre avis aussi ce raisonnement qui l'a amené à décider comme il l'a fait dans l'arrêt du Nozon ou dans celui du permis de construire (cf. *supra* III.1.b et d).

Le Tribunal fédéral a dès lors raison de souligner, comme il le fait dans l'arrêt du permis de construire (cf. *supra* III.1.b), que la preuve de la non causalité doit souvent être jugée de cas en cas, non pas seulement selon un raisonnement logique, mais selon un jugement de valeur. Ce sont les circonstances de fait établies qui dicteront le maintien ou non des règles de principe applicables à la répartition du fardeau de la preuve de la causalité.

On ajoutera que là où la causalité d'un manquement est pratiquement impossible à établir comme dans le cas de l'avocat qui manque le délai de péremption de l'action en paternité, on comprend que le Tribunal ait accueilli favorablement contre ce dernier l'action en responsabilité civile de la mère et de l'enfant. Le Tribunal fédéral aurait pu aussi retenir sans injustice qu'il appartenait au défendeur de prouver que son manquement n'était pas la cause du dommage subi et qu'il devait, lui, supporter le risque de l'absence de preuve. Dans les cas où la certitude n'est pas possible, une solution pourrait aussi parfois consister à partager les risques et à indemniser la victime de la perte d'une chance qu'elle avait d'obtenir un avantage que le défendeur, par son manquement, a incontestablement compromise[60].

Conclusion

Il ressort de notre étude les enseignements suivants:

1. L'objection du comportement de substitution licite relève en principe de l'analyse de la causalité naturelle. Dans les cas où celle-ci est établie, une partie de la doctrine suggère de laisser une place à cette objection dans

59 SCHWEIZER P., *La preuve de la causalité: droit suisse*, in: GUILLOD O., *Développements récents du droit de la responsabilité civile*, Zurich 1991, p. 173 ss, p. 185.

60 Sur la perte d'une chance, comprise à juste titre comme une évaluation d'un dommage, et non de la causalité, cf. MÜLLER C., *La perte d'une chance, étude comparative en vue de son indemnisation en droit suisse, notamment dans la responsabilité médicale*, Thèse Berne 2002, p. 233 ss; cf. toutefois l'arrêt 4A. 61/2007 du 13.06.2007, dont nous venons de prendre connaissance, qui rejette la théorie de la perte d'une chance en droit suisse.

l'analyse de la causalité adéquate, du moins là où l'auteur n'a pas omis d'agir, mais a eu un comportement positif. A notre avis, cette suggestion, que la jurisprudence du Tribunal fédéral ne permet pas d'illustrer, revient en réalité à évaluer une question étrangère à la causalité à proprement parler, à savoir celle de la relation d'illicéité ; nous avons laissé cette question ici de côté.

2. Pour que le défendeur soit admis à faire valoir l'objection du comportement de substitution licite dans l'analyse de la causalité naturelle, il faut, soit que cette causalité soit présumée, comme c'est le cas dans certaines règles légales que nous avons vues (cf. *infra* II.), soit que des circonstances de fait permettent d'admettre sans preuve particulière la possibilité d'une relation causale. Tel est souvent le cas quand faute ou défaut et dommage sont avérés : la jurisprudence le révèle, ne serait-ce que de manière implicite (cf. *supra* III.). En revanche, là où on retient, conformément à la règle, que le lésé a le fardeau de la preuve de la causalité, l'objection du comportement de substitution licite n'a pas sa place.

3. Lorsqu'un manquement du défendeur et le dommage sont avérés et qu'il est impossible d'établir avec une vraisemblance suffisante que l'absence de manquement aurait changé quelque chose, comme c'est le cas dans le délai de l'action en paternité manqué par la faute de l'avocat, rien ne s'oppose à mettre à la charge du défendeur le fardeau de la preuve de la non causalité du manquement. On le fait en matière de responsabilité médicale ; on pourrait le faire ailleurs pour les manquements professionnels. A défaut de mettre l'entier du dommage à la charge du défendeur, incapable lui aussi d'amener la preuve de l'absence de causalité de son manquement, on pourrait parfois aussi envisager de faire une place à l'indemnisation de la perte d'une chance, la causalité entre cette perte et ce dommage n'étant elle pas douteuse.

Les causes du dommage

Florence Aubry Girardin*

Table des matières

Observations d'ordre général

Les différents intervenants ont présenté des concepts liés à la causalité qui ne sont pas (encore) appliqués par la jurisprudence ou auxquels celle-ci donne un sens différent. A titre d'illustration, nous évoquerons la causalité dépassée et dépassante, la causalité hypothétique et la notion de perte d'une chance.

I.   La causalité dépassée et dépassante

Par causalité dépassée et dépassante, la doctrine vise la situation dans laquelle un processus initial causal s'en substitue à un autre, c'est-à-dire lorsqu'un dommage aurait pu être causé par un certain fait, mais qu'il résulte en réalité d'autres circonstances[1]. En d'autres termes, on parle de causalité dépassée et dépassante lorsqu'un comportement ou un événement est propre à entraîner un certain dommage, mais, avant que le dommage ne survienne, un autre comportement ou événement le cause[2]. Par exemple, un objet mal entretenu est détruit par un tiers avant que le mauvais entretien n'ait pu déployer ses effets[3].

---

*   Juge au Tribunal administratif fédéral.

[1]   Werro Franz, *La responsabilité civile*, Berne 2005, n. 181 s.

[2]   Brehm Roland, *Commentaire bernois*, 3e éd. Berne 2006, n. 147 ss ad art. 41 CO ; Deschenaux Henri / Tercier Pierre, *La responsabilité civile*, 2e éd. Berne 1982, p. 56 n. 21 s.

[3]   Werro, n. 181, supra note 1.

Le Tribunal fédéral n'a, à notre connaissance, pas appliqué lui-même les concepts de causalité dépassée et dépassante. Il a seulement évoqué ces notions dans un arrêt, parce que l'autorité cantonale s'y était référée, sans pour autant raisonner sur cette base[4]. Le litige portait sur l'existence d'un lien de causalité entre un accident de la circulation routière et une lésion au nerf optique subie par la victime de cet accident au cours de l'opération chirurgicale destinée à soigner ses blessures. Les juges cantonaux ont considéré que la lésion au nerf optique se trouvait dans une relation de causalité naturelle dépassée avec l'accident de la circulation. Le Tribunal fédéral n'a pas suivi ce raisonnement. Il a précisé que la causalité dépassée et dépassante se référait à un arrêt de la causalité naturelle, alors qu'en l'espèce, on se trouvait dans un cas de causalité indirecte où le fait initial (l'accident de la circulation) n'avait pas produit lui-même le dommage, mais avait donné naissance à l'opération qui avait causé la lésion du nerf optique[5].

La causalité dépassée et dépassante ne doit pas être confondue avec la notion de rupture du lien de causalité, qui, pour sa part, est régulièrement examinée dans la jurisprudence. En effet, la causalité dépassée et dépassante se rapporte exclusivement à la causalité naturelle, soit à l'existence d'une condition sine qua non entre un acte et un dommage[6]. La question de la rupture du lien de causalité adéquate se pose, comme son nom l'indique, dans une seconde phase du raisonnement, lorsqu'il s'agit d'examiner si la causalité naturelle existant entre un acte et un dommage peut être qualifiée d'adéquate. Or, il arrive qu'en présence de deux événements se trouvant dans un rapport de causalité naturelle avec un dommage (soit lorsqu'aucun des deux événements n'est de nature à «dépasser» l'autre), un seul acte soit en définitive considéré comme le fait générateur de responsabilité. Tel est le cas si la cause concomitante, par exemple une force naturelle, le comportement de la victime ou celui d'un tiers, apparaît à ce point prépondérante qu'elle rejette la seconde à l'arrière-plan[7]. La rupture du lien de causalité adéquate n'est toutefois admise qu'à des conditions strictes: l'imprévisibilité d'un acte concurrent ne suffit pas en soit; il faut encore que cet acte ait une importance telle qu'il s'impose comme la cause la plus probable et la plus immédiate de l'événement considéré, reléguant à l'arrière-plan tous les autres facteurs qui ont contribué à l'amener et notamment le comportement de l'auteur[8].

Le fait que la jurisprudence n'évoque que rarement le concept de causalité dépassée et dépassante, contrairement à la causalité adéquate, s'explique

---

[4] Cf. arrêt du Tribunal fédéral 5C.125/2003 du 31 octobre 2003, in SJ 2004 I 407 consid. 3.

[5] Cf. arrêt du Tribunal fédéral 5C.125/2003 consid. 3.3, supra note 4.

[6] Sur la notion de causalité naturelle: ATF 132 III 715 consid. 2.2; 129 V 402 consid. 4.3.1; 128 III 180 consid. 2d.

[7] Werro, n. 222, supra note 1; Deschenaux / Tercier, p. 62 n. 52, supra note 2.

[8] ATF 131 IV 145 consid. 5.2.

sans doute parce que, lors de l'examen des conditions de la responsabilité, l'acte causal « dépassé » peut être écarté d'emblée, sans autre développement. Le point de savoir s'il y a eu rupture du lien de causalité adéquate suppose en revanche une appréciation en droit plus délicate. Ainsi, dans le cas d'un ouvrage défectueux détruit par un tiers, le juge peut, sans évoquer expressément la théorie de la causalité dépassée ou dépassante, considérer que seule la destruction par le tiers est dans un rapport de causalité naturelle avec le dommage. En revanche, lorsque l'ouvrage défectueux a effectivement causé un préjudice, mais en concours avec le comportement d'un tiers, alors il faut procéder à une analyse détaillée pour déterminer s'il y a eu ou non rupture de causalité adéquate. A titre d'exemple, on peut citer le cas d'un jeune homme grièvement blessé en sautant, sans vérification préalable, d'un plongeoir défectueux installé à un endroit dépourvu d'une profondeur d'eau suffisante. Pour écarter l'hypothèse d'une rupture du lien de causalité, les juges ont examiné si, en sautant dans l'eau, le jeune homme n'avait pas commis une faute si lourde ou si déraisonnable qu'elle reléguerait le vice de construction ou l'acte illicite en rapport avec celui-ci à l'arrière-plan au point qu'il n'apparaîtrait plus comme la cause adéquate du dommage[9].

II.   La causalité hypothétique

Il ressort des interventions que la causalité hypothétique est évoquée relation avec des situations dans lesquelles le lien de causalité naturelle ne peut être établi avec certitude, en particulier lorsqu'un dommage résulte d'une certaine cause, mais que l'on peut admettre, selon toute probabilité, qu'il serait survenu même sans elle. Il est difficile du reste de distinguer la causalité hypothétique, prise dans cette acception, de la causalité dépassée[10].

Cette conception de la causalité hypothétique est plus large que celle développée habituellement par la jurisprudence. En principe, le Tribunal fédéral ne mentionne la causalité hypothétique que dans les cas où le comportement fondant la responsabilité consiste en une omission. Dans ce contexte, les juges s'interrogent sur le cours hypothétique qu'auraient pris les événements si le responsable avait agi conformément à ses devoirs[11].

---

9   Cf. ATF 123 III 314 consid. 5b.

10   Cf. Honsell Heinrich, *Schweizerisches Haftpflichtrecht*, 4e éd. Zurich 2005, n. 50 p. 41; Werro Franz, *Commentaire romand*, Bâle 2003, n. 35 ad art. 41 CO.

11   Cf. notamment ATF 133 V 14 consid. 9.2; ATF 132 III 311 consid. 3.5; 129 III 129 consid. 8; 127 III 453 consid. 5d; 115 II 440 consid. 5a et b.

L'utilisation de la causalité hypothétique pour qualifier uniquement le lien entre une omission et un dommage, telle qu'elle existe dans la jurisprudence, est peut-être en train d'évoluer. Dans un arrêt récent concernant la responsabilité pour le prospectus d'émission, le Tribunal fédéral a mentionné la notion de causalité hypothétique en relation non pas avec une omission, mais avec une action, à savoir l'achat de titres. Il s'est référé à la causalité hypothétique en précisant que le demandeur à l'action en responsabilité pouvait se limiter à démontrer, sous l'angle de la vraisemblance prépondérante, que de fausses indications dans le prospectus d'émission auraient joué un rôle causal dans sa décision d'achat[12]. Il n'est donc pas exclu que, dans le futur, la notion de causalité hypothétique appliquée par la jurisprudence se rapproche de la conception plus large utilisée en doctrine.

III.   La perte d'une chance

La perte d'une chance est un concept qui s'est développé dans plusieurs pays, comme l'a expliqué le Professeur Thomas Kadner, et qui tend à indemniser une personne en fonction de la probabilité qu'elle a perdu, soit de ne pas réaliser un profit ou de ne pas obtenir un avantage, soit de ne pas subir un préjudice.

Le Tribunal fédéral ne s'est pas encore prononcé sur cette théorie, dont on peut du reste se demander si elle ne relève pas davantage de la notion de dommage que de la causalité[13]. Dans un arrêt, il a seulement évoqué brièvement la perte d'une chance en relation avec une atteinte à l'avenir économique. Il s'agissait d'indemniser la victime d'un accident qui avait subi une atteinte à l'intégrité de nature à la désavantager sur le marché du travail et à entraver sa progression professionnelle[14].

Tôt ou tard cependant, la question de l'indemnisation de la perte d'une chance va se poser directement et devra être tranchée par la jurisprudence. Admettre une telle réparation suppose toutefois une remise en cause de la notion juridique du dommage, dès lors qu'en l'état actuel, le préjudice futur hypothétique n'est pas réparé en droit suisse[15].

---

12   ATF 132 III 715 consid. 3.2.

13   Cf. en ce sens, Werro, n. 129, supra note 1.

14   Cf. arrêt du Tribunal fédéral 4C.108/2003 du 1er juillet 2003 consid. 5.2.

15   Cf. ATF 129 III 18 consid. 2.4 p. 24 ; arrêt du Tribunal fédéral 4C.114/2006 du 30 août 2006 consid. 5.1.

IV.   Conclusion

Ces quelques exemples démontrent que ni la doctrine ni la jurisprudence n'abordent de manière uniforme et rigide la problématique de la causalité. Le fait que cette notion soit en évolution constante et ne se définisse pas de manière stricte est un signe positif. En tant que condition à toute responsabilité, la causalité permet ainsi, grâce à sa flexibilité, de tenir compte de nouvelles problématiques et d'offrir une réparation dans des situations où l'équité l'exige.

La causalité en matière de lésions cervicales non objectivables : les enjeux pour la victime

Alexandre Guyaz*

Table des matières

---

* Docteur en droit, avocat, Lausanne.

I.   Introduction

Il nous paraît difficile de parler de la causalité en matière de responsabilité civile sans aborder un sujet qui déchire médecins et juristes depuis plus de vingt ans, et qui constitue sans doute encore aujourd'hui un problème délicat pour tout praticien, qu'il soit assureur, conseil de l'une des parties ou juge.

Les lésions cervicales non objectivables sont souvent désignées sous l'appellation commune de «coup du lapin». Il convient cependant de préciser d'emblée que ce terme désigne en réalité un mécanisme physique d'accélération et de décélération que subit le rachis cervical lors d'un choc, et non ses conséquences éventuelles sur l'organisme. Or, nous le verrons ci-dessous, ce n'est pas véritablement le mécanisme lui-même qui fait débat, mais précisément les lésions souvent non objectivables qu'il génère.

La doctrine distingue souvent le lien de causalité existant entre le fait dommageable et la lésion du bien juridiquement protégé d'abord, et celui reliant cette lésion au dommage proprement dit ensuite[1]. Dans le domaine qui nous occupe, l'élément central de ce raisonnement, soit une atteinte à la santé, pose problème: des plaintes réelles sont formulées, mais les médecins peinent à reconstituer le processus physiologique reliant l'accident aux troubles invoqués par le patient. Néanmoins, le lien de causalité ne saurait être écarté d'un revers de main par le juriste, qui doit bien admettre que, très souvent, ce type d'accident débouche sur les mêmes symptômes. Le lien de causalité n'est donc pas inexistant, mais ses contours sont mal délimités, ce qui rend plus difficile la détection des abus et complique sensiblement la question du degré de preuve exigible en matière de lésions corporelles.

Sur le plan économique, cette problématique représente un enjeu de poids pour les assureurs en responsabilité civile de ce pays, qui doivent faire face à environ 10 000 cas par an, sur lesquels 1000 victimes présentent des troubles à long terme. Pour cette branche de l'économie, cela représente des sinistres d'un coût total avoisinant le demi-milliard de francs chaque année[2]. Une récente étude menée par le Comité Européen des Assurances tend à montrer que le coût moyen par sinistre lié à des lésions du rachis cervical est en Suisse le plus élevé d'Europe. Le nombre de cas par rapport au nombre de sinistres impliquant des lésions corporelles est par contre dans la moyenne, à raison de 33%[3].

---

[1]   BREHM, ch. 103 ad art. 41 CO.

[2]   Rapport final sur les études HWS de l'Association Suisse d'Assurances, mars 2004, p. 1, disponible sous www.med.svv.ch.

[3]   Comité Européen des Assurances (CEA) et Association pour l'étude et la Réparation du Dommage Corporel (AREDOC), en collaboration avec la Confédération Européenne d'Experts en Evaluation

Ainsi, la victime d'un traumatisme cranio-cervical par accélération se trouve juridiquement dans une situation des plus délicates. Faute de preuves médicales irréfutables, il lui sera souvent difficile de convaincre juges et assureurs que ses troubles sont bien réels, et qu'ils ne peuvent avoir d'autre cause que l'accident qui a bouleversé sa vie. Cette situation est d'autant plus pénible pour le lésé que les motifs qui lui sont présentés à l'appui d'un refus de prise en charge lui apparaissent la plupart du temps comme extrêmement abstraits et inadaptés à sa situation particulière.

II.   La controverse scientifique

La question des syndromes cervicaux apparaissant suite à un phénomène d'accélération et de décélération fait l'objet d'une très abondante littérature scientifique, dont beaucoup d'auteurs estiment qu'elle est d'inégale qualité[4]. L'existence même de véritables lésions organiques est vivement discutée. Les points essentiels du débat concernent la modicité habituelle du traumatisme en cause, l'absence de lésion anatomique démontrable, le caractère subjectif de la plainte, ainsi que la variabilité de l'incidence de ce type d'accident selon les pays et leurs systèmes de protection sociale. A cela s'ajoute l'incertitude sur la pertinence et l'efficacité des diverses stratégies thérapeutiques envisagées[5].

A.   Définitions et classification

S'agissant des lésions consécutives à un mécanisme de type « coup du lapin », la littérature scientifique internationale parle volontiers de « *whiplash associated disorders – WAD* ». Dans les pays germanophones, la pratique a largement consacré le terme de « *Schleudertrauma* ».

En français, les expressions varient. On trouve ainsi celles de « troubles associés à l'entorse cervicale (TEC) »[6], de « syndrome du coup du lapin »[7], de

---

et Réparation du Dommage Corporel (CEREDOC) : *La sinistralité des lésions bénignes du rachis cervical – Essai comparatif*, 2004, pp. 6 et 7. Cette étude a été résumée et commentée en détail par CHAPPUIS.

4   Plusieurs auteurs citent en exemple le célèbre rapport de la « Quebec Task Force », qui a considéré que sur 10 382 études identifiées sur le sujet, seules 294 étaient dignes d'intérêt : SPIZER ET AL., pp. 25S et 26S.

5   HUNGERBÜHLER, p. 87.

6   ROUX, p. 2. Cette définition est à l'évidence une tentative de traduction de l'expression anglaise « *Whiplash associated disorders* ».

7   BLOUIN, p. 5.

«traumatisme cranio-cervical par accélération»[8] ou «traumatisme d'accélération cranio-cervical»[9], ou encore de «syndrome post-traumatique par distorsion cervicale»[10]. Ces diverses appellations désignent manifestement les mêmes troubles, si bien que nous renonçons à trancher laquelle devrait emporter notre préférence, ce qui impliquerait d'ailleurs des compétences médicales que nous n'avons pas.

De façon générale, la distorsion cervicale par coup du lapin est définie comme étant un transfert d'énergie à la nuque par un mécanisme d'accélération-décélération. Elle peut résulter d'une collision par l'arrière ou par le côté entre deux véhicules, mais peut aussi survenir lors d'un plongeon ou d'autres accidents. L'impact peut donner lieu à des lésions osseuses ou des tissus mous pouvant conduire à leur tour à une série de manifestations fonctionnelles, lesquelles constituent le syndrome précité[11].

Même si cette étude est critiquée par les associations de défense des victimes[12], on ne saurait passer sous silence le rapport de la fameuse «Quebec Task Force», publié en 1995, qui, outre la définition qui précède, propose une classification clinique des «*whiplash-associated disorders*» divisée en cinq degrés[13] :

Degré/stade	Présentation clinique
0	Aucune plainte concernant la nuque Aucun signe physique
I	Cervicalgies, raideur ou hypersensibilité de la nuque Aucun signe physique
II	Cervicalgies ET limitation de la mobilité avec points douloureux
III	Cervicalgies ET symptômes neurologiques (réflexes tendineux diminués ou absents, déficits sensitivo-moteurs)
IV	Cervicalgies ET fracture ou luxation

Par définition, les patients des degrés 0 et IV ne posent guère de problèmes sur le plan médical et juridique. Les premiers ne souffrant d'aucune

---

8   STREBEL ET AL., p. 1119.

9   Rapport ASA 2002 (n. 2), p. 1.

10   HUNGERBÜHLER, p. 87.

11   Telle est la définition retenue par la Quebec Task Force in SPIZER ET AL., p. 22S.

12   Voir notamment SCHMIDT/SENN, p. 183 ss. Cet ouvrage ne semble cependant pas remettre en cause cette classification en tant que telle.

13   SPITZER ET AL., p. 22S s.

douleur, ils ne consulteront en général pas leur médecin, ni ne feront valoir la moindre prétention contre les assureurs concernés, à tout le moins s'agissant d'un dommage corporel. Quant aux patients de stade IV, ils présentent par définition une lésion objectivable qui pourra faire l'objet de soins spécifiques et dont les incidences en terme de capacité de gain ne pourront guère être remises en cause par le responsable de l'accident et les assureurs sociaux.

Cette classification a été reprise par de nombreuses études. Il y est souvent fait référence dans les expertises médicales pratiquées dans notre pays[14].

B. Le mécanisme de la blessure

Les mouvements effectués par le tronc, le cou et la tête lors d'un choc par l'arrière sont extrêmement rapides et ne dépassent pas les 600 millisecondes (ms). Plus précisément, ces mouvements peuvent être décomposés comme suit[15] :

– de 0 à 20 ms après le choc, le corps demeure immobile ;

– à 20 ms, les hanches et la région lombaire se déplacent vers le haut et l'avant ;

– vers 50 ms après l'impact, la portion supérieure du tronc effectue le même mouvement, engendrant une compression de bas en haut du rachis cervical ;

– après 75 ms, la tête étant toujours immobile, le rachis cervical présente vraisemblablement une courbure en « s » ;

– vers 120 ms après l'impact, le centre de gravité de la tête (qui a entamé un mouvement vers l'arrière) est postérieur au tronc, le rachis adopte alors une posture en « c » caractéristique du mouvement d'extension cervicale ;

– à 200 ms, la tête atteint l'amplitude maximale de l'extension ;

– de 200 à 300 ms après l'impact, le tronc, le cou et la tête redescendent pour revenir à la position initiale, la tête repart vers l'avant ;

– environ 400 ms après l'impact, la tête atteint sa position maximale vers l'avant, étant précisé que cette flexion peut être amplifiée par un freinage après l'accident et par le port de la ceinture de sécurité ;

---

14   Ainsi, dans son article destiné aux experts médicaux, HUNGERBÜHLER (p. 89) écrit que « cette classification, simple, dans laquelle la manifestation fonctionnelle centrale est la cervicalgie, a le mérite de « cadrer » les limites exactes du syndrome et peut servir de référence aux prises de décision thérapeutique, à l'appréciation des litiges médico-légaux et aux travaux prospectifs ».

15   Ce résumé se fonde sur BLOUIN, pp. 8 à 10. Voir aussi SCHMIDT/SENN, p. 10 ss, et HUNGERBÜHLER, p. 94 ss.

– au plus tard 600 ms après le choc, tronc, cou et tête reviennent à leur position initiale verticale et demeurent immobiles.

Si ce mouvement lui-même n'est guère contesté, il en va différemment des lésions qu'il génère. Nous mentionnons brièvement ci-dessous les théories les plus fréquemment avancées[16], en précisant d'emblée que de nombreux auteurs estiment qu'il n'existe aucune étude scientifique satisfaisante permettant d'apporter la preuve qu'un choc de faible intensité soit de nature à causer de quelconques lésions durables.

Les blessures liées à une hyperextension cervicale furent les premières mises en avant par la littérature. Elles sont dues au fait que, lors d'un mouvement extrême de la tête vers l'arrière, les structures postérieures du rachis cervical sont soumises à des forces de compression excessives, alors que les structures antérieures subissent des forces de traction trop élevées. Cette explication est avant tout reconnue en l'absence d'appuie-tête, ou lorsque celui-ci est mal réglé.

A l'inverse, certaines études faisant état de blessures plus fréquentes chez les personnes portant la ceinture de sécurité, certains en ont conclu que ces blessures interviendraient principalement lors de la flexion cervicale, par une lésion du ligament alaire.

Une explication relativement courante consiste à admettre que les lésions interviennent relativement tôt, alors que seule la partie inférieure du rachis cervical se trouve en extension (courbure en « s »), ce qui constitue la plupart du temps une position dépassant les limites physiologiques. Ainsi, en raison de ce mouvement anormal, les éléments vertébraux antérieurs effectuent une rotation vers le haut, alors que les éléments postérieurs effectuent une rotation vers le bas. Ce mécanisme de cisaillement est notamment susceptible de causer des lésions discales, une hémorragie intra-articulaire, ainsi que des lésions aux facettes articulaires et à leur ligament[17].

D'autres auteurs sont d'avis que ce type d'accident pourrait causer une augmentation de la pression du liquide céphalo-rachidien, ce qui induirait une lésion aux ganglions spinaux de la racine dorsale, lesquels ganglions sont particulièrement douloureux lorsqu'ils sont comprimés ou étirés.

Finalement, quelques études évoquent la présence d'une entorse de la musculature cervicale, ce qui expliquerait l'apparition retardée des symptômes fréquemment observés chez les victimes d'un coup du lapin. Néanmoins, cette hypothèse peine à expliquer les douleurs chroniques, puisque les lésions musculaires guérissent généralement au plus tard dans les 30 jours.

---

[16] Toujours sur la base de l'exposé de BLOUIN, pp. 10 à 18.

[17] Voir aussi sur ce point HUNGERBÜHLER, p. 95.

S'agissant précisément de la chronicisation des douleurs, qui constitue en définitive le problème le plus délicat en pratique, il existe une hypothèse selon laquelle interviendrait une sensibilisation centrale à la douleur au cours de la phase initiale de la blessure, ce qui expliquerait pourquoi le patient ressent des douleurs plusieurs années après l'accident, alors même que l'inflammation des tissus mous touchés alors disparaît en principe au bout de quatre à six semaines. On parle d'un phénomène d'allodynie, qui implique chez la victime une sorte de mémoire de la douleur[18].

C. Le seuil de vulnérabilité

Si aucun consensus n'existe dans les milieux médicaux quant au mécanisme exact reliant un accident de type « coup du lapin » aux symptômes fréquemment observés en pareil cas, la plupart des études admettent l'existence de ces symptômes, ce qui a d'ailleurs amené le Tribunal fédéral des assurances à parler de tableau clinique typique[19].

Parmi les symptômes les plus fréquents figurent des cervicalgies, une raideur de la nuque, des céphalées, des douleurs aux épaules et aux bras, une fatigabilité accrue, des difficultés de concentration, de l'anxiété, des insomnies, des vertiges, des douleurs dorsales, des troubles visuels, une sensibilité particulière au bruit, des fourmillements dans les mains, etc.[20]

La véritable controverse en matière de causalité porte moins sur la survenance de certains symptômes immédiatement après l'accident que sur la possibilité qu'un accident de faible importance (*low speed rear-end collision*) puisse causer des troubles sur le long terme. En effet, plusieurs chercheurs sont arrivés à la conclusion qu'en dessous d'un changement de vitesse (delta-v) de 10 km/h, des blessures sérieuses susceptibles de causer des troubles durables sont en général exclues[21]. Plus précisément, plusieurs biomécaniciens actifs dans ce domaine estiment qu'en dessous de cette limite, des lésions au rachis cervical ne sont explicables que si l'un ou l'autre des facteurs considérés comme aggravants peut être constaté. Parmi ces facteurs sont fréquemment mentionnés les lésions préexistantes à la colonne cervicale, l'âge de la victime, sa position exacte au moment du choc et l'absence d'appuie-tête correctement réglé[22].

---

18   Voir aussi sur ce point SCHMIDT / SENN, p. 81.

19   Voir plus bas, p. 11.

20   Voir notamment SPITZER ET AL., p. 31S ; STREBEL ET AL., p. 1119 ; HUNGERBÜHLER, p. 98 ss ; SCHMIDT / SENN, p. 13 ss ; FRINKING ET AL., p. 12.

21   Voir notamment BLOUIN, pp. 19 et 20 ; HUNGERBÜHLER, pp. 93 et 94.

22   Voir SCHMITT ET AL., p. 249 ; NIEDERER ET AL., p. 1537 ; WALZ, pp. 7 et 8.

Cette théorie du seuil de vulnérabilité se fonde sur un certain nombre d'études largement contestées par les milieux proches des lésés[23]. On reproche notamment à ces recherches de se fonder sur des reconstitutions trop éloignées des conditions réelles des accidents de la circulation, notamment parce qu'elles font intervenir des cobayes humains jeunes et en bonne santé, habitués à ces tests, avertis du choc qui les attend, et placés dans une position dite «normale» excluant toute complication[24]. Plus largement, ces mêmes auteurs contestent le recours aux expertises biomécaniques, qui se fondent précisément sur l'hypothèse qu'une lésion durable ne peut s'expliquer en dessous d'une certaine différence de vitesse.

Une chose semble acquise cependant dans les milieux scientifiques : un seuil spécifique unique d'atteinte en fonction de l'événement accidentel n'existe pas[25]. Des facteurs propres à chaque victime doivent être également pris en compte, facteurs qui semblent à eux seuls pouvoir expliquer la moitié des cas où l'analyse technique ne permettait pas d'attribuer les troubles de la victime à l'accident[26]. En d'autres termes, l'étude seule du delta-v est certainement insuffisante pour apprécier valablement un cas déterminé.

C'est pour nous l'occasion de préciser qu'il semble désormais généralement admis qu'il n'existe pas de corrélation entre le montant des frais de réparation des véhicules impliqués et la différence de vitesse[27]. Malgré cela, il n'est pas rare en pratique que le lésé soit confronté à l'argument selon lequel le montant modeste des frais de réparation constitue la preuve que l'accident n'était pas suffisamment violent pour causer les troubles dont il se plaint. De même, les tribunaux abordent fréquemment cette question dans le cadre de l'examen du degré de gravité de l'accident[28].

---

[23] SCHMIDT/SENN, p. 132 ; SENN, Harmlosigkeitsgrenzen, p. 278. De façon plus nuancée, SPITZER ET AL. (p. 21S) estiment que les études sur des volontaires dans des conditions contrôlées peuvent difficilement être transposées à des accidents réels.

[24] Par ailleurs, ce type d'expérience pose un sérieux problème éthique (voir sur ce point l'article de Marie ABBET : *Les assureurs se paient des cobayes humains*, in l'Hebdo du 13 septembre 2001, p. 34). Nous estimons également que la nécessité pour ces chercheurs de préserver la santé de leurs cobayes peut faire douter de l'objectivité de leurs résultats, puisque l'on voit mal comment ils pourraient publier des conclusions scientifiques dans lesquelles ils admettraient avoir causé des lésions irréversibles aux volontaires engagés dans leurs travaux.

[25] HUNGERBÜHLER, p. 93.

[26] SCHMITT ET AL., p. 252.

[27] Rapport ASA 2002 (n. 2), p. 6.

[28] Voir par exemple les arrêts U.361/2005 du 16 août 2006 c. 5.1 et U.47 /2006 du 5 septembre 2006 c. 4.2.1.

D.   Les différents facteurs de risque

Comme nous venons de le voir, un certain nombre de facteurs sont généralement considérés comme augmentant le risque de lésions durables. Outre ceux déjà mentionnés (les *lésions préexistantes* à la colonne cervicale, *l'âge* de la victime, sa *position* exacte au moment du choc et l'absence *d'appuie-tête* correctement réglé), et qui ne sont guère contestés[29], plusieurs éléments sont régulièrement évoqués comme révélateurs du risque que représente un accident de causer des troubles durables. Nous passons ci-dessous brièvement en revue les plus importants d'entre eux, convaincus que nous sommes que la réflexion du juge au sujet du lien de causalité doit englober l'ensemble des facteurs susceptibles d'influer sur l'état de santé de la victime. C'est en outre une occasion supplémentaire de démontrer que le mécanisme du coup du lapin est particulièrement complexe, et que l'on ne saurait se contenter de quelques généralités.

Le sexe joue manifestement un rôle sur la gravité des lésions. Ainsi les biomécaniciens considèrent que le cas peut être considéré comme « normal » jusqu'à 55 ans pour les hommes, mais jusqu'à 50 ans seulement pour les femmes[30]. Le risque de blessure est donc plus élevé pour les femmes[31], dans une proportion qui reste cependant difficilement mesurable.

La grande taille est également parfois mentionnée comme un facteur aggravant. Il est probable cependant que cet élément ne soit en réalité qu'une manifestation du rôle que joue un appuie-tête mal réglé, puisque cet accessoire ne sera d'aucune utilité s'il est placé trop bas[32].

La surprise est régulièrement considérée comme un facteur accroissant les risques de blessure, dans ce sens où les victimes qui ont pu anticiper le choc semblent mieux surmonter les conséquences de l'accident. Les chercheurs qui se sont penchés sur cette question en concluent qu'une pré-activation de la musculature cervicale limite l'accélération résultant du choc ainsi que l'amplitude des mouvements de la tête[33].

La place dans le véhicule a fait l'objet de quelques études. Pour autant que nous puissions en juger, leur résultat est contradictoire, certains auteurs estimant que le conducteur court un risque plus élevé que le passager avant, alors que d'autres arrivent à la conclusion inverse[34].

---

29   Des opinions dissidentes existent néanmoins. Voir à ce sujet STEINEGGER, p. 490, n. 48.

30   SCHMITT ET AL., p. 249.

31   BLOUIN, p. 29 ; FRINKING ET AL, p. v ; HUNGERBÜHLER, p. 107.

32   BLOUIN, p. 29.

33   FRINKING ET AL., p. v ; BLOUIN, p. 30 ; HUNGERBÜHLER, p. 106.

34   BLOUIN, p. 31 ; FRINKING ET AL., p. v.

Le port de la ceinture de sécurité est par contre un facteur qui est régulièrement cité par la littérature comme accroissant le risque de lésions en cas d'accident de type «coup du lapin»[35]. Ceci pourrait s'expliquer par le fait que le mouvement de flexion de la tête vers l'avant est ainsi amplifié. De plus, comme la ceinture ne retient qu'une seule épaule, il n'est pas exclu qu'elle génère ainsi un certain mouvement de rotation de la partie supérieure du tronc, ce qui pourrait accroître le risque de complications.

Dans le même registre, la rigidité du siège semble jouer un rôle déterminant dans la transmission des forces au passager. Un siège plus rigide augmente en effet la vitesse des mouvements cervicaux[36].

De nombreuses études ont tenté d'examiner si des facteurs d'ordre psychologique pouvaient d'une façon ou d'une autre influer sur l'évolution de l'état de santé des personnes victimes d'un traumatisme cranio-cervical par accélération[37]. Bien que certaines études[38] semblent estimer que les facteurs de personnalité prémorbides jouent un rôle dans l'évolution du cas, d'autres arrivent à la conclusion contraire. Parmi ces dernières figurent plusieurs études de RADANOV (1991, 1994 et 1996), qui estime en substance que les problèmes psychologiques des patients sont davantage une conséquence qu'une cause des symptômes de nature somatique liés au mécanisme du coup du lapin. Ces études, citées aussi bien par la Quebec Task Force que par l'étude RAND récemment réalisée pour le compte de l'Association Suisse d'Assurances[39], semblent jouir d'un certain crédit dans le monde scientifique[40]. On peut donc estimer qu'il n'est pas établi à l'heure actuelle que certains traits de la personnalité permettent de prédire l'évolution des cas d'entorse cervicale[41].

Vraisemblablement les facteurs sociologiques et sociaux jouent un rôle dans l'évolution des syndromes de type «coup du lapin» mais ils ne sont pas à l'origine des symptômes[42]. Dans ce même ordre d'idée HUNGERBÜHLER émet l'hypothèse que les éléments psychologiques, sociaux et somatiques auront une influence déterminante sur le pronostic, sachant qu'une bonne capacité à faire face aux troubles somatiques et à leurs conséquences (coping) amène à une évolution favorable, alors qu'une mauvaise capacité à faire face

---

[35]   SPITZER ET AL., p. 26S; FRINKING ET AL., p. v; BLOUIN, p. 34; SCHMIDT/SENN, p. 187.

[36]   BLOUIN, p. 33.

[37]   Pour une présentation succincte de cette problématique, voir HUNGERBÜHLER, p. 108.

[38]   HUNGERBÜHLER (p. 108) cite trois études relativement anciennes: BLINDER (1978), GORMAN (1979) et LEE ET AL. (1993).

[39]   SPITZER ET AL., p. 33S; VAN HET LOO ET AL., p. 16.

[40]   Voir notamment GUNZBURG ET AL. et BARNSLEY, respectivement pp. 93 et 175.

[41]   Dans ce sens, voir l'étude de BORCHGREVINK ET AL., citée par VAN HET LOO ET AL., p. 16.

[42]   BARNSLEY, p. 175.

à ces troubles conduira à une aggravation progressive des symptômes et à une prédominance accrue des symptômes psychologiques et végétatifs[43].

E.   Conclusion intermédiaire

De ce très bref survol de la littérature scientifique, on retiendra avant tout que le mécanisme de la lésion survenant lors d'un accident de type « coup du lapin » est encore mal connu, même si une majorité se dessine pour admettre que ces lésions existent. L'essentiel de la controverse porte sur la gravité de ces lésions en cas de choc de faible intensité.

Or, cette gravité dépend à l'évidence d'une foule de critères, dont certains sont souvent difficilement identifiables en pratique. Pour ne citer qu'un exemple, la preuve formelle de la position exacte du tronc et de la tête de la victime au moment du choc est en général difficile à apporter.

Pour cette raison, il n'est certainement pas adapté à la réalité des choses que de vouloir aborder de façon schématique la question de la causalité en matière de traumatisme cranio-cérébral par accélération. Un système qui se focaliserait sur un seul critère – on propose souvent à cet égard celui de la différence de vitesse (delta-v) – n'est donc pas acceptable à nos yeux. Cela ne signifie pas pour autant que tout raisonnement juridique en la matière qui serait fondé sur un certain nombre de postulats scientifiques doive être rejeté d'emblée. Mais une telle façon de faire devra tenir compte de l'ensemble des éléments généralement admis sur le plan scientifique, quitte à ce que la jurisprudence procède à de régulières adaptations en fonction de l'évolution des connaissances techniques et médicales. Un autre point à examiner est la question de savoir comment une telle règle de causalité peut s'insérer dans un système juridique donné tout en respectant ses principes et objectifs essentiels.

III.   La jurisprudence du tribunal fédéral des assurances

Bien qu'il s'inscrive dans une journée d'étude consacrée au droit de la responsabilité civile, le présent exposé ne saurait faire l'impasse sur une présentation détaillée de la jurisprudence du Tribunal fédéral des assurances (TFA) en matière de causalité dans le domaine des traumatismes cranio-cervicaux par accélération. C'est en effet dans le cadre de l'assurance-accidents

---

43   HUNGERBÜHLER, p. 108.

obligatoire que l'on trouve la jurisprudence la plus abondante et les études de doctrine les plus poussées dans le domaine qui nous intéresse. Par ailleurs, ce débat tourne essentiellement autour de concepts qui, en théorie du moins, se retrouvent en droit des obligations, ce qui amène certains à plaider pour une reprise dans ce domaine de la pratique développée en droit des assurances sociales.

A.   La genèse

Les traumatismes d'accélération cranio-cervicale se caractérisant avant tout par l'absence de lésions objectivables, la théorie classique de la causalité naturelle et adéquate, que le Tribunal fédéral des assurances avait reprise du droit civil, s'avéra rapidement inadaptée à cette problématique. Plus précisément, le TFA arriva à la conclusion que ce type de lésions ne pouvait être considéré en soi comme étant généralement de nature, selon le cours ordinaire des choses, à engendrer des troubles psychiques chroniques. Le tribunal releva en outre que, dans la plupart des cas de traumatismes cervicaux sans lésions objectivables, aucun trouble ne subsistait[44].

Ainsi, la problématique du coup du lapin a été d'emblée liée à celle des conséquences psychiatriques d'un accident, si bien que c'est dans ce contexte que le TFA a développé sa pratique concernant ce type de traumatisme. A la fin des années quatre-vingt, celui-ci avait précisé que, pour se prononcer sur le caractère adéquat du lien de causalité, il convenait d'apprécier notamment la gravité de l'accident, les circonstances concomitantes, la gravité des lésions somatiques et l'ampleur de l'incapacité de travail, tout en tenant compte de la personnalité de l'assuré avant l'accident[45]. Cette pratique a été précisée et codifiée dans un arrêt du 16 juin 1989, instituant une classification des accidents en trois catégories, en fonction de leur gravité objective. Alors que toute causalité adéquate devait être niée en rapport aux accidents insignifiants et admise sans autre dans les accidents graves, elle devait faire l'objet d'une appréciation circonstanciée dans les accidents de gravité moyenne, sur la base d'un certain nombre de critères objectifs dont le TFA avait dressé une liste exemplative. Il était encore précisé qu'une prédisposition particulière de l'assuré ne devait pas faire obstacle à la prise en charge des troubles d'ordre psychiatrique si l'examen de la gravité objective de l'accident permettait en soi d'admettre un lien de causalité adéquate. Dans le cas contraire, le juge devait en conclure que l'incapacité de travail de nature psychiatrique devait être rattachée à des facteurs étrangers à l'accident[46].

---

[44]   Arrêt du TFA du 18 novembre 1985, in RSAS 1986, p. 89 c. 5.

[45]   ATF 113 V 324 c. 2b.

[46]   ATF 115 V 133.

C'est dans ce contexte que le TFA a rendu le 4 février 1991 son arrêt de principe en matière de lésions cervicales non objectivables, arrêt qui fait dans ses grandes lignes toujours référence à l'heure actuelle[47]. Les motifs de ce changement de jurisprudence résidaient avant tout dans le fait que, aux yeux du tribunal, il était en réalité connu qu'un traumatisme de type «coup du lapin» peut causer des troubles fonctionnels persistant durant plusieurs années, et ce même en l'absence de lésion objectivée. L'arrêt parle à cet égard de microlésions, que l'on peut considérer comme étant vraisemblablement la cause, ou à tout le moins la cause partielle, d'un *tableau clinique typique*, lequel se caractérise par un cumul de plaintes tels que maux de tête diffus, vertiges, troubles de la concentration et de la mémoire, nausées, fatigabilité accrue, troubles de la vision, irritabilité, labilité émotionnelle, dépression, modification du caractère, etc.[48]. Dans cette perspective, il se justifie de considérer qu'un mécanisme d'accélération cranio-cervicale apparaissant sous la forme caractéristique d'un cumul de plaintes typiques peut causer, selon le cours ordinaire des choses et l'expérience générale de la vie, une incapacité de travail et de gain, et ce même si les troubles fonctionnels ne peuvent être prouvés objectivement. Sur le plan de la causalité adéquate, il est ainsi indifférent que les douleurs en question soient considérées sur le plan médical comme étant de nature organique et/ou psychique[49].

Un autre changement de pratique initié par cet arrêt porte sur les critères utilisés pour évaluer la causalité adéquate, qui est désormais appréciée avant tout par l'examen de l'événement assuré plutôt qu'en fonction des lésions subies. Le TFA se réfère alors à la méthode qu'il avait développée deux ans plus tôt en matière de troubles d'ordre psychique consécutifs à un accident, estimant que, dans les deux cas, on se trouve en présence de troubles qui, de façon comparable sur un plan juridique, ne sont pas (suffisamment) établis d'un point de vue organique. Il s'agit alors, en raison du principe constitutionnel d'égalité, de surmonter la différence de traitement pouvant apparaître entre les assurés selon que leur incapacité de travail se fonde ou non sur des lésions objectivables, et d'instaurer une solution qui tienne compte des conséquences effectives de l'accident. Il s'agit en d'autres termes d'apprécier dans chaque cas les indices qui plaident pour ou contre le rattachement juridique de certains troubles fonctionnels à l'événement assuré, dans le cadre d'une appréciation globale de la limite juste et raisonnable qu'il convient de fixer entre les accidents devant être couverts par l'assurance et ceux ne devant pas être couverts[50].

---

47 ATF 117 V 359.

48 ATF 117 V 360 et 363, c. 4b et 5d aa.

49 ATF 117 V 364 c. 5d aa.

50 ATF 177 V 364-366 c. 5d bb.

Le TFA reprend alors sa distinction entre les trois catégories d'accidents, répartis selon leur degré de gravité, tout en confirmant qu'en cas d'accident de gravité moyenne, il faut se référer en outre à d'autres circonstances objectivement appréciables, qui sont en rapport immédiat avec l'accident ou qui apparaissent comme une conséquence directe ou indirecte de celui-ci. Les critères les plus importants sont:

– les circonstances concomitantes particulièrement dramatiques ou le caractère particulièrement impressionnant de l'accident;

– la gravité ou la nature particulière des lésions physiques;

– la durée anormalement longue du traitement médical;

– les douleurs persistantes;

– les erreurs dans le traitement médical entraînant une aggravation notable des séquelles de l'accident;

– les difficultés apparues au cours de la guérison et les complications importantes;

– le degré et la durée de l'incapacité de travail.

En cas de traumatisme de type « coup du lapin », le TFA ne fait à ce stade pas de distinction selon que ces différents éléments sont de nature physique ou psychique. C'est là la différence fondamentale entre cette jurisprudence et celle applicable en matière de troubles psychiques inaugurée aux ATF 115 V 133[51].

Il n'est toutefois pas nécessaire que soient réunis dans chaque cas tous ces critères à la fois. Suivant les circonstances, un seul d'entre eux peut être suffisant pour admettre l'existence d'une relation de causalité adéquate. Il en est ainsi lorsque l'accident apparaît comme l'un des plus graves de la catégorie intermédiaire ou que l'on se trouve à la limite de la catégorie des accidents graves. Un seul critère peut en outre suffire lorsqu'il revêt une importance particulière, par exemple dans le cas où l'incapacité de travail est particulièrement longue en raison de complications apparues au cours de la guérison. Lorsque, en revanche, aucun critère ne revêt à lui seul une importance particulière ou décisive, il convient de se fonder sur plusieurs d'entre eux, et ce d'autant plus si l'accident est de moindre gravité. Ainsi lorsqu'un accident de gravité moyenne se trouve à la limite de la catégorie des accidents peu graves, les autres circonstances à prendre en considération doivent se cumuler ou revêtir une intensité particulière pour que le caractère adéquat du lien de causalité puisse être admis.

---

[51] ATF 117 V 367 c. 6a.

Grâce à cette appréciation de la causalité adéquate sur la base de la gravité de l'accident et des éléments objectifs qui lui sont rattachés, il n'est plus nécessaire de rechercher si d'autres causes ont favorisé le développement des troubles en question[52].

En résumé, ce fameux arrêt publié aux ATF 117 V 359 admet qu'il existe de façon générale, avec un degré de vraisemblance prépondérante, un lien de causalité naturelle entre un traumatisme de type « coup du lapin » et le tableau clinique typique, puis détermine par l'examen d'éléments objectifs, liés à l'événement assuré lui-même, s'il existe un lien juridiquement pertinent (causalité adéquate) entre l'événement en question et les troubles invoqués par l'assuré. On recourt ainsi à des références objectives de secours pour pallier à l'absence de lésions objectives directes[53].

B.   Les développements ultérieurs

Cette façon de faire a très vite fait l'objet de vives critiques en doctrine, sur lesquelles nous reviendrons plus bas[54]. Ces objections ont ainsi rapidement amené le TFA à préciser quelque peu sa pratique, limitant fortement à nos yeux la portée de sa jurisprudence.

Dans un arrêt du 18 mai 1993, publié aux ATF 119 V 335, le Tribunal fédéral de Lucerne a précisé tout d'abord qu'il n'était pas question, en matière de traumatismes de type « coup du lapin », de se contenter de la preuve de ce mécanisme et de vagues indications subjectives de l'assuré, mais que dans ces cas également, les faits constatés médicalement, tels que l'anamnèse, les constatations objectives, le diagnostic, les conséquences des blessures, les facteurs étrangers à l'accident, l'état antérieur, etc., constituent les éléments déterminants pour examiner l'existence d'un lien de causalité naturelle. Ainsi, un traumatisme d'accélération cranio-cervicale ne sera considéré comme admis que sur la base de données médicales sûres[55]. Le tribunal estime en outre que sa pratique n'induit pas un renversement du fardeau de la preuve, et précise qu'un rapport médical bien étayé peut parfaitement amener le juge à considérer que, dans un cas particulier, des troubles correspondant à ceux du tableau clinique typique des traumatismes de type « coup du lapin » n'apparaissent pas avec un degré de vraisemblance prépondérante comme la conséquence de l'accident, mais celle d'un état maladif antérieur

---

52   ATF 117 V 367 c. 6b.

53   Dans le même sens, SIDLER, Adäquanzprüfung, p. 791.

54   Voir notamment pp. 16 s.

55   ATF 119 V 340 c. 2b aa.

uniquement[56]. Le tribunal rappelle à cet égard que, y compris en matière de distorsions cervicales, la présence d'une cause concomitante étrangère à l'accident ne permet pas en soi d'exclure le lien de causalité naturelle.

Le correctif sans doute le plus important à la jurisprudence publiée aux ATF 117 V 359 sera mis en place de façon relativement discrète par le TFA, dès le début de l'année 1994[57], pour être ensuite confirmé sans motivation particulière dans un arrêt publié au recueil officiel en 1997[58]. Il consiste à apprécier le lien de causalité adéquate en application des principes développés pour les troubles d'ordre psychique consécutifs à un accident (ATF 115 V 133), et non de ceux en vigueur pour les distorsions cervicales non objectivées (ATF 117 V 359), lorsque les troubles constitutifs du tableau clinique typique des traumatismes de type «coup du lapin» sont certes partiellement réunis, mais qu'ils sont relégués au second plan par une importante problématique de nature psychique. Cette restriction est d'importance si l'on sait qu'en matière de suites psychiques d'accidents, seules sont prises en compte, pour l'examen de la causalité adéquate, les composantes d'origine somatique à l'exclusion des troubles, des douleurs et de l'incapacité de travail de nature psychique.

Par la suite, le TFA a précisé que la jurisprudence développée en cas de troubles du développement psychique ne pouvait trouver application que lorsque le problème psychique présente un caractère prédominant déjà immédiatement après l'accident, sous peine d'appliquer finalement la jurisprudence des ATF 115 V 133 à la plupart des victimes d'un traumatisme de type «coup du lapin»[59]. Ce dernier arrêt reste néanmoins applicable également lorsque l'on peut admettre que, durant toute la phase de l'évolution consécutive à l'accident, les troubles physiques n'ont de façon générale joué qu'un rôle de moindre importance[60]. Pour que des troubles d'ordre psychiatrique

---

[56] ATF 119 V 341 c. 2b bb. Ce raisonnement constitue précisément selon nous un renversement du fardeau de la preuve, dans ce sens où il aura fallu que l'assureur démontre à l'aide de plusieurs rapports médicaux et neuropsychologiques que l'assuré souffrait en l'espèce déjà avant l'accident de la plupart des troubles sur lesquels il fondait ses prétentions. Cette façon de faire ne nous semble pas critiquable dans la mesure où la contre-preuve est elle aussi appréciée selon la règle du degré de vraisemblance prépondérante.

[57] Voir les arrêts résumés in RAMA 1995 U 221, et notamment les arrêts U.75/1993 du 25 janvier 1994 (p. 113), U.101/1994 du 9 septembre 1994 (p. 115) et U.185/1994 du 6 janvier 1995 (p. 117).

[58] ATF 123 V 99 c. 2a.

[59] Arrêt U.164/2001 du 18 juin 2002, in RAMA 2002 U 465, p. 439 c. 3a. On ne peut parler de troubles psychiques immédiats s'ils ne sont diagnostiqués que 6 mois après l'accident: arrêt U.172/2000 du 27 août 2002, c. 4.2.

[60] Arrêt U.164/2001 du 18 juin 2002, in RAMA 2002 U 465, p. 439 c. 3b. Même s'il ne le dit pas expressément, le TFA veut manifestement éviter ici que l'assureur puisse, en retardant simplement sa décision, faire application de la jurisprudence publiée in ATF 115 V 133 sous prétexte que, après une longue évolution, seuls les troubles d'ordre psychique subsistent véritablement, alors même que les autres composantes du tableau clinique typique étaient bel et bien réunies au départ.

puissent être considérés comme prédominants, ils doivent être constitutifs d'une atteinte à la santé (secondaire) indépendante, au regard de la nature et de la pathogenèse du trouble, de la présence de facteurs concrets qui ne sont pas liés à l'accident et du déroulement temporel[61]. Ainsi s'appliquera la jurisprudence développée en matière de troubles du développement psychique si l'accident n'a fait que renforcer les symptômes de troubles psychiques déjà présents avant cet événement[62]. Le TFA cherche ici à éviter que des conséquences psychiques d'un accident en soi identiques sur le plan de la causalité naturelle soient examinées différemment sous l'angle de la causalité adéquate uniquement parce que, dans un cas et pas dans l'autre, une distorsion cervicale ou une blessure analogue peut être constatée[63].

L'existence d'un accident de type «coup du lapin» est également niée par le Tribunal fédéral des assurances lorsqu'il existe un temps de latence trop important entre l'accident et l'apparition des plaintes dans la région de la nuque ou de la colonne cervicale. En général, la jurisprudence part du principe que les douleurs en question doivent apparaître au plus tard dans les 72 heures suivant l'accident pour que l'on puisse encore considérer qu'elles constituent une conséquence directe de la distorsion cervicale ou du traumatisme analogue[64].

Il convient de relever encore que le TFA applique également pour l'examen de la causalité adéquate les principes développés en matière de traumatisme de type «coup du lapin» aux traumatismes analogues[65] et aux traumatismes cranio-cérébraux[66]. Naturellement, cette jurisprudence n'a plus cours, et l'on retombe sur le principe général selon lequel la causalité naturelle et adéquate se recoupent dans une large mesure, si les troubles fondant les prétentions de l'assuré peuvent être rattachés à une atteinte à la santé organiquement objectivable[67].

Notre réflexion s'inscrivant en premier lieu dans le cadre du droit privé de la responsabilité civile, nous renonçons ici à procéder à une analyse

---

[61] Arrêt du 12 octobre 2000 in RAMA 2001 U 412, p. 80.

[62] Arrêt du 8 juin 2000 in RAMA 2000 U 397, p. 327. Il s'agissait d'un cas où l'assuré présentait déjà avant l'accident des troubles psychiques, que cet événement avait aggravés. En outre, les troubles diagnostiqués après l'accident s'inscrivaient mal dans le tableau clinique typique normalement constaté après un traumatisme d'accélération cranio-cervicale. Pour un exemple plus récent, voir l'arrêt U.361/2005 du 16 août 2006 c. 4.2.

[63] Arrêt U.93/2006 du 29 novembre 2006 c. 3.2, y compris les références.

[64] Voir notamment l'arrêt du 12 août 1999 in RAMA 2000 U 359, p.29.

[65] Arrêt du 23 février 1999 in RAMA 1999 U 341, p. 407.

[66] ATF 117 V 382 c. 4.

[67] Voir notamment l'arrêt U.360/2005 du 21 août 2006 c. 3.4, qui précise en outre qu'un raidissement et une crispation de la musculature ne constituent pas encore en soi un substrat organique aux douleurs en découlant.

exhaustive de la jurisprudence du Tribunal fédéral des assurances en matière de traumatismes de type «coup du lapin»[68]. En effet, de nombreux autres aspects, à commencer par la mise en œuvre concrète des sept critères objectifs en cas d'accident de gravité moyenne, mériteraient une étude plus poussée. Nous reviendrons plus bas sur certains de ces points, et renvoyons pour le surplus le lecteur aux contributions de MÜLLER[69] et JÄGER[70].

C.   La position de la doctrine

D'emblée, la jurisprudence du Tribunal fédéral des assurances en matière de traumatisme de type «coup du lapin» a suscité de nombreuses critiques. Parmi celles-ci, il convient de distinguer les objections d'ordre médico-scientifique, qui consistent à contester le bien-fondé médical de cette nouvelle pratique, de celles de nature plus juridique, qui regrettent avant tout la discordance existant en matière de causalité adéquate entre la jurisprudence du Tribunal fédéral et celle du Tribunal fédéral des assurances. Nous aborderons plus loin cette problématique[71], après avoir examiné au préalable les réflexions que peut susciter cette jurisprudence concernant la distinction entre causalité naturelle et adéquate, et apporté nos propres observations sur la pratique du TFA en matière de distorsions cervicales.

1.   Les arguments d'ordre scientifique

Plusieurs médecins et juristes se sont tout d'abord élevés contre l'arrêt publié aux ATF 117 V 359 en raison du fait que cette jurisprudence se fonderait sur un certain nombre d'hypothèses qui n'ont pas été vérifiées scientifiquement[72]. La notion même de tableau clinique typique de la distorsion du rachis cervical est considérée par ces auteurs davantage comme une construction juridique qu'une réalité médicale, puisque les symptômes envisagés peuvent être attribués à d'autres causes qu'à une telle distorsion[73]. Certains ont relevé également qu'il existait encore des doutes quant à l'existence d'indices plaidant pour la survenance de microlésions suite à un mécanisme de type «coup du

---

68   Le lecteur francophone trouvera en outre une présentation synthétique de la jurisprudence en la matière dans les arrêts U.201/2005 du 4 mai 2006, U.412/2005 du 20 septembre 2006 et U.385/2005 du 5 octobre 2006.

69   MÜLLER, Rechtsprechung, p. 413 ss.

70   JÄGER, p. 291 ss.

71   Voir plus bas, p. 37.

72   Les premières critiques sont citées par le TFA dans son arrêt publié aux ATF 119 V 338 c. 2a.

73   Voir CHAPPUIS, p. 217. Dans le même sens, nous citerons par exemple JENZER, p. 1231; STEINEGGER, p. 495.

lapin » et qu'il n'était pas établi que des déficits fonctionnels pouvaient en pareil cas apparaître encore plusieurs années après l'accident[74].

Il est en effet difficilement contestable que le tableau clinique typique au sens où l'entend le TFA ne constitue pas un syndrome propre aux distorsions cervicales et aux traumatismes analogues. Ceci a notamment été répété en 2000 par la Commission « *Whiplash-associated disorder* » de la Société Suisse de Neurologie, selon laquelle « il n'existe pas de critère spécifique pour l'état après le traumatisme d'accélération cranio-cervicale ». Néanmoins, la même Commission se réfère elle-même à une « symptomatologie typique (*typisches Beschwerdebild*) », dont elle ne semble pas nier l'existence, mais dont elle dit seulement que la littérature ne permet pas de décider, lorsqu'elle n'est pas accompagnée d'une perturbation initiale de la connaissance, si elle est basée sur une lésion structurelle ou non[75]. C'est dire que les détracteurs de la jurisprudence précitée confondent la notion de symptomatologie spécifique et celle de symptomatologie typique au sens où l'entend le TFA, soit un ensemble de symptômes qui apparaissent régulièrement après une lésion particulière sans pour autant être propres à cette lésion. Or, nous l'avons vu, plus personne ne conteste véritablement aujourd'hui qu'un traumatisme d'accélération cranio-cervicale soit de nature à causer un certain nombre de symptômes relativement bien identifiés. Ce qui fait encore débat, c'est le mécanisme physique exact à l'origine de ces symptômes, la méthode qu'il conviendrait de mettre au point pour identifier ce mécanisme et surtout la question de savoir si et comment des distorsions cervicales légères peuvent causer une invalidité à long terme.

C'est précisément pour tenir compte de cette situation que le Tribunal fédéral des assurances a développé la jurisprudence qui nous occupe. Constatant que le mécanisme de type « coup du lapin » induit généralement un certain nombre de troubles sans que ceux-ci ne puissent être objectivés, il a décidé d'admettre de façon générale un lien de causalité naturelle entre un tel traumatisme et les troubles précités, tout en procédant à une limitation objectivée de la couverture d'assurance dans le cadre de l'examen de la causalité adéquate.

La question n'est donc pas de savoir si cette pratique trouve une quelconque justification sur le plan médical, mais s'il est juridiquement correct d'admettre par principe qu'une lésion non objectivée puisse être considérée comme établie au sens de la loi. Il ne faut en effet pas perdre de vue que, si la causalité naturelle relève du fait et doit être examinée sur la base de renseignements d'ordre médical[76], elle n'en reste pas moins un concept de nature

---

74 MURER, p. 6.

75 SCHNIDER ET AL., p. 288.

76 ATF 129 V 181 c. 3.1.

juridique, que le juge n'appréhende pas selon la même rigueur qu'un scientifique ou un médecin[77].

A nos yeux, les différentes observations cliniques et études scientifiques dont nous avons fait état au second chapitre de cette étude, ne permettent plus de douter du fait que, sur le principe et selon un degré de vraisemblance prépondérante, un mécanisme de type «coup du lapin» est à même de causer des lésions invalidantes non objectivables. Dans la mesure où le juge examine encore dans chaque cas particulier si les plaintes de l'assuré peuvent être attribuées de manière crédible à une atteinte à la santé, et où la portée de cette pétition de principe est très sérieusement limitée par un examen restrictif de la causalité adéquate, il ne nous paraît pas justifié de reprocher au Tribunal fédéral des assurances une quelconque légèreté scientifique.

2.   Causalité naturelle et adéquate

Dans une réflexion relativement poussée au sujet du problème de la causalité en matière de traumatisme d'accélération cranio-cervicale publiée en 2001, KRAMER estime que la réflexion – soumise à des distinctions de plus en plus subtiles – que conduit le TFA dans le cadre de l'examen de la causalité adéquate n'est finalement rien d'autre qu'une appréciation judiciaire de la vraisemblance d'un lien de causalité naturelle[78]. Plus précisément, cet auteur est d'avis qu'une juste appréciation de la causalité naturelle selon un degré de vraisemblance prépondérante constitue la même démarche intellectuelle que l'examen de la causalité adéquate. Dès lors, cette dernière démarche doit être désignée par son véritable nom, soit l'examen de la causalité naturelle, ce qui permet ensuite de reprendre le principe valable pour les lésions objectivables, à savoir que l'admission de cette causalité naturelle emporte automatiquement celle de la causalité adéquate. Comme le principe du degré de vraisemblance prépondérante se fonde, précisément, sur l'appréciation d'une vraisemblance, et donc de l'expérience générale de la vie, cette question pourra toujours être revue par le Tribunal fédéral, qui devra alors sous cet angle la considérer comme un point de droit[79].

Cette façon de voir nous paraît critiquable à plusieurs égards :

---

77 RUMO-JUNGO, ch. 744 ; MÜLLER, Kausalzusammenhang, p. 94.

78 KRAMER, p. 85. SIDLER (Adäquanzprüfung, p. 792) se rallie sur ce point bien précis à cette façon de voir, tout en précisant que l'examen de la causalité adéquate n'est rien d'autre qu'une vérification du caractère plausible de la causalité naturelle telle que constatée dans un cas concret par les différents experts médicaux. MURER (p. 13) approuve également l'analyse de KRAMER, tout comme les conclusions que ce dernier en tire.

79 KRAMER, pp. 86 à 89.

– Cette proposition, si l'on y réfléchit bien, se fonde sur une compréhension erronée des notions de causalité naturelle et adéquate. En effet, on ne peut pas sans autre admettre, comme le fait KRAMER[80], que les troubles considérés comme sans lien de causalité adéquate avec l'accident sont nécessairement les mêmes que ceux auxquels un lien de causalité naturelle établi selon un degré de vraisemblance prépondérante fait défaut. Il faut sans doute le rappeler, la causalité naturelle doit être admise lorsqu'il apparaît que, sans l'événement accidentel, le dommage ne se serait pas produit du tout, ou qu'il ne serait pas survenu de la même manière. Il n'est pas nécessaire que l'accident soit la cause unique ou immédiate de l'atteinte à la santé ; il faut et il suffit qu'il se présente comme la condition sine qua non de celle-ci[81]. Or, sous cet angle, la causalité naturelle ne fait le plus souvent pas le moindre doute[82], puisqu'il est rarement contesté que l'accident a joué un rôle déclencheur sans lequel les troubles en question ne seraient pas survenus, ou pas de la même manière. La question qui se pose donc véritablement est de savoir s'il est encore juridiquement admissible de faire un lien entre l'accident et l'atteinte persistante à la santé, en se fondant davantage sur des critères d'équité[83] que sur des statistiques médicales[84]. On sort ici clairement du cadre de la causalité naturelle et, surtout, on change d'échelle de valeur[85]. *On ne peut donc pas fusionner purement et simplement ces deux concepts.*

– En effet, si ce débat est recentré exclusivement sur la question de la causalité naturelle, il risque fort *d'échapper au juge* pour devenir finalement l'apanage des experts médicaux. Or, précisément, l'existence d'un rapport de causalité adéquate doit être appréciée sous un angle juridique ; elle doit être tranchée par le juge seul, et non par les experts médicaux[86].

– Nous partageons certes l'avis de KRAMER selon lequel un examen de la causalité naturelle incluant un jugement de valeur est une question

---

80 KRAMER, p. 86.

81 ATF 129 V 181 c. 3.1.

82 HUNGERBÜHLER, p. 113.

83 Voir plus bas, p. 30.

84 C'est précisément pour cette raison que le TF a pu dire qu'il n'était pas déterminant dans ce contexte que le tableau clinique typique ne puisse pas être rattaché à un diagnostique précis : arrêt du 4 février 1997 c. 4b, non publié in ATF 123 III 110.

85 Alors qu'il plaide pour l'introduction d'un seuil de dangerosité (voir plus bas, p. 40), KRAMER (p. 90) admet lui-même que le nœud du problème se situe sur le plan de l'appréciation juridique, dans ce sens où il se réfère aux causes que l'on peut juridiquement encore prendre en considération : « ...dass bei einer kollisionsbedingten Geschwindigkeitsänderung des angestossenen Fahrzeugs unter Δv = 10 km/h grundsätzlich keine überwiegende Wahrscheinlichkeit mehr dafür spricht, dass die vom Verunfallten geltend gemachten Beschwerden *in einer rechtlich zu berücksichtigenden Weise* dem Auffahrunfall zuzurechnen sind » (c'est nous qui soulignons).

86 ATF 96 II 397 c. 2 ; ATF 107 V 176 c. 4b ; arrêt 2C.2/1999 du 26 mars 2004 c. 4.3.

de droit dans ce sens où le Tribunal fédéral peut en principe la revoir librement. Mais il n'en demeure pas moins que *ce contrôle judiciaire des expertises médicales est parfaitement illusoire* en pratique. En effet, il sera difficile pour le juge de se distancer des avis médicaux exprimés et de décider à la place des experts ce qui est médicalement avéré et ce qui ne l'est pas. L'assuré, son médecin traitant et les experts médicaux comprendraient difficilement que l'assureur et le juge puissent s'arroger le droit de décider seuls si un phénomène purement médical est établi avec un degré de vraisemblance prépondérante. Dans un contexte de lésions non objectivables, où un jugement de valeur fixant la limite entre ce qui peut et ce qui ne peut pas être assuré est indispensable, il nous paraît essentiel d'établir d'emblée une claire distinction entre ce qui relève des constations de fait et ce qui ressortit à ce jugement de valeur. A cet égard les notions de causalité naturelle et adéquate constituent sans doute un outil adapté.

– Ensuite, en déplaçant le problème du niveau de la causalité adéquate à celui de la causalité naturelle, KRAMER ne simplifie en rien le raisonnement – parfois tortueux il est vrai – que mène le TFA pour admettre ou non un lien de causalité naturelle et adéquate en matière de distorsions cervicales et autres traumatismes similaires. Demeure encore ouverte à ce stade la question de savoir *selon quels critères* on pourra admettre qu'il existe un lien de causalité naturelle selon un degré de vraisemblance prépondérante.

– Or, on sait qu'en pratique chaque expert raisonne selon ses propres critères pour établir si, oui ou non, les troubles qu'il constate sont une cause directe ou non de l'accident. Surtout, le corps médical est particulièrement divisé sur la question des distorsions du rachis cervical[87], certains médecins niant purement et simplement le phénomène[88]. Dès lors, avec une telle solution, *le sort du lésé devient aléatoire* et dépendra uniquement du choix de l'expert[89], qui est une démarche dans laquelle assureurs et assurés ne luttent pas sur un pied d'égalité.

---

[87] Voir notamment HUNGERBÜHLER, p. 105. Pour sa part un groupe de travail de médecins suisses écrivait en préambule de ses recommandations: «Le traumatisme cranio-cervical par accélération (TCCA), dit le coup du lapin, fait l'objet de controverses soutenues aussi bien dans les cercles médicaux spécialisés que dans un contexte social plus large de la plupart des pays occidentaux. L'une des principales raisons est le fait que les lésions qui en découlent sont généralement indétectables avec les techniques d'imagerie diagnostique actuelles. Pour le traitement, aucune technique n'a pu apporter de preuve suffisante de son efficacité. Le médecin traitant se trouve donc confronté à des problèmes diagnostiques et thérapeutiques très particuliers.» (STREBEL ET AL., p. 1119).

[88] Voir par exemple l'article de JENZER.

[89] Dans le même sens: MÜLLER, Kausalzusammenhang, p. 140.

Ainsi, il nous paraît indispensable de maintenir une distinction entre les deux types de causalité, aussi bien pour des raisons dogmatiques que pour bien délimiter les rôles respectifs du médecin et du juriste. Le premier doit établir et diagnostiquer l'atteinte à la santé, rechercher les causes les plus probables de ces troubles, y compris celles qui sont antérieures ou étrangères à l'accident, et reconstituer l'articulation de ces différents éléments. Il doit également déterminer quelle aurait été l'évolution la plus probable des troubles préexistants si l'accident n'avait pas eu lieu, ce renseignement étant indispensable à l'examen par le juge du lien de causalité naturelle. Quant à ce dernier, il doit procéder seul à l'appréciation des preuves qui lui sont présentées, qui sont souvent contradictoires dans ce contexte, et déterminer dans quelle mesure les troubles qui ne peuvent être objectivés peuvent encore sur un plan juridique être équitablement rattachés à l'événement accidentel.

3.   *Observations complémentaires*

La très abondante jurisprudence du Tribunal fédéral des assurances en matière de distorsion du rachis cervical, ainsi que les nombreux avis exprimés par la doctrine à ce sujet appellent encore de notre part les quelques remarques et observations suivantes :

a)   *Le rôle des symptômes psychiques prépondérants*

Un rapide survol de la jurisprudence du Tribunal fédéral des assurances en matière de traumatisme de type « coup du lapin » fait apparaître que de nombreux cas sont tranchés sous l'angle de la causalité adéquate au moyen des critères développés aux ATF 115 V 133 à propos des conséquences psychiques d'accidents. L'application de cette jurisprudence à ce type de lésions implique une négation pratiquement assurée de la causalité adéquate. En tout état de cause, et même si le TFA se défend de vouloir appliquer cette jurisprudence à tous les cas de traumatismes cranio-cervicaux par accélération[90], force est de constater qu'elle joue en pratique un rôle majeur dans ce domaine.

Cette façon de faire revient à faire supporter à l'assuré le poids de sa prédisposition ou même de sa fragilité psychique éventuelle, alors même que le TFA a admis le principe selon lequel l'assurance obligatoire ne doit pas se limiter à protéger les assurés normalement constitués, mais doit également prendre en charge les conséquences qui ne touchent que les personnes particulièrement prédisposées. Notre Haute Cour crée ainsi expressément une exception pour les prédispositions psychiques[91], instituant une différence

---

[90]   Arrêt U.164/2001 du 18 juin 2002, in RAMA 2002 U 465, p. 439 c.3a.

[91]   On parle souvent à cet égard de névrose de revendication : ATF 112 V 36 c. 3c. Voir sur ce point RUMO-JUNGO, ch. 764 ss.

de traitement par rapport aux prédispositions somatiques que nous avons du mal à comprendre.

Plus précisément, la jurisprudence actuelle du TFA n'est guère satisfaisante en ce qu'elle considère que les troubles chroniques d'ordre psychique apparaissant quelque temps après un accident de type «coup du lapin» ne peuvent plus être rattachés à l'accident en question s'ils jouent un rôle prédominant. Cela revient finalement à établir – de façon parfaitement arbitraire – une hiérarchisation parmi les différents symptômes constitutifs du tableau clinique typique[92], selon qu'ils sont de nature physique ou psychique. Ce raisonnement est contradictoire, car il admet de façon générale qu'un accident de ce type cause des troubles qui sont d'ordre tant psychique que physique, et que cette distinction importe peu dans le cadre de l'examen de la causalité adéquate[93], mais exige ensuite dans chaque cas particulier que les symptômes de nature somatique jouent un rôle prédominant[94].

Surtout, et même si le TFA tente de poser certaines conditions d'application à cette pratique, celle-ci se fonde sur l'hypothèse implicite que les troubles psychiatriques ne peuvent être une conséquence de l'accident s'ils ne sont pas ou plus accompagnés de troubles de nature somatique plus ou moins objectivables. On perd ici de vue que plusieurs études ont démontré que les problèmes psychologiques des patients peuvent parfaitement être une conséquence et non la cause des symptômes de nature somatique liés au mécanisme du coup du lapin.

Plus préoccupant encore, il arrive au Tribunal fédéral des assurances de procéder lui-même à une interprétation de rapports d'expertise faisant état de déficits neuropsychologiques, pour considérer de sa propre autorité que ces déficits constituent une interférence psychique, et ce même en l'absence de toute expertise psychiatrique[95]. En raisonnant de la sorte, le TFA s'arroge des compétences médicales qu'il n'a pas et, surtout, déplace sans le dire le fardeau de la preuve sur les épaules de l'assuré, qui doit alors systématiquement solliciter une expertise psychiatrique dans le but d'apporter la preuve – négative – qu'il ne souffre pas ou pas de façon prépondérante de troubles de nature psychiatrique[96].

Dès lors, nous sommes d'avis que les critères de choix entre les deux méthodes d'évaluation du lien de causalité adéquate devraient à tout le moins

---

[92] Voir plus haut, p. 11.

[93] ATF 117 V 364 c. 5d aa.

[94] MÜLLER (Kausalzusammenhang, p. 154) semble être du même avis lorsqu'il souligne que la jurisprudence en question soulève un problème d'égalité de traitement entre les deux types de troubles, troubles entre lesquels l'art. 7 LPGA ne fait pourtant aucune distinction.

[95] Arrêt U.60/2006 du 19 septembre 2006 c. 4.2.2.

[96] Voir également la critique de THÖNY, p. 22.

être sensiblement assouplis. Il doit en effet appartenir au juge d'examiner concrètement et dans chaque cas dans quelle mesure la névrose de revendication, qui par hypothèse a relégué au second plan les autres éléments du tableau clinique typique, n'est finalement pas une conséquence immédiate de ce tableau, ou plus précisément de ses éléments somatiques. Cela implique que l'on examine si, en soi, les troubles constitutifs du tableau clinique typique ont suffi à déclencher une telle névrose ou si, au contraire, celle-ci ne constitue que le simple développement de troubles préexistants qui constituent une maladie indépendante dépassant la simple faiblesse psychologique. Par ailleurs, le juge ne saurait présumer du caractère psychosomatique de certains troubles, lequel caractère ne peut à nos yeux être retenu que moyennant une constatation formelle dans le cadre d'une expertise psychiatrique répondant aux exigences jurisprudentielles en la matière.

b)   La répartition des accidents en 3 catégories

Le TFA est parti du principe que la causalité adéquate devait, en matière de traumatisme de type « coup du lapin » comme pour les suites psychiques d'un accident, être examinée non pas en fonction des lésions effectivement subies, mais sur la base de l'événement accidentel lui-même et des circonstances qui l'entourent[97]. Partant, il a repris sans autre la classification des accidents en fonction de leur gravité objective, telle que développée deux ans plus tôt en matière de troubles psychiques consécutifs à un accident.

Il conviendrait cependant de s'interroger à ce stade de la réflexion sur la pertinence d'une telle classification, ou plus précisément des critères de cette classification, en ce qui concerne les distorsions cervicales. En d'autres termes, la question se pose de savoir si, dans ce domaine particulier, il n'existe pas des critères objectifs précis qui permettraient de mieux identifier les accidents susceptibles en général de causer des atteintes durables à la santé. Ainsi, il ne s'agirait plus exactement de déterminer le degré de gravité (faible, moyen ou élevé) d'un accident, mais d'établir dans quelle mesure il présente des risques d'atteinte durable à la santé en liaison avec un mécanisme de type « coup du lapin », tout en maintenant le principe des trois catégories.

Une telle façon de faire permettrait sans doute d'éviter l'incertitude manifeste du TFA, qui peine parfois à trancher si un accident ayant causé un traumatisme de type « coup du lapin » est un accident banal ou de gravité moyenne. Il n'est en effet pas rare qu'il laisse tout simplement cette question ouverte[98]. Il va sans dire qu'une telle pratique nuit à la crédibilité du système et peut amener le justiciable à douter de son caractère équitable.

---

[97]   ATF 117 V 364 c. 5d bb.

[98]   Arrêt du 24 juin 2003 in RAMA 2003 U 489, p. 360 c. 4.2 ; arrêt U.289/2004 du 23 décembre 2005 c. 4.2.

Nous l'avons vu[99], il existe un certain consensus dans le milieu médical et celui de la biomécanique pour admettre qu'un certain nombre de facteurs sont effectivement susceptibles, en cas de traumatisme de type «coup du lapin», de causer une atteinte durable à la santé du patient. Certains d'entre eux sont facilement identifiables et pourraient sans autre être pris en compte pour déterminer la gravité d'un accident, ou plutôt l'importance du risque intrinsèque qu'il présente. Il s'agit en premier lieu de la différence de vitesse subie par la victime (delta-v), de l'âge[100], d'une position particulière au moment du choc, ainsi que de l'absence d'appuie-tête correctement réglé. Selon nous, la présence de l'un ou l'autre de ces éléments devrait amener le juge à qualifier le risque présenté par l'accident comme au minimum moyen, voire moyen à la limite des risques élevés. Ce risque devrait être qualifié d'élevé lorsque deux ou plusieurs de ces éléments sont réunis.

La pratique actuelle du Tribunal fédéral des assurances classe en général dans la catégorie des accidents de gravité moyenne à la limite des accidents bénins les collisions par l'arrière (*Auffahrkollisionen*)[101], ce qui implique que les critères utilisés pour examiner le lien de causalité adéquate devront être plus nombreux et revêtir une intensité particulière pour que ce lien puisse être admis. Par ailleurs, notre Haute Cour tient bel et bien compte de certains des éléments précités, et notamment d'une position particulière au moment du choc (admise néanmoins de façon restrictive), de la corpulence et de l'absence éventuelle d'un appuie-tête, mais en principe uniquement afin d'examiner si le critère de la gravité ou la nature particulière des lésions physiques est réalisé[102]. Il existe cependant à notre connaissance au moins une exception récente, dans le cadre de laquelle le TFA a examiné des éléments de nature biomécanique, y compris la position du lésé au moment du choc, déjà au stade de la classification de la gravité de l'accident[103]. Cette façon de faire n'est cependant pas nouvelle en ce qui concerne le critère du delta-v[104], auquel la jurisprudence se réfère régulièrement pour qualifier un accident de bénin lorsque ce delta-v est inférieur à 10 km/h et que l'accident n'a pas de conséquences immédiates sur l'état de santé[105].

---

99   Voir plus haut, p. 7.

100 SCHMITT ET AL., p. 249, admettent qu'un cas ne peut plus être considéré comme standard sur le plan de la biomécanique lorsque la victime est âgée de plus de 50 ans pour les femmes et de 55 ans pour les hommes.

101 Arrêt du 15 mars 2005 in RAMA 2005 U 549, p. 237 c. 5.1.2, y compris les références.

102 Arrêt du 15 mars 2005 in RAMA 2005 U 549, p. 238 c. 5.2.3. Voir également les arrêts U. 488/2005 du 20 octobre 2006 c. 3.2.2, U.82/2004 du 14 mars 2005 c. 3.2, U.323/2000 du 5 septembre 2001 c. 5b, celui 24 juin 2003 in RAMA 2003 U 489 ,p. 357 c. 4.3 et celui du 16 janvier 1998 in RAMA 1998 U 297, p. 245 c. 3c.

103 Arrêt U.174/2003 du 10 novembre 2004 c. 5.3.

104 Voir notamment les arrêts U.14/2005 du 29 mai 2006 et U.144/2003 du 23 février 2005 c. 4.1.3.

105 Arrêt U.144/2003 du 25 février 2005 c. 4.1.3, y compris les références; arrêt U. 228/2005 du 16 mars 2006 c. 2.3.

Il convient de préciser encore que cette classification remaniée ne doit pas conduire à un schématisme absolu dans l'examen de la causalité adéquate. Ainsi, il sied de maintenir, à titre exceptionnel, la jurisprudence selon laquelle l'existence d'un lien de causalité adéquate peut être examinée même en cas d'accident bénin, au moyen des critères développés pour les accidents de gravité moyenne, lorsque l'accident en question a des conséquences immédiates qui ne sont manifestement pas indépendantes de l'accident[106]. Cette soupape de sécurité est sans doute nécessaire pour éviter des décisions arbitraires qui ne feraient qu'ajouter à la souffrance de l'assuré[107].

c)   Les critères utilisés pour l'appréciation de la causalité adéquate

C'est également parce qu'il nous apparaît nécessaire que la jurisprudence colle au plus près à la réalité des traumatismes de type « coup du lapin » que nous estimons que certains des sept critères utilisés par la jurisprudence pour ce genre d'accident devraient être purement et simplement abandonnés. Parmi ces critères, nous visons avant tout ceux liés aux circonstances dramatiques ou au caractère particulièrement impressionnant de l'accident, ainsi qu'à la gravité ou à la nature des lésions physiques.

Le premier d'entre eux n'a aucun sens dans le cadre des lésions non objectivables du rachis cervical, qui interviennent par définition dans le cadre d'accidents peu impressionnants. Il n'est d'ailleurs pour ainsi dire jamais retenu en pratique[108]. Le maintien de ce critère, dont on comprend par contre toute la pertinence à propos des conséquences psychiques d'un accident, n'a pas d'autre effet que de restreindre sans motif réel l'admission de la causalité adéquate en matière de distorsions cervicales.

Le second n'est pas davantage pertinent dans un contexte où le TFA admet de partir du principe que les très probables lésions ne peuvent être détectées au moyen des techniques médicales habituelles. C'est dire que les lésions physiques particulièrement graves seront rares dans un tel contexte. Il en va de même des lésions de nature particulière, dont on a montré ci-dessus qu'elles ne devraient pas inclure celles découlant d'une position particulière du lésé au moment du choc. En effet, cette circonstance doit être prise en compte dans le cadre de la qualification de l'accident, et il apparaît par ailleurs légitime de ne pas retenir en application de ce critère le diagnostic

---

106   Arrêt du 16 janvier 1998 in RAMA 1998 U 297, p.243 ; arrêt du 24 juin 2003 in RAMA 2003 U 489 c. 4.2.

107   MURER (p. 15) relève à cet égard qu'un système relativement schématique présente l'avantage d'éviter de longues, incertaines et coûteuses procédures. Certes, mais le sentiment d'injustice que peut ressentir un assuré face à une décision négative prise sans un examen approfondi de sa situation personnelle a également des conséquences sur sa santé et un coût pour la société.

108   JÄGER, p. 299.

de distorsion cervicale en tant que tel[109]. Finalement et surtout, la position de l'assuré au moment du choc n'est pas en soi une lésion, mais uniquement un facteur susceptible, selon le cours ordinaire des choses, de favoriser une lésion.

d)   Le rôle des expertises biomécaniques

La question de la différence de vitesse (delta-v), et de façon générale l'ensemble des éléments mis en avant par les expertises biomécaniques, fait l'objet d'une controverse récurrente, certains auteurs estimant que ce type d'expertise devrait être examiné par le juge déjà au stade de la causalité naturelle[110].

La jurisprudence a écarté à plusieurs reprises cette proposition, estimant que ces analyses peuvent au mieux être prises en compte dans le cadre de l'examen de la causalité adéquate, dans la mesure où elles sont susceptibles d'apporter des indices utiles quant à la gravité de l'accident[111]. Le TFA motive cette position par le fait que, même en cas de collision apparemment anodine, l'existence d'une lésion au rachis cervical causant une atteinte à la santé ne peut pas être d'emblée exclue sur le plan médical[112]. Cela ne l'empêche pas par contre de tenir compte, dans certains cas, d'une expertise technique ou biomécanique conjointement avec les autres éléments de faits, notamment de nature médicale, dans le cadre d'une appréciation globale de la causalité naturelle[113].

Plus récemment, le Tribunal fédéral des assurances a affirmé qu'il ne faut pas déduire de sa jurisprudence dans ce domaine que la violence du choc est sans importance pour la détermination de la causalité naturelle. En l'espèce, l'assuré avait déjà été victime de toute une série d'accidents antérieurs, si bien que le Tribunal a estimé, en se fondant sur ces circonstances, le dossier médical et la violence du choc, que le lien de causalité naturelle ne pouvait plus être admis avec un degré de vraisemblance prépondérante[114]. En raison de ce contexte bien particulier, et au vu d'un arrêt ultérieur extrêmement clair sur

---

[109]   Telle est la position constante du TFA à cet égard : arrêt du 15 mars 2005 in RAMA 2005 U 549, p. 238 c. 5.2.3, y compris les références.

[110]   BERGER, p.31; CHAPPUIS, p. 216; STEINEGGER, p. 493; LOCHER, p. 44. A l'inverse, SENN s'oppose avec véhémence à la prise en compte de ce type d'expertises, dont il estime qu'elles ne sont pas fiables : Unfallanalyse, pp. 625 ss.; voir aussi le même auteur, Harmlosigkeitsgrenzen, p. 274 ss.

[111]   Voir notamment les arrêts RAMA 2003 U 489 du 24 juin 2003, p. 357 c. 3.2, U.144/2003 du 25 février 2005 c. 4.1.1, U.228/2005 du 16 mars 2006 c. 2.3 et U.14/2005 du 29 mai 2006 c. 3.1.

[112]   Arrêt du 24 juin 2003 in RAMA 2003 U 489, p. 357 c. 3.2.

[113]   Voir par exemple l'arrêt U.371/2002 du 4 septembre 2003 c. 3.1.1, qui examinait la question sous l'angle de la fin de la causalité naturelle, qui avait été admise pour les trois premières années suivant l'accident.

[114]   Arrêt U.264/2004 du 16 juin 2005 c. 3.4 et 3.6.

ce sujet[115], cette décision ne semble pas augurer d'un changement de jurisprudence sur ce point.

A nos yeux, les expertises techniques et biomécaniques relèvent nécessairement de la causalité adéquate. De l'aveu même de leurs partisans et de ceux qui les pratiquent, ces expertises ont pour seul objectif de déterminer si des lésions durables peuvent dans un cas précis être expliquées par le déroulement concret de l'accident[116]. En d'autres termes, il s'agit de savoir si l'accident en question est en soi propre à causer un résultat du type de celui qui s'est produit. Il s'agit donc bien de causalité adéquate. Certes, par l'intermédiaire du degré de vraisemblance prépondérante, l'examen de la causalité naturelle peut inclure également un certain jugement de valeur. Mais comme ces expertises ne portent par hypothèse que sur le déroulement de l'accident lui-même, elles ne peuvent en soi permettre de déterminer si cet accident constitue selon toute vraisemblance une condition sine qua non des lésions qui ont suivi. Seul l'examen du dossier médical, et plus particulièrement de l'anamnèse de l'assuré, permet de répondre à cette question[117]. Précisons enfin qu'on doit se garder de confondre une expertise biomécanique et le jugement de valeur qu'elle contient avec les éléments de faits sur lesquels elle se fonde, à commencer par la violence du choc. Ce sont ces éléments seulement que le TFA a parfois pris en compte dans l'examen de la causalité naturelle.

e)   Le rôle de l'expertise médicale

Ce débat sur la fragile limite entre causalité naturelle et adéquate est l'occasion pour nous de mettre en avant une problématique extrêmement importante en pratique, soit celle du rôle de l'expert médical et de sa perception de ces deux concepts, qui sont en soi de nature strictement juridiques.

Il n'est pas rare en effet que l'expert médical, interpellé sur la question de la causalité naturelle, se prononce en réalité sur la causalité adéquate, dans ce sens où il n'examine plus strictement si, sans l'accident assuré, l'atteinte à la santé serait survenue ou non de la même façon, mais émet un jugement de

---

115   Arrêt U.14/2005 du 29 mai 2006 c. 3.1.

116   BERGER, p. 28; NIEDERER ET AL., p. 1535.

117   C'est d'ailleurs le raisonnement que tient le TF en droit de la responsabilité civile (arrêt 4C.222/2004 du 14 septembre 2004 c. 2.2 non publié in ATF 131 III 12): le juge ne viole pas le droit à la contre-preuve du défendeur s'il refuse la mise sur pied d'une expertise biomécanique en considérant, en partie par une appréciation anticipée des preuves, qu'une telle expertise n'est pas à même de remettre en cause les faits qu'il estime établis avec un degré de vraisemblance prépondérante sur la seule base du dossier médical. La portée de cet arrêt quant à la force probante de ce type d'expertise est néanmoins litigieuse: MÜLLER (Kausalzusammenhang, p. 147), BÜHLER (p. 72) et SIEDLER (Beweisfragen, p. 82) partagent notre lecture de cette décision, alors que BERGER (p. 32) estime pour sa part que le TF a simplement respecté l'appréciation souveraine des faits par les premiers juges.

valeur sur la question de savoir si en principe un tel événement est de nature à causer un tel résultat, un peu comme le ferait un expert biomécanique[118]. Nécessairement, un médecin chargé d'étudier les causes d'une atteinte à la santé va donner son avis en se basant sur le cours ordinaire des choses, d'où un risque important qu'il glisse subrepticement du fait au droit[119].

Cette confusion peut être lourde de conséquences pour l'assuré, quelle que soit la lésion dont il est victime. Dans les cas de distorsions du rachis cervical, une mauvaise compréhension de la notion de causalité naturelle par l'expert risque d'avoir pour conséquence que le juge admette à tort, en application de la jurisprudence publiée aux ATF 123 V 98, que des troubles de nature psychiatrique ont relégué au second plan les troubles constitutifs du tableau clinique en cas de traumatisme de type «coup du lapin», et ce uniquement parce que l'expert a en réalité procédé par anticipation à un examen de la capacité générale de l'accident à causer une atteinte à la santé telle que celle subie par l'expertisé, examen qui est en réalité de la compétence du juge[120].

Il est donc essentiel que le lésé et son conseil, en cas d'expertise médicale, vérifient et si nécessaire corrigent les questions formulées par l'assureur, de façon à ce que le juge puisse être en mesure de différencier dans le rapport d'expertise les considérations relevant de la causalité naturelle de celles portant sur la causalité adéquate.

IV. La jurisprudence du tribunal fédéral en droit de la responsabilité civile

A. Généralités

L'abondante jurisprudence rendue en matière de traumatisme d'accélération cranio-cervical par le Tribunal fédéral des assurances ne se retrouve pas en droit de la responsabilité civile, où le Tribunal fédéral applique sans autre

---

118 Particulièrement intéressante à ce sujet est la remarque du Dr. Hungerbühler (p. 113), qui relève à juste titre que l'expert médical est fréquemment amené à se prononcer sur l'adéquation des symptômes à l'événement accidentel, rôle qui est en principe dévolu au juriste.

119 Voir sur ce point le récent article de Vermot, p. 83 ss.

120 Pour un exemple récent, voir l'arrêt U.150/2006 du 7 février 2007 c. 5. La Iʳᵉ Cour de droit social du TF a relevé dans cette décision que l'avis des médecins reposait en l'espèce davantage sur des considérations d'ordre général que sur les données individuelles du cas et n'emportait ainsi pas entièrement la conviction. Elle a précisé cependant que des considérations reposant sur l'expérience médicale et le cours ordinaire des choses ne sont pas dénuées d'importance dans une évaluation médicale. Sans doute, mais il appartient au juge seul de déterminer où se trouve la limite entre causalité naturelle et adéquate.

les principes généraux concernant les rapports de causalité naturelle et adéquate, sans développer de règles particulières pour ce type d'accidents. Une certaine jurisprudence mérite néanmoins quelques développements de notre part dans le cadre de la présente étude: il s'agit des règles appliquées par le TF en matière de prédispositions constitutionnelles, qui jouent un rôle important dans les cas de traumatisme de type «coup du lapin», sans pour autant leur être spécifiques[121].

1. *La causalité naturelle*

Selon la pratique bien établie de notre Haute Cour, un fait est la cause naturelle d'un résultat s'il en constitue l'une des conditions sine qua non. Autrement dit, la causalité naturelle est toujours donnée lorsque l'on ne peut faire abstraction de l'événement en question sans que le résultat ne tombe aussi[122]. Il n'est à cet égard pas nécessaire que cet événement constitue la cause exclusive et directe de l'atteinte à la santé, si bien que le rapport de causalité naturelle peut être admis même dans les cas où une seconde cause a été nécessaire, conjointement à la première, pour arriver au résultat considéré. On parle alors de cause partielle[123].

L'examen du lien de causalité naturelle relève du fait, si bien que les constatations y relatives effectuées par l'autorité cantonale lient le Tribunal fédéral[124], sauf s'il s'avère qu'elle a méconnu la notion même de causalité naturelle telle que posée par le droit fédéral[125].

Incombant au lésé, la preuve du lien de causalité naturelle ne doit pas nécessairement être apportée avec une exactitude scientifique. La jurisprudence se contente en effet d'un degré de vraisemblance prépondérante lorsque la preuve stricte n'est pas possible ou n'est pas raisonnablement exigible, spécialement lorsque les faits allégués ne peuvent être établis qu'indirectement et par des indices[126]. Par «*vraisemblance prépondérante*», on entend un degré de preuve supérieur à la simple vraisemblance, qui est quant à elle déjà acquise lorsque certains éléments parlent en faveur de l'existence du fait

---

[121] Le sujet vient de faire l'objet d'un très complet exposé de jurisprudence de la part de MÜLLER (Kausalzusammenhang), auquel nous renvoyons le lecteur qui cherche une vue d'ensemble concernant les lésions non objectivables.

[122] ATF 96 II 396 c. 1; arrêt 5C.125/2003 du 31 octobre 2003 c. 3.1.

[123] Arrêt 4C.222/2004 du 12 septembre 2004 c. 2.1, non publié in ATF 131 III 12. Voir aussi WERRO, ch. 208.

[124] ATF 113 II 89 c. 1; ATF 123 III 111 c. 2.

[125] ATF 128 III 25 c. 2d; arrêt 5C.125/2003 du 31 octobre 2003 c. 2.2; arrêt 4C.108/2005 du 20 mai 2005 c. 3.

[126] ATF 130 III 324 c. 3.2; arrêt 4C.222/2004 du 12 septembre 2004 c. 2 non publié in ATF 131 III 12.

considéré, même si le tribunal tient encore pour possible qu'il ne se soit pas produit. La notion de vraisemblance prépondérante n'exclut certes pas que les choses se soient déroulées autrement, mais cette alternative ne doit pas revêtir une importance significative en l'espèce, ni entrer raisonnablement en considération[127].

Il convient de relever à ce stade de notre exposé que la notion de causalité naturelle en droit de la responsabilité civile est strictement identique à celle ayant cours en droit des assurances sociales[128], en droit des assurances privées[129] ou en droit pénal[130].

2. *La causalité adéquate*

La définition classique de la causalité adéquate que donne régulièrement le Tribunal fédéral est la même en droit de la responsabilité civile qu'en droit des assurances sociales : le lien de causalité est adéquat lorsque l'acte incriminé est propre, d'après le cours ordinaire des choses et l'expérience générale de la vie, à entraîner un résultat du genre de celui qui s'est produit, de sorte que la survenance de ce résultat paraît de façon générale comme favorisée par l'acte en question[131].

Il s'agit par là de fixer une limite raisonnable à l'étendue de la responsabilité civile, en apportant un correctif à la notion de cause telle qu'elle est comprise en sciences naturelles, dans le but de rendre supportable la responsabilité sur le plan juridique[132]. En d'autres termes, le juge doit vérifier dans chaque cas individuel si le dommage peut encore être équitablement imputé à l'auteur d'un acte illicite ou à celui qui en répond en vertu d'un contrat ou de la loi[133]. Cette fonction limitative se retrouve dans son principe en droit des assurances sociales[134]. Par voie de conséquence, la question de la causalité adéquate ne se pose que si un rapport de causalité naturelle a pu préalable-

---

[127] ATF 130 III 325 c. 3.3.

[128] Voir notamment l'arrêt 5C.125/2003 du 31 octobre 2003 c. 3.1, qui se réfère expressément à l'arrêt paru aux ATF 119 V 337 c. 1, lequel souligne également le fait qu'une cause partielle peut constituer une cause naturelle.

[129] L'arrêt 5C.125/2003 du 31 octobre 2003 concerne précisément un cas d'assurance complémentaire contre les accidents.

[130] Voir par exemple l'arrêt publié aux ATF 122 IV 23, qui donne une définition de la causalité naturelle identique à celle exposée ci-dessus.

[131] ATF 96 II 396 c. 2 ; ATF 123 III 112 c. 3a ; arrêt 4C.324/2005 du 5 janvier 2006, c. 2.2.

[132] ATF 96 II 397 c. 2 ; ATF 107 II 276 c. 3 ; ATF 123 III 112 c. 3a.

[133] ATF 123 III 112 c. 3a ; arrêt 5C.156/2003 du 23 octobre 2003 c. 3.1 ; arrêt 5C.125/2003 du 31 octobre 2003 c. 4.3 ; arrêt 4C.222/2004 du 12 septembre 2004 c. 3 non publié in ATF 131 III 12 ; arrêt 5C.88/2004 du 26 octobre 2004 c. 4.1.

[134] Voir entre autres ATF 123 III 112 c. 3a.

ment être admis entre le fait incriminé et le dommage dont il est demandé réparation[135].

L'examen de la causalité adéquate relève donc du jugement de valeur, dans le cadre duquel le juge doit user de son pouvoir d'appréciation[136]. Comme cette question doit être appréciée sous un angle strictement juridique, elle doit être tranchée par le juge seul et non par les experts médicaux[137]. Il s'agit clairement d'une question de droit[138].

En examinant si le lien de causalité adéquate est réalisé dans un cas particulier, le juge doit procéder à un pronostic rétrospectif objectif[139]. On examine la prévisibilité objective du résultat[140], ou en d'autres termes si une telle conséquence demeure dans le «*champ raisonnable des possibilités objectivement prévisibles*»[141]. Le Tribunal fédéral a admis en 1970 déjà que l'exigence de la causalité adéquate ne signifie pas que le résultat doit apparaître comme survenant régulièrement ou fréquemment après un événement du type de celui qui est survenu, ni que seules peuvent être retenues les conséquences médicales d'un accident auxquelles on doit généralement s'attendre au vu de son déroulement et de son impact direct sur le corps du lésé[142]. Ainsi un lien de causalité adéquate peut-il être admis même si le résultat apparaît comme une conséquence singulière, c'est-à-dire une conséquence rare, ou une conséquence qui n'apparaît comme extraordinaire qu'aux yeux d'un profane, mais non pas à ceux de l'expert[143]. Comme la prévisibilité du résultat doit être réalisée uniquement sur le plan objectif, il n'est pas nécessaire que les parties, que ce soit l'auteur ou la victime, aient pu effectivement réaliser que ce résultat se produirait[144].

---

135   ATF 107 II 276 c. 3 ; arrêt 4C.108/2005 du 20 mai 2005 c. 3.2.

136   ATF 123 III 112 c. 3a.

137   ATF 96 II 397 c. 2 ; ATF 107 V 176 c. 4b ; arrêt 5C.156/2003 du 23 octobre 2003 c. 3.2 ; arrêt 2C.2/1999 du 26 mars 2004 c. 4.3.

138   ATF 107 II 276 c. 3 ; ATF 112 II 442 c. 1d ; ATF 116 II 524 c. 4a ; arrêt 5C.156/2003 du 23 octobre 2003 c. 3.2 ; arrêt 2C.2/1999 du 26 mars 2004 c. 4.3.

139   Arrêt 5C.88/2004 du 26 octobre 2004 c. 4.1, non publié in ATF 131 III 61 ; arrêt 4C.324/2005 du 5 janvier 2006 c. 2.2 ; arrêt 4C.368/2005 du 26 septembre 2006 c. 3.1, non publié in ATF 133 III 6.

140   ATF 101 II 73 c. 3a ; ATF 112 II 442 c. 1d ; ATF 119 Ib 345 c. 5b ; arrêt 5C.88/2004 du 26 octobre 2004 c. 4.1 non publié in ATF 131 III 61.

141   ATF 119 Ib 345 c. 5b ; arrêt 4C.324/2005 du 5 janvier 2006 c. 2.2 ; arrêt 4C.368/2005 du 26 septembre 2006 c. 3.1, non publié in ATF 133 III 6.

142   ATF 96 II 396 c. 2.

143   ATF 119 Ib 345 c. 5b ; arrêt 5C.125/2003 du 31 octobre 2003 c. 4.2 ; arrêt 5C.88/2004 du 26 octobre 2004 c. 4.1 non publié in ATF 131 III 61 ; arrêt 4C.368/2005 du 26 septembre 2006 c. 3.2, non publié in ATF 133 III 6. Ce principe selon lequel une conséquence singulière peut néanmoins être adéquate vaut en soi également en droit des assurances sociales : ATF 107 V 177 c. 4b ; ATF 112 V 38 c. 4b.

144   Arrêt 5C.125/2003 du 31 octobre 2003, c. 4.6.

Ces précisions démontrent parfaitement à quel point le jugement de valeur effectué par le juge au cours de l'examen de la causalité adéquate diffère de celui auquel se livrera l'expert chargé de déterminer s'il y a causalité naturelle, outre le fait qu'il porte sur une autre question. Cet expert, se fondant sur un degré de vraisemblance scientifique prépondérante, ne retiendra que les résultats qui ne se seraient *probablement* pas réalisés sans l'événement considéré, alors que le juge vérifiera dans un second temps et sur la base de critères plus généraux si, en outre, les résultats en question étaient objectivement *prévisibles*.

Il convient de souligner que les critères utilisés par le Tribunal fédéral pour examiner l'existence d'un lien de causalité adéquate en matière de responsabilité civile sont strictement identiques à ceux utilisés en droit pénal. Il n'est en effet pas rare qu'il se réfère expressément dans le premier domaine à la jurisprudence développée dans le second[145]. En outre, la causalité adéquate est un concept interprété de la même façon en droit des assurances privées et en droit des obligations[146]. C'est dire que concrètement, cette notion est strictement identique en droit criminel, en droit des assurances privées et en droit de la responsabilité civile. Comme nous allons le voir, le droit des assurances sociales, dans un domaine bien déterminé, s'écarte sensiblement de cette pratique.

B. La pratique en matière de traumatisme d'accélération cranio-cervical et de névrose de revendication

S'agissant plus précisément des types d'accidents visés par le présent exposé, on relèvera tout d'abord que le Tribunal fédéral – et c'est là une différence de taille avec la pratique du TFA – considère que la gravité de l'accident n'est pas en soi un critère pertinent pour déterminer s'il y a ou non un rapport de causalité adéquate entre l'accident et l'atteinte persistante à la santé[147]. A fortiori, on ne saurait nier d'emblée un tel lien de causalité uniquement parce que la violence du choc se situe en dessous d'une certaine limite.

La jurisprudence a également retenu que le fait de savoir si le tableau clinique présenté par le lésé pouvait être relié ou non à un diagnostic clair ne joue aucun rôle en ce qui concerne la causalité adéquate[148].

---

[145] Voir notamment les arrêts 5C.125/2003 du 31 octobre 2003 c. 4.1, 5C.88/2004 du 26 octobre 2004 c. 4.1, 4C.324/2005 du 5 janvier 2006 c. 2.2 et 4C.368/2005 du 26 septembre 2006 c. 3.2, non publié in ATF 133 III 6.

[146] Voir par exemple l'arrêt 5C.125/2003 du 31 octobre 2003.

[147] ATF 123 III 115 c. 3c ; arrêt 4C.79/2001 du 21 juin 2001 c. 3a non publié in ATF 127 III 403 ; arrêt 4C.222/2004 du 14 septembre 2004 c. 3 non publié in ATF 131 III 12 ; arrêt 4C.327/2004 du 22 décembre 2004 c. 4.2 ; arrêt 4C.402/2006 du 27 février 2007 c. 4.1.

[148] ATF 123 III 110 c. 4b non publié.

En réalité, la différence de pratique entre le droit de la responsabilité civile et celui des assurances sociales en matière de causalité adéquate ne se limite pas aux traumatismes d'accélération cranio-cervicaux, mais s'étend à l'ensemble des cas où des troubles d'ordre psychiatrique apparaissent suite à l'accident, ne serait-ce que plusieurs mois après celui-ci[149]. Le Tribunal fédéral a souvent parlé à cet égard de « *névrose de revendication* »[150], et considéré qu'un lien de causalité doit être encore admis en pareil cas, sauf s'il s'avère que l'accident ne constitue que le motif extérieur des troubles, mais qu'au surplus, ces derniers ont pour origine un défaut de volonté de la victime. La solution est inverse, et le lien de causalité adéquate réalisé, si le lésé devient invalide parce que l'accident a, en troublant son jugement et en paralysant sa volonté, créé un état dont il ne peut pas se libérer[151].

Ainsi, la jurisprudence en matière de responsabilité civile s'écarte de la pratique du TFA dans l'ensemble des cas où ce dernier considère que l'incapacité de travail est due à des troubles qui ne sont pas (suffisamment) établis d'un point de vue organique, soit à chaque fois qu'entre en ligne de compte, dans le cadre de l'assurance-accidents obligatoire, la jurisprudence développée aux ATF 115 V 133 et 117 V 359. Le Tribunal fédéral a ainsi récemment précisé qu'en dehors des cas d'application de la jurisprudence en question, le juge civil pouvait sans autre reprendre le raisonnement tenu par le juge administratif à propos du lien de causalité adéquate. Il s'agissait plus précisément d'un cas de choc émotionnel consécutif à un article de presse révélant le passé criminel du lésé, qui n'avait naturellement subi aucune lésion physique à cette occasion. Comme le TFA examine en pareil cas le rapport de causalité adéquate au regard des critères généraux du cours ordinaire des choses et de l'expérience générale de la vie[152], notre Haute Cour a estimé qu'une application différenciée de la notion de causalité adéquate en droit de la responsabilité civile et en droit des assurances sociales ne se justifiait alors pas[153]. Comme l'ont démontré au moins deux arrêts ultérieurs[154], on ne peut voir dans cette décision un début de rapprochement entre ces deux domaines du droit, mais elle surprend néanmoins le lecteur, qui regrette que les différentes instances impliquées n'aient pas abordé la question d'une probable prédisposition constitutionnelle, qui aurait pu expliquer pourquoi,

---

149 ATF 123 III 113 c. 3b. Pour l'historique de cette différence de pratiques, voir RUMO-JUNGO, ch. 755 ss.

150 ATF 123 III 113 c. 3b ; arrêt 4C.50/2006 du 26 juillet 2006 c. 4.

151 ATF 96 II 391 c. 2 ; ATF 102 II 33 c. 3a.

152 ATF 129 V 177.

153 Arrêt 5C.156/2003 du 23 octobre 2003 c. 3.3 et 4.1.

154 Arrêts 4C.327/2004 du 22 décembre 2004 c. 4.2 et 4C.402/2006 du 27 février 2007 c. 4.

dans ce cas bien précis, une telle cause avait débouché sur des troubles aussi importants[155].

La différence de pratique des Tribunaux fédéraux a été longuement motivée en 1997 aussi bien par le Tribunal fédéral des assurances[156] que par le Tribunal fédéral de Lausanne[157]. Il est rappelé tout d'abord dans ces deux arrêts que l'examen de la causalité adéquate procède d'un jugement de valeur, à l'occasion duquel le juge doit tenir compte non seulement de l'ensemble des circonstances du cas d'espèce, mais également du but de la norme ou du complexe de normes applicable. Ainsi, comme la notion de causalité adéquate constitue une clause générale qui doit être concrétisée, les buts de politique juridique de ces deux domaines du droit doivent être pris en compte[158]. Cette différence d'objectifs apparaît avant tout en cas de névrose de revendication, pour laquelle le TFA nie l'existence d'un rapport de causalité adéquate et refuse toute prestation, en se fondant sur l'idée que le droit des assurances sociales ne doit pas récompenser les tendances à la revendication, ni les favoriser lorsqu'elles dégénèrent en névrose. C'est de cette réflexion qu'ont découlé d'abord la jurisprudence publiée aux ATF 115 V 133 en matière de troubles psychiatriques consécutifs à un accident, puis celle inaugurée aux ATF 117 V 359 en matière de traumatismes non objectivés de la colonne cervicale[159].

---

[155] Un autre arrêt, très récent (4C.50/2006 du 26 juillet 2006 c. 4), concerne cette problématique et aurait pu laisser penser de prime abord que le Tribunal fédéral s'apprêtait à modifier sa jurisprudence en droit de la responsabilité civile, pour le rapprocher de celle en vigueur en matière d'assurances sociales. En effet, le TF y relève dans le cadre de son raisonnement que le demandeur n'a présenté aucun argument, dans le cadre du procès civil, qui soit de nature à invalider le constat d'absence de lien de causalité retenu par le TFA.
Il s'agissait de déterminer en l'espèce s'il existait un lien de causalité adéquate entre un second accident, intervenu en octobre 1992 et un trouble dépressif invalidant intervenu en octobre 2000 seulement, suite à une intervention chirurgicale pratiquée peu avant. La Cour cantonale avait retenu l'existence d'un état maladif préexistant à l'accident d'octobre 1992, dont elle admettait qu'il ne pouvait à lui seul interrompre le lien de causalité adéquate, et principalement une aggravation de la pathologie due à la récente intervention chirurgicale, aggravation qualifiée de particulièrement déterminante. Ainsi, c'est essentiellement sur la base de ce facteur étranger postérieur à l'événement dommageable que la Cour cantonale et le TF ont retenu que le lien de causalité adéquate avait été interrompu, les circonstances postérieures reléguant l'accident à l'arrière-plan et le faisant apparaître comme lointain dans les causes du trouble dépressif actuel (c. 3.5 de l'arrêt rendu le 16 décembre 2005 par la Cour de justice de Genève).
Ainsi, c'est effectivement sur la base de critères propres au droit de la responsabilité civile que la causalité adéquate a été niée en l'espèce, et aucunement par souci de rapprocher la mise en pratique divergente de cette notion dans les deux domaines du droit concernés. La portée de cet arrêt a d'ailleurs été relativisée par le TF lui-même sept mois plus tard (arrêt 4C.402/2006 du 27 février 2007 c. 4.3).

[156] ATF 123 V 104 c. 3d.

[157] ATF 123 III 112 c. 3. Le TF avait en réalité accepté une telle différence en 1970 déjà: ATF 96 II 398 c. 2.

[158] ATF 123 III 113 c. 3a. L'arrêt du TFA va dans le même sens: ATF 123 V 104 c. 3d.

[159] ATF 123 III 113 c. 3b.

En conséquence, le TF considère comme parfaitement admissible qu'un même facteur, à savoir les causes étrangères à l'accident, soit pris en considération sous deux angles différents, pourvu qu'il soit effectivement pris en considération dans les deux domaines. Intervient à ce stade de la réflexion le principe du « *tout ou rien* » consacré par l'article 36 al. 2 LAA, qui empêche le juge administratif de prendre en considération, par une réduction appropriée des indemnités allouées, l'état maladif antérieur à l'accident si cet état n'avait au préalable aucune influence sur la capacité de gain du lésé. Or, tel n'est précisément pas le cas en droit de la responsabilité civile, où les articles 42 à 44 CO permettent de tenir compte d'une telle circonstance dans le cadre du calcul de l'indemnité, circonstance qui n'a dès lors pas à être intégrée à la réflexion au stade du lien de causalité adéquate déjà[160]. Ce raisonnement étant tenu par les deux Tribunaux fédéraux, nous en déduisons que de façon générale, le TF et le TFA considèrent que la pratique relativement schématique ayant cours en assurances sociales constitue finalement une sorte de pis-aller imposé par la disposition légale précitée, qui barre la route à une solution plus nuancée pratiquée dans les autres domaines du droit.

C. Les prédispositions constitutionnelles

Au vu de cette dernière motivation, on ne sera pas surpris de constater qu'une différence de résultat quant au lien de causalité adéquate entre le droit des assurances sociales et celui de la responsabilité civile apparaît en premier lieu lorsqu'un état maladif antérieur à l'accident influe d'une façon ou d'une autre sur les troubles dont se plaint le lésé. Pour cette raison, et parce que cette problématique ressurgit régulièrement en matière de traumatismes craniocérébraux par accélération, il nous paraît indispensable de présenter brièvement la jurisprudence du Tribunal fédéral à ce sujet.

En règle générale, des causes concomitantes du dommage comme une prédisposition constitutionnelle du lésé ne sauraient interrompre le lien de causalité adéquate. Le Tribunal fédéral admet en effet que celui qui blesse une personne en mauvaise santé ne saurait en tirer argument pour limiter sa responsabilité[161]. Selon les circonstances, un état maladif antérieur pourra néanmoins être pris en compte, comme nous venons de le voir, dans le cadre

---

160   ATF 123 III 114 c. 3c et 123 V 104 c. 3d.

161   ATF 113 II 90 c. 1b. Cette façon de voir est *de facto* contestée par certains auteurs, qui souhaitent par exemple introduire un système de quote-part comparable à celui qu'appliquerait le juge pour répartir les responsabilités entre deux auteurs du même dommage : SUTER, p. 40.

des articles 42 à 44 CO[162]. Plus précisément, la jurisprudence distingue entre deux catégories de prédispositions :

a) Il s'agit tout d'abord des états maladifs antérieurs qui se seraient développés certainement ou très vraisemblablement même sans l'événement dommageable. Le dommage qui en résulte ne saurait être imputé au responsable et doit être exclu du calcul du préjudice, par exemple en admettant une durée de vie ou d'activité réduite, ou en diminuant le taux de capacité de gain déterminant pour le calcul des dommages-intérêts. On revoit donc à la baisse la quotité du dommage en application de l'article 42 alinéa 2 CO[163].

On soulignera ici que le Tribunal fédéral n'admet de réduire cette quotité du dommage que si un état antérieur propre à causer tôt ou tard un préjudice pour le lésé est établi avec certitude ou un haut degré de vraisemblance[164], ce qui constitue un degré de preuve plus élevé que la vraisemblance prépondérante dont se contentent en général les tribunaux en matière de causalité naturelle. Cette façon de faire est contestée par certains auteurs, qui estiment que l'interruption du lien de causalité naturelle doit répondre aux mêmes exigences de preuve que l'établissement de ce lien[165]. Or, la prise en compte d'une éventuelle prédisposition constitutionnelle n'intervient pas au stade de la causalité de principe (*haftungsbegründende Kausalität*), qui n'est ainsi aucunement interrompue[166], mais de la causalité de réparation (*Haftungsausfüllende Kausalität*), si bien qu'un tel parallélisme ne s'impose pas[167] et que la jurisprudence précitée se justifie.

Force est cependant de constater que cette divergence à propos du degré de la preuve peut poser quelques difficultés pratiques au moment de

---

[162] Ce principe de base est répété en substance dans tous les arrêts récents rendus à ce sujet : ATF 113 II 90 c. 1b ; ATF 123 III 115 c. 3c ; arrêt 4C.416/1999 du 22 février 2000 c. 2a ; arrêt 4C.79/2001 du 21 juin 2001 c. 3c non publié in ATF 127 III 403 ; arrêt 4C.215/2001 du 15 janvier 2002 c. 3a ; ATF 131 III 13 c. 4 ; arrêt 4C.75/2004 du 16 novembre 2004 c. 4.2 ; arrêt 4C.402/2006 du 27 février 2007 c. 5.1.

[163] Pour un exemple d'application, voir ATF 102 II 43 c. 3c ou ATF 113 II 94 c. 3c. On peut se demander si tel n'a pas aussi été en réalité le raisonnement du TF dans un *obiter dictum* relatif au lien de causalité naturelle et adéquate à la fin de l'arrêt 2C.2/1999 du 26 mars 2004 c. 4.3.

[164] Voir par exemple ATF 131 III 14 c. 4.

[165] BÜHLER, p. 55 ; SUTER, p. 38.

[166] Il s'agit ici en réalité d'un cas de causalité dépassante, l'accident ayant en quelque sorte anticipé les effets hautement probables de l'état antérieur. On se trouve ainsi davantage en face de deux causes parallèles ayant chacune leurs propres conséquences (RUMO-JUNGO, ch. 826).

[167] MÜLLER, Kausalzusammenhang, p. 142 : « Hinzu kommt, dass der natürliche Kausalzusammenhang ein Element der Haftungsbegründung ist. Dagegen ist ein Vorzustand, welcher sich auch ohne das schädigende Ereignis ausgewirkt hätte, der Haftungsausfüllung zuzuordnen ». Ce même auteur précise encore que le degré de preuve de la certitude ou de la haute vraisemblance s'impose d'autant plus que cet élément implique pour la victime la perte de son droit préférentiel.

la mise en œuvre de l'expertise. Il appartiendra au lésé de rendre l'expert attentif à cette particularité, ou à tout le moins de lui poser des questions suffisamment précises pour que le juge dispose ensuite des éléments nécessaires pour apprécier lui-même quels faits peuvent être retenus. Le risque est en effet important à cet égard que l'expert médical, en se fondant sur le critère d'une vraisemblance prépondérante, ne considère que le dommage actuel serait survenu même sans l'accident, alors même que cette causalité hypothétique ne peut être considérée en l'espèce comme hautement vraisemblable.

b) Il en va différemment des états maladifs antérieurs qui n'auraient pas en principe affecté la capacité de travail du lésé, mais qui la réduisent néanmoins après l'accident en raison de leurs effets propres, compromettent ou retardent la guérison. En d'autres termes, entrent dans cette seconde catégorie les facteurs antérieurs qui ne se seraient selon toute probabilité pas manifestés sans l'accident. En pareil cas, le responsable doit assumer le dommage alors même que la prédisposition maladive a favorisé la survenance du préjudice ou en a augmenté l'ampleur.

Par contre, une réduction de l'indemnité sur la base de l'article 44 alinéa 1 CO – et depuis peu sur la base également de l'article 43 alinéa 1 CO[168] – pourra entrer en considération dans les cas où il apparaît inéquitable de mettre à la charge du responsable la réparation de la totalité du préjudice. Le Tribunal fédéral a eu l'occasion de préciser que la prédisposition constitutionnelle ne suffit pas à elle seule pour justifier une réduction des dommages-intérêts, et la présence de circonstances particulières est nécessaire à une telle réduction[169]. La jurisprudence a envisagé pour l'instant trois hypothèses[170] :

1. Une disproportion manifeste entre la cause fondant le dommage et l'importance du préjudice[171] ; c'est à ce stade que le juge, en cas de syndrome post-traumatique de distorsion cervicale, pourra tenir compte de la faible influence d'une cause de l'accident entrant en concours avec d'autres causes[172] ;

---

168 Arrêt 4C.402/2006 du 27 février 2007 c. 5.4.

169 Voir en particulier l'arrêt 4C.416/1999 du 22 février 2000 c. 2c aa.

170 La doctrine semble s'accorder pour penser que cette liste n'est pas exhaustive : PORCHET, p. 385 ; DETTWILER, p. 45 ; SUTER, p. 40.

171 Arrêt 4C.75/2004 du 16 novembre 2004 c. 4.2.

172 ATF 123 III 115 c. 3c. On pense avant tout aux cas où la différence de vitesse subie par le véhicule du lésé a été particulièrement faible, alors que l'invalidité consécutive à l'accident est quant à elle durable et relativement importante : arrêt 4C.402/2006 du 27 février 2007 c. 5.4.

2. La faute légère du responsable[173], qui devra être mise en balance avec l'importance de la prédisposition[174] ;

3. Une exposition particulière au danger du lésé, lorsqu'elle est imputable à celui-ci[175].

La mesure de la réduction repose largement sur le pouvoir d'appréciation du juge au sens de l'article 4 CC. Le Tribunal fédéral a néanmoins précisé qu'il est inéquitable d'aligner la mesure de la réduction en raison d'une prédisposition constitutionnelle d'ordre psychique sur l'atteinte à la capacité de travail induite par cette affection[176].

Cette distinction, comme le Tribunal fédéral a eu l'occasion de le souligner récemment[177], revêt une importance pratique considérable au niveau du droit préférentiel du lésé, privilège aujourd'hui ancré notamment à l'article 73 alinéa 1 LPGA et qui vise à assurer la réparation intégrale de son dommage. Ainsi, dans la mesure où ce principe n'est pas exclu par la réduction des prestations de l'assurance sociale en raison d'une faute de l'assuré, le lésé dont l'indemnité aura été réduite en droit de la responsabilité civile en application des articles 43 ou 44 CO verra néanmoins son dommage entièrement ou presque entièrement couvert grâce aux paiements conjoints du responsable et de l'assureur social[178].

---

[173] ATF 131 III 15 c. 4.2.

[174] Ainsi, si la faute du responsable est lourde alors que l'état antérieur du lésé n'a eu qu'une influence réduite sur le dommage, on ne procédera en principe à aucune réduction : arrêt 4C.416/1999 du 22 février 2000 c. 2c aa in fine.

[175] Nous n'avons pas connaissance d'un cas où le TF aurait fait application de ce critère. Suter (p. 40) relève à juste titre que ce critère se confond avec celui de la faute concomitante du lésé, qui peut en tout état de cause donner lieu à une réduction de l'indemnité. On aurait pu penser que notre Haute Cour visait ici un cas particulier de faute concomitante, concernant l'hypothèse où le lésé aurait omis de prendre les mesures de prudence accrues que nécessitait son état maladif antérieur (dans ce sens : Porchet, p. 385). A en croire un récent arrêt (4C.324/2005 du 5 janvier 2006 c. 4.3), la jurisprudence demeure très restrictive sur ce point, le TF refusant de considérer comme fautif l'agriculteur qui monte sur une échelle tout en connaissant l'état instable de sa cheville.

[176] Arrêt 4C.75/2004 du 16 novembre 2004 c. 4.3.2. Dans l'arrêt 4C.402/2006 du 27 février 2007 (c. 5.5), le TF a par ailleurs refusé d'aggraver une réduction arrêtée à 2/3 par la Cour cantonale dans un cas où l'invalidité totale de la lésée ne pouvait être rattachée à l'accident qu'à hauteur de 10%.

[177] ATF 131 III 14 c. 4 ; arrêt 4C.75/2004 du 16 novembre 2004 c. 4.2 ; arrêt 4C.402/2006 du 27 février 2007 c. 6.2.

[178] Pour un exemple chiffré de ce mécanisme, voir Bruhlart, pp. 95 s.

V.   Les controverses d'ordre général

A.   La notion de causalité adéquate doit-elle être concrétisée différemment en responsabilité civile et dans les assurances sociales ?

Nous l'avons vu, cette différence de pratique dépasse largement la problématique du coup du lapin et concerne l'ensemble des cas où des troubles d'ordre psychiatrique apparaissent suite à l'accident[179]. Elle est critiquée par de nombreux auteurs, que nous ne pouvons passer ici en revue de façon détaillée[180]. Nous nous contenterons dès lors de résumer très brièvement les arguments principaux, et d'exposer notre propre point de vue.

Plusieurs auteurs estiment qu'il n'est dogmatiquement pas soutenable qu'en application du même principe, défini de surcroît de la même façon dans les deux domaines du droit, on arrive à la conclusion que les mêmes conséquences ont été provoquées de façon adéquate en droit de la responsabilité civile, mais de façon inadéquate en droit des assurances sociales, et ce sous couvert d'un contexte normatif différent[181]. Cette analyse n'emporte pas la conviction, dans ce sens où elle perd de vue que la notion même de causalité adéquate se réfère avant tout à un jugement de valeur visant à limiter la vaste étendue des conséquences naturelles d'un événement donné. Il n'est ainsi pas en soi inconcevable que le législateur attribue à deux systèmes indépendants des tâches et des objectifs distincts, qui peuvent dans certains cas déboucher sur des résultats divergents. On peut certes regretter cette divergence, mais elle ne constitue pas à nos yeux une entorse fondamentale au principe de la causalité adéquate.

Comme le souligne fort justement RUMO-JUNGO, la pratique divergente du Tribunal fédéral et du Tribunal fédéral des assurances en matière de causalité adéquate est due en réalité à une approche différente des cas de névroses de revendication[182]. La divergence en question aurait dû disparaître lorsque le TFA a finalement repris en 1986 le principe développé par le TF selon lequel celui qui blesse autrui de façon illicite n'a aucun droit à être traité comme s'il

---

179   Voir plus haut, p. 32.

180   Souhaitent notamment, pour des raisons parfois divergentes, une unification de la pratique entre les deux domaines du droit : KRAMER, pp. 83 ss ; RUMO-JUNGO, ch. 768 ss ; SCHAER, pp. 593 ss ; CHAPPUIS, p. 217 n. 21 ; STEINEGGER, p. 498 ; MÜLLER, Kausalzusammenhang, p. 150. Semblent au contraire s'accommoder de cette pratique : BREHM, ch. 125a ad art. 41 CO ; KELLER, p. 83 ; REY, ch. 528a.

181   KRAMER, p. 84. Dans le même sens, RUMO-JUNGO, ch. 776.

182   RUMO-JUNGO, ch. 768.

avait blessé une personne en bonne santé[183]. On a alors admis en effet que l'assurance obligatoire ne doit pas se limiter à protéger les assurés normalement constitués, mais doit également prendre en charge les conséquences qui ne touchent que les personnes particulièrement prédisposées. Or, précisément et nous l'avons déjà mentionné, le Tribunal fédéral des assurances a maintenu une réserve expresse concernant les névroses de revendication[184]. C'est sans doute ce régime d'exception en tant que tel qui est regrettable, davantage que la différence de pratique qu'il crée nécessairement sur ce point entre droit de la responsabilité civile et droit des assurances sociales.

Nous sommes convaincus à cet égard que l'impossibilité pour le TFA de procéder à une réduction des prestations lorsque l'atteinte à la santé ne portait pas atteinte à la capacité de gain avant l'accident (art. 36 al. 2 LAA) a joué un rôle déterminant dans le maintien de cette exception. Il est vrai cependant que cette impossibilité est largement plus récente que la divergence entre le TF et le TFA, ce qui pourrait laisser penser que nos deux Hautes Cours ont davantage cherché par cet argument à justifier tant bien que mal une ancienne pratique, plutôt que d'examiner si elle était réellement fondée[185]. Sur le plan dogmatique, il est effectivement peu heureux de faire reposer une appréciation différente du lien de causalité adéquate sur une différence de régime existant dans le domaine de l'indemnisation, respectivement de la fixation des prestations[186]. Mais c'est là un problème pratique essentiel que le juge ne peut ignorer quand il applique une notion qui, par essence, fait appel à son appréciation quant aux limites que l'équité doit poser à l'indemnisation d'un dommage.

En conséquence, force est de constater que la pratique restrictive actuelle n'est guère satisfaisante avant tout en ce qui concerne son résultat pratique. En effet, cette divergence fondamentale a pour effet direct de plonger les parties dans une incertitude totale quant à l'issue de leur litige civil, dans la mesure où elles ne peuvent se fonder sur la décision entrée en force dans le cadre de l'assurance-accidents obligatoire[187]. S'ensuit un retard inacceptable dans la liquidation des prétentions contre le responsable, ce qui renforce souvent le désarroi et les souffrances du lésé.

Pour des raisons de politique juridique, et pour garantir un minimum de cohérence au sein de l'ordre juridique, il est essentiel que le droit des assu-

---

[183] RUMO-JUNGO, ch. 772. Cet auteur précise que la jurisprudence du TFA s'est ainsi rapprochée de celle du TF, si bien que certains cas d'assurances sociales traités dans les années 1960 seraient aujourd'hui abordés différemment.

[184] ATF 112 V 36 c. 3c.

[185] RUMO-JUNGO, ch. 778.

[186] RUMO-JUNGO, ch. 777.

[187] CHAPPUIS, p. 217 n. 21.

rances sociales et celui de la responsabilité civile poursuivent les mêmes objectifs et appliquent de manière uniforme les mêmes principes. Il faut cependant au préalable que les règles du jeu soient identiques tant pour le juge civil que pour le juge administratif, raison pour laquelle, avec une large partie de la doctrine[188], nous estimons qu'une révision de l'article 36 alinéa 2 LAA s'impose dans les plus brefs délais.

En effet, même si les règles sur les prestations ne devraient pas influer sur la notion de causalité, on ne peut nier le fait que l'appréciation du juge sur ce dernier point s'inscrit nécessairement dans un système plus large où le caractère équitable du résultat, donc des prestations versées à l'assuré, demeure son objectif final. Et il nous paraît incontestable que dans certains cas, tant la prise en charge intégrale du dommage que le refus pur et simple de prise en charge apparaissent comme insatisfaisants, voire choquants. Une solution intermédiaire et nuancée doit donc également être introduite par le législateur en droit des assurances sociales, ce qui rapidement débouchera en pratique sur une unification des objectifs des deux systèmes concernés. Cela permettra aussi aux nouvelles cours de droit social du Tribunal fédéral, espérons-le, d'abandonner cette exception fort contestable en matière de névroses de revendication.

B. Doit-on introduire un seuil de dangerosité ?

Nous avons déjà abordé plus haut, à propos de la jurisprudence du Tribunal fédéral des assurances, la place qu'il convient de donner aux expertises biomécaniques, et plus particulièrement la question de savoir si la prise en compte éventuelle de la différence de vitesse (delta-v) doit intervenir au stade de l'examen de la causalité naturelle déjà ou de la causalité adéquate seulement[189]. Après s'être rallié à la première de ces solutions, KRAMER[190] poursuit sa réflexion en proposant de se fonder sur cette même différence de vitesse pour introduire un seuil de dangerosité en deçà duquel un accident serait présumé trop bénin pour être à l'origine, avec un degré de vraisemblance prépondérante, d'une atteinte durable à la santé[191]. Il conçoit ce seuil, qu'il fixe à un delta-v de 10 km/h[192], comme une présomption de fait, que le

---

188   KRAMER, p. 92 ; MÜLLER, Kausalzusammenhang, p. 151 ; MURER, p. 15. SCHAER (p. 592) est plus sceptique.

189   Voir plus haut, p. 25.

190   KRAMER, p. 90-91.

191   Cette façon de faire avait déjà été suggérée dans ses grandes lignes une année auparavant par STEINEGGER (p. 496). Elle a été approuvée ultérieurement par MURER (p. 14-15), et implicitement par BERGER (p. 30).

192   Il se réfère ainsi à plusieurs études biomécaniques, que nous avons évoquées plus haut, p. 6.

lésé pourrait renverser à condition d'en apporter la contre-preuve, c'est-à-dire en établissant qu'il existe des raisons de douter en l'espèce du bien-fondé de cette présomption. Il cite à cet égard en exemple une vulnérabilité préexistante du rachis cervical (notamment en raison d'un âge avancé), une position particulière de la tête ou un mauvais réglage de l'appuie-tête.

Comme les tenants de cette théorie partent du principe que la violence du choc doit être examinée au stade du lien de causalité naturelle, ils doivent bien admettre que, dans certains cas, la victime pourrait sans doute établir que, malgré une différence de vitesse considérée comme inoffensive et l'absence de toute circonstance objective particulière, l'accident a néanmoins eu des effets directs sur son état de santé, en causant des troubles d'ordre psychologique (dépression, anxiété, insomnies, etc.) qui, en raison d'une personnalité particulièrement fragile, ont précisément été déclenchés par cet événement en soi anodin. Ces auteurs sont donc contraints de recourir malgré tout à la notion de causalité adéquate, pour arriver à la conclusion qu'en pareil cas la prédisposition psychologique du lésé relève du risque de la vie, qu'il doit lui-même assumer[193].

Ceci montre bien que cette problématique relève du jugement de valeur, soit d'une décision politico-juridique concernant la limite que l'on entend poser à la prise en charge, par le responsable ou l'assureur social, des conséquences d'un événement donné. C'est donc une question de causalité adéquate, une question de droit. Cela signifie qu'en y répondant, le juge est tenu de respecter un certain nombre de principes fondamentaux de notre ordre juridique, à commencer par l'interdiction de l'arbitraire et le principe de non-discrimination.

Concernant le premier de ces principes, on relèvera que le système proposé par KRAMER induit un schématisme important[194], particulièrement inhabituel en droit de la responsabilité civile, qui permettra difficilement au juge de tenir compte de circonstances ou d'éléments particuliers. Ainsi, sans raison apparente, si ce n'est un souci de simplification, on accorde une place prépondérante à un facteur parmi de nombreux autres, privilégiant au passage un type d'expertise[195] – les expertises biomécaniques – par rapport aux autres, et notamment par rapport aux expertises médicales. En réalité, on cherche à objectiviser un phénomène qui est en partie de nature psychologique et on se focalise sur un maillon de la chaîne biomécanique, le fameux delta-v, au détriment de nombreux autres facteurs, dont on sait qu'ils jouent également un rôle central, mais qui sont peut-être parfois plus difficiles à éta-

---

193 KRAMER, p. 91; MURER, p. 15.

194 MURER (p. 15) reconnaît lui-même cet aspect schématique du système, mais s'en accommode volontiers.

195 Dans ce sens: BÜHLER, p. 73.

blir dans un cas particulier (âge et sexe de la victime, fragilité physiologique, position de la tête avant le choc, réglage de l'appuie-tête, etc.).

Surtout, à l'image de la jurisprudence critiquable du Tribunal fédéral des assurances, cette proposition implique une discrimination des personnes souffrant de prédispositions psychiques par rapport à celles dont la fragilité constitutionnelle est de nature strictement somatique. On ne comprend pas pourquoi une vulnérabilité psychologique devrait faire partie du risque général de la vie, que chacun doit assumer, alors qu'une prédisposition constitutionnelle physique permettrait au lésé de renverser la présomption suggérée par ces auteurs, qui admettent en pareil cas un lien de causalité naturelle, respectivement adéquate.

Ainsi, cette proposition contredit clairement la jurisprudence du Tribunal fédéral en matière de prédispositions constitutionnelles, jurisprudence qui ne fait pas de distinction quant à la nature de ces prédispositions[196]. Notre Haute Cour vient d'ailleurs de rejeter explicitement cette façon de voir dans une arrêt très récent[197]. Cette proposition se heurte également, par voie de conséquence, au principe bien établi selon lequel celui qui blesse illicitement une personne en mauvaise santé ne saurait en tirer argument pour limiter sa responsabilité[198]. Pour cette raison également, elle doit être rejetée.

Comme on peut le constater, la théorie du seuil de dangerosité est avant tout une idée politique, visant manifestement à réduire les conséquences financières de ce type d'accident pour les assureurs privés et sociaux. Concrètement, elle ne résout pas les difficultés d'appréciation des preuves que suscitent nécessairement les accidents de type «coup du lapin». Elle réduit par ailleurs inutilement la liberté d'appréciation accordée au juge par les article 42 et 44 CO et crée dans ce contexte un régime injustifié d'exception aux règles générales développées par le Tribunal fédéral en matière de prédispositions constitutionnelles.

Nous en sommes convaincus, seul un système souple et tenant compte de toutes les circonstances de chaque cas d'espèce permet d'aboutir à une solution équitable et conforme aux principes généraux de notre système juridique. Ainsi, plutôt que de vouloir étendre au droit privé la pratique rigide du tout ou rien actuellement en vigueur en matière d'assurances sociales, il serait sans doute préférable de s'inspirer dans ce dernier domaine de la jurisprudence modulable développée en droit de la responsabilité civile.

---

196 Voir par exemple l'arrêt 4C.75/2004 du 16 novembre 2004 c. 4.3.1.

197 Arrêt 4C.402/2006 du 27 février 2007 c. 4.2.

198 ATF 113 II 90 c. 1b.

Bibliographie

Barnsley Les : « An evidence-based approach to the treatment of acute whiplash injury », in *Internationaler Kongress HWS Distorsionen / « Schleudertrauma » 2001*, éd. par E. Murer, P. Niederer, B. Radanov, A. Rumo-Jungo, M. Sturzenegger et F. Walz, Berne 2002, pp. 175 à 184.

Berger Max : « Unfallanalytik und Biomechanik – beweisrechtliche Bedeutung », in RSJ 102 (2006), pp. 25 à 33.

Blouin Jean-Sébastien : *Mécanisme de stabilisation de la tête sur le tronc en posture assise – contribution réflexe, cognitive et adaptabilité de ces mécanismes*, Thèse méd. Laval (QC) 2004.

Brehm Roland : *Berner Kommentar*, 3ᵉ éd., Berne 2006.

Bruhlart Vincent : « L'influence de la prédisposition constitutionnelle sur l'obligation de réparation du responsable », in F. Werro (éd.) : *La fixation de l'indemnité, Colloque du droit de la responsabilité civile 2003*, Berne 2004, pp. 89 à 107.

Bühler Alfred : « Beweissmass und Beweiswürdigung bei Gerichtsgutachten », in *Der Haftpflichtprozess, Tücken der gerichtlichen Schadenerledigung*, éd. par W. Fellmann et S. Weber, Zurich 2006, pp. 37 à 88.

Chappuis Guy : « La sinistralité des lésions bénignes du rachis cervical : une spécificité suisse ? », in REAS 2005, pp. 211 à 219.

Dettwiler Stefan A. : « Leichte Auffahrkollision mit Schleudertrauma : Kürzung wegen Vorzustand ? », in REAS 2005, pp. 43 à 45.

Frinking Erik / Kahan James P. / van het Loo Mirjam / Vader John-Paul : *Risk Profiles and Appropriate Treatment Therapies for Whiplash Associated Disorders, Synthesis Report*, étude RAND pour l'ASA, décembre 2003.

Gunzburg Robert / Szpalski M. / Van Goethem J. : « Initial assessment of whiplash patients », in *Internationaler Kongress HWS Distorsionen / « Schleudertrauma » 2001*, éd. par E. Murer, P. Niederer, B. Radanov, A. Rumo-Jungo, M. Sturzenegger et F. Walz, Berne 2002, pp. 93 à 105.

Hungerbühler Jean-Pierre : « Les syndromes cervicaux post-traumatiques par distorsion cervicale ou whiplash-associated disorders », in P. Rosatti (éd.) : *L'expertise médicale, de la décision à propos de quelques diagnostics difficiles*, Genève 2005, pp. 87 à 134.

Jäger Peter : « Darstellung und Kritik der neueren Rechtsprechung des Eidgenossischen Versicherungsgerichts zum adäquaten Kausalzusammenhang beim Schleudertrauma der Halswirbelsäule », in REAS 2003, pp. 291 à 300.

JENZER Gerhard : « 15 Jahre helvetisches Schleudertrauma », in Bulletin des médecins suisses 2006, pp. 1230 à 1233.

KELLER Alfred : *Haftpflicht im Privatrecht, Band I,* Berne 2002.

KRAMER Ernst A. : « Schleudertrauma : Das Kausalitätsproblem im Haftpflicht- und Sozialversicherungsrecht », in *Internationaler Kongress HWS Distorsionen / «Schleudertrauma» 2001,* éd. par E. Murer, P. Niederer, B. Radanov, A. Rumo-Jungo, M. Sturzenegger et F. Walz, Berne 2002, pp. 73 à 92. Cet article a également été publié in BJM 2001, pp. 153 à 172.

LOCHER Thomas : « HWS-Distorsion (Schleudertrauma) – Einführung in die Rechtslage nach schweizerischem Recht », in *Internationaler Kongress HWS Distorsionen / «Schleudertrauma» 2001,* éd. par E. Murer, P. Niederer, B. Radanov, A. Rumo-Jungo, M. Sturzenegger et F. Walz, Berne 2002, pp. 29 à 48.

VAN HET LOO Mirjam / FRINKING Erik / KAHAN James P. / VADER John-Paul : *A Review of the Literature on Whiplash Associated Disorders,* étude RAND pour l'ASA, février 2002.

MÜLLER Urs : « Die Rechtsprechung des Eidgenossischen Versicherungsgerichts zum adäquaten Kausalzusammenhang beim sog. Schleudertrauma der Halswirbelsäule (HWS) : Leitsätze, Kasuistik und Tendenzen », in RSAS 2001, pp. 413 à 450 (cité : Rechtsprechung).

MÜLLER Urs : « Der natürliche und adäquate Kausalzusammenhang nicht objektivierbarer Gesundheitsschäden : Die Leitentscheide des Bundesgerichts und des Eidgenossischen Versicherungsgericht », in *Nicht objektivierbare Gesundheitsbeeinträchtigungen : Ein Grundproblem des öffentlichen und privaten Versicherungsrechts sowie des Haftpflichtrechts,* éd. par E. Murer, Berne 2006, pp. 61 à 163 (cité : Kausalzusammenhang).

MURER Erwin : « HWS-Distorsionstrauma ohne sichtbare Folgen : konstruktive Ansätze statt Schleuderkurs », in *Journées du droit de la circulation routière,* Fribourg 2002.

NIEDERER P. / WALZ F. / MUSER M. / ZOLLINGER U. : « Was ist ein «schwerer», was ein «leichter» Verkehrsunfall ? », in Bulletin des médecins suisses 2001, pp. 1535 à 1539. Cet article a également été publié in RSAS 2002, p. 27 ss.

PORCHET Sabine : « Die konstitutionnelle Prädisposition – hat das Urteil 4C.416/1999 des Bundesgerichts vom 22. Februar 2000 etwas geändert ? », in REAS 2002, pp. 382 à 387.

REY Heinz : *Ausservertragliches Haftpflichtrecht,* Zurich 2003.

Roux Etienne: «Mécanisme de whiplash, Stratégie et prise en charge aux différents stades», disponible sur www.dolor.ch.

Rumo-Jungo Alexandra: *Haftpflicht und Sozialversicherung*, Fribourg 1998.

Schaer Roland: «Unerträglich faszinierend: Borderline-syndrom der Adäquanz oder soll das zivile Haftpflichtrecht Auffangbecken für intensitätsarme Adäquanzen im Sozialversicherungsrecht sein?», in *Collezione Assista,* coord. par A. Müller, Genève 1998, pp. 554 à 604.

Schmidt Hans / Senn Jürg (éd.): *Schleudertrauma – neuster Stand: Medizin, Biomechanik, Recht und Case Management*, Zurich 2004.

Schmitt K.-U. / Walz F. / Vetter D. / Muser M.: «Whiplash injury: cases with a long period of sick leave need biomechanical assessment», in Euro Spine Journal 2003, pp. 247 à 254.

Schnider A. / Annoni J.-M. / Dvorak J. / Ettlin T. / Gütling E. / Jenzer G. / Radanov B. / Regard M. / Sturzenegger M. / Walz F.: «Symptomatologie après le traumatisme d'accélération cranio-cervicale (coup du lapin, «whiplash-associated disorder»)», in Bulletin des médecins suisses 2001, pp. 288 à 290.

Senn Jürg: «HWS-/Hirnverletzungen und Biomechanik zur Notwendigkeit, zu den Möglichkeiten und Grenzen der Unfallanalyse und Biomechanik bei Unfällen mit HWS- und/oder Hirnverletzung», in PJA 1999, pp. 625 à 634 (cité: Unfallanalyse).

Senn Jürg: «Harmlosigkeitsgrenzen bei Unfällen mit HWS- / Hirnverletzungen?», in PJA 2002, pp. 274 à 284 (cité: Harmlosigkeitsgrenzen).

Sidler Max: «Betrachtungen nach einer Dekade der besonderen Adäquanzprüfung bei sog. Schleudertraumen», in PJA 2002, pp. 791 à 796 (cité: Adäquanzprüfung).

Sidler Max: «Beweisfragen rund um das Schleudertrauma». in REAS 2005, pp. 79 à 84 (cité: Beweisfragen).

Spitzer Walter O. / Skovron Mary Louise / Salmi L. Rachid / Cassidy J. David / Duranceau Jacques / Suissa Samy / Zeiss Ellen: «Scientific Monograph of the Quebec Task Force on Whiplash-Associated Disorders: Redefining "Whiplash" and its Management», in Spine 1995, vol. 20(8S), pp. 1S à 43S.

Steinegger Rolf P.: «Heckkollisionen: biomechanischer Harmlosigkeitsbereich bei HWS-Beschwerden; Rechtsfolgen», in *Mélanges du Bureau National Suisse d'Assurance (BNA) et du Fonds National Suisse de Garantie (FNG) à l'occasion de la 34ᵉ Assemblée Générale du Conseil des Bureaux les 15 et 16 juin 2000 à Genève*, éd. par M. Metzler et S. Fuhrer, Bâle 2000, pp. 483 à 502.

STREBEL H. M. / ETTLIN Th. / ANNONI J. M. / CARAVATTI M. / JAN S. / GIA-NELLA C. / KEIDEL M. / SANER U. / SCHWARZ H.: «Diagnostic et traitement du traumatisme cranio-cervical par accélération (ou coup du lapin) à la phase aiguë», in Forum Med Suisse 2002, pp. 1119 à 1125.

SUTER Patrick: «Die Berücksichtigung von Vorzuständen nach BGE 123 III 110», in REAS 2005, pp. 36 à 42.

THÖNY Christian: «Richter foutieren sich um medizinische Fortschritte» in Plädoyer 2007, pp. 20 à 23.

VERMOT Michel: «La causalité», in REAS 2006, pp. 83 à 88.

WALZ Felix: «Bemessung der Verletzungsschwelle der HWS bei Heckkollisionen», mai 1999, disponible sous www.agu.ch.

WERRO Franz: *La responsabilité civile*, Berne 2005.

Les lésions bénignes du rachis cervical: les enjeux pour le responsable et l'assureur

Vincent Brulhart*

Table des matières

I.   Introduction

Nous cherchons la voie. De fait, nous tentons de nous frayer un chemin entre le champ de la simplicité, où l'on croise parfois l'arbitraire, et celui de la complexité, difficile et pavé d'insécurité. Paul Valéry prétendait déjà que tout ce qui est simple est faux et que tout ce qui est compliqué est inutilisable. Nous voici en quelque sorte à la conquête d'une quatrième dimension où se rejoindraient les impératifs pratiques du règlement des sinistres et le souci de l'équité, où se rencontreraient aussi les juristes et les médecins.

De quoi s'agit-il? Notre propos porte sur les modalités de prise en charge des suites de lésions bénignes du rachis cervical. Cette remarque introductive appelle d'emblée deux délimitations:

1°   Notre réflexion vise les lésions *bénignes.* Le plus souvent, dans le domaine de la circulation routière, ce sont de légers voire très légers chocs par l'arrière qui en sont à l'origine. La difficulté provient de la disproportion

*   Professeur aux Universités de Genève et Lausanne. Je remercie Janusz Marty, avocat, pour son soutien dans l'élaboration de l'appareil critique de cette contribution.

131

entre le caractère objectivement bénin de l'accident et l'ampleur des conséquences, parfois, auprès de la victime. Sur un plan plus technique, nous nous référons aux degrés 1 et 2 de la classification médicale établie par la Task force québécoise qui a cours dans les milieux médicaux notamment[1].

2° Nous excluons de notre réflexion les cas de *simulation*. Nous entendons par là des comportements volontaires adoptés par certains en vue d'obtenir des prestations auxquelles ils n'ont pas droit. Nous nous concentrons sur les victimes qui ressentent effectivement certains troubles après accident. Pour souhaitable qu'elle soit en théorie, la distinction dans les faits n'est pas toujours facile. L'expérience des assureurs révèle cependant que la simulation reste exceptionnelle, quand bien même elle fait l'objet de relations parfois spectaculaires[2].

Au travers de quelques généralités, nous allons aborder la situation suisse en comparaison européenne. Nous tenterons de placer le phénomène dans le contexte des évolutions sociales ; il faudra s'interroger aussi sur l'influence du régime actuel de prise en charge. Nous aborderons alors la causalité sous l'angle juridique, ses difficultés, et nous tenterons, pour finir, une esquisse de solution.

II.   Lésions bénignes du rachis cervical : quelques généralités

A.   La situation suisse

On mentionne, c'est un rappel, que le Comité européen des Assurances (CEA) et l'Association pour la réparation des dommages corporels (AREDOC) ont uni naguère leurs efforts pour l'élaboration d'une étude comparative sur l'indemnisation des lésions bénignes du rachis cervical. A cet égard, nous renvoyons à une publication récente et complète parue sous la plume de Guy Chappuis, lequel présente et commente de façon détaillée le rapport du CEA dont les résultats interpellent la communauté des juristes et des médecins[3].

---

[1]   www.med.univ-rennes1.fr/section_rachis/classqtf.pdf.

[2]   Voir p. ex., pour un cas récent, *Neue Zürcher Zeitung* du 26.04.2007, 51 : un escroc, qui avait perçu des indemnités d'assurance pour un montant de CHF 1,5 millions alléguant un traumatisme cervical fictif, a été condamné à une peine de 2 ans d'emprisonnement avec sursis ; (également *Tages Anzeiger* du 26.04.2007, 16).

[3]   G. Chappuis, La sinistralité des lésions bénignes du rachis cervical : une spécificité suisse ?, HAVE/REAS 3/2005, 211-9.

Rapidement, signalons ici que l'étude place notre pays en position de pointe s'agissant du coût moyen par sinistre : 35 000.– Euros en Suisse contre une moyenne européenne de 9000.– Euros environ. Un autre chiffre suffira sans doute à souligner l'importance de la question : les lésions bénignes du rachis représentent, en Suisse, 40% des indemnisations pour dommage corporels, soit plus de CHF 500 millions par an. Au-delà de ce qu'il révèle déjà sur un plan purement économique, ce montant donne aussi une idée de l'impact du problème sur la collectivité en général.

La morphologie de nos concitoyens n'est pas à ce point différente de celle de nos voisins européens. Il en va de même des véhicules puisque nous circulons chez nous avec des automobiles fabriquées à l'étranger. A l'évidence, les raisons de cette différence entre la situation suisse et une certaine moyenne européenne doivent être cherchées ailleurs. Il faudra bien admettre, après analyse, que cette situation est dans notre pays la manifestation d'un phénomène de société.

B. Relations avec les troubles à caractère non objectivables : un phénomène de société ?

Considérons les symptômes dont se prévalent les victimes. Par référence au « tableau clinique typique », pour reprendre une notion développée par le Tribunal fédéral des assurances[4], on fait état de maux de têtes diffus, de vertiges, de difficultés de concentration et de mémorisation, de fatigabilité accrue, de tendance à l'irritation, d'épisodes dépressifs, etc. Voilà une symptomatologie qui appelle deux séries de remarques : relatives à la sélection médicale tout d'abord et qui tiennent aux évolutions de société ensuite.

1° Sur le *plan médical*, il convient de distinguer trois types d'atteinte ou de troubles, selon la classification des maladies opérée par l'Organisation mondiale de la santé (OMS)[5] :

   – Par atteinte à la santé *psychique*, selon la classification des maladies opérée par l'OMS, on entend un trouble des fonctions mentales, intellectuelles, cognitives ou émotionnelles, permanent ou de longue durée, qui persiste malgré des mesures thérapeutiques. L'atteinte à la santé psychique doit être prouvée par des constatations objectives en ce sens que les comportements et les symptômes peuvent être appréciés au moyen d'une classification reconnue qui repose sur une pratique éprouvée des médecins-psychiatres.

---

4   ATF 117 V 359 (arrêt Salanitri).

5   Voir à cet égard la classification citée par J. Pirotta, Les troubles somatoformes douloureux du point de vue de l'assurance-invalidité, SZS/RSAS, 49/2005, 517 ss, en particulier 520, n. 6.

– Le *syndrome douloureux somatoforme* persistant se comprend, quant à lui, comme une douleur persistante, intense, s'accompagnant d'un sentiment de détresse, non expliquée entièrement par un processus physiologique ou un trouble physique, survenant dans un contexte de conflits émotionnels et de problèmes psychosociaux suffisamment importants pour en constituer la cause essentielle. Il se définit par la différence qui oppose la subjectivité du patient à l'objectivation médicale.

– Les lésions *organiques.*

Les atteintes bénignes du rachis cervical présentent cette caractéristique de ne peuvoir être mises en relation avec des lésions médicales constatables objectivement. Aussi, on ne saurait les ranger dans la catégorie des troubles qui ressortissent aux lésions «organiques». Restent, si l'on retient les critères susmentionnés, les atteintes «psychiques» et les troubles «somatoformes douloureux». Dans le domaine de l'assurance-accidents, les conséquences non objectivables de lésions du rachis sont traitées à l'instar des atteintes psychiques (prises en charge selon le critère de la gravité objective de l'accident), qu'on les regarde comme atteintes psychiques ou comme troubles somatoformes douloureux. L'assurance invalidité paraît plus rigoureuse dans la sélection à mesure qu'elle distingue les atteintes psychiques et les troubles somatoformes douloureux pour les soumettre à des appréciations différenciées. Nous y reviendrons[6].

La pratique révèle, de surcroît, que se plaignent de ces symptômes des victimes qui, souvent, évoluent dans un contexte psychosocial difficile. Non rarement, il s'agit de victimes fragiles ou qui ont été rendues vulnérables par de nombreux facteurs indépendants de tout événement accidentel[7].

2° S'agissant des évolutions *sociales*, il est utile de revenir sur diverses analyses opérées notamment dans le contexte des hausses considérables de rentes allouées par l'assurance-invalidité ces dernières années.

On sait que les ressources de chacun sont différentes face aux vicissitudes de la vie. Cette constatation est à l'origine du développement historique des régimes de sécurité sociale[8]. En outre, des mutations fondamentales sont intervenues dans le monde du travail qui s'accompagnent

---

6 Voir, pour une réflexion intéressante sur la distinction à opérer entre les troubles dépressifs et les troubles somatoformes douloureux, p. ex. P.-A. Fauchère, A propos de l'article de Jean Pirotta «Les troubles somatoformes douloureux du point de vue de l'assurance-invalidité», SZS/RSAS 50/2006, 135 ss, 136. Le critère est pris notamment de la réactivité aux méthodes thérapeutiques.

7 Cf. p. ex. Pirotta, cité supra n. 5, 521.

8 Cf. p. ex. Ulrich Meyer, Wesenselemente, geschichtliche Grundzüge und Bedeutung der Bundessozialversicherung, in Ulrich Meyer (éd.), Soziale Sicherheit, Bâle etc. 2007, 27 ss.

d'avantages et d'inconvénients pour l'individu. Si la flexibilité du travail permet un meilleur équilibre entre vie professionnelle et vie privée, elle représente en même temps un danger pour cet équilibre (pensons par exemple aux risques liés aux procédures de «travail sur appel»). Les entreprises attendent de leurs employés plus de créativité et garantissent plus largement la liberté individuelle, mais il peut en découler une pression psychique qui, dans certains cas, conduit jusqu'à l'épuisement[9]. Le milieu de l'entreprise, autrefois contraignant mais protecteur, devient plus libre mais moins responsable du sort des travailleurs. Cela va de pair avec l'abandon des structures fondées sur le patriarcat. Enfin, les conceptions relatives à la santé, notamment dans le domaine psychique, ont évolué, ce que l'on avait constaté déjà dans le courant de la 4e révision de l'AI[10]. Les diagnostics médicaux tiennent compte de plus en plus des conditions psychiques et des conditions sociales, ainsi que de leurs effets. Cela est spécialement visible dans les symptomatologies à caractère psychique où le jugement du thérapeute repose essentiellement sur les affirmations du patient. Les médecins réagissent aujourd'hui avec beaucoup de sensibilité aux facteurs sociaux. Les troubles psychiques ne sont plus un tabou, tandis qu'ils justifiaient autrefois diverses formes de réprobation ou qu'ils étaient à tout le moins affectés d'une connotation sociale lourdement péjorative.

L'importance du bien-être psychique va croissant. L'avènement des troubles à caractère somatoforme s'inscrit dans ce contexte; les lésions bénignes du rachis, qui peuvent relever de cette catégorie de trouble à caractère psychique, ne sont pas étrangères à cette évolution. Elles s'inscrivent dans le même courant. Il en découle qu'une grande part des conséquences qui sont aujourd'hui attribuées aux lésions bénignes du rachis relèvent d'une catégorie qui leur sont supérieures, nous voulons dire des troubles à caractère non-objectivable influencés en première ligne par des facteurs de type psychosocial[11]. Nous sommes confrontés en d'autres termes à un *phénomène*

---

9   Voir p. ex. M. JOST, Mutations dans le monde du travail, SUVA – Informations médicales 2005, n° 76, 29.

10   Etude Interface, Die ärztliche Beurteilung und ihre Bedeutung in Entscheidverfahren über einen Rentenanspruch in der Eidg., 1999, in : Conseil Fédéral, Rapport explicatif et projet pour la procédure de consultation de la 4e Révision de l'AI, juin 2000, p.15.

11   J.-A. SCHNEIDER, A. PASTOR, L'invalidité et la réinsertion : problèmes actuels, in Le droit social dans la pratique de l'entreprise, IRAL, 2006, Berne, 69 ss. Voir également les constatations intéressantes à cet égard figurant dans le 34e rapport annuel de l'Ombudsman de l'assurance privée et de la SUVA, notamment dans dans le domaine LAA: «Il n'est pas toujours facile, expose l'Ombudsfrau, de savoir si un chômage est dû à un accident et/ou à d'autres circonstances. Beaucoup de requérants étaient d'avis que leur chômage était exclusivement dû aux séquelles d'un accident. Ne pas leur tenir rigueur de cette appréciation subjective ne change rien au fait que c'est souvent pour d'autres raisons qu'ils ne pouvaient pas trouver de travail» (Rapport précité, p. 17).

de société, ce qu'a remarqué aussi le Conseil fédéral en réponse à une motion parlementaire récente[12].

Cette constatation pourra permettre de diriger notre recherche de solutions. Si le problème est dû à d'autres causes, qui ne revêtent pas un caractère accidentel, il est douteux que le système prévu pour la prise en charge des suites d'accident offre une solution appropriée. De fait, le régime actuel pourrait bien être lui-même à l'origine du phénomène ou à tout le moins de son amplification. Nous touchons là ce que les économistes connaissent sous l'appellation «moral hazard».

C.   «Moral hazard»[13]

Le «moral hazard» est une notion que l'on rencontre partout où il existe des mesures prises par des institutions collectives (Etat, assurances, entreprises,...) en vue de protéger des groupes qui se trouvent en position de faiblesse[14]. Le terme «moral» renvoie ici aux «mœurs» telles qu'elles sont comprises dans les sciences économiques, et notamment l'économie de l'assurance. On vise le comportement des personnes qui est influencé par l'existence de mesures de protection; celui-là eût été différent en l'absence de celles-ci. En matière d'assurance, le comportement de la personne touchée peut se rapporter à la prévention ou à l'étendue du dommage. Cette personne aurait réagi différemment, en termes de prévention ou s'agissant de limiter l'étendue du dommage, si l'institution collective n'avait pas offert de garantie. Pour autant, il n'y a pas fraude. Notoirement, l'être humain réagit sur impulsion ou sur stimulation, un principe établi dans les sciences économiques. La philosophie grecque antique rapporte le cas de ce pauvre cheval affamé, placé rigoureusement à égale distance de deux bottes de foin, qui risque bien de périr d'inanition parce qu'il n'a aucun motif de se déplacer plutôt vers la botte qui se trouve à sa droite que vers celle qui se trouve à sa gauche[15]. Tous, nous sommes mus par une forme d'intérêt; ce qui peut conduire selon les

---

12   Voir p. ex. Prise de position du Conseil fédéral du 22 septembre 2006 en réponse à la motion 06.3375; également Prise de position du Conseil fédéral du 2 décembre 2005 en réponse à la motion 05.3655.

13   E. Murer, Moral Hazard und die Versicherungsfälle unklarer Kausalität, unter besonderer Berücksichtigung der psychogenen Störungen nach Unfällen sowie des sog. „Schleudertraumas", SZS/RSAS, 50/2006, 249-274.

14   Cf. p. ex. G. Riemer-Kafka, Moral Hazard und Selbstverantwortung, SZS/RSAS 50/2006, 190 ss, 193.

15   Cf. J. Barnes, Les penseurs préplatoniciens, in Philosophie grecque, sous la direction de M. Canto-Sperber, Paris 1997, 14.

cas, le plus souvent de façon inconsciente d'ailleurs, à adopter tel comportement en fonction du résultat possible ou probable. Cela peut concerner dans notre contexte le bénéficiaire de prestations d'assurance, l'employeur ou encore le médecin. Et les situations où la relation de causalité est incertaine se prêtent particulièrement à ce type de comportement. Le prof. MURER prend l'exemple de l'introduction de l'assurance-accidents en Allemagne, à la fin du XIXᵉ siècle, laquelle avait suscité de nombreuses recherches en vue d'établir un rapport de causalité entre accident et cancer (certains croyaient d'ailleurs y être parvenus). Sans perspective d'indemnisation par l'assurance-accidents, il est hautement probable qu'aucune réflexion ou investigation n'eût été entreprise dans ce sens[16].

Le système actuel de prise en charge constitue un facteur favorisant de pareilles attitudes sans que l'on puisse en faire le reproche au bénéficiaire. Voici quelques motifs.

1°   Définir *a priori* un *tableau clinique typique*, s'agissant d'un domaine où les constatations médicales ne revêtent pas un caractère d'objectivité, induit une certaine forme de comportement. On tend tout naturellement à se déterminer en fonction de ce tableau, à plus forte raison qu'il en découle des bénéfices importants en termes de protection sociale.

De surcroît, l'existence d'un tableau clinique *a priori* tend à concentrer prioritairement l'attention sur les symptômes, et non sur l'incidence de ceux-ci sur la capacité de travail ou de gain[17]. Or, comme l'affirme un médecin, il existe fort peu de diagnostics médicaux dont on peut déduire avec certitude, et d'emblée, l'incidence sur la capacité de gain, sinon peut-être le décès[18]! Dans tous les autres cas, il convient d'apprécier les situations de façon individualisée, un procédé fondamental qui tend à être relégué dès l'instant où l'ombre du tableau typique *a priori* apparaît.

2°   Les différences, dans la jurisprudence même des institutions d'assurances sociales (LAA et AI par exemple), induisent également des comportements tendant à favoriser des diagnostics visant à une prise en charge. Si la fibromyalgie, par exemple, n'est pas en principe une cause d'invalidité selon l'AI, les mêmes symptômes qui caractérisent la fibromyalgie peuvent conduire à une prise en charge, en présence d'un tableau

---

16   E. MURER, cité supra n. 13, 265.

17   ATF 117 V 359 (Arrêt Salanitri).

18   «*Exitus letalis*», cf. J. JEGER, Brauchen wir spezielle Rechtsprechungen zu speziellen Krankheitsbildern? SZS/RSAS 50/2006, 350 ss, 352.

clinique typique, en matière d'assurance-accidents[19]. On comprend dans ces conditions l'importance que l'on attache à «l'événement accidentel», fût-il très bénin.

III.   Problèmes liés à la causalité

A.   Causalité naturelle et adéquate

En bonne logique et en bonne doctrine juridique, le rapport de causalité naturelle permet, sur le plan factuel, de statuer sur l'existence d'un rapport de cause à effet. Telle cause invoquée a-t-elle provoqué tels effets[20]? Voilà l'enjeu de la question.

Dans le cas des lésions bénignes du rachis cervical, le problème tient à l'impossibilité de statuer dans les faits sur la causalité naturelle et ce, en raison de l'absence de constatations de lésions organiques. De plus, la question est très disputée dans la science médicale de savoir si le tableau clinique mentionné plus haut correspond effectivement à une réalité. La difficulté provient notamment du manque de spécificité des symptômes dont se plaignent les victimes, lesquels symptômes peuvent apparaître aussi bien auprès de personnes qui n'ont pas subi d'accidents. Les médecins s'accordent sur ce dernier point, ce qui a du reste conduit certains spécialistes alémaniques à affirmer que «das typische Beschwerdebild sei schlicht ein Trugbild[21]»!

On sait, en théorie juridique, les difficultés que pose la délimitation entre causalité naturelle et causalité adéquate[22]. Il est impossible parfois de déter-

---

19   ATF 132 V 65. Art. 4 et 28 LAI (dans leur teneur en vigueur jusqu'au 31 décembre 2002): Diagnostic de «fibromyalgie»; évaluation de l'invalidité. Il n'existe pas de motif pour l'administration ou le juge de remettre en cause le diagnostic de «fibromyalgie» bien que celui-ci fasse l'objet d'une controverse dans la communauté médicale (consid. 3). Selon la jurisprudence, les troubles somatoformes douloureux n'entraînent pas, en règle générale, une limitation de longue durée de la capacité de travail pouvant conduire à une invalidité (ATF 130 V 354 consid. 2.2.3). Il existe une présomption que les troubles somatoformes douloureux ou leurs effets peuvent être surmontés par un effort de volonté raisonnablement exigible (ATF 131 V 50). Pour les raisons qui viennent d'être exposées ci-dessus, il y a lieu de poser la même présomption en présence d'une fibromyalgie. Voir également H. Landolt, Auswirkungen der 5. IV – Revision auf die Schadenminderungspflicht, Personenschaden-Forum 2007, Zurich 2007, 217 ss.

20   K. Oftinger / E. w. Stark, Schw. Haftpflichtrecht, I, Zurich 1995, 108, n° 10 ss.

21   Schnider / Annoni / Dvorak / Ettlin / Gütling / Menzel / Radanov / Regard / Sturzenegger / Waltz, Beschwerdebild nach kraniozervikalen Beschlemigungstrauma, Schw. Aerztezeitung 2000, 2219; E. Murer, HWS – Distorsionstrauma ohne sichtbare Folgen: konstruktive Ansätze statt Schleuderkurs, Journées du droit de la circulation routière de l'Université de Fribourg, Fribourg 2002, 8.

22   V. Roberto, Schadensrecht, Bâle, 1997, 49 ss; pour une approche originale de la notion de causalité adéquate, M. Vermot, La causalité, HAVE/REAS 2/2006, 83 ss, pour lequel la causa-

miner si, en l'absence de l'événement considéré, le dommage se serait produit de la même façon au sens de la *condicio sine qua non*; il faut en pareil cas recourir à des règles générales; la délimitation entre causalité naturelle et adéquate perd alors son apparente clarté et l'on doit à l'extrême envisager des situations où le rapport de causalité est admis au nom d'un critère tiré de l'expérience quand bien même la causalité naturelle n'existerait pas. Cela peut se présenter dans divers domaines, en matière d'atteintes à l'environnement par exemple[23].

Ces situations de causalité peu claires, à l'orée desquelles on trouve aussi la causalité hypothétique[24], rappellent certaines controverses dogmatiques relatives à l'imputabilité. D'aucuns se demandent par exemple s'il faudrait en tenir compte dans la détermination de la responsabilité ou dans celui du dommage réparable[25]. Il pourrait être intéressant dans notre contexte de rappeler la théorie ancienne dite du «champ de protection de la norme» (Schutzzwecktheorie)[26], selon laquelle une règle (de responsabilité) ne viserait pas à couvrir tous les dommages possibles et envisageables. Cette conception se distingue de la théorie de la causalité notamment en ceci qu'elle ne table pas sur une probabilité. Il s'agirait, selon cette approche, de répondre à trois questions: (1) La victime fait-elle partie du cercle des personnes protégées? (2) La disposition en question vise-t-elle à protéger le bien juridique concerné? (3) Le dommage relève-t-il de la catégorie de ceux que la norme en cause vise à prévenir? Par ailleurs, la prévisibilité est appréciée différemment: dans la causalité, on renvoie à une prévisibilité toute générale référence prise de l'expérience de la vie, tandis que selon la théorie du champ de protection, la prévisibilité est déterminante au moment d'adopter la disposition en question. Cette conception a connu plus de succès en Allemagne qu'en Suisse où elle ne trouve guère à s'appliquer qu'en matière de préjudice de fortune découlant d'actes illicites[27]. A y regarder de plus près, il se pourrait bien qu'il s'agisse là d'un procédé qui n'a rien d'étranger à notre discussion. En matière d'assurance-invalidité, ne faut-il pas admettre que déterminer

---

lité serait «adéquate» en ce qu'elle permettrait d'apprécier la relation causale dans «un cadre particulier, soit répondant à une question à résoudre» (85 *in medio*).

[23] Cf. p. ex. P.-H. MOIX, Atteintes à l'environnement et remises en état, RVJ 1997, p. 325 ss. Pour les allégements de preuve de causalité en matière de dommages écologiques, cf. p. ex. A.-S. DUPONT, Le dommage écologique, Zurich 2005, 269 ss.

[24] Cf. sur cette notion en particulier, F. WERRO, La responsabilité civile, Berne 2005, 47, n° 187 ss.

[25] En ce sens qu'à défaut de pouvoir démontrer à satisfaction l'existence d'une relation de causalité naturelle, la responsabilité pourrait être partielle (voir p. ex. art. 56 II AP RC et WERRO, CO-CR, *ad* art. 41, n° 45 ss).

[26] ROBERTO, cité supra n. 22, 83 ss.

[27] ROBERTO, cité supra n. 22, 86 ss.

le champ de la prise en charge passe par une détermination du domaine de protection des normes? Dire par exemple que la fibromyalgie n'entraîne pas d'invalidité au sens de l'AI, sans nier pour autant l'existence de troubles, n'est-ce pas définir en même temps l'étendue de protection de cette loi[28]? A la réflexion, il est raisonnable de procéder ainsi dans le ressort d'activité d'une institution d'assurance sociale dont l'intervention n'est pas fondée sur une cause, mais bien sur un résultat. Un tel système de prise en charge, où la cause est reléguée au profit du résultat, appelle nécessairement et ouvertement des questions relatives à l'étendue de la protection garantie[29]. Dans des régimes reposant sur la causalité, on peut tenter d'échapper à la question, plus politique que juridique, du champ de protection garanti, bien qu'il ne faille pas se cacher que cela soit un leurre parfois; on pense ici particulièrement à l'assurance-accidents.

Un leurre en effet dans le domaine de l'assurance-accidents, car enfin la question se pose également en cette matière, par exemple au moment d'interpréter certaines conditions de base qui fondent l'intervention de l'institution. Cela vaut spécialement pour l'appréciation de la causalité là où les éléments objectifs font défaut. On doit donc sérieusement se demander si le même procédé – soit celui qui tend ouvertement à définir le champ de protection des normes – ne serait pas préférable à des formes de raisonnement embarrassées reposant sur de pures suppositions relatives à une causalité indéfinissable. Et, à y regarder de plus près, par l'adoption de critères d'imputation objectifs, dépendant notamment de la gravité de l'accident, c'est bien la voie que paraît avoir choisie le Tribunal fédéral des assurances en matière d'assurance-accidents[30]. On se demande aussitôt s'il ne doit pas en aller de même en matière de droit de la RC.

---

[28] ATF 130 V 352; ATF 131 V 49; ATF 132 V 65.

[29] Sur la différence entre les modalités de prise en charge fondées sur la cause et sur le résultat, cf. p. ex. A. Rumo-Jungo, Haftpflicht und Sozialversicherung, Fribourg 1998; 87, n° 158 ss; U. Kieser, ATSG Kommentar, Zurich 2003, 18: «Die Sozialversicherung kennt kausale und finale Versicherungszweige. Die finalen Zweige (insbesondere die IV und die berufliche Vorsorge im Obligatoriumsbereich) erbringen beim Eintritt eines bestimmten Schadens Leistungen, ohne auf die Ursache abzustellen; demgegenüber verlangen die kausalen Zweige (z.B. die Unfallversicherung) zwischen dem schädigenden Ereignis (z.B. dem Unfall) und dem eingetretenen Schaden einen Kausalzusammenhang. Der Kausalzusammenhang bezeichnet insoweit eine bestimmte Abhängigkeit zwischen einer eingetretenen Wirkung (z.B. der Arbeitsunfähigkeit) und einem Sachverhalt (z.B. einem Unfallereignis)».

[30] ATF 117 V 359; U.147/03 (arrêt du 20 janvier 2005); U.101/05 (arrêt du 12 avril 2006); U.412/05 (arrêt du 20 septembre 2006).

B. Deux notions de causalité : droit social et droit de la RC

Revenons sur la thèse selon laquelle le droit de la RC et le droit des assurances sociales poursuivraient des objectifs différents. Nous montrerons tout d'abord au travers d'une illustration pratique le résultat auquel conduit le régime actuel. Nous reviendrons ensuite sur la cohérence du système.

1° Un cas tiré de la pratique

Voici une chronologie édifiante : X. est victime d'un accident banal en 1996, sans lésions objectivables. Après discussions et divers rapports d'expertise, l'assureur social (assurance-accidents) refuse la prise en charge. Une procédure conduit, huit ans plus tard, à une décision du Tribunal fédéral des assurances confirmant le refus de prise en charge. En tout, trois rapports d'expertise ont été établis au long de cette procédure. La victime entame alors une revendication contre le responsable civil, revendication qui aboutit également devant les tribunaux. De nouvelles expertises sont ordonnées. A ce jour, la cause est instante.

Résultat : Dix ans après un accident plutôt banal, on discute encore et toujours de ses conséquences éventuelles. Quelles chances de réintégration pour une telle personne ? Disons-le clairement, c'est un constant d'échec. Le lésé aura consacré dix ans durant le plus clair de son temps à d'infructueuses querelles judiciaires. N'aurait-il pas été préférable de s'engager dans des activités visant la réinsertion, sitôt l'état de santé consolidé ? Plus le temps passe, et plus aléatoire devient le sort de la personne accidentée. Il ne lui reste plus guère que de s'accrocher à d'hypothétiques prestations sociales. Accidenté, le lésé acquiert dès lors durablement le statut social de « victime » en fonction duquel il se déterminera désormais. Et, sur le plan médical, quelle foi accorder à des expertises, rendues le plus souvent sur dossier, après un temps aussi long ? Nous pensons qu'une fois l'état de santé consolidé, une décision doit être rendue qui prend en compte tous les aspects, conditions juridiques, politique juridique cas échéant, équité, organisation sociale, etc. En fonction de cette décision, la personne doit pouvoir se déterminer, organiser sa vie et son avenir, au besoin avec l'appui d'institutions appropriées. L'incertitude en revanche conduit à des catastrophes. Le temps qui s'écoule, ici, loin de réparer ou de générer l'oubli qui permet de se tourner durablement vers l'avenir, enferme la victime dans une attitude orientée vers le passé qui lui sera trop souvent nuisible[31].

---

31 Voir pour les objectifs de réinsertion professionnelle de la 5e révision de la LAI, p. ex. LANDOLT, cité supra n. 19 ; également E. MURER, Zur 5. IV – Revision, Personenschaden-Forum, Zurich 2007, 205 ss.

2°   La cohérence des systèmes

Le droit de la RC et celui des assurances sociales poursuivent-ils vraiment des objectifs si différents ? Il faut en douter[32].

Dans les deux cas, il s'agit de compenser les conséquences d'un événement accidentel. Le souci permanent de coordination qui prévaut entre les deux domaines montre assez cette intention du législateur. La coordination est imposée par la loi afin d'éviter toute forme de sur-indemnisation et de garantir les recours, ce qui nécessite d'en appeler à des règles de concordance matérielle et temporelle. Tous ces facteurs montrent clairement la volonté de prendre en charge le même dommage[33]. La différence essentielle ou la justification du régime de responsabilité à charge de l'auteur de l'accident tient au fait,

a)   que l'assurance sociale, pour garantir des prestations au plus grand nombre à un coût acceptable, fixe un plafond d'indemnisation ;

b)   que, par ailleurs, la présence de l'assurance sociale ne doit pas libérer l'auteur des conséquences de sa responsabilité.

Pour le reste, on a affaire à la même victime et au même dommage, ce qui impose un traitement cohérent des conséquences de l'accident.

En bonne théorie juridique, on peut se demander s'il n'est pas souhaitable que les mêmes notions reçoivent un même contenu au nom déjà de la simple logique[34]. En effet, pour satisfaire aux exigences d'un système rationnel, le législateur est tenu de respecter l'unité normative en évitant des règles de comportement contradictoires[35]. L'unité du droit suppose également une unité terminologique et sémantique, de même qu'une cohérence des valeurs et des buts. L'unité axiologique et téléologique nous importent particulièrement ici. Une discipline juridique ne doit pas rendre vains les efforts d'une autre. Cette fonction herméneutique ne saurait être méconnue dans le système de compensation des dommages, même s'il est vrai qu'une cohérence parfaite restera longtemps encore enfermée dans le domaine du rêve. Il n'empêche que

---

32   Voir, pour une analyse des différences entre la jurisprudence du Tribunal fédéral et celle du Tribunal fédéral des assurances relatives à la causalité adéquate, en particulier les développements de A. Rumo-Jungo, Haftpflicht und Sozialversicherung, Fribourg, 1998, 345 ss. Cet auteur évoque l'historique de cette différenciation, laquelle découlait de l'appréciation des neuroses de revendication ; on y démontre aussi pourquoi les justifications invoquées naguère sont aujourd'hui dépassées. En faveur de la thèse selon laquelle le droit de la RC et des assurances sociales poursuivent des objectifs différents, p. ex. F. Werro, La responsabilité civile, Berne 2005, 55.

33   Loi fédérale sur la partie générale du droit des assurances sociales (LPGA), art. 63 ss.

34   E. A. Kramer, Schleudertrauma : Das Kausalitätsproblem im Haftpflicht- und Sozialversicherungsrecht, in Basler Juristische Mitteilungen, Nr. 4 August 2001, 163 ss.

35   Cf. p. ex. U. Cassani, Le droit pénal : esclave ou maître du droit civil, SJ 8/2000, 287 ss ; également B. Chappuis, La notion d'illicéité civile à la lumière de l'illicéité pénale, SJ 8/2000, 304 ss.

nos efforts doivent tendre vers ce que d'aucuns ont qualifié de « foyer unitaire de sens »[36].

Nous en avons les moyens s'agissant d'indemniser les victimes d'accident; ne pas s'y employer péjore leur situation. Or, nous voulons réparer le dommage, non l'aggraver par le mécanisme de compensation.

IV. Quelle solution?

Il nous semble que le TFA nous donne quelques pistes. On ne se déprend pas du sentiment selon lequel le juge des assurances sociales est habité d'un souci de politique juridique. Il dit ce qu'il est prêt à prendre en charge, et renvoie le reste à d'autres institutions. Par le rappel des principes tirés de l'obligation de réduire le dommage, il souligne le rôle de la responsabilité personnelle et de son importance sur le plan social. On peut mentionner quatre aspects particuliers à cet égard:

1° Dans le domaine de l'assurance-invalidité, le TFA a élaboré une jurisprudence en matière de fibromyalgie qui mérite attention. Sans nier que l'assuré souffre de divers troubles, bien qu'ils soient non objectivables, les juges posent la question de la répercussion sur la capacité de gain. Ils admettent, au sens d'une présomption, que les troubles somatoformes douloureux, dont relève la fibromyalgie, peuvent être surmontés par un effort de volonté raisonnablement exigible. Ce faisant, les juges partent des symptômes pour examiner, sur un plan individuel, leurs effets sur la capacité de gain de la personne assurée. Et procèdent également à une appréciation de politique juridique en disant que de tels cas ne tombent pas, en principe, sous le coup de l'assurance-invalidité. On renvoie à la responsabilité personnelle, tout en réservant des voies conduisant à une prise en charge dans des cas aggravés où les troubles sont caractérisés.

2° En matière d'assurance-accidents, le TFA refuse en principe la prise en charge de conséquences psychiques invoquées dans le contexte d'un accident de peu de gravité. La question est évidemment disputée pour les accidents de gravité moyenne. Mais nous visons ici les conséquences de lésions bénignes du rachis qui ne tombent pas en principe sous le coup de l'assurance-accidents LAA. On admet en d'autres termes que l'accident n'est pas la cause des troubles qui sont dus à d'autres facteurs, notamment le contexte psychosocial. Reste naturellement à déterminer ce que l'on entend par accident « bénin ». Seuls des critères objectifs peuvent, dans le domaine particulier des lésions non-objectivables, apporter un

---

36 Voir aussi, p. ex., en droit administratif, ATF 125 III 175 où l'on tend à coordonner les notions entre le droit foncier rural et l'aménagement du territoire.

élément de solution. Le delta V (différence de vitesse du premier véhicule suite à l'accident) pourrait constituer un critère praticable. Sur le plan de l'individualisation, on pourrait y ajouter également une anamnèse médicale qui permettra cas échéant de faire procéder à des investigations relatives à la situation psychosociale de la victime. Le tableau clinique *a priori* est relégué dans cette mesure.

3° Le TFA tient un juste compte de l'expertise biomécanique, laquelle permet notamment de statuer sur la gravité de l'accident[37]. C'est le rôle essentiel de cette expertise.

4° Il faut repenser les rapports entre l'assurance sociale et le droit de la RC. Il est vrai qu'en droit privé, on connaît les articles 43 et 44 CO. Ce qui a pu faire dire que la causalité doit être admise plus largement dans la mesure où l'indemnité peut être réduite en raison des facteurs prédisposants. Cette réglementation est inexistante en assurance sociale qui connaît la règle du « tout ou rien ». Mais de fait, il faut rappeler que les articles 43 et 44 CO ne conduisent à des réductions que dans des situations absolument exceptionnelles, aux termes même de la jurisprudence du TF[38]. Les lésions bénignes du rachis ne remplissent pas ces conditions. Il n'y a donc pas de réduction possible de l'indemnité en RC dans ce cas. La cohérence commande d'appliquer les critères du TFA relatifs à la causalité en droit privé également pour les cas bénins, les cas plus graves pouvant justifier par ailleurs la mise en œuvre du régime existant, cas échéant des articles 43 et 44 CO.

V. Conclusion

Si l'on s'extrait pour un moment des strictes catégories juridiques, comment expliquer que l'auteur présumé d'un dommage doive le réparer, alors que dans le même temps la causalité est niée par l'assureur accident ? Comment justifier l'obligation du responsable dès lors qu'une institution sociale, qui tire son essence et fonde son existence même sur la prise en charge des conséquences d'accidents, n'est pas tenue par l'événement ? En réalité, soit les symptômes sont dus à un accident, soit ils ont une autre origine. Ils ne sont pas dus à des facteurs psychosociaux en assurances sociales et à un accident de la circulation à l'endroit du responsable civil. Les faits sont têtus. Le système juridique doit s'y adapter, non l'inverse. Les faits sont ce qu'ils sont ; le droit ne les change pas. Le système de prise en charge de la réparation des dommages ne saurait l'ignorer.

---

[37] M. Berger, Unfallanalytik und Biomechanik – beweisrechtliche Bedeutung, SJZ 2/2006, 25 ss.

[38] Cf. p. ex. S. Porchet, HAVE/REAS 5/2002, 382 ss ; également récemment St. Weber, Umstände, für die der Geschädigte nicht einstehen muss, HAVE/REAS 1/2007, 108 ss.

La causalité, talon d'Achille de l'action en responsabilité des administrateurs ?

Henry Peter*
Nina Sauerwein**

Table des matières

---

*   Professeur à l'Université de Genève.

**   Docteure en droit, avocate, Etude Nobel & Hug, Zurich.

I.   Introduction

A.   Pertinence et complexité de la question

Il est frappant de constater qu'en Suisse les cas de responsabilité des administrateurs sont, en droit civil, relativement peu nombreux par rapport au nombre de faillites de sociétés anonymes et, généralement, de débâcles économiques plus ou moins retentissantes. Cela tient-il à notre régime de droit matériel, dont les conditions d'application seraient inadaptées? à des obstacles de nature plutôt procédurale, telles des questions de légitimation active ou de fardeau de la preuve? à la pratique de nos tribunaux? L'objectif de cette contribution est d'examiner la problématique sous l'angle limité de la *causalité* – qui est peut-être la condition la plus délicate de l'action en responsabilité des administrateurs. En effet, ce concept est en lui-même complexe, notamment parce qu'il comprend deux composantes, la causalité naturelle et la causalité adéquate, dont la distinction et la preuve de la réalisation sont souvent ardues.

B.   Structure de l'exposé

Le sujet de la responsabilité des administrateurs d'une société est notoirement difficile. Il nous a donc paru opportun de rappeler, dans un premier chapitre, quelles sont les *conditions de l'action* tendant à obtenir la condamnation de l'administrateur d'une société, en général anonyme, pour un manquement à ses devoirs (*infra* II.).

Nous analyserons ensuite le *concept de causalité*, dans ses deux volets que sont, respectivement, la causalité naturelle et la causalité adéquate. Outre l'intérêt très général de la question, cet examen présente une pertinence spécifique dans la perspective du droit des sociétés. Un nombre non indifférent d'actions en responsabilité des organes échoue en effet devant le Tribunal fédéral, car ce dernier *s'abstient d'entrer en matière* sur la question de la causalité naturelle sous prétexte qu'il s'agit d'une question de fait. Indépendamment de son bien-fondé, cette approche est inopportune et contraste du reste avec celle pratiquée par des ordres juridiques qui nous sont proches. Le problème est accentué par le fait que le Tribunal fédéral confond parfois les notions de causalité naturelle et adéquate (*infra* III).

Il est fréquent que l'action en responsabilité soit dirigée contre *une pluralité d'organes* d'une même société. Il convient alors de distinguer (i) les cas dans lesquels il existe un seul manquement qui peut être reproché à plusieurs personnes, (ii) des cas où plusieurs personnes ont commis plusieurs manquements distincts (*infra* IV).

Les devoirs incombant aux administrateurs en vertu des préceptes de bonne *corporate governance* font désormais l'objet d'une attention toute particulière. Les développements qui en résultent ont un impact certain sur la responsabilité des administrateurs, en général, et sur la question de la causalité, en particulier. Cette question fait l'objet d'un chapitre dans lequel il est question de répartition et de délégation des compétences, ainsi que d'organisation défaillante (*infra* V).

Un des thèmes très délicats est celui de la *responsabilité des organes pour omission*, c'est-à-dire pour être restés passifs alors que leurs obligations leur commandaient d'agir. Ce grief met en oeuvre un raisonnement hypothétique, ce qui conduit parfois le Tribunal fédéral à fusionner les notions de causalité adéquate et naturelle. Le cas classique est celui du surendettement. L'examen approfondi de cette question permettra de suggérer que l'omission de demander le dépôt du bilan lorsqu'une société est surendettée n'est pas nécessairement causale du dommage constaté. Le cas particulier de la responsabilité des administrateurs pour avoir omis de payer les cotisations sociales (art. 52 LAVS) sera par ailleurs examiné (*infra* VI).

II.   Rappel des conditions générales de l'action

Avant de passer spécifiquement à l'examen de la causalité, il paraît opportun de rappeler à titre liminaire les principes de base de l'action en responsabilité fondée sur l'art. 754 CO. Ce rappel est au demeurant intéressant dans la perspective spécifique de cet exposé, car on peut affirmer que certaines conditions générales de l'action relèvent en tout ou en partie de la problématique de la causalité ; c'est le cas en particulier de la faute (dans la mesure où elle est objectivée) et de la distinction entre le dommage direct et indirect, qui a elle-même des incidences sur la question de la légitimation active.

Il sera préalablement rappelé que l'action peut être dirigée contre les membres du conseil d'administration ainsi que contre « *toutes les personnes qui s'occupent de la gestion* » (art. 754 CO). La cible est ainsi relativement large et inclut non seulement les administrateurs, mais également d'autres organes au sens de l'art. 55 CC[1]. A cela s'ajoute ce qu'il est convenu d'appeler les organes de fait. Les personnes visées par l'action de l'art. 754 CO comprennent ainsi les administrateurs qui ont été dûment désignés en cette qualité (organes formels), les directeurs (organes matériels)[2] de même que les personnes qui, sans avoir été désignées formellement en tant qu'organes, exercent *de fait* le même rôle (organes de fait)[3]. Nous nous référerons à l'ensemble de ces personnes en utilisant le terme d'organe.

Cela étant, l'action est subordonnée à la réalisation des quatre conditions générales et classiques de la responsabilité civile, à savoir un manquement à ses devoirs de la part de la personne concernée, une faute (intentionnelle ou par négligence), un dommage et un lien de causalité (naturelle et adéquate) entre le manquement et le dommage[4].

Le *manquement* se mesure à l'aune des devoirs généraux de diligence et de fidélité qui incombent aux administrateurs dans l'accomplissement de leur tâche. Ce principe trouve son assise dans l'art. 717 I CO[5]. Il est vain de tenter de regrouper les cas de figure visés par cette disposition dans une définition étroite ou une liste exhaustive. C'est la raison pour laquelle l'expression

---

[1] Le terme «organe» connaît deux acceptions (qui ne se recoupent pas complètement): l'organe au sens de «canal d'expression» d'une personne morale (art. 55 CC) et l'organe au sens du droit de la responsabilité (art. 754 CO). Dans un arrêt important rendu en 1991 (ATF 117 II 570), le Tribunal fédéral a précisé que le concept d'organe au sens de l'art. 754 CO était plus étroit que celui de l'art. 55 CC, à savoir qu'il était un sous-ensemble de l'art. 55 CC. L'organe au sens de l'art. 55 CC vise toutes les personnes qui remplissent «des tâches sociales de manière autonome», alors que l'organe au sens de l'art. 754 CO ne comprend que les dirigeants du plus haut niveau de la hiérarchie («*oberste Leitung*») et qui exercent une influence sur la formation de la volonté de la société au travers d'une «position typique d'organe» (voir ATF 128 III 29 et 128 III 92). Selon le Tribunal fédéral, la *fonction différente* de ces deux acceptions appelle une distinction entre les deux notions. Le concept d'organe au sens de l'art. 55 CC doit être *plus large*, parce qu'il vise à *protéger le public* en établissant la responsabilité de la société pour le dommage causé par ses organes à un tiers, contrairement au concept d'organe au sens du droit de la responsabilité (art. 754 CO) qui a essentiellement un *but interne*, à savoir celui d'établir la responsabilité d'un organe pour un dommage causé à la société.

[2] Dans la doctrine, un certain nombre d'auteurs (voir Von der Crone Hans Caspar / Walter Maria, «Konzernerklärung und Konzernverantwortung», RSDA 2001, p. 60; Forstmoser Peter / Meier-Hayoz Arthur / Nobel Peter, *Schweizerisches Aktienrecht*, Berne, 1996, § 36, n° 7; Trigo Trindade Rita / Peter Henry, «Responsabilité des organes de gestion dans un groupe de sociétés: commentaire des ATF 128 III 29 et 128 III 92», RSDA 2002, p. 259) distinguent simplement les *organes formels* des *organes de fait*. Selon ces auteurs, les *organes formels* sont les organes *légitimes*, c'est-à-dire ceux qui sont élus par l'assemblée générale ou désignés par le conseil d'administration, alors que les *organes de fait* sont les organes *sans légitimité* (formelle), c'est-à-dire ceux qui s'immiscent sans droit dans la gestion et dans la direction. Selon ce courant doctrinal, le terme d'*organe matériel* est utilisé comme synonyme d'*organe de fait*.

[3] ATF 132 III 523, 528 consid. 4.5; ATF 128 III 29, 30 consid. 3a.

[4] ATF 132 III 564, 572 consid. 4.2; ATF 132 III 342, 349 consid. 4.1.

[5] Corboz Bernard, *La responsabilité des organes en droit des sociétés, Commentaire des articles 752-761, 827 et 916-920 du Code des obligations*, Bâle 2005, ad art. 754 CO, n° 24.

choisie est large. On constate en pratique que les manquements sont en général perpétrés par omission. Les manquements «par action» ne sont toutefois pas exclus, mais ils sont plus rares. Ceci est notamment la conséquence de la *marge de tolérance* qui découle de ce qui est parfois appelé la *business judgement rule*[6]. En vertu de ce principe jurisprudentiel, les organes bénéficient du fait que leurs décisions sont présumées être dans l'intérêt de la société, et donc justifiées[7].

La responsabilité des administrateurs est une *responsabilité pour faute*. Elle ne découle donc pas de la seule violation d'un devoir, mais implique que la personne recherchée ait commis une faute, c'est-à-dire «un manquement de la volonté aux devoirs imposés par l'ordre juridique»[8]. Toute faute suffit en principe, même une faute légère. Elle peut être consciente (faute intentionnelle, dans ce cas généralement sous forme de dol éventuel) ou inconsciente (faute par négligence). En raison de la complexité de la question de savoir si une faute a été commise dans un cas particulier et d'en apporter la preuve, la doctrine et la jurisprudence du Tribunal fédéral tendent à *objectiver* l'analyse[9]. La condition de la faute doit ainsi être examinée en se référant au comportement qu'un administrateur diligent et expérimenté aurait adopté dans les circonstances considérées. Cette objectivation a pour conséquence que les facteurs personnels de disculpation (comme le manque de temps ou d'expérience) ne sont pas pris en considération. On estime en effet que la faute peut résider dans le fait pour un administrateur d'avoir accepté de jouer un rôle pour lequel il ne dispose pas des qualités requises. Partant, la condition de la faute est en règle générale admise dès lors que la violation d'un devoir est constatée. Il en résulte une *convergence* des concepts de faute et de violation de devoir[10]. On notera que ce processus introduit une distorsion dans l'examen

---

[6]   La *Business Judgment Rule* instaure une présomption. L'expression, désormais consacrée, est issue de la jurisprudence américaine. Elle conduit à limiter la responsabilité et à protéger les organes qui ont pris, de bonne foi et avec toute la diligence requise, une décision qui s'avère *a posteriori* contraire aux intérêts de la société. Selon cette présomption les organes ont agi conformément à leurs obligations de diligence lorsque trois conditions sont réalisées: (i) les organes n'avaient pas de conflit d'intérêts, (ii) ils étaient suffisamment informés et (iii) ils pouvaient raisonnablement considérer que la décision était dans l'intérêt de la société. Il s'agit d'une présomption *réfragable*. En pratique, la démonstration du contraire est toutefois très difficile à apporter.

[7]   FORSTMOSER Peter / SPRECHER Thomas / TÖNDURY Gian Andri, *Persönliche Haftung nach Schweizer Aktienrecht, Risiken und ihre Minimierung*, Zurich / Bâle / Genève 2005, p. 57, n°s 146-151.

[8]   Commentaire Romand CO I-WERRO Franz, art. 41 CO N 84.

[9]   FORSTMOSER Peter / SPRECHER Thomas / TÖNDURY Gian Andri, *Persönliche Haftung nach Schweizer Aktienrecht, Risiken und ihre Minimierung*, Zurich / Bâle / Genève 2005, p. 54, n° 137 et p. 58 n° 152; SAUERWEIN Nina, *La responsabilité de la société mère*, thèse (Genève) Berne 2006, p. 47 s.; ATF 113 II 56; ATF 99 II 180.

[10] FORSTMOSER Peter / SPRECHER Thomas / TÖNDURY Gian Andri, *Persönliche Haftung nach Schweizer Aktienrecht, Risiken und ihre Minimierung*, Zurich / Bâle / Genève 2005, p. 54, n° 137 et p. 58 n° 152.

de la causalité dans la mesure où il fait abstraction de certains éléments de fait (les caractéristiques personnelles de l'administrateur).

La condition du *dommage* constitue souvent un obstacle important au succès de l'action en responsabilité, car ses deux variantes (*damnum emergens* et *lucrum cessans*) peuvent être difficiles à prouver en cas de faillite. On oublie fréquemment que le législateur a prévu un remède à cet obstacle, en autorisant le juge à procéder à une appréciation «en équité» lorsque la preuve stricte est impossible ou très ardue à apporter (art. 42 II CO)[11]. Rappelons incidemment que le dommage peut être *direct* ou *indirect*. Le dommage est *direct* lorsque le patrimoine de référence est lésé non pas par ricochet, mais en première ligne[12]. Les actionnaires et les créanciers subissent ainsi un préjudice direct lorsqu'ils sont lésés par le comportement des organes sans que la société soit elle-même affectée[13]. Tel est notamment le cas lorsque les actionnaires acquièrent des actions d'une société sur la base d'un prospectus d'émission erroné ou lorsque, sur la base d'un bilan inexact, un créancier consent un prêt à une société surendettée[14]. Le dommage est *indirect* (ou réfléchi) lorsque le manquement de l'organe porte en premier lieu préjudice à la société; celle-ci étant appauvrie, les actionnaires ou les créanciers sont touchés indirectement, par contrecoup[15]. Un aspect de l'affaire Swissair peut être cité à titre d'exemple[16]: peu avant l'effondrement du groupe, le conseil d'administration de SAirGroup avait pris la décision de participer à la recapitalisation de sa participation Sabena à hauteur de EUR 150 millions, et ce bien qu'il eut – ou dû avoir – conscience du surendettement de Sabena et du fait que l'injection prévue de capital ne suffirait pas à la sauver. Selon le liquidateur de SAirGroup, un *dommage direct* correspondant au montant du capital injecté dans Sabena résulta pour SAirGroup de cette transaction. En revanche, les actionnaires et les créanciers subirent un *dommage indirect*, car ils furent lésés en conséquence de l'apprauvissement de SAirGroup. On peut affirmer que la distinction entre dommage direct et indirect comporte

---

11 Vogel Alexander, *die Haftung der Muttergesellschaft als materielles, faktisches oder kundgegebenes Organ der Tochtergesellschaft: mit einer rechtsvergleichenden Übersicht über andere Konzernhaftungsansätze*, thèse (St-Gall) Berne / Stuttgart / Vienne 1997, p. 384, note 212.

12 ATF 132 III 564, 568 consid. 3.1.1; ATF 110 II 391, 393 consid. 1.

13 ATF 132 III 564, 568 consid. 3.1.1.

14 Forstmoser Peter / Sprecher Thomas / Töndury Gian Andri, *Persönliche Haftung nach Schweizer Aktienrecht, Risiken und ihre Minimierung*, Zurich / Bâle / Genève 2005, p. 37, n° 80.

15 ATF 132 III 564, 568 consid. 3.1.2; Corboz Bernard, *La responsabilité des organes en droit des sociétés, Commentaire des articles 752-761, 827 et 916-920 du Code des obligations*, Bâle 2005, ad art. 754 CO, n° 65.

16 Voir Circulaire n° 8 de mars 2006 du liquidateur de SAirGroup aux créanciers, p. 11 (www.liquidator-swissair.ch).

en elle-même un élément appartenant à la problématique de la causalité. Le dommage indirect n'est en effet rien d'autre qu'un dommage causé indirecte-ment aux créanciers et aux actionnaires.

Sous réserve de ce qui précède, il sera rappelé que, en application de l'art. 8 CC, le fardeau de la preuve de la réalisation de chacune des conditions de l'action appartient en principe au demandeur. En dérogation à cette règle, la condition de la faute est toutefois *présumée* lorsque l'action en responsabilité est de nature *contractuelle*. La question de la nature juridique (contractuelle ou délictuelle) de l'action en responsabilité des organes est toutefois contro-versée en doctrine[17]. Il est cependant admis majoritairement que l'action de la *société* est de nature *contractuelle*, alors que l'action des *actionnaires et des créanciers sociaux* est de nature *délictuelle*[18].

III.   Concept de causalité

A.   Causalité naturelle et adéquate

La condition de la causalité comprend *deux composantes* distinctes : la causa-lité naturelle et la causalité adéquate. La causalité *naturelle* est réalisée lorsque le fait générateur du dommage est « une condition *sine qua non* du résultat »[19]. L'analyse est ici purement mécanique et objective. C'est une question de fait. La causalité *adéquate* est quant à elle admise lorsque « le fait générateur

---

17   On distingue essentiellement trois tendances. Selon un premier courant, l'action de la *société*, celle de l'*administration de la faillite* et celle de l'*actionnaire* sont de nature *contractuelle* ou *quasi-contractuelle*, alors que celle des *créanciers* est de nature *délictuelle* (voir FORSTMOSER Peter / MEIER-HAYOZ Arthur / NOBEL Peter, *Schweizerisches Aktienrecht*, Berne, 1996, § 36, N 36 s.) ; selon un deuxième courant, l'action en responsabilité est toujours de nature *contrac-tuelle* indépendamment de la qualité du demandeur (voir DRUEY Jean Nicolas, « Grundzüge des schweizerischen Aktienrechts », Separatum : *Das schweizerische Obligationenrecht*, 8e éd., Zurich, 1995, p. 712 ; TRIGO TRINDADE Rita, *Le conseil d'administration de la société anonyme : composition, organisation et responsabilité en cas de pluralité d'administrateurs*, thèse Ge-nève 1994, Bâle et Francfort-sur-le-Main, 1996, p. 225) ; selon un troisième courant, l'action de la *société* est de nature *contractuelle*, alors que celle des *actionnaires* et des *créanciers* est de nature *délictuelle* (DESSEMONTET François, « La double nature de l'action en responsabilité contre les organes de la société », in Aktienrecht 1992-1997 : *Versuch einer Bilanz*, Berne, 1998, p. 65 ss).

18   ATF 117 II 432ss ; CORBOZ Bernard, *La responsabilité des organes en droit des sociétés, Commen-taire des articles 752-761, 827 et 916-920 du Code des obligations*, Bâle 2005, ad art. 754 CO, n° 39 ; SAUERWEIN Nina, *La responsabilité de la société mère*, thèse (Genève) Berne 2006, p. 47 s. ; BSK CO II – WIDMER Peter / BANZ Oliver ad art. 754 CO, n° 35.

19   Arrêt du TF 4C.70/2005 du 18 mai 2005 ; arrêt du TF 4C.188/2003 du 22 octobre 2003 ; ATF 128 III 180, 183 consid. 2d.

de responsabilité est propre, dans le cours ordinaire des choses et d'après l'expérience de la vie, à entraîner un résultat du genre de celui qui s'est produit »[20]. L'analyse est ici relative et par certains égards subjective. C'est une question de droit. Elle implique en effet un élément d'appréciation, un jugement de valeur qui se fonde sur les circonstances du cas d'espèce avec pour référentiel une (ou deux) notion(s) (le cours ordinaires des choses et l'expérience de la vie) dont le sens n'est certainement pas univoque. Les deux sous-conditions sont cumulatives. En d'autres termes, la responsabilité ne peut être admise que s'il existe à la fois un rapport naturel et adéquat de causalité entre le manquement et le dommage.

B. Difficulté de distinguer entre causalité naturelle et adéquate

On ne saurait nier que la distinction entre la causalité naturelle et la causalité adéquate est parfois ardue en pratique. Il peut en effet être difficile de différencier les constatations de fait et les constatations de droit, fondées sur un raisonnement juridique. Ce risque de confusion est illustré par la jurisprudence de notre haute Cour, dont il semble que, dans plusieurs arrêts, elle ait confondu les deux notions[21].

La distinction entre les deux composantes de la causalité est pourtant fondamentale. La causalité naturelle est en effet par essence une question de fait. Partant, elle *ne peut être revue par le Tribunal fédéral* saisi d'un recours en réforme[22]. La constatation de l'absence de causalité naturelle par les autorités cantonales scelle ainsi le sort de l'action en responsabilité des organes. A l'inverse, la détermination de la causalité adéquate étant une question de droit, le Tribunal fédéral, saisi d'un recours en réforme, peut la revoir librement. S'il est conforme à un principe bien établi de notre ordre juridique procédural, cet état de choses s'avère *in casu* peu satisfaisant en raison de l'indé-

---

20 Arrêt du TF 4C.118/2005 du 8 août 2005; ATF 129 II 312, 318 consid. 3.3; ATF 125 V 456, 461 consid. 5a; ATF 123 III 110, 112 consid. 3a; ATF 119 V 401.

21 Voir arrêt du TF 4C.192/2003 du 13 octobre 2003, où le TF parle de causalité adéquate, mais examine en réalité la causalité naturelle; ATF 127 III 453 du 12 juillet 2001 et ATF 129 III 129, 134 consid. 8, où le TF parle de causalité adéquate, mais examine la causalité naturelle; ATF du 28 janvier 1993 in RVJ 1994 p. 184-190, où le TF confond le rapport de causalité naturelle et adéquate et refuse partant, à tort, de revoir la réalisation de la causalité adéquate.

22 Exceptionnellement, le Tribunal fédéral peut revoir la causalité naturelle en présence d'une violation du droit fédéral, c'est-à-dire lorsque le juge cantonal a ignoré l'existence de la causalité naturelle ou a méconnu cette notion juridique (voir arrêt du TF 4C.118/2005 du 8 août 2005; arrêt du TF 4C.188/2003 du 22 octobre 2003 in SJ 2004 p. 542 consid. 4.1; ATF 128 III 22, 25 consid. 2d). Ce cas de figure est toutefois extrêmement rare.

niable difficulté de distinguer les deux concepts et du risque de confusion qui en découle.

C.   Sens de la distinction

La distinction entre causalités naturelle et adéquate n'est toutefois pas critiquable en soi. Conceptuellement, les deux volets de la causalité ont en effet une fonction propre. La causalité naturelle réduit l'étendue de la responsabilité au dommage *effectivement causé*, alors que la causalité adéquate limite la responsabilité à la réparation du dommage *raisonnablement prévisible* (*vernünftigerweise vorhersehbar*)[23]. Les deux sous-conditions, appliquées cumulativement, garantissent ainsi un système de responsabilité équitable[24].

Un bref tour d'horizon des législations étrangères démontre par ailleurs que notre régime *dualiste* (qui distingue les deux aspects de la causalité) n'est pas une particularité du droit suisse. Le droit allemand subordonne en effet lui aussi la responsabilité des administrateurs à l'existence d'un rapport de causalité naturelle (*Äquivalente Kausalität*) et adéquate (*Adäquate Kausalität*) entre le comportement reproché et le dommage[25]. En droit américain, la responsabilité des *directors and officers* est subordonnée à l'admission d'une *cause in fact* (causalité naturelle) et d'une *proximate* ou *legal cause* (causalité adéquate) entre la violation de devoir et le dommage[26]. Le droit français (art. 1382-1386 Code civil français) connaît quant à lui tant le concept de causalité naturelle (appelée *théorie de l'équivalence des conditions*) que celui de causalité adéquate (*théorie de la causalité adéquate*). Les deux notions sont toutefois appliquées *alternativement* (et non pas cumulativement) par la jurisprudence française selon que la responsabilité en cause est une *responsabilité pour faute* ou une

---

23   Voir ATF 115 II 440 = JdT 1990 I 362, 369 consid. 5.a.

24   FORSTMOSER Peter / SPRECHER Thomas / TÖNDURY Gian Andri, *Persönliche Haftung nach Schweizer Aktienrecht, Risiken und ihre Minimierung*, Zurich / Bâle / Genève 2005, p. 60, n° 158.

25   Voir § 93 et § 116 *Aktiengesetz* du 6 septembre 1965 (AkgG) pour la responsabilité dans le droit de la société anonyme et § 43 du *Gesetz betreffend die Gesellschaften mit beschränkter Haftung* du 20 avril 1892 (GmbHG) pour la responsabilité dans le droit de la Sàrl. Voir également HÜFFER Uwe, in BECK'SCHE Kurz-Kommentare, *Aktiengesetze*, 6e éd., Munich (C.H. Beck) 2004, ad § 93, n° 15 et ad § 116, n° 1; HEINRICHS Helmut, in BECK'SCHE Kurz-Kommentare, *Bürgerliches Gesetzbuch*, 65e éd., Munich (C.H. Beck) 2006, ad § 249, n°s 54-61; ZÖLLNER Wolfgang / NOACK Ulrich, in BECK'SCHE Kurz-Kommentare, *GmbH-Gesetz*, 18e éd., Munich (C.H. Beck) 2006, ad § 43, n° 16.

26   HASENBÖHLER Stefan, *Die Haftungsvoraussetzungen der Verantwortlichkeitsklage nach Art. 754 OR im Vergleich zum US-amerikanischen Recht*, thèse Bâle 2003, p. 155 ss.

responsabilité fondée pour risque[27]. Le principal avantage de la pratique française est que le juge (même suprême) dispose d'un plein pouvoir d'examen à l'égard de l'ensemble de la question de la causalité, car elle est considérée comme une notion de droit, sur laquelle la Cour de cassation exerce son contrôle sans restriction[28]. Ceci mérite d'être souligné, car cette application des mêmes concepts d'une manière différente de la nôtre, par un ordre juridique par ailleurs très semblable, devrait susciter quelques réflexions quant au bien-fondé de l'approche suisse: le cumul des conditions se justifie-t-il réellement? Nous soulignerons à cet égard que le Tribunal fédéral souscrit lui-même à la thèse de la confusion des deux volets de la causalité lorsqu'il examine des cas de manquements par omission[29]. Il considère en effet que la distinction entre les deux types de causalités n'a alors pas de sens[30]. *De lege ferenda*, nous sommes d'avis qu'il serait opportun de généraliser cette approche (actuellement exceptionnelle) du Tribunal fédéral.

D. Fardeau de la preuve

Sur le plan procédural, le fardeau de la preuve du lien de causalité appartient au demandeur, conformément à la règle générale de l'art. 8 CC. Cette preuve peut toutefois être très difficile à apporter. Cela est le cas en particulier en cas d'omission, car la démonstration est alors par essence hypothétique. Il s'agit en effet de démontrer ce qui se serait produit si l'organe concerné avait fait ce que l'on attendait de lui. Dans un arrêt récent (cas «Miracle»)[31], les deman-

---

[27] Lorsqu'il s'agit d'une responsabilité fondée sur la *faute*, la théorie de l'*équivalence des conditions* est appliquée. Dans ce système, *tous* les faits sans lesquels le dommage ne se serait pas produit sont considérés – de manière équivalente – comme *la cause* du dommage, sans que l'on puisse à cet égard faire de choix ni en principe leur attribuer un poids différent. Cette conception *large* de la causalité est justifiée par le fait que l'exigence de la faute permet déjà en elle-même de limiter de manière adéquate la responsabilité. Cette théorie a l'avantage de faciliter la découverte d'un responsable du point de vue des intérêts civils. En revanche, lorsqu'il s'agit d'une responsabilité fondée sur le *risque*, les tribunaux appliquent la théorie de la *causalité adéquate*. Cette théorie consiste à rechercher parmi les antécédents du dommage le fait adéquat, c'est-à-dire celui dont on peut considérer qu'il en est la véritable cause. Cette conception *étroite* de la causalité est retenue dans les cas dans lesquels la simple initiative créatrice de risques pour autrui peut être qualifiée de *fait générateur de responsabilité*. Le but est d'éviter une démultiplication infinie des cas de responsabilité. Voir FLOUR Jacques / AUBERT Jean-Luc / SAVAUX Eric, *Les obligations*, 11e éd., Paris (A. Colin) 2005, p. 155-162; MALAURIE Philippe / AYNÈS Laurent / STOFFEL-MUNCK Philippe, *Les obligations*, 2e éd., Paris (Defrénois) 2005, p. 43-48; TERRE François / SIMLER Philippe / LEQUETTE Yves, *Les obligations*, 9e éd., Paris (Dalloz) 2005, p. 835 ss.

[28] TERRÉ François / SIMLER Philippe / LEQUETTE Yves, *Les obligations*, 9e éd., Paris (Dalloz) 2005, p. 833, n° 859.

[29] A propos de ce concept, voir *supra* sous chiffre II.

[30] Voir *infra* sous chiffre VI. A.

[31] ATF 132 III 715, 719 consid. 3, cité in Neue Zürcher Zeitung du 13 octobre 2006, n° 238, p. 23.

deurs à l'action en responsabilité fondée sur un prospectus (infidèle) d'émission (art. 752 CO) ont de ce fait plaidé la nécessité d'admettre un *renversement du fardeau* de la preuve. Ils ont tenté de faire admettre au Tribunal (fédéral) qu'en raison de la position respective des parties (administrateurs/investisseurs) à l'égard de la société, il convenait – généralement – de présumer la réalisation du lien de causalité entre les informations erronées contenues dans le prospectus d'émission et le dommage subi par les investisseurs[32]. Le Tribunal fédéral a refusé de souscrire à cette thèse, au motif qu'un tel renversement n'est pas prévu par la loi et qu'il serait contraire au système légal («*systemfremd*»)[33]. Conscient cependant de la difficulté de la preuve demandée aux investisseurs, notre instance suprême a en revanche admis un *allégement* du fardeau de la preuve en cas de «*Beweisnot*». Il a ainsi admis que le demandeur à l'action en responsabilité pour le prospectus d'émission n'a pas besoin d'apporter une *preuve stricte* du lien de causalité naturelle («*für den Nachweis des natürlichen bzw. hypothetischen Kausalzusammenhangs keinen strikten Beweis*»), mais seulement la preuve de la *vraisemblance prépondérante* de la réalisation de cette condition («*Beweis der überwiegenden Wahrscheinlichkeit*»). Tel est le cas lorsque des raisons tellement importantes («*derart gewichtige Gründe*») plaident en faveur de la véracité de l'état de fait allégué qu'une autre solution ne saurait être raisonnablement retenue[34]. Cet arrêt est intéressant et important. Il est susceptible de contribuer à remédier à l'un des handicaps qui entrave souvent les chances concrètes de succès d'une action en responsabilité des organes.

IV.   Pluralité de responsables

La présence (fréquente) d'une pluralité de responsables soulève en général des problèmes qui peuvent être extrêmement délicats du point de vue de la causalité. La coexistence de plusieurs comportements fautifs peut en particulier constituer un facteur d'atténuation, voire d'exclusion de la responsabilité des organes. A cet égard, il convient de distinguer deux cas de figure: (i) le cas où il existe fondamentalement un seul manquement qui est reproché à plusieurs personnes, par exemple d'avoir requis tardivement la faillite

---

[32]   ATF 132 III 715, 719, consid. 3.: «*Im Zusammenhang mit dem Kausalitätsnachweis machen die Kläger in erster Linie geltend, dass im Bereich der Prospekthaftung generell die Vermutung gelte, dass allfällige falsche Angaben im Emissionsprospekt kausal für den Kaufentschluss des Anlegers und den damit in Zusammenhang stehenden Schaden sind*».

[33]   ATF 132 III 715 722 consid. 3.2.3.

[34]   ATF 132 III 715, 720 consid. 3.1.: «*wenn für die Richtigkeit der Sachbehauptung nach objektiven Gesichtspunkten derart gewichtige Gründe sprechen, dass andere denkbare Möglichkeiten vernünftigerweise nicht massgeblich in Betracht fallen*».

malgré un surendettement par hypothèse avéré (cf. *infra* § A) et (ii) le cas dans lequel on est confronté à plusieurs manquements, commis par plusieurs responsables, par exemple l'organe de révision, d'une part, et les membres du conseil d'administration, d'autre part (cf. *infra* § B).

A. Un manquement

Dans ce premier cas de figure, le dommage résulte d'*un seul manquement*, commis par plusieurs organes (au sens de l'art. 754 CO). Pour déterminer les incidences de cette pluralité de responsables sur la causalité, il est nécessaire de distinguer les rapports externes (entre le lésé et chaque coresponsable) des rapports internes (entre les coresponsables).

1. Rapports externes

Dans les *rapports externes*, l'art. 759 I CO institue une responsabilité *solidaire* dite *différenciée*. La responsabilité *solidaire* a pour effet que chacun des coresponsables répond en principe de la totalité du dommage à l'égard du créancier[35]. Le fait que la solidarité soit *différenciée* permet, à certaines conditions, d'atténuer la rigueur de ce principe[36]. Chaque coresponsable peut ainsi opposer au demandeur sa *faute légère*, la *faute concomitante du lésé* ou sa *faible rémunération* pour *réduire* sa responsabilité[37]. Il peut également tenter d'*exclure* sa responsabilité en opposant au créancier la *faute grave d'un tiers*, c'est-à-dire le fait que la faute d'un (ou de plusieurs) autre(s) coresponsable(s) est d'une intensité telle qu'elle relègue à l'arrière-plan son propre manquement, si bien que celui-ci n'apparaît plus comme étant la *cause adéquate* du dommage.

Le Tribunal fédéral pose toutefois des *exigences sévères* pour admettre une limitation, voire une exclusion de la responsabilité en raison de la faute concurrente d'un coresponsable[38] :

> «La solidarité différenciée instituée par l'art. 759 I CO ne s'oppose pas à ce que le comportement d'un responsable puisse, le cas échéant, libérer son

---

[35] Corboz Bernard, *La responsabilité des organes en droit des sociétés, Commentaire des articles 752-761, 827 et 916-920 du Code des obligations*, Bâle 2005, ad art. 759 CO, n° 9.

[36] Mustaki Guy, *Obligations et responsabilité des organes dirigeants découlant des normes de corporate governance*, in SJ II (2006) n° 5, p. 227.

[37] Tous les facteurs d'atténuation prévus par les art. 43 I, 44 et 99 II CO peuvent être invoqués dans les rapports externes. Voir, Corboz Bernard, *La responsabilité des organes en droit des sociétés, Commentaire des articles 752-761, 827 et 916-920 du Code des obligations*, Bâle 2005, ad art. 759 CO, n° 14.

[38] Mustaki Guy, *Obligations et responsabilité des organes dirigeants découlant des normes de corporate governance*, in SJ II (2006) n° 5, p. 227.

coresponsable solidaire s'il fait apparaître comme inadéquate la relation de causalité entre le comportement de ce dernier et le dommage. Il faut alors que la faute du tiers ou de la personne lésée soit si lourde et si déraisonnable qu'elle relègue le manquement en cause à l'arrière-plan, au point qu'il n'apparaisse plus comme la cause adéquate du dommage. La jurisprudence se montre stricte quant à la réalisation de ces exigences. Elle précise clairement qu'une limitation (et, a fortiori, une libération) de la responsabilité fondée sur la faute concurrente d'un tiers ne doit être admise qu'avec la plus grande retenue si l'on veut éviter que la protection du lésé que vise, d'après sa nature, la responsabilité de plusieurs débiteurs, ne soit rendue en grande partie illusoire. »[39]

A notre connaissance, il n'existe, à ce jour, pas d'arrêt du Tribunal fédéral qui admette l'*interruption* du lien de causalité en raison de la *faute grave* d'un des (autres) administrateurs[40, 41].

A y regarder de près, la question de la solidarité différenciée *relève de la problématique de la causalité plutôt que de celle de la faute.* On peut en effet admettre une exclusion de la responsabilité si la faute d'un des coresponsables est si grave que les manquements des autres n'apparaissent plus comme étant la cause adéquate du dommage. Mais on peut affirmer aussi qu'une atténuation de la responsabilité prononcée sur la base de l'art. 759 I CO équivaut à considérer que la faute commise par l'organe considéré n'a été que partiellement causale du dommage.

2.   *Rapports internes*

Dans les *rapports internes*, le dommage est réparti entre les coresponsables par le jeu des « recours ». L'art. 759 III CO prévoit que le juge règle ceci en tenant compte de toutes les circonstances. Le critère principal pour répartir le fardeau de la réparation sur le plan interne est la gravité de la faute. Outre cette dernière, tous les critères mentionnés aux art. 43 I, 44 et 99 II CO peuvent par ailleurs être pris en considération par le juge qui statue donc selon les règles du droit et de l'équité[42]. Il s'agit par conséquent ici également en définitive d'une application des principes de la causalité.

---

[39]   ATF 127 III 453.

[40]   Dans le même sens, FORSTMOSER Peter / SPRECHER Thomas / TÖNDURY Gian Andri, *Persönliche Haftung nach Schweizer Aktienrecht, Risiken und ihre Minimierung*, Zurich / Bâle / Genève 2005, p. 75, n° 223.

[41]   Voir ATF 116 II 524s, ATF 112 II 143s et ATF 101 II 165 dans lesquels l'interruption de la causalité a été niée.

[42]   CORBOZ Bernard, *La responsabilité des organes en droit des sociétés, Commentaire des articles 752-761, 827 et 916-920 du Code des obligations*, Bâle 2005, ad art. 759 CO, n° 39.

B.   Plusieurs manquements

Dans ce deuxième cas de figure, le dommage résulte de *plusieurs causes*, c'est-à-dire de *plusieurs manquements fautifs*, commis en général par des organes (personnes ou organismes) différents. Les rapports externes doivent, ici aussi, être distingués des rapports internes.

1.   *Rapports externes*

Dans les rapports externes, il convient de raisonner en deux étapes. On déterminera, en premier lieu, si la *solidarité* doit être admise en principe. Tel est le cas en vertu de l'art. 759 I CO si les organes répondent du *même dommage*[43]. Si la réponse est en revanche négative, il n'y a pas de solidarité et chaque organe doit être actionné séparément pour le dommage spécifique qu'il a lui-même causé par son manquement fautif. Ce n'est que si cette première question a été résolue par l'affirmative que se pose – dans une seconde étape – la question de la *différenciation*, c'est-à-dire celle de savoir si les différents coresponsables peuvent limiter ou exclure leur responsabilité à l'égard du demandeur.

Pour déterminer si les différents organes répondent d'un *même dommage*, il est nécessaire d'identifier le dommage causé par chacun des différents manquements fautifs. Ceci peut s'avérer particulièrement complexe en présence de manquements commis par omission, car il faut alors raisonner hypothétiquement et parfois même par une succession d'hypothèses (par exemple (i) quand l'organe responsable aurait-il pu et dû constater le surendettement? et (ii) son intervention diligente aurait-elle pu diminuer le dommage?)[44]. On est donc ici également sur le terrain de la causalité.

A supposer que plusieurs organes, par leurs manquements respectifs, aient engendré le *même dommage*, ces différents organes répondent solidairement: le lésé peut s'en prendre à tous les organes, à certains d'entre eux ou à un seul pour réclamer la réparation de tout ou partie du dommage[45]. En vertu toutefois du principe de la *solidarité différenciée* les organes coresponsables peuvent opposer au lésé les facteurs d'*exclusion* ou de *réduction* de la responsabilité découlant des art. 43 I, 44 et 99 CO. A titre d'exemple, on

---

[43]   Corboz Bernard, *La responsabilité des organes en droit des sociétés, Commentaire des articles 752-761, 827 et 916-920 du Code des obligations*, Bâle 2005, ad art. 759 CO, n° 16.

[44]   Böckli Peter, *Schweizer Aktienrecht*, 3ᵉ éd., Zurich 2004, § 18, n° 426.

[45]   Corboz Bernard, *La responsabilité des organes en droit des sociétés, Commentaire des articles 752-761, 827 et 916-920 du Code des obligations*, Bâle 2005, ad art. 759 CO, n° 9.

peut citer l'arrêt 127 III 453 du 12 juillet 2001, dans lequel un directeur avait causé un dommage à la société en détournant à son profit, sur une période de dix ans, un montant supérieur à CHF 1 mio. Le conseil d'administration de la société n'avait pas décelé les irrégularités commises par le directeur, car il n'avait pas exercé son devoir de surveillance avec la diligence requise ; l'organe de révision avait quant à lui omis de relever les fautes du directeur, parce qu'il n'avait pas fait preuve de la diligence due lors de la vérification de la comptabilité de la société. Dans ce cas d'espèce, le Tribunal fédéral a admis une responsabilité solidaire des différents organes[46]. Le Tribunal fédéral a toutefois nié que la faute du directeur fut si lourde qu'elle reléguât le manquement de l'organe de révision à l'arrière-plan au point que le manquement n'apparût plus comme étant la (ou une) *cause adéquate* du dommage. En revanche, il a admis une *réduction* de la responsabilité de l'organe de révision fondée sur une faute concomitante de la société lésée et sur la faible rétribution de l'organe de contrôle.

Le raisonnement de notre haute Cour confirme donc – ne serait-ce qu'implicitement – que dans ce cas de figure également la question de l'atténuation, voire de l'exclusion de la responsabilité basée sur l'art. 759 I CO, est une question qui relève en définitive de la causalité.

2.   *Rapports internes*

Dans les *rapports internes* (entre les différents organes coresponsables), le fardeau de la réparation est réparti en vertu de l'art. 759 III CO, par le jeu des recours, en fonction des fautes commises[47]. A cet égard également on peut affirmer que la répartition (interne) du dommage est la conséquence de l'application des principes régissant la causalité des comportements respectifs.

V.   Gouvernement d'entreprise

Le concept de *corporate governance* englobe toutes les questions relatives à la façon de *gouverner l'entreprise*, notamment la répartition et l'équilibre des tâches et des pouvoirs en son sein, ainsi que le contrôle du respect des règles

---

[46] Voir également l'analyse de la solidarité dans ce cas de figure in : FORSTMOSER Peter / SPRECHER Thomas / TÖNDURY Gian Andri, *Persönliche Haftung nach Schweizer Aktienrecht, Risiken und ihre Minimierung*, Zurich / Bâle / Genève 2005, p. 61, n° 162.

[47] Il est renvoyé à ce propos à ce qui a été dit sous III.A.2.

applicables en la matière[48]. Cet ensemble de normes joue désormais un rôle central en droit des sociétés. La question qui se pose ici est de savoir comment les obligations découlant des préceptes de bonne *corporate governance* s'articulent avec la problématique de la causalité en cas de manquement constaté à ces devoirs.

A.   Délégation des compétences

Certaines des attributions du conseil d'administration sont intransmissibles et inaliénables en vertu de l'art. 716a I CO. D'autres tâches peuvent en revanche être déléguées à un ou plusieurs membre(s) du conseil ou à des directeurs en vertu de l'art. 716b I CO. Dans cette mesure, le pouvoir de gérer est transféré aux délégataires. La délégation est faite valablement lorsque (i) les compétences déléguées peuvent l'être (art. 716a I CO), (ii) elle repose sur une base statutaire (art. 716b I CO) et (iii) ses modalités sont réglées dans un règlement d'organisation (art. 716b I et II CO)[49].

La délégation de compétences a des effets sur la responsabilité des administrateurs. En vertu de l'art. 754 II CO, celle-ci est alors en effet limitée au bon choix, à la bonne instruction et à la bonne surveillance du délégué (*cura in eligendo, cura in instruendo* et *cura in custodiendo*)[50]. Cette limitation des devoirs a, à son tour, une incidence directe sur la question de la causalité. Dans un tel cas, cette dernière s'analyse en effet dans la perspective restreinte de la violation des trois *curae*. De fait, puisque les obligations des administrateurs délégants sont réduites, la question est exclusivement de savoir si le manquement à l'une ou plusieurs de ces trois obligations a causé le dommage concerné. A l'évidence, cette démonstration est difficile à apporter. C'est la raison pour laquelle la loi opère à cet égard un renversement du fardeau de la preuve tant du manquement que de la causalité. L'administrateur qui a délégué ses compétences répond en effet en principe du dommage

---

[48]   BÖCKLI Peter / HUGUENIN Claire / DESSEMONTET François, *Le Gouvernement d'entreprise, Rapport du Groupe de travail en vue de la révision partielle du droit de la société anonyme*, Lausanne 2004, p. 15 ; BOURQUI Claude, «Corporate Governanece: est-ce important?», in: DESSEMONTET François / BOHRER Gaétan, Corporate Governance en Suisse, Lausanne 2003, p. 42 ss ; HÉRITIER LACHAT Anne, *Corporate Governance: quo vadis?*, SJ 2002 II 207 ss ; ZOBL Dieter, «Was ist Corporate Governance?», in FORTMOSER Peter / VON DER CRONE Hans Caspar / WEBER Rolf / ZOBL Dieter, *Corporate Governance, Symposium zu 80. Geburtstag von Arthur Meier-Hayoz*, Zurich 2002, p. 9 ss.

[49]   FORSTMOSER Peter / SPRECHER Thomas / TÖNDURY Gian Andri, *Persönliche Haftung nach Schweizer Aktienrecht, Risiken und ihre Minimierung*, Zurich / Bâle / Genève 2005, p. 44, nos 105-110 et p. 48, nᵒ 116 ; MUSTAKI Guy, *Obligations et responsabilité des organes dirigeants découlant des normes de corporate governance*, in SJ II (2006) nᵒ 5, p. 220.

[50]   ATF 122 III 195 consid. 3a.

causé par son délégué (art. 754 II CO *a contrario*), sauf s'il apporte la preuve libératoire qui lui est ouverte, c'est-à-dire s'il démontre qu'il a pris, en matière de choix, d'instruction et de surveillance, tous les soins commandés par les circonstances.

Il est par ailleurs également admis que l'administrateur recherché peut soulever l'objection dite parfois du *comportement de substitution licite* (« *rechtmässiges Alternativverhalten* »)[51]. Par là, il faut entendre qu'il peut se libérer s'il parvient à prouver que le respect des trois *curae* n'aurait de toute manière pas empêché le dommage de se produire. Dans ce cas, il convient en effet d'admettre que le lien de causalité entre la violation du devoir et le dommage fait défaut, car s'il y a bien un préjudice, sa cause est autre[52].

Selon le Tribunal fédéral, la *faute grave* du délégué ne constitue en revanche pas un facteur d'interruption de la causalité. On peut mentionner à ce propos l'ATF 122 III 195 du 28 mai 1996 dans lequel un directeur avait, par plusieurs agissements délictueux (escroquerie), causé un dommage à la société et à ses créanciers. Malgré le fait que l'administrateur unique ait su que de lourds soupçons d'escroquerie pesaient sur le directeur, il n'avait rien entrepris pour éviter que la société ou ses créanciers ne subissent de dommage. Le Tribunal fédéral considéra par conséquent que l'administrateur devait répondre du dommage causé par le directeur, car la *cura in eligendo* ne s'épuisait pas dans le choix des personnes chargées de la gestion et de la représentation, mais englobait également – si nécessaire – l'obligation de les révoquer. Il a en outre nié que la faute grave du directeur puisse constituer un facteur d'exclusion de la responsabilité, car « la responsabilité de l'administrateur à la suite d'une délégation de compétences est une sorte de responsabilité pour le fait d'autrui »[53], si bien que le délégué ne peut être considéré comme un tiers par rapport à l'administrateur. L'opinion de notre haute Cour paraît justifiée. Dès lors, en effet, qu'il a été admis que les exigences (*curae*), même limitées, n'ont pas été satisfaites, il convient de considérer que le manquement de l'administrateur délégant est causal du comportement fautif du délégué. La gravité de la faute de ce dernier n'est en principe pas de nature à interrompre ce rapport de cause à effet.

---

[51] Arrêt 4C.156/2005 du 28 septembre 2005, in SJ 2006 I 221, 230.

[52] Böckli Peter, *Schweizer Aktienrecht*, 3e éd., Zurich 2004, § 18, no 138; Corboz Bernard, *La responsabilité des organes en droit des sociétés, Commentaire des articles 752-761, 827 et 916-920 du Code des obligations*, Bâle 2005, ad art. 754 CO, no 32.

[53] ATF 122 III 195.

B.   Répartition des compétences

La constitution de *comités* (art. 716a II CO) est toujours plus fréquente au sein des sociétés suisses. Elle permet d'améliorer grandement le fonctionnement et l'efficacité du conseil d'administration. Les comités sont composés de membres du conseil choisis pour leurs compétences particulières dans les domaines pertinents[54]. Ils ont pour tâche de préparer les décisions du conseil et d'émettre des recommandations. Ils n'ont en revanche pas de pouvoir décisionnel, celui-ci demeurant de la seule compétence du conseil d'administration[55]. En fonction de la taille de l'entreprise, de son activité et de la question de savoir si les titres de la société sont cotés, on peut même affirmer que le conseil d'administration a non seulement la faculté, mais bien l'obligation de mettre en place des comités, sous peine de manquer à son devoir d'organiser la société avec diligence (art. 716a I ch. 2 CO)[56].

L'effet sur la responsabilité des administrateurs de la répartition des tâches au sein du conseil d'administration est controversé en doctrine. Une partie minoritaire de celle-ci ainsi que le Message du Conseil fédéral[57] considèrent que la constitution de comités est en principe sans influence sur la responsabilité des administrateurs. La doctrine majoritaire[58] est en revanche d'avis que la responsabilité des administrateurs attributaires doit être plus sévère que celle des non-attributaires. La préférence doit être donnée à cette deuxième solution. Le fait que certains membres des conseils d'administration soient chargés de questions spécifiques, pour lesquelles ils béné-

---

[54] Ainsi, le *comité de nomination*, lequel est chargé de fixer les critères de sélection des candidats au conseil d'administration ; le *comité de rémunération*, qui a pour fonction de déterminer la rémunération des organes dirigeants ; le *comité de contrôle*, qui a notamment pour mission d'évaluer la performance de la révision externe et de la révision interne ainsi que de réviser les comptes de manière critique.

[55] MUSTAKI Guy, *Obligations et responsabilité des organes dirigeants découlant des normes de corporate governance*, in SJ II (2006) n° 5, p. 199.

[56] MUSTAKI Guy, *Obligations et responsabilité des organes dirigeants découlant des normes de corporate governance*, in SJ II (2006) n° 5, p. 229.

[57] Message concernant la révision du droit des sociétés anonymes du 23 février 1983, Feuille fédérale, 135e année, p. 33.

[58] BÖCKLI Peter, *die unentziehbaren Kernkompetenzen des Verwaltungsrates*, Zurich 1994, p. 49 ; BÖCKLI Peter, «Corporate Governance und Swiss Code of Best Practice», in *Neuere Tendenzen im Gesellschaftsrecht*, Mélanges Forstmoser, Zurich 2003, p. 278 ; MUSTAKI Guy, *Obligations et responsabilité des organes dirigeants découlant des normes de corporate governance*, in SJ II (2006) n° 5, p. 230 ; REYMOND Jacques-André, «Réflexions sur le mythe de l'administrateur omniscient», in *Le fonctionnement des sociétés et le respect des règles*, Mélanges Hirsch, Zurich 1996, p. 68 ; CAVIN Philippe, «L'administrateur face aux fictions des Codes», in *Aspects actuels du droit de la société anonyme*, Lausanne 2005, p. 280 ; TRIGO TRINDADE Rita, «La répartition des tâches au sein du conseil d'administration», RSDA 2004, p. 32 ss ; PHILIPPIN Edgar, «Les comités du conseil d'administration», in *Aspects actuels du droit de la société anonyme*, Lausanne 2005, p. 381.

ficient de connaissances particulières, justifie qu'une responsabilité accrue leur incombe.

La base légale de cette affirmation est toutefois elle aussi controversée. Selon un premier courant doctrinal, les règles sur la responsabilité en cas de délégation doivent être appliquées par analogie (art. 754 II CO). La responsabilité des administrateurs non-attributaires ne devrait, de ce fait, être admise qu'en cas de violation des *curae in eligendo, in instruendo* ou *in custodiendo* qu'ils sont tenus d'exercer à l'égard des administrateurs auxquels des tâches particulières ont été confiées[59]. S'agissant de la question de la causalité, l'analyse est ici la même que celle proposée à propos de la délégation des compétences[60]. Selon un deuxième courant, l'attribution de certaines tâches à des comités constitue un cas d'application de la *solidarité différenciée* (art. 759 I CO)[61]. La conséquence de ce second courant de pensée est que le principe de la responsabilité solidaire entre les membres du conseil d'administration est maintenu. Le montant du dommage dont un administrateur non-attributaire peut être appelé à répondre peut toutefois être réduit par rapport au dommage total reconnu au lésé. C'est là une question de causalité. De ce point de vue, les effets sont ainsi ceux qui ont déjà été évoqués précédemment à propos de la pluralité des responsables[62]. Cette deuxième thèse doit être préférée. Sachant qu'il est ici question de tâches en principe intransmissibles et inaliénables du conseil d'administration, elle est en effet plus respectueuse du principe impératif de l'art. 716a CO. Par ailleurs, la mission des membres des comités est limitée à la préparation des décisions, non pas à la prise de celles-ci. Il apparaît par conséquent que la solution de l'application de l'art. 759 I CO est juridiquement plus rigoureuse, outre le fait qu'elle paraît plus équitable[63].

C.   Organisation défaillante

En vertu de l'art. 716a I ch. 2 CO, le conseil d'administration a l'obligation d'organiser la société avec diligence. On trouve d'autres manifestations de

---

[59] Trigo Trindade Rita, « La répartition des tâches au sein du conseil d'administration », RSDA 2004, p. 34.

[60] Voir *supra* sous V. A.

[61] Böckli Peter, *Die unentziehbaren Kernkompetezen des Verwaltungsrates*, Zurich 1994, p. 49 ; Von Planta Andreas, « Le rôle du comité d'audit dans le gouvernement d'entreprise », RSDA 2004, p. 47 ; Mustaki Guy, « Corporate Governance et responsabilité du Conseil d'administration », RSDA 2004, p. 66 ; Cavin Philippe, « L'administrateur face aux fictions des Codes », in *Aspects actuels du droit de la société anonyme*, Lausanne 2005, p. 279.

[62] Cf. *supra* sous IV.

[63] Voir Peter Henry / Cavadini Francesca, *Commentaire Romand du Code des obligations II*, Pierre Tercier / Marc Amstutz (édit.), sera publié prochainement, ad art. 716a CO, n° 36.

cette obligation dans notre ordre juridique. Ainsi, sur le plan pénal, l'organisation défaillante d'une société est sanctionnée par l'art. 100^quater I CP qui prévoit qu'« *un crime ou un délit qui est commis au sein d'une entreprise [...] est imputé à l'entreprise s'il ne peut être imputé à aucune personne physique déterminée en raison du manque d'organisation de l'entreprise. [...]* ». Le conseil d'administration répond donc en principe des carences dans l'organisation.

Se pose toutefois la question de savoir si l'organisation défaillante d'une entreprise peut véritablement être *causale* s'agissant du dommage, et donc entraîner la responsabilité des administrateurs. Le Tribunal fédéral a eu l'occasion d'examiner cette question. Dans un arrêt *Von Roll*, rendu en droit pénal[64], la société incriminée produisait notamment des pièces pour matériel de guerre. Elle avait accepté d'exécuter plusieurs livraisons à l'Irak. En raison de soupçons d'infractions à la Loi fédérale sur le matériel de guerre (LFMG), une des livraisons avait été interceptée à Francfort. Malgré cet indice, la société n'entreprit rien pour stopper les livraisons controversées ni – pour le moins – pour vérifier leur légalité. Il est vrai que les organes responsables n'avaient pas été informés de l'incident et n'avaient, de ce fait, pas pu intervenir. Le Tribunal fédéral estima cependant que l'absence d'information était liée à une mauvaise organisation de l'entreprise – tâche relevant de la compétence non délégable du conseil d'administration. Selon notre haute Cour, l'organisation lacunaire de l'entreprise devait être considérée comme étant la cause de la commission répétée d'infractions à la LFMG (« *Die weitere Frage, ob diese Pflichtverletzung [...] kausal war, ist zu bejahen [...]* »)[65]. Elle admit de ce fait la responsabilité pénale des administrateurs.

A notre connaissance, il n'existe à ce jour pas d'arrêt équivalent en droit civil. Dans la mesure toutefois où l'organisation relève des attributions intransmissibles et inaliénables du conseil d'administration (art. 716a I CO), la responsabilité civile des administrateurs fondée sur une organisation déficiente de l'entreprise devrait à nos yeux également être considérée comme pouvant être causale du dommage qui en résulte.

VI.   Responsabilité pour omission

A.   Causalités « fusionnées »

Nous l'avons déjà relevé[66] : lorsque la violation d'un devoir consiste en une omission, l'examen de la causalité soulève des problèmes particuliers et

---

[64]   ATF 122 IV 103.

[65]   ATF 122 IV 103, 128.

[66]   Voir *supra* sous I B.

souvent complexes. Ceci résulte du fait qu'il s'agit alors de comparer ce qui s'est effectivement produit avec un scénario hypothétique souhaitable, en se demandant si, d'après le cours ordinaire des choses et l'expérience générale de la vie, l'accomplissement de l'acte omis aurait empêché la survenance du dommage[67]. Le fait que le raisonnement se fonde à la fois sur une hypothèse et sur le cours ordinaire et l'expérience «générale» a pour conséquence que l'analyse concerne moins des faits que des conjectures. S'agissant d'un raisonnement hypothétique plus que d'une constatation mécanique, la causalité naturelle se rapproche inévitablement de la causalité adéquate. On est ainsi confronté à une sorte de conjonction ou de fusion des deux concepts[68]. Ceci est perçu par le Tribunal fédéral lui-même qui, bien que persistant à distinguer les deux volets de la causalité, considère qu'en cas d'omission un examen séparé de la causalité adéquate n'a en règle générale pas de sens («*nicht sinnvoll*»)[69].

Cette fusion des concepts n'est pas problématique en soi. Le problème résulte du fait que, à la différence de la Cour de cassation française[70] qui considère que la notion de causalité naturelle s'efface devant celle de causalité adéquate, notre haute Cour choisit l'option inverse: elle considère que la question de la causalité adéquate est en substance absorbée par celle de la causalité naturelle. L'examen de la condition de la causalité en cas d'omission se réduit ainsi à celui de la causalité naturelle (dite hypothétique), qui absorbe – donc éclipse – celui de la causalité adéquate[71]. Partant, le Tribunal fédéral estime que l'ensemble de la question de la causalité relève du fait. Il ne réexamine dès lors aucun des aspects ayant trait à la réalisation de cette condition fondamentale et délicate de l'action, puisque son pouvoir d'examen ne s'étend qu'au droit. Sachant que la plupart des actions en responsabilité contre des administrateurs concernent des manquements par omission, cette pratique

---

[67] BÄRTSCHI Harald, *Verantwortlichkeit im Aktienrecht*, Zurich 2001, p. 228; BÖCKLI Peter, *Schweizer Aktienrecht*, 3e éd., Zurich 2004, § 18, n° 425.

[68] BÄRTSCHI Harald, *Verantwortlichkeit im Aktienrecht*, Zurich 2001, p. 228, note 1199.

[69] BÄRTSCHI Harald, *Verantwortlichkeit im Aktienrecht*, Zurich 2001, p. 229, note 1200 avec référence à ATF 115 II 447s.

[70] Voir *supra* sous III. C.

[71] ATF 127 IV 110, consid. 3d/aa (non publié); NYFFELER FRANZ, «Wie geht das Bundesgericht mit Verantwortlichkeitsprozessen um?», in Praxis zum unternehmerischen Verantwortlichkeitsrecht, Zürich, 2004, p. 32: «*Somit ist im Falle der Unterlassung – gleichviel, ob es sich um eine natürliche oder eine adäquate Kausalität handelt – der Zusammenhang notwendigerweise hypothetisch und der Richter stützt sich bei dessen Feststellung auf die allgemeine Lebenserfahrung. Wenn dergestalt die natürliche Kausalität aufgezeigt ist, rechtfertigt es sich in der Regel nicht, noch die Adäquate Kausalität zu überprüfen. Die auf die allgemeine Lebenserfahrung gestützte Darstellung des hypothetischen Geschehensablaufes, welches zur Annahme der natürlichen Kausalität führt, enthält bereits die normative Wertung, welche sonst erst die adäquate Kausalität gewährleistet*».

du Tribunal fédéral explique pourquoi il n'entre que très rarement en matière sur le sujet, pourtant crucial, qui nous occupe. C'est à notre avis regrettable, d'autant plus que la question de la causalité adéquate suppose un raisonnement dont la nature est indiscutablement juridique, que la preuve de sa réalisation est très difficile à apporter et que le sujet est, on l'a vu, d'une complexité telle qu'il justifie et requiert qu'il puisse être soumis à notre instance suprême. Nous suggérons de ce fait que – si le Tribunal fédéral s'en tient à la fusion des deux volets de la causalité – il serait opportun qu'il considère que c'est la causalité naturelle qui s'efface devant – ou est absorbée par – la causalité adéquate, et non l'inverse. L'ensemble du raisonnement porterait ainsi sur une question de droit (et non pas de fait), si bien que notre plus haute Cour disposerait d'un plein pouvoir de cognition à son égard.

B.   Surendettement

La réalisation de la condition de la causalité peut être particulièrement difficile à démontrer dans les situations visées par l'art. 725 II CO (obligation de déposer le bilan en cas de surendettement). Le surendettement (*Überschuldung*) est réalisé lorsque l'actif social (le patrimoine possédé par la société) ne couvre plus les fonds étrangers (ses dettes). On peut exprimer la même réalité en affirmant que le surendettement est le cas où les fonds propres ont été entièrement consommés par des pertes.

Il incombe au conseil d'administration, de façon intransmissible et inaliénable, d'exercer la haute direction de la société (« *Oberleitung* », art. 716a I ch. 1 CO). Ce devoir subsiste – voire s'accroît – en cas de difficultés financières, aussi longtemps qu'il existe des perspectives d'assainissement[72]. Mais dès lors que la société est surendettée, le conseil d'administration doit en principe en informer sans tarder le juge et requérir de sa part le prononcé de la faillite de la société, c'est-à-dire sa dissolution. A défaut, le conseil d'administration (ses membres) répond du dommage qui résulte du dépôt tardif du bilan, consistant dans les pertes supplémentaires générées entre le moment où le bilan aurait dû être déposé et celui où il l'a effectivement été.

En cas de surendettement, la preuve du lien de causalité entre l'omission du conseil d'administration, qui a par hypothèse négligé de requérir la faillite, et le dommage est dans la règle difficile à apporter, et ce pour plusieurs raisons :

---

[72] HANDSCHIN Lukas, « Die Pflichten und die Verantwortlichkeit des Verwaltungsrats im Sanierungsfall », in RJB 2000 p. 438 s. et p. 447 ; voir également ATF 116 II 323.

1. la date du début du surendettement d'une société est souvent à la fois ardue à déterminer et discutable;

2. l'établissement de la valeur des actifs, en particulier immatériels, dépend fréquemment d'une appréciation des chances de survie de la société, ce qui est notoirement difficile et relativement subjectif;

3. toute entreprise est soumise à des cycles, de durée très variable, durant lesquels ses affaires (ou perspectives) sont plus ou moins florissantes. Le seul fait qu'une société connaisse la banqueroute ne signifie pas nécessairement qu'un surendettement préalable a nécessairement été causal du découvert subséquent. Il est possible en effet que, dans l'intervalle, la société soit (provisoirement) redevenue *in bonis* (c'est-à-dire non surendettée), ce qui est de nature à interrompre le rapport de causalité (naturel) entre le surendettement et le préjudice final.

Nous sommes d'avis que cette troisième raison n'a été que rarement mise en évidence et mérite que l'on s'y attarde. Les schémas suivants permettent de l'illustrer en choisissant trois hypothèses caractéristiques: a) celle de «l'aggravation constante du surendettement» dans laquelle, en raison des pertes persistantes, les fonds propres de la société sont progressivement consommés avant que le surendettement apparaisse, puis s'aggrave; b) celle dans laquelle une société, par ailleurs *in bonis*, connaît une période «transitoire» de surendettement et c) celle du «surendettement alternatif», dans laquelle les hypothèses a) et b) sont en quelque sorte cumulées. Dans chacun de ces schémas la ligne horizontale indique le déroulement du temps, alors que la ligne courbe montre l'évolution de l'endettement (respectivement du surendettement) de la société. La partie du schéma qui se trouve au-dessus de la ligne horizontale correspond aux phases durant lesquelles la société est *in bonis*. La partie se trouvant en dessous de la ligne horizontale correspond aux phases durant lesquelles la société est surendettée. Sur l'axe du temps, certains moments et certaines périodes topiques sont mis en évidence[73]:

1. Aggravation constante du surendettement (Schéma a)

Le premier schéma illustre le cas classique, celui dans lequel une société génère constamment des pertes, si bien que, initialement *in bonis* (période S–1), elle devient ensuite (dès le moment S) surendettée, son surendettement s'aggravant ensuite progressivement (période S+1) jusqu'à la faillite (moment F).

---

[73] S=surendettement;
S–=période pré-surendettement;
S+=période post-endettement;
F=faillite;
iB=*in bonis*.

a) Aggravation constante du surendettement

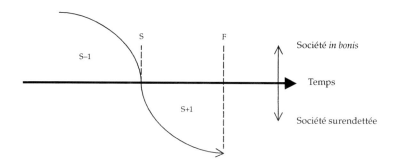

b) Surendettement transitoire

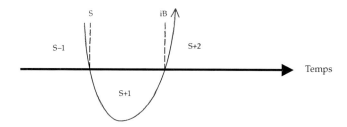

c) Surendettement alternatif

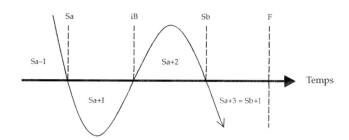

L'examen des conditions de la responsabilité est alors relativement aisé. Les quatre conditions de l'action fondée sur l'art. 754 CO, à savoir (i) le manquement (violation de l'art. 725 II CO), (ii) la faute (avoir fautivement tardé à déposer le bilan), (iii) le dommage social (correspondant aux pertes engendrées par ce retard) ainsi que (iv) le rapport de causalité entre le manquement et le dommage, sont en principe réalisées dès l'instant où la société franchit le seuil du surendettement (période S+1).

2.   Surendettement transitoire (Schéma b)

Le second schéma illustre le cas du surendettement en quelque sorte provisoire ou transitoire. La société, initialement *in bonis* (période S–1), devient dans un premier temps (dès le moment S) surendettée et le demeure pendant une certaine période (S+1). Par la suite, grâce à la poursuite de ses activités, la société parvient à sortir du surendettement (dès le moment iB) et redevient donc *in bonis* (période S+2).

On pourrait considérer que ce cas de figure est sans intérêt sur le plan pratique, car (et c'est l'hypothèse) la société échappe en définitive à la faillite, si bien que ses créanciers ne subissent aucun préjudice. On se gardera d'une telle assertion. Cette hypothèse délicate présente en effet un double intérêt, tant pratique que théorique.

Sur le plan *pratique* il est en effet fréquent, voire chronique, que l'administrateur d'une société chancelante considère – souvent de bonne foi – que les difficultés ne sont que passagères, si bien que c'est le cas illustré dans le schéma b) qui se réalisera. Pour lui permettre de savoir quel doit être son comportement (et, le cas échéant, l'évaluer *a posteriori*) il est essentiel de répondre à la question de savoir si, en présence de perspectives réellement favorables, l'administrateur peut renoncer à requérir la faillite.

Le problème est également intéressant et délicat sur le plan *théorique*. L'administrateur commet-il alors un manquement aux obligations qui lui incombent en vertu de l'art. 725 II CO? Une faute lui est-elle imputable? Peut-on considérer que cette faute est en quelque sorte neutralisée par un élément justificatif? Ne commet-il aucune faute? La réponse à ces questions ne présente pas seulement un intérêt académique; elle est propédeutique à la discussion de l'hypothèse, plus complexe encore, du surendettement «alternatif» (*infra* 3 et schéma c).

La condition du *manquement* doit être considérée comme réalisée lorsque la société franchit le seuil du surendettement (donc à partir du moment S). A supposer réalisées toutes les conditions de l'art. 725 II CO, l'administrateur est en effet tenu de déposer le bilan de la société dès lors que celle-ci entre en état de surendettement. Il s'agit d'un fait. L'analyse est ici purement objective. Toute violation de ce devoir constitue un manquement au sens de l'art. 754 CO. On l'a vu[74], la responsabilité des administrateurs n'est toutefois pas de nature *causale*[75]. Pour qu'elle soit admise, une *faute* est également requise[76]. Même si cette notion a été partiellement objectivée[77], il n'existe pas de présomption irréfragable de faute en cas de manquement. Il s'agit donc d'une condition distincte, qui doit être examinée séparément.

A nos yeux, la condition de la faute n'est pas nécessairement réalisée lors du franchissement du seuil (S). Il n'est en effet pas fautif de ne pas demander au juge de prononcer la faillite si un pronostic éclairé quant à l'évolution de la société, à court et à moyen terme, permet raisonnablement de considérer qu'elle survivra et redeviendra *in bonis*. Dans cette perspective, il est légitime de parier sur le redressement de la société lorsque, sur la base d'un examen approfondi des circonstances, trois conditions sont cumulativement satisfaites[78]:

(i) le *test du bilan*, qui consiste à vérifier si l'on peut admettre que le surendettement sera résorbé (soit que des fonds de tiers disparaissent du bilan du fait, par exemple, d'un abandon de créances, soit que les fonds propres soient augmentés); et

(ii) le *test du compte de pertes et profits*, qui consiste à vérifier si l'on peut admettre que les produits futurs de la société excéderont ses charges; et

(iii) le *test des flux financiers*, qui consiste à vérifier si la société bénéficiera à court et à moyen terme des liquidités nécessaires pour faire face à ses dettes et charges immédiatement exigibles.

Dès lors que ces trois conditions sont satisfaites, on ne saurait à notre avis considérer que l'administrateur commet une faute en ne requérant pas immédiatement la faillite de la société. Cette opinion peut notamment se prévaloir de la *ratio legis* de l'art. 725 II CO, qui est de protéger les créanciers contre un préjudice ou son accroissement. Or ici, par sa décision, l'administrateur contribue à favoriser cet intérêt. En poussant quelque peu le trait, on pourrait même affirmer qu'il serait fautif de la part de l'administrateur de requérir la faillite d'une société dont il est par hypothèse admis qu'elle est viable. Il est vrai que l'on pourrait exiger de l'administrateur qu'il recoure, pour le moins,

---

[74] Voir *supra* II.

[75] Forstmoser Peter / Sprecher Thomas / Töndury Gian Andri, *Persönliche Haftung nach Schweizer Aktienrecht, Risiken und ihre Minimierung*, Zurich / Bâle / Genève 2005, p. 54, n° 133.

[76] Corboz Bernard, *La responsabilité des organes en droit des sociétés, Commentaire des articles 752-761, 827 et 916-920 du Code des obligations*, Bâle 2005, ad art. 754 CO, n° 36.

[77] Voir *supra* sous II.

[78] Peter Henry / Peyrot Aude, *L'ajournement de la faillite (article 725a CO) dans la jurisprudence des tribunaux genevois*, in SJ II (2006) n° 1, p. 57-59.

à la faculté qui est concédée par l'art. 725a CO (ajournement de la faillite), mais les risques liés à une telle initiative sont connus[79].

Les réflexions qui précèdent sont à l'évidence corrélées avec la question de la causalité, puisque la faute doit être appréciée dans la perspective de ses effets. Cela étant, même si l'on considère que le comportement de l'administrateur est fautif, l'analyse de la causalité conduira inévitablement à conclure que cette dernière fait défaut, puisque la faute (à supposer qu'on l'admette) n'est en tout état pas causale du dommage (ici inexistant). Quelque peu paradoxalement, on pourrait même affirmer que la faute est ici causale du retour à meilleure fortune !

3. Surendettement alternatif (Schéma c)

Le troisième schéma illustre un cas plus compliqué, celui dans lequel la société, initialement *in bonis* (période Sa–1), devient (dès le moment Sa) surendettée en raison de pertes constantes (période Sa+1). Elle parvient ensuite (dès le moment iB) à sortir provisoirement du surendettement (période Sa+2), avant de retomber définitivement (dès le moment Sb) dans un état de surendettement (période Sa+3, laquelle équivaut à Sb+1), puis d'être déclarée en faillite (moment F).

L'analyse de la réalisation des conditions de la responsabilité est alors rendue complexe en raison de l'existence d'un *triple franchissement de la limite du surendettement* : deux fois à la baisse (Sa et Sb) et une fois à la hausse (iB). Se pose en particulier la question de savoir si l'omission du dépôt du bilan (pendant la première période Sa+1) doit être considérée comme causale par rapport au préjudice en définitive subit par la société (période Sa+3 = Sb+1). Cette analyse revêt une pertinence particulière lorsqu'un administrateur démissionne entre Sa et Sb.

La condition du *manquement* est ici réalisée à deux reprises : pendant les périodes Sa+1 et Sa+3. Durant ces deux périodes d'existence de la société, celle-ci est en effet surendettée (dès les moments Sa et Sb, respectivement). Le fait que la faillite ne soit déclarée qu'au moment F est indifférent à cet égard[80].

Qu'en est-il de la condition de la *faute* ? Il convient ici de distinguer deux phases. La première est celle qui précède Sb. Elle correspond à l'hypothèse

---

[79] En effet, la publicité relative aux difficultés de la société (liée à une éventuelle publication du jugement sur l'ajournement de la faillite au sens de l'art. 725a III CO) peut avoir un impact négatif sur le redressement de la société ; voir PETER Henry / PEYROT Aude, *L'ajournement de la faillite (article 725a CO) dans la jurisprudence des tribunaux genevois*, in SJ II (2006) n° 1, p. 68.

[80] Peu importe que ce soit sur requête du conseil d'administration, de l'organe de révision ou d'un tiers.

illustrée dans le schéma b) ci-dessus. L'analyse est en conséquence la même. Partant, dès lors que l'on peut considérer que le conseil d'administration a raisonnablement procédé à la triple analyse prospective que nous avons proposée[81] et que cette analyse, au moment où la question se pose, permet au conseil d'administration de considérer que la société est viable, on ne saurait considérer que son manquement (commis dans le schéma c) pendant la période Sa+1) est fautif. Il en va, en revanche, différemment s'agissant de la phase qui succède au deuxième franchissement du seuil de surendettement (Sb). L'analyse est dans cette hypothèse celle proposée à propos du schéma a) ci-dessus. Le manquement (commis dans le schéma c) pendant la période Sa+3) est alors fautif.

Il convient en d'autres termes de considérer que, dans ce troisième cas de figure (schéma c), la condition de la faute est réalisée, mais seulement dès le deuxième franchissement du seuil (Sb). Comme cela a déjà été observé[82], cette analyse consacrée à la faute concerne implicitement la causalité du comportement considéré. On peut en effet affirmer que le premier manquement n'est pas causal du dommage en définitive subit (période S+3), mais au contraire du retour (provisoire) à meilleure fortune (période S+2). Le deuxième manquement (ne pas avoir déposé le bilan au moment Sb), en revanche, est causal du dommage qui se matérialise en définitive (période S+3). En d'autres termes encore, le premier manquement – à supposer qu'il soit fautif – n'est de toute manière pas causal du préjudice.

4.   Renversement du fardeau de la preuve

L'analyse de ces trois hypothèses confirme la difficulté de la question de la responsabilité des administrateurs en cas de dépôt tardif du bilan. Celle-ci est accrue pour les créanciers lésés auxquels incombent le fardeau de la preuve de faits extrêmement complexes, alors qu'ils n'ont pas accès aux informations nécessaires.

Conscient de cette difficulté, en particulier s'agissant de la preuve de la causalité, le Tribunal fédéral a admis dans sa jurisprudence récente qu'en règle générale le rapport de causalité (naturelle et adéquate) doit être présumé. Il a ainsi affirmé que «tout retard dans le prononcé de la faillite est en règle générale préjudiciable à la société» ne serait ce «qu'en raison de l'arrêt du cours des intérêts (art. 209 al. 1 LP)»[83]. Cette jurisprudence a été

---

81   Voir test du bilan, du compte de pertes et profits et des flux financiers.

82   Voir *supra* sous VI. B. 2.

83   Arrêt du TF 4P.305/2001 du 18 mars 2002, consid. 2d; voir également arrêt du TF 4C.130/2001 du 12 février 2002, consid. 2c, dans lequel le TF a admis que la causalité adéquate entre le retard dans le prononcé de la faillite et le dommage social devait généralement être admise.

confirmée dans une décision portant sur la responsabilité de deux avocats administrateurs d'une société faillie, rendue le 27 juin 2006[84]. Dans cet arrêt, les avocats concernés avaient omis de provisionner une prétention découlant d'un contrat de bail conclu avec la société, bien que deux commandements de payer portant sur environ CHF 100 000, respectivement CHF 40 000 eussent déjà été notifiés. Le Tribunal fédéral a considéré que, si ces postes avaient été dûment comptabilisés, la société se serait trouvée en état de surendettement. Le manquement des avocats à leur devoir de se conformer à l'art. 725 II CO avait ainsi conduit à différer le prononcé de la faillite et, partant, à permettre à des nouvelles pertes de s'ajouter aux précédentes. Notre haute Cour a de ce fait conclu que les avocats administrateurs devaient répondre du dommage supplémentaire subi par la société, consistant en la différence entre le découvert constaté dans la faillite de la société et celui (inférieur) qui existait au moment où ils auraient dû aviser le juge. Concernant la condition de la causalité, le Tribunal fédéral a considéré que sa réalisation devait être présumée, car «il est admis que tout retard dans le dépôt du bilan est en règle générale préjudiciable à la société»[85].

Il convient toutefois de considérer que la présomption de réalisation de la condition de la causalité est réfragable. Il est en d'autres termes loisible aux administrateurs d'apporter la preuve du contraire. Ainsi, dans un cas complexe tel que celui illustré ci-dessus dans le schéma c), l'administrateur qui aura renoncé à son mandat après la première phase de surendettement (période S+1), mais alors que la société était redevenue dans l'intervalle *in bonis* (période S+2), pourra faire valoir que son manquement (ne pas avoir déposé le bilan après le premier surendettement [Sa]) n'a en réalité pas été causal du préjudice en définitive constaté.

5. Caractère inapproprié du test du surendettement

Nous ne saurions clore ces quelques réflexions consacrées à la causalité dans l'hypothèse du surendettement sans souligner que la difficulté de la preuve de la causalité est accrue par le fait que notre système de responsabilité est en l'état fondé sur la notion de *surendettement*. Or, la réalité démontre que l'instrument de mesure pertinent pour se prononcer sur les chances de survie d'une société n'est pas son bilan (donc son état d'endettement ou de surendettement), mais son compte de flux financiers (donc son *cash flow*)[86], et ce

---

84 ATF 132 III 564.

85 ATF 132 III 564, 576 consid. 6.3.

86 HANDSCHIN Lukas, «Die Pflichten und die Verantwortlichkeit des Verwaltungsrates im Sanierungsfall», in RJB 2000, p. 436s.

dans une optique prospective et non pas rétrospective. En effet, une société qui possède des liquidités peut survivre, même si elle est surendettée. En revanche, une société insolvable (c'est-à-dire illiquide) n'échappera que rarement à la faillite, même si elle n'est pas surendettée. Il serait, de ce fait, plus approprié de fonder la responsabilité pour retard dans le prononcé de la faillite sur le concept d'*insolvabilité* – sa réelle cause – plutôt que sur celui de surendettement[87]. Cette constatation a des incidences indéniables tant sur la question du manquement, que sur celle de la faute, mais également et par conséquent sur celle du lien de causalité, tant naturelle qu'adéquate, et ce *de lege lata* déjà.

C.   Art. 52 LAVS

Le cas de la responsabilité des administrateurs qui ne procèdent pas au paiement des charges sociales se doit d'être mentionné. Il s'écarte en effet du régime ordinaire de l'art. 754 CO. Cela est dû non seulement au fait qu'il est fondé sur une *lex specialis*, mais surtout en raison des différents principes jurisprudentiels qui ont été développés à son égard par le Tribunal fédéral.

La base légale de cette hypothèse particulière de responsabilité des administrateurs est l'art. 52 LAVS, aux termes duquel :

> « L'employeur qui, intentionnellement ou par négligence grave, n'observe pas des prescriptions et cause ainsi un dommage à l'assurance, est tenu à réparation. »

Selon le Tribunal fédéral, lorsque l'employeur est une personne morale, la responsabilité peut s'étendre à titre subsidiaire aux organes qui ont agi en son nom[88]. La notion d'organe selon l'art. 52 LAVS est en principe identique à celle de l'art. 754 I CO. La responsabilité incombe de ce fait non seulement aux membres du conseil d'administration, mais aussi aux organes de fait[89].

La première particularité de ce régime de responsabilité est que l'existence d'une *faute* est présumée par le Tribunal fédéral dès qu'un manquement est constaté, c'est-à-dire dès lors que, objectivement, les cotisations sociales n'ont pas été versées. Cette pratique ne peut se prévaloir du texte légal. Elle est d'autant plus curieuse que l'art. 52 LAVS exige une faute grave (ou intentionnelle) et que notre haute Cour considère que la présomption est irréfragable. En d'autres termes, notre plus haute instance considère que toute ab-

---

87 PETER Henry / PEYROT Aude, *L'ajournement de la faillite (article 725a CO) dans la jurisprudence des tribunaux genevois*, in SJ II (2006) n° 1, p. 59.

88 ATF 132 III 523, 528 consid. 4.5.

89 ATF 132 III 523, 528 consid. 4.5.

sence de paiement des charges sociales constitue irréfragablement une faute grave. Le Tribunal fédéral crée ainsi un amalgame entre les concepts de faute (grave) et de manquement, alors qu'en réalité il s'agit de deux conditions qu'il convient de distinguer. Il en résulte *de facto* une objectivation de la responsabilité (responsabilité causale)[90].

On peut mentionner à titre d'exemple l'ATF 132 III 523, dans lequel un organe de fait a été tenu pour responsable de l'absence de paiement des cotisations sociales par la société, car il avait omis de rendre les administrateurs formels expressément attentifs aux conséquences du non-paiement et de proposer des mesures strictes pour s'assurer que la société s'en acquitte. Le Tribunal fédéral a précisé que «celui qui appartient au conseil d'administration d'une société et qui ne veille pas au versement des cotisations courantes et à l'acquittement des cotisations arriérées est réputé manquer à ses devoirs»[91]. Concernant la condition de la faute, il a rappelé que «la négligence grave mentionnée à l'art. 52 aLAVS est admise très largement par la jurisprudence»[92]. Notre haute Cour a, de ce fait, conclu que l'organe de fait (*in casu* une société) avait, par sa passivité, «non seulement violé ses obligations, mais s'est montrée gravement négligente au sens où l'entend la jurisprudence en relation avec l'art. 52 aLAVS»[93].

Nous avons déjà eu l'occasion d'observer que, dans le contexte de l'action en responsabilité des administrateurs, la question de la faute est souvent directement liée à celle de la causalité. On en trouve ici une autre confirmation. Le Tribunal fédéral estime en effet que le lien de *causalité* entre la passivité des administrateurs, qui ne se sont pas souciés du paiement des cotisations, et le dommage subi par la caisse de compensation doit lui aussi être *présumé de fait*[94]. Au vu de la sévérité de la jurisprudence du Tribunal fédéral, il semble même que cette deuxième présomption soit elle aussi irréfragable. Dans l'arrêt mentionné ci-dessus, notre haute Cour a ainsi déclaré: «il s'agit donc d'une situation caractéristique dans laquelle il convient d'admettre, en application de la règle générale dégagée par la jurisprudence, un lien de causalité adéquate entre la passivité de l'organe et le non-paiement des cotisations sociales»[95].

---

90 FORSTMOSER Peter / SPRECHER Thomas / TÖNDURY Gian Andri, *Persönliche Haftung nach Schweizer Aktienrecht, Risiken und ihre Minimierung*, Zurich / Bâle / Genève 2005, p. 93, n° 281.

91 ATF 132 III 523, 529 consid. 4.6.

92 *Ibid.*

93 *Ibid.*

94 *Ibid*; arrêt du TF H 111/04 du 5 avril 2006; arrêts du TF H 318/03, H 320/03, H 321/03 du 15 juin 2004; arrêt H 219/03 du 11 novembre 2003; arrêt H 74/02 du 16 juillet 2002.

95 ATF 132 III 523, 529 consid. 4.6.

La dernière particularité de ce régime de responsabilité concerne *l'étendue* de la responsabilité. Le Tribunal fédéral considère en effet que les administrateurs répondent non seulement du versement des cotisations courantes, mais également de l'acquittement des cotisations arriérées, et ce même s'agissant de la période durant laquelle ils n'étaient le cas échéant pas encore administrateurs. Selon le Tribunal, « il y a en effet dans les deux cas un lien de causalité entre l'inaction de l'organe et le non-paiement des cotisations, de sorte que l'administrateur répond solidairement de tout le dommage en cas de faillite de la société »[96]. La seule exception consentie à ce régime sévère concerne le cas du surendettement. Lorsque la société est déjà surendettée au moment où l'administrateur est entré en fonction, celui-ci ne répond en effet que du dommage résultant de l'augmentation de la dette totale de cotisations sociales envers la caisse jusqu'au moment de la faillite. Dans cette hypothèse, le Tribunal fédéral admet en effet qu'il n'existe pas de lien de causalité entre les cotisations impayées, relatives aux salaires versés avant l'entrée en fonction de l'administrateur, et le dommage subi par la caisse[97]. Ceci s'explique par le fait qu'en cas de surendettement déjà avéré il ne saurait être exigé de l'administrateur nouvellement nommé qu'il favorise un créancier (la caisse de compensation) au détriment des autres. Un tel acte pourrait au demeurant être révocable. La cause du défaut de paiement des cotisations arriérées n'est pas donc une omission imputable au nouvel administrateur, mais le surendettement préexistant.

Le régime de responsabilité des administrateurs est donc particulièrement sévère en cas d'application de l'art. 52 LAVS, et ce en particulier en conséquence du fait que le lien de causalité y est admis presque par principe. Il en résulte un régime de *causalité automatique* et de responsabilité causale des administrateurs. On peut douter de la légitimité de cette solution. Ne serait-il pas souhaitable que la notion de causalité et son application soit la même en droit civil, en droit pénal et en droit administratif?

VII. Conclusion

La question de la causalité est particulièrement complexe dans le contexte particulier des actions en responsabilité des administrateurs de sociétés. Ceci explique en partie la rareté des actions entamées et, probablement plus encore, de celles qui sont couronnées de succès.

---

96 Arrêt du TF H 87/04 du 22 juin 2005.

97 Arrêt du TF H 96/03 du 30 novembre 2004.

La distinction entre rapport de causalité naturelle et adéquate n'est pas toujours simple à effectuer, au point que même le Tribunal fédéral confond parfois les deux notions. Cette difficulté est accrue lorsque le manquement reproché aux administrateurs est d'avoir omis d'agir. Le raisonnement est dans ce cas hypothétique, ce qui a pour conséquence que l'examen de la causalité naturelle se confond en pratique avec celui de la causalité adéquate. Notre plus haute instance considère que l'ensemble de ce problème relève dans ce cas de la causalité naturelle et qu'il s'agit, partant, d'une question de fait laquelle, en raison de sa nature, échappe à son pouvoir d'examen. Ceci est regrettable et d'ailleurs difficilement compréhensible.

La preuve de la causalité peut être très ardue à apporter, en particulier en présence d'un manquement par omission, car il doit alors être démontré que, si les administrateurs avaient agi, le dommage ne se serait pas produit. Le manquement est dans ce cas la cause en quelque sorte indirecte du dommage. Cette complexité est accrue pour les créanciers lésés lesquels, bien qu'étrangers aux affaires sociales, supportent le fardeau d'une preuve compliquée et qui requiert un accès à des informations dont ils ne disposent pas.

Des problèmes délicats se posent en cas de dépôt tardif du bilan. Dans cette hypothèse, en effet, un manquement objectif aux obligations découlant de l'art. 725 II CO peut ne pas être fautif ou causal du préjudice. L'examen de la causalité est alors par ailleurs complexifié par le fait que le test proposé *de lege lata* (basé sur l'état d'endettement) est fondamentalement erroné, car la cause réelle de la faillite est en général autre, à savoir l'insolvabilité de la société.

En cas de pluralité de responsables, la détermination du lien de causalité entre leurs différents manquements et le dommage s'avère souvent très délicate. Il apparaît à ce propos que ce qui est appelé la solidarité différenciée relève de la problématique de la causalité plutôt que de la faute.

Dans le domaine de la *corporate governance*, l'effet de la répartition des tâches sur la responsabilité des administrateurs et, en particulier, sur la question du lien de causalité est un autre sujet délicat. Il est admis que, en cas de délégation de compétences, la responsabilité des administrateurs délégants est atténuée. En revanche, en cas de constitution de comités, sont controversées tant la question de savoir si la responsabilité des administrateurs qui n'en font pas partie doit être appréciée moins sévèrement, que celle de la base légale d'une telle affirmation.

Ces difficultés constituent autant d'obstacles à l'action en responsabilité des administrateurs. Afin d'éviter que la condition de la causalité ne devienne donc son *talon d'Achille*, il est important qu'elle ne soit pas interprétée de manière trop restrictive par nos tribunaux. En cas d'omission, il est en particulier crucial que le Tribunal fédéral ne considère pas que l'analyse de la causalité adéquate est une question de fait, avec pour conséquence (pré-cisément) qu'il ne peut l'examiner. A défaut, la responsabilité des adminis-trateurs est *de facto* limitée, ce qui est contraire à l'un des buts affirmés de la réforme du droit de la SA[98].

A l'inverse, la condition de la causalité ne doit pas non plus être interpré-tée de manière trop large, comme le fait le Tribunal fédéral lorsqu'il appli-que l'art. 52 LAVS. Il présume alors en effet irréfragablement tant l'existence d'une faute que celle du lien de causalité. Cette pratique, qui ne peut se pré-valoir d'aucune base légale, a pour conséquence, inopportune et difficilement justifiable, l'instauration d'un régime de responsabilité causale.

Il apparaît ainsi en définitive que la jurisprudence du Tribunal fédéral est peu cohérente. Selon qu'il traite de l'action ordinaire en responsabilité des organes ou de celle basée sur l'art. 52 LAVS, son approche est en effet radica-lement différente, voire quelque peu schizophrénique. Il est souhaitable qu'il opte pour une voie médiane et uniforme.

---

[98]   Message du 23 février 1983 concernant la révision du droit des sociétés anonymes, FF 1983 II 781 n° 132.1.

L'expert médical et la causalité

Philippe Ducor*

Table des matières

I.   Introduction

L'examen de la causalité en responsabilité civile est un exercice contrasté. Evident lorsque l'état de fait met en œuvre des évènements reliés entre eux par une logique immédiatement perceptible, il peut se révéler épineux dans d'autres cas, notamment lorsque la chaîne causale est longue ou lorsque l'acte prétendument causal précède une évolution défavorable – un préjudice – qui aurait également pu survenir spontanément. Depuis presque un siècle, la doctrine et la jurisprudence suisses ont développé la théorie de la causalité naturelle et adéquate, visant à distinguer ce qui relève du fait – élément souvent établi par expertise – et ce qui relève du droit, domaine réservé du juge. Ces

---

*   Professeur associé à la Faculté de droit de Genève, avocat, médecin spécialiste FMH en méde-
     cine interne.

notions utiles au plan conceptuel et procédural sont parfois difficiles à appliquer aux situations de la vie réelle, notamment en cas d'omission ou lorsque la relation entre l'acte générateur de responsabilité et le préjudice subséquent ne repose sur aucun substrat (physique, médical) objectivement démontrable.

Dans les cas de responsabilité pour faute médicale, l'analyse part nécessairement du préjudice subi par le patient, pour «remonter» jusqu'au présumé manquement à la diligence du médecin, ledit manquement étant par définition relié au préjudice par la relation de causalité, voire défini par elle[1]. Dans ces circonstances, l'analyse de la causalité est le plus souvent menée conjointement avec celle du manquement à la diligence du médecin, et les deux tendent à se confondre: on pense analyser la relation de causalité, et on se surprend à examiner la faute médicale. Eu égard au caractère éminemment technique de la pratique médicale, l'expert médical joue un rôle central dans l'établissement de la faute médicale, mais souvent également dans l'évaluation de la causalité entre la faute médicale et le préjudice subi par le patient.

Après un exposé du cadre général de la responsabilité civile en matière médicale et des notions de causalité naturelle et adéquate telles que développées par la doctrine et la jurisprudence suisses (II), la présente contribution examine le rôle de l'expert médical dans l'évaluation de la causalité en matière de responsabilité civile, au travers de la jurisprudence récente du Tribunal fédéral. On aborde en premier lieu les situations où un préjudice d'ordre médical est causé par un accident sans relation avec une quelconque intervention médicale, ce qui permet d'éviter l'écueil d'une analyse conjointe de la causalité et de la faute médicale (III). On verra que l'analyse diffère selon que le préjudice est objectivable (atteinte à l'intégrité physique) (A) ou non objectivable (atteinte psychique, états douloureux) (B). L'analyse de la causalité et le rôle de l'expert dans les situations typiques de responsabilité civile médicale sont ensuite discutées (IV), selon que l'acte dommageable est effectué par commission (A), par défaut de consentement à l'acte médical (B) ou par omission (C). Il apparaît en effet que le rôle de l'expert médical et les difficultés rencontrées lors de l'analyse de la causalité varient significativement selon les situations. Une brève discussion de la théorie de la perte d'une chance, que d'aucuns considèrent comme une solution aux problèmes de causalité notamment dans le domaine de la responsabilité civile médicale, clôt le propos (V).

---

[1] Exemple: après une intervention chirurgicale sur la glande thyroïde, le patient constate une modification de sa phonation (voix bitonale). L'analyse consiste à «remonter» du préjudice subi (voix bitonale) jusqu'à l'acte médical présumé fautif susceptible de l'avoir causé (lésion du nerf vague récurrent lors de la chirurgie).

II. Cadre général

A. Responsabilité civile et pratique médicale

Les règles générales de la responsabilité civile, qu'elle soit contractuelle ou extra-contractuelle, restent pleinement applicables à la pratique médicale. Il en va de même lorsque la relation thérapeutique est régie par le droit public cantonal, par exemple lorsque les soins sont prodigués au sein d'un hôpital public : le droit cantonal renvoie généralement aux règles du Code des Obligations appliquées à titre de droit public cantonal supplétif.

Quelle qu'en soit la source – contractuelle, extra-contractuelle ou de droit public – l'obligation de réparer du médecin naît d'un manquement de ce dernier à la diligence objectivement requise par les circonstances.

Lorsque la relation thérapeutique se place dans un cadre contractuel, il s'agit le plus souvent d'un « contrat de soin » soumis aux règles du mandat (art. 394 ss CO). Cette qualification signifie que le médecin s'oblige à déployer toute la diligence objectivement requise par les circonstances pour le traitement du patient. Son obligation est une obligation de moyens et, sauf circonstances particulières, non de résultat. Il en découle que le médecin ne viole pas le contrat lorsqu'il n'obtient pas le résultat thérapeutique escompté ; il le viole lorsqu'il ne fait pas preuve de la diligence objectivement requise. Dans ces circonstances, la violation du contrat de soins se confond avec la faute du médecin, car le médecin convaincu d'un manquement à la diligence serait bien emprunté d'apporter la preuve libératoire de l'article 97 CO, à savoir que son manquement à la diligence ne résulte pas d'une faute de sa part[2].

Lorsque la relation thérapeutique est régie par les règles de la responsabilité extra-contractuelle, l'acte illicite réside dans le fait pour le médecin de ne pas avoir déployé la diligence objectivement requise par les circonstances. Ici également, la faute est absorbée par la définition même de l'acte illicite : le médecin peu diligent est également fautif[3]. Il en va de même lorsque la relation thérapeutique est régie par les règles du droit public cantonal[4].

---

[2] Il s'agit de la faute « objectivée », largement acceptée notamment à l'égard des professions libérales. Pour une discussion convaincante des aspects objectifs et subjectifs de la faute, voir WERRO Franz, *Les fondements de la responsabilité civile : quoi de neuf ?* in Quelques questions fondamentales du droit de la responsabilité civile : actualités et perspectives, Colloque du droit de la responsabilité civile 2001, Université de Fribourg, Berne 2002, p. 15 ss, spéc. p. 22-27. Voir aussi GUILLOD Olivier, *Responsabilité médicale : de la faute objectivée à l'absence de faute*, Journée de la responsabilité civile 2002, Université de Genève, Genève 2003, p. 155 ss, et THÉVENOZ Luc, *Commentaire Romand du Code des Obligations I*, Genève, Bâle, Munich 2003, ad art. 41, n° 91, p. 287.

[3] Dans les situations où le médecin n'a pas recueilli le consentement éclairé du patient à l'acte médical, l'acte illicite est analysé comme le fait de porter atteinte à la personnalité du patient sans motif justificatif. Il s'agit d'un manquement à la diligence particulier, distingué des autres cas surtout en raison des conséquences procédurales – notamment de fardeau de la preuve – qu'il engendre. Voir ci-dessous partie IV B.

[4] Voir p. ex. TF, 4P.110/2003, c. 2.1 et 2.2 *in fine*.

Il découle de ce qui précède que l'une des distinctions classiques entre responsabilité contractuelle de l'article 97 CO (la faute est alors présumée) et extra-contractuelle de l'article 41 CO (le lésé doit prouver la faute du responsable) est sans portée pratique en matière de responsabilité médicale : la source de l'obligation de réparer du médecin provient invariablement d'un manquement de celui-ci à la diligence objectivement requise par les circonstances[5,6]. Dans les pages qui suivent, les termes « *manquement à la diligence requise* » ou « *faute médicale* » seront utilisés indifféremment pour décrire le fait générateur de responsabilité en matière médicale, lequel peut consister en une action ou en une omission.

Les deux autres conditions de la responsabilité civile, à savoir le préjudice et la relation de causalité entre ce dernier et le manquement à la diligence requise, sont également communes aux différentes formes de responsabilité. Conformément à l'article 8 CC, le lésé doit apporter la preuve de ces trois éléments : manquement à la diligence requise, préjudice et relation de causalité naturelle et adéquate entre les deux[7].

B.   Causalité

L'obligation de réparer ne naît que lorsque la faute médicale (action ou omission) est en relation de causalité avec le préjudice. La relation de causalité doit exister non seulement sur le plan de la logique (l'acte X est-il la cause *sine qua non* du préjudice Y ? – causalité naturelle), mais également sur le plan normatif (au vu du but de la norme appliquée, est-il équitable d'imputer le préjudice Y à l'auteur de l'acte X ? – causalité adéquate)[8].

---

5   Voir aussi Guillod Olivier, *La responsabilité civile des médecins : un mouvement de pendule*, in *La responsabilità del medico e del personale sanitario fondata sul diritto pubblico, civile e penale*, Lugano 1989, p. 64-65 et Werro Franz, *La responsabilité civile médicale : vers une dérive à l'américaine ?*, in *La responsabilité médicale*, Cahier n° 2 de l'Institut de Droit de la Santé, Neuchâtel 1996.

6   L'autre distinction classique entre responsabilité contractuelle et extra-contractuelle persiste : prescription décennale de l'art. 127 CO dans le premier cas, prescription annale de l'art. 60 CO dans le second.

7   Cette répartition du fardeau est souvent considérée comme défavorable au lésé, qui le plus souvent n'a pas de connaissances médicales particulières. Les développements de la doctrine et de la jurisprudence suisses en matière de responsabilité civile médicale de ces deux dernières décennies ont apporté un tempérament à cette situation, notamment par un accès facilité du patient au dossier médical et par une exigence accrue en matière de consentement éclairé, dont la preuve doit être apportée par le médecin. Voir ci-dessous partie IV B.

8   Pour un exposé des notions de causalité naturelle et adéquate avec casuistique correspondante, le lecteur est renvoyé aux ouvrages classiques de Deschenaux Henri et Tercier Pierre, *La responsabilité civile*, 2e édition, Berne 1982, p. 52-65 et de Werro Franz, *La responsabilité civile*, Berne 2005, p. 45-58.

1. Causalité naturelle

L'acte X et le préjudice Y sont en relation de causalité naturelle lorsque le préjudice Y ne se serait pas produit si l'acte X n'avait pas été commis. En d'autres termes, X et Y sont en relation de causalité naturelle lorsque X est la condition nécessaire – *conditio sine qua non* – de Y. Il existe un lien logique entre les deux, X étant la cause efficiente de Y.

Exemple: Un papillon remue ses ailes au Brésil. Il s'ensuit une turbulence locale qui, par le truchement de la mécanique des fluides et de phénomènes météorologiques concomitants, déclenche une réaction en chaîne aboutissant à un ouragan dévastateur en un point éloigné du globe terrestre. Le battement d'aile du papillon brésilien est en relation de causalité naturelle avec l'ouragan.

La causalité naturelle est une relation transitive. Dès lors, la longueur d'une chaîne de causalités naturelles n'interrompt pas la causalité naturelle entre le premier évènement et le dernier. Si X est en relation de causalité naturelle avec Y et Y est en relation de causalité naturelle avec Z, alors X est également est en relation de causalité naturelle avec Z[9].

L'acte causal générateur de responsabilité – la faute médicale – peut consister en une action ou en une omission. Dans ce dernier cas, le médecin avait l'obligation d'agir et ne l'a pas fait. L'analyse de la causalité revient dès lors à comparer deux scénarios: (a) les évènements tels qu'ils se sont effectivement déroulés et (b) les évènements tels qu'ils se seraient déroulés si le médecin avait agi conformément à ses obligations. S'il est établi que l'action du médecin aurait permis d'éviter le préjudice (i.e. les deux scénarios divergent significativement sur ce point), on parle de lien de «causalité hypothétique» entre l'omission du médecin et le préjudice. A l'inverse, s'il est établi que l'action du médecin n'aurait pas évité la survenance du préjudice (i.e. les deux scénarios sont identiques ou similaires sur ce point), l'omission du médecin n'a pas causé le préjudice[10]. Le médecin ayant violé ses obligations sans que le préjudice survenu par la suite ne puisse lui être imputé, on parle de «comportement de substitution licite»[11].

La causalité naturelle est une question de fait, qui doit être prouvée par le lésé (art. 8 CC). Le degré de preuve de causalité naturelle exigé par le Tribunal fédéral semble varier quelque peu, à tout le moins si l'on en juge par la

---

9   Voir DESCHENAUX Henri et TERCIER Pierre, *La responsabilité civile*, 2e édition, Berne 1982, p. 54, n° 8, et TF, 5C.125/2003, SJ 2004 I 407-413, c. 3.1. Cet arrêt est discuté ci-dessous, partie III A.

10   La causalité d'une omission se prête mal à la distinction entre causalité naturelle et adéquate. Voir ci-dessous partie IV C 2.

11   Voir dans ce recueil la contribution du professeur Franz WERRO consacrée au comportement de substitution licite.

terminologie fluctuante utilisée. Il apparaît néanmoins qu'un degré de vrai-semblance prépondérante (supérieure à 50%) est au minimum exigé[12] :

> «Les exigences quant à la preuve du rapport de causalité naturelle dans le droit de la responsabilité du détenteur d'un véhicule automobile sont les mêmes que celles du reste du droit en matière de réparation du dommage. Dans ces deux domaines, le lésé n'a pas à prouver avec une exactitude scientifique le lien de causalité entre l'évènement dommageable et l'accident. Le TF a toujours rejeté ce point de vue qui placerait le lésé devant des exigences souvent excessives. On ne peut lui demander de prouver toujours la causalité de manière absolue. La certitude de l'existence d'un évènement dont la preuve doit être rapportée au juge n'équivaut pas à l'exclusion absolue de toute autre possibilité. Il suffit que le juge, dans le cas où, de par la nature des choses, une preuve directe est impossible, ait la conviction qu'une probabilité prépondérante existe en faveur du lien de causalité. Il en va autrement lorsque, en raison des circonstances, il existe d'autres possibilités autant sinon plus vraisemblables que la cause invoquée.»[13]

Il en découle que la causalité naturelle est considérée comme prouvée à satisfaction lorsque la cause présumée a causé le préjudice avec une probabilité dépassant les 50%[14].

Comme déjà relevé, dans les domaines techniques tels que la médecine le recours à l'expertise est fréquent, non seulement en ce qui concerne l'établissement du manquement à la diligence mais également en ce qui concerne la causalité naturelle. Ce sera notamment le cas lorsqu'il s'agira d'évaluer la causalité d'une faute médicale (qu'il s'agisse d'un acte ou d'une omission) sur un état pathologique donné, dont l'évolution est toujours aléatoire à un certain degré. Le juge pourra toutefois également s'aider d'autres moyens de preuve qui, sans avoir valeur d'expertise, ont une valeur probante intrinsèque. On pense notamment aux témoignages de médecins impliqués à divers degrés dans l'affaire (autre qu'en qualité de défendeur), ainsi qu'aux conclusions d'expertises extrajudiciaires FMH, lesquelles sont rendues préalablement à la procédure judiciaire dans un nombre croissant de cas[15]. L'expertise FMH se

---

12   Certains auteurs – dont Franz Werro – considèrent que le degré de vraisemblance exigé varie selon le type de préjudice. Pour les autres, le degré de preuve de la causalité est toujours fixé au niveau de la vraisemblance prépondérante. Pour un recensement des opinions de doctrine, voir Bieri Laurent, *La responsabilité du mandataire proportionnelle à la causalité : une perspective économique*, Revue de Droit Suisse, Vol. 125 (2006) I, Heft 4, p. 515-530, note 2 p. 515-516.

13   ATF 107 II 269, c. 1b, JdT 1971 I 446, 448, cité et partiellement retraduit dans Thévenoz Luc, *La perte d'une chance et sa réparation*, in Colloque du droit de la responsabilité civile 2001, Université de Fribourg, Berne 2002, p. 237, 251.

14   Il convient de relever que l'avant-projet de révision de la responsabilité civile de 1999 permet au juge de se contenter d'une «vraisemblance convaincante», et de fixer l'étendue de la réparation d'après le degré de vraisemblance (art. 56d APRC). Voir ci-dessous partie V.

15   Les expertises extrajudiciaires FMH sont organisées par la Fédération des Médecins Suisses (FMH), organisation médicale faîtière dans notre pays. Elles sont ouvertes à tout patient présumant l'existence d'une faute diagnostique ou thérapeutique, que ce soit en milieu privé ou

prononçant tant sur l'existence de la faute médicale que sur le lien de causalité, il est intéressant de constater que les questions de causalité sont déterminantes dans un nombre significatif de cas :

> « Les cas dans lesquels les experts constatent certes une faute, mais pas de rapport de causalité entre celle-ci et le dommage, sont relativement nombreux. ... Pour 2005, la causalité entre la faute constatée et le dommage a été clairement reconnue, ou reconnue comme étant très probable pour une bonne moitié des dossiers terminés. Dans l'autre petite moitié toutefois, la causalité a été rejetée ou considérée uniquement comme possible. »[16]

A l'instar des autres questions de fait, la causalité naturelle ne peut être revue par le Tribunal fédéral (qu'il s'agisse du recours en réforme ou du nouveau recours en matière civile), sauf lorsque la juridiction inférieure a ignoré le concept même de causalité naturelle, auquel cas on est face à une violation du droit fédéral librement revue par le Tribunal fédéral (cf. art. 97 al. 1 de la loi sur le Tribunal fédéral)[17].

2. *Causalité adéquate*

En regard de la multitude des causes et des enchaînements improbables susceptibles de mener à un préjudice, la causalité naturelle appliquée isolément peut se révéler exagérément sévère pour le responsable. La théorie de la causalité adéquate permet d'apporter un tempérament aux rigueurs de la causalité naturelle, en posant une limite juridique à l'obligation de réparer. Selon la formule consacrée, constitue la cause adéquate d'un préjudice :

> « ... tout fait qui, d'après le cours ordinaire des choses et l'expérience générale de la vie, était propre à entraîner un effet du genre de celui qui s'est produit, en sorte que la survenance de ce résultat paraît de façon générale favorisée par le fait en question. »[18]

Lors de son analyse de la causalité adéquate, le juge doit procéder à un « pronostic rétrospectif objectif » :

> « ... se plaçant au terme de la chaîne des causes, il lui appartient de remonter du dommage dont la réparation est demandée au chef de responsabilité invoqué et de déterminer si, dans le cours normal des choses et selon l'expérience

---

public. Tout médecin membre de la FMH est tenu de se soumettre à la procédure d'expertise. Voir le *Règlement du bureau d'expertises de la FMH concernant l'expertise extrajudiciaire de cas de responsabilité civile du médecin* du 1er février 2002, Bulletin des médecins suisses, 2002 ; 823 : n° 4, p. 137-142.

16 *Rapport annuel 2005 du Bureau d'expertises extrajudiciaires de la FMH*, Bulletin des médecins suisses, 2006 ; 87 : Nr. 27/28, p. 1251-1254.

17 Pour un exemple, voir TF, 5C.125/2003, SJ 2004 I 407-413, c. 3.4. Cet arrêt est discuté ci-dessous, partie III A.

18 ATF 123 III 464, c. 3a, JdT 1997, 791-797, ainsi que de nombreuses autres décisions du Tribunal fédéral.

générale de la vie humaine, une telle conséquence demeure dans le champ raisonnable des possibilités objectivement prévisibles. »[19]

Peu importe que le préjudice qui s'est effectivement produit ait été subjectivement prévisible par l'auteur : seule est déterminante sa prévisibilité objective.

> *Exemple* : une personne se rafraichit à Genève à l'aide d'un éventail et déclenche un ouragan au Tessin (de la même manière que le papillon de l'exemple précédent). L'acte de cette personne est certes en relation de causalité naturelle avec l'ouragan. Il apparaîtrait pourtant sévère de lui imputer le préjudice résultant de l'ouragan. L'examen de la causalité adéquate permet de le confirmer : il n'est pas conforme au cours ordinaire des choses et à l'expérience de la vie qu'un battement d'éventail entraîne un ouragan à distance, ni que les ouragans soient de façon générale favorisés par les battements d'éventail. En d'autres termes, l'ouragan n'entre pas dans le cercle des évènements objectivement prévisibles suite à l'acte de s'éventer. Ce dernier n'est ainsi pas en relation de causalité adéquate avec le préjudice, lequel n'est partant pas juridiquement imputable à l'auteur.

La causalité adéquate est une question de droit, librement revue par le Tribunal fédéral. Elle implique un jugement de valeur opéré par le juge, lequel exerce son pouvoir d'appréciation en tenant compte des principes du droit et de l'équité (art. 4 CC). Ce faisant, le juge tient compte du *but* de la norme applicable au cas concret, et notamment de ses objectifs de politique juridique : est-il encore équitable, en regard du but de la norme, d'imputer le préjudice à l'auteur de l'acte causal ?

Il en découle que le contenu matériel de la notion de causalité adéquate – utilisée dans des domaines juridiques aussi divers que la responsabilité civile, le droit pénal, l'expropriation ou les assurances sociales[20] – peut varier selon le domaine concerné et les objectifs de politique juridique de la norme considérée. En particulier, la notion de causalité adéquate du droit de la responsabilité civile n'est pas identique à celle utilisée en droit des assurances sociales (notamment LAA), même si la formulation utilisée par le Tribunal fédéral et le Tribunal fédéral des assurances pour la définir est la même. En effet, le droit de la responsabilité civile permet de tenir compte de circonstances aboutissant à la diminution de l'indemnité (notamment les articles 42 à 44 CO), ce que ne permet pas le principe du « tout-ou-rien » de l'article 36 al. 2 LAA. Ainsi, un même état de fait peut constituer une cause adéquate en responsabilité civile et être considéré inadéquat au regard de la LAA[21].

---

[19] ATF 119 Ib 334, 345.

[20] Voir DESCHENAUX Henri et TERCIER Pierre, *La responsabilité civile*, 2ᵉ édition, Berne 1982, p. 53, n° 4.

[21] ATF 123 III 464, JdT 1997, 791-797.

La causalité adéquate étant une question de droit, elle appartient au domaine réservé du juge. Le Tribunal fédéral le répète de façon presque incantatoire : « *L'existence d'un rapport de causalité adéquate doit être appréciée sous l'angle juridique ; elle doit être tranchée par le juge seul, et non par les experts médicaux.* »[22] Il tance parfois les experts médicaux (ou les juridictions inférieures les ayant suivis) lorsqu'ils s'aventurent trop loin sur le terrain juridique : « *... le tribunal ne saurait se fonder sur l'opinion exprimée par un expert lorsqu'elle répond à une question de droit.* »[23] Il n'en reste pas moins que selon la formule consacrée par le Tribunal fédéral, la causalité adéquate est appréciée en se fondant sur le « *cours ordinaire des choses et l'expérience générale de la vie* ». Lorsque cette expérience se réfère à des évènements de la vie courante ou à des ressorts psychologiques communs de l'espèce humaine, le juge peut exercer « seul » son jugement de valeur et trancher la question de la causalité adéquate. Il en va toutefois différemment lorsque le « *cours ordinaire des choses et l'expérience générale de la vie* » se réfère à des processus pathologiques complexes se déroulant au sein de l'organisme du lésé, ainsi qu'il sera exposé ci-dessous.

III. Examen de la causalité hors faute médicale : accidents

Les accidents ayant entraîné une atteinte à sa santé (lésion corporelle ou psychique) méritent d'être traités à part, car l'analyse de la causalité est alors effectuée indépendamment de toute analyse de la faute médicale. Il est dès lors plus aisé de circonscrire les questions relatives à la causalité sur lesquelles l'expert est sollicité.

A. Accident et séquelles somatiques

Les accidents ayant provoqué directement des lésions corporelles ne posent habituellement pas de difficultés particulières en matière de causalité, que ce soit en droit de la responsabilité civile ou des assurances sociales (notamment LAA). La mécanique et la biomécanique de l'accident permettent le plus souvent de le mettre en relation logique avec les lésions constatées.

Lorsque la chaîne causale se rallonge, la relation entre l'accident et la lésion corporelle subséquente devient plus ténue, et l'analyse de la causalité

---

22   TF, 5C. 156/2003, c. 3.2.

23   ATF 130 I 337, c. 5.4.1, JdT 2005 I 95, 103.

peut devenir plus difficile. Une décision du Tribunal fédéral de 2003 l'illustre bien[24] :

Lors d'un accident de la circulation survenu en 1990, Monsieur K. subit une fracture compliquée de la jambe gauche. En 1998, il subit une intervention chirurgicale visant à lui implanter une prothèse totale du genou gauche, rendue nécessaire en raison des séquelles fonctionnelles importantes de l'accident de 1990. Dans les suites de l'intervention chirurgicale de 1998, Monsieur K. subit un accident vasculaire au nerf optique de l'œil droit, complication peu fréquente mais bien décrite des interventions chirurgicales orthopédiques. Se basant essentiellement sur les déclarations de médecins témoins dans la procédure, la Cour de justice du canton de Genève avait considéré que l'accident de 1990 était en relation de causalité naturelle avec l'intervention chirurgicale de 1998, et que cette dernière était également en relation de causalité naturelle avec l'accident vasculaire. Toutefois, la Cour avait nié qu'il existait une relation de causalité naturelle entre l'accident de 1990 et l'accident vasculaire : selon elle, l'intervention chirurgicale de 1998 constituait une cause dépassante par rapport à l'accident de 1990, lequel représentait une cause dépassée. Dans sa décision sur recours en réforme, le Tribunal fédéral a rejeté cette thèse, affirmant qu'il s'agissait non pas d'un cas de causalité dépassée, mais de causalité indirecte (où le fait initial ne produit pas lui-même le dommage, mais donne naissance aux conditions dont le dommage est le résultat final). La Cour de justice avait dès lors méconnu le concept même de causalité naturelle, et partant violé le droit fédéral. Le Tribunal fédéral a rappelé le caractère transitif de la causalité naturelle, à savoir que s'il était établi que l'accident de 1990 était la cause naturelle de l'intervention chirurgicale de 1998, et que cette dernière était la cause naturelle de l'accident vasculaire, alors l'accident de 1990 était nécessairement en relation de causalité naturelle avec l'accident vasculaire[25].

Relativement à la causalité adéquate, le Tribunal fédéral rappelle que

« … pour qu'une cause soit généralement propre à avoir des effets du genre de ceux qui se sont produits, il n'est pas nécessaire qu'un tel résultat doive se produire régulièrement ou fréquemment. … Si un évènement est en soi propre à provoquer un effet du genre de celui qui s'est produit, même des conséquences singulières, c'est-à-dire extraordinaires peuvent constituer des conséquences adéquates de l'accident. »[26]

Les termes « *régulièrement* » et « *extraordinaires* » utilisés par le Tribunal fédéral méritent d'être précisés. En effet, si la cause est propre à entraîner les

---

24   TF, 5C.125/2003, SJ 2004 I 407-413.

25   Sur la transitivité de la causalité naturelle, voir ci-dessus partie II B 1 et les références mentionnées.

26   Ibid., c. 4.2.

effets considérés, ces derniers – mêmes rares – doivent nécessairement survenir avec une certaine régularité ; le terme « *régulièrement* » doit ainsi être compris comme synonyme de « *fréquemment* ». Le même raisonnement s'applique
au terme « *extraordinaire* », lequel doit être compris comme « *extraordinaire* »
aux yeux du profane, mais non à ceux de l'expert[27].

En l'espèce, fort des éléments de fait apportés par un témoin médecin, le
Tribunal fédéral conclut qu'il existait un rapport de causalité adéquate entre
l'accident de 1990 et l'accident vasculaire cérébral :

> « En l'espèce, la cour cantonale a retenu, suivant le témoignage du Dr Y., que
> le genre d'accident vasculaire subi par la demanderesse, bien que rare, était
> tout à fait explicable en chirurgie orthopédique, les opérations de chirurgie
> orthopédique étant souvent la cause de thromboses. Cela étant, on ne saurait
> dire que l'accident vasculaire subi par la demanderesse au nerf optique de
> son œil droit présentait un caractère si exceptionnel qu'il sortait du champ
> raisonnable des possibilités objectivement prévisibles : il n'était au contraire
> pas hautement improbable, d'après le cours ordinaire des choses et l'expé-
> rience de la vie, qu'un tel accident se produise par suite de l'opération de
> chirurgie orthopédique qui était la conséquence directe et objectivement
> prévisible de l'accident de la circulation de 1990. »[28]

On peut ainsi constater que dans cette affaire de causalité « pure », les
professionnels de la médecine[29] ont joué un rôle tant dans l'établissement de
la causalité naturelle (à l'exception de la transitivité, caractéristique juridique
rappelée par le juge) que dans l'établissement des faits permettant d'apprécier
la causalité adéquate. Les juges ont néanmoins joué le rôle principal pour ce
dernier élément, estimant qu'il était encore approprié, en regard du but de la
norme, d'imputer l'accident vasculaire consécutif à la chirurgie de 1998 au
responsable de l'accident[30] survenu huit ans plus tôt, lequel a rendu ladite
chirurgie nécessaire[31].

En raison du caractère cumulatif des conditions de causalité naturelle et
adéquate, l'expert médical (au sens large) joue un rôle primordial lorsque la
causalité naturelle n'est *pas* donnée, car l'examen par le juge de la causalité

---

27 Le Tribunal fédéral l'énonce lui-même dans l'affaire du barrage de Zeuzier, ATF 119 Ib 334, c.
    5b : « … *le Tribunal fédéral admet que la causalité adéquate peut aussi s'étendre à des ‹ consé-
    quences extraordinaires ›, c'est-à-dire à des conséquences qui apparaissent comme telles au yeux
    du profane, mais non pas à ceux de l'expert ; il en va de même des conséquences ‹ rares › ».* Voir
    aussi DESCHENAUX Henri et TERCIER Pierre, *La responsabilité civile*, 2e édition, Berne 1982, p. 58,
    nº 37.

28 TF, 5C.125/2003, SJ 2004 I 407-413, c. 4.4.

29 Qui en l'espèce étaient des témoins médecins, et non des experts.

30 La partie en cause était en fait un assureur privé complémentaire couvrant le risque accident.

31 Si l'on en juge par la casuistique en matière de causalité adéquate, la décision du Tribunal fé-
    déral apparaît plutôt sévère. Voir DESCHENAUX Henri et TERCIER Pierre, *La responsabilité civile*,
    2e édition, Berne 1982, p. 59-61, nᵒˢ 42-43.

adéquate en devient superflu. Dans de tels cas, le juge se contente pour l'essentiel de prendre acte dans son appréciation des faits de ce que les experts médicaux ont constaté en matière de causalité naturelle[32]. En outre, lorsque la causalité naturelle est donnée et que les lésions consécutives à l'accident sont objectivables (séquelles somatiques), il sera rare que l'examen de la causalité adéquate joue un rôle quelconque dans la décision finale. Monsieur Jean-Maurice Frésard, juge au Tribunal fédéral des assurances, le confirme : « *En présence d'une atteinte à la santé physique, le problème de la causalité adéquate ne se pose guère, car l'assureur répond aussi des complications les plus singulières et les plus graves qui ne se produisent habituellement pas selon l'expérience médicale.* »[33] De fait, lorsqu'il existe une explication mécanique ou biomécanique objective à l'atteinte à la santé physique, il n'y pas de raison de limiter, par une analyse normative, les résultats de l'examen de la causalité naturelle. Le raisonnement est également valable en droit de la responsabilité civile. Monsieur Frésard poursuit : « *C'est donc essentiellement en présence d'une affection psychique que la causalité adéquate joue un rôle important.* » C'est ce que nous allons examiner dans les paragraphes qui suivent.

B. Accident et séquelles douloureuses et/ou psychologiques

A la suite de nombreux accidents, les principales atteintes à la santé de la victime ne sont pas des séquelles somatiques objectivables telles que celles discutées ci-dessus, mais des séquelles psychologiques ou encore des syndromes douloureux dont le substrat physique est difficile, voire impossible à objectiver. On pressent dès lors que la causalité entre l'accident et l'atteinte à la santé peut être difficile à établir dans de tels cas. La jurisprudence relative à ce type d'accident a été développée essentiellement dans le contexte de l'assurance-accidents obligatoire, et non dans celui de la responsabilité civile. Bien que la notion de causalité adéquate ne soit pas identique dans ces deux domaines[34], il n'y a pas de raison pour que les principes dégagés en LAA relatifs à la causalité de séquelles non objectivées soient complètement étrangers à ceux applicable en responsabilité civile.

L'accident donnant typiquement lieu à des séquelles difficilement objectivables est le traumatisme d'accélération cranio-cervicale, plus connu du pu-

---

[32] Voir par exemple TFA, U354/05, 13 juin 2006. Le raisonnement est également valable en matière de responsabilité civile.

[33] Frésard Jean-Maurice, *L'assurance-accidents obligatoire*, in : Schweizerisches Bundesverwaltungs- recht [SBVR], Soziale Sicherheit, n° 257, p. 16.

[34] Voir ci-dessus partie II B 2.

blic sous le vocable de «coup du lapin»[35]. Comme déjà mentionné, la principale difficulté dans ces cas est d'établir la relation de causalité entre l'accident et les séquelles éprouvées par la victime, lesquelles sont parfois invalidantes mais dont le substrat mécanique ou biomécanique est le plus souvent difficile, voire impossible à mettre en évidence.

A l'instar d'autres cas de responsabilité, l'analyse de la causalité naturelle est effectuée essentiellement par les experts médicaux. Le Tribunal fédéral des assurances le confirme dans un arrêt de 2006:

> «Savoir si l'évènement assuré et l'atteinte à la santé sont liés par un rapport de causalité naturelle est une question de fait, que l'administration ou, le cas échéant, le juge examine *en se fondant essentiellement sur des renseignements d'ordre médical*, et qui doit être tranchée en se conformant à la règle du degré de vraisemblance prépondérante, ...»[36] (mise en évidence par l'auteur)

Le Tribunal poursuit, indiquant que la causalité naturelle est en principe donnée lorsque le tableau clinique est «typique»:

> «... en matière de lésions du rachis cervical par accident de type ‹coup du lapin›, de traumatisme analogue ou de traumatisme cranio-cérébral, sans preuve d'un déficit fonctionnel organique, l'existence d'un lien de causalité naturelle entre l'accident et l'incapacité de travail ou de gain doit en principe être reconnue en présence d'un *tableau clinique typique* présentant de multiples plaintes (maux de tête diffus, vertiges, troubles de la concentration et de la mémoire, nausées, fatigabilité, troubles de la vue, irritabilité, dépression, modification du caractère, etc.). Encore faut-il que l'existence d'un tel traumatisme et de ses suites soit dûment attesté par des renseignements médicaux fiables.»[37] (mise en évidence par l'auteur)

On remarquera ici que si l'établissement de la causalité naturelle repose largement sur les renseignements médicaux, les exigences posées par le Tribunal fédéral des assurances sont relativement vagues: il suffit que le tableau clinique (au demeurant constitué essentiellement – si ce n'est uniquement – de plaintes non objectivables) soit «typique». Comme indiqué par le juge Frésard, l'essentiel du débat en cas de lésions non objectivables a lieu au niveau de la causalité adéquate.

Au fil des décisions, le Tribunal fédéral des assurances a développé une méthode d'analyse de la causalité adéquate, «feuille de route» consistant à exploiter certains éléments objectifs de l'état de fait, témoignant indirectement de la relation de causalité entre l'accident et la symptomatologie essentiellement subjective de la victime:

---

35 Voir dans ce recueil les contributions du professeur Vincent BRUHLART et de Me Alexandre GUYAZ, spécifiquement dédiées à la problématique du «coup du lapin».

36 TFA, U.101/05, 12 avril 2006, c. 3.1.

37 Ibid., c. 3.2.

« La jurisprudence a posé plusieurs critères en vue de juger du caractère adéquat du lien de causalité entre un accident et les troubles d'ordre psychique
développés ensuite par la victime. Elle a tout d'abord classé les accidents
en trois catégories, en fonction de leur déroulement : les accidents insignifiants ou de peu de gravité (par ex. une chute banale) ; les accidents de gravité moyenne et les accidents graves. Pour procéder à cette classification, il
convient non pas de s'attacher à la manière dont l'assuré a ressenti et assumé
le choc traumatique, mais bien plutôt de se fonder, d'un point de vue objectif,
sur l'événement accidentel lui-même. En présence d'un accident de gravité
moyenne, il faut prendre en considération un certain nombre de critères,
dont les plus importants sont les suivants :

- les circonstances concomitantes particulièrement dramatiques ou le caractère particulièrement impressionnant de l'accident ;
- la durée anormalement longue du traitement médical ;
- les douleurs physiques persistantes ;
- les erreurs dans le traitement médical entraînant une aggravation notable des séquelles de l'accident ;
- les difficultés apparues au cours de la guérison et des complications importantes ;
- le degré et la durée de l'incapacité de travail due aux lésions physiques.

Tous ces critères ne doivent pas être réunis pour que la causalité adéquate
soit admise. Un seul d'entre eux peut être suffisant, notamment si l'on se
trouve à la limite de la catégorie des accidents graves. Inversement, en présence d'un accident se situant à la limite des accidents de peu de gravité, les
circonstances à prendre en considération doivent se cumuler ou revêtir une
intensité particulière pour que le caractère adéquat du lien de causalité soit
admis. »[38]

Nombre de critères mentionnés par le Tribunal fédéral des assurances
pour l'appréciation de la causalité adéquate relèvent de renseignements médicaux. La catégorisation de l'accident (de peu de gravité, de gravité moyenne
ou grave) dépend notamment de facteurs mécaniques et biomécaniques,
ainsi que des lésions somatiques subies (lesquelles viennent parfois s'ajouter
aux lésions non objectivables). Les autres critères mentionnés, à l'exception
peut-être du caractère particulièrement dramatique ou impressionnant de
l'accident, relèvent essentiellement de l'expertise du médecin. Ce dernier joue
ainsi un rôle important dans l'établissement des faits à la base de l'appréciation de la causalité adéquate par le juge, auquel il ne reste finalement pas une
grande marge de manœuvre, eu égard au balisage jurisprudentiel du chemin
le menant à l'évaluation de la causalité adéquate.

Lorsqu'il estime que l'état de fait établi par la juridiction inférieure est
lacunaire, le Tribunal fédéral des assurances ne se prive pas de faire appel à

[38] Ibid., c. 5.1.

l'expertise médicale pour le compléter, qu'il s'agisse de la causalité naturelle ou de la causalité adéquate :

> « Il n'est dès lors pas possible, en l'état du dossier, de trancher selon la règle du degré de vraisemblance prépondérante le point de savoir si l'accident incriminé et les affections en cause de la recourante, qui sont d'ordre physique, voire également d'ordre psychique, sont liés par un rapport de causalité naturelle. Un *complément d'instruction médicale* s'impose donc à cet égard, dans le cadre de laquelle une expertise devra être confiée à un spécialiste, à qui il appartiendra de se prononcer sur l'existence d'une lésion post-traumatique ligamentaire au niveau du rachis cervical, en relation avec l'accident du 15 décembre 1981, évoluant vers la chronicité, et sur les troubles qui lui sont imputables. Le cas échéant, un spécialiste en psychiatrie devra être consulté également…
>
> Un *complément d'instruction sur le plan médical s'impose aussi pour éclairer le juge dans son appréciation de la causalité adéquate,* en lui fournissant les renseignements médicaux nécessaires à son appréciation sur le point de savoir quel était le degré de prévisibilité de chacune de ces éventuelles conséquences invalidantes de l'accident, non seulement objectivement sur une personne normalement constituée, mais aussi subjectivement sur la personne de l'assurée, ainsi que sur le point de savoir si un tel accident est propre à provoquer, au moins en partie, de telles conséquences. »[39] (mise en évidence par l'auteur)

Force est de constater qu'en dépit de la formule incantatoire du Tribunal fédéral selon laquelle le juge décide « seul » de la causalité adéquate, l'expert médical lui apporte une assistance déterminante lorsque le *« cours ordinaire des choses et l'expérience générale de la vie »* qu'il doit évaluer se réfère à des processus pathologiques complexes se déroulant au sein de l'organisme de la victime.

IV.   Examen de la causalité en fonction du type de faute médicale

A.   Commission

Lorsque la faute médicale consiste en un acte positif (commission), que celui-ci soit mal exécuté ou non indiqué médicalement, le préjudice en résultant est le plus souvent une lésion corporelle objectivable[40]. Il est ainsi généralement

---

[39]   ATFA du 7 mars 1988, c. 3.a et b, SG n° 529.

[40]   Rien n'empêche toutefois d'imaginer qu'une faute médicale par commission puisse causer une atteinte à la santé non objectivable, à type de séquelles psychologiques et/ou douloureuses. En pareil cas, l'analyse de la causalité devra s'inspirer de la méthode utilisée en matière d'accidents LAA, où la situation est beaucoup plus fréquente. Voir ci-dessus partie III B.

possible de reconstruire les conséquences logiques de l'acte par commission selon les règles de la mécanique[41] ou du métabolisme[42], et la relation de causalité entre les deux est généralement évidente. Dès lors, l'attention de l'expert se concentre avant tout sur la question de la faute médicale.

Ce point est illustré par un arrêt du Tribunal fédéral de 2003[43]. La recourante avait subi une intervention chirurgicale visant à traiter une incontinence urinaire invalidante. Bien que l'opération ait pleinement réussi sur le plan urologique, il en est résulté pour la patiente une perte partielle, mais définitive, de l'usage de la jambe droite. Tant l'expertise extra-judiciaire que l'expertise judiciaire diligentées avant la procédure devant le Tribunal fédéral ont conclu que la perte d'usage de la jambe droite provenait d'une lésion du nerf obturateur droit, laquelle résultait de l'intervention chirurgicale. Cette dernière avait toutefois été menée selon les règles de l'art, et aucune faute ne pouvait être imputée aux médecins.

Lors de son examen limité à l'arbitraire, le Tribunal fédéral concentre son attention avant tout sur la faute médicale, la causalité entre l'opération et l'atteinte à la santé étant évidente :

« En l'occurrence, il est indéniable que B. a subi un dommage consécutivement à l'intervention chirurgicale pratiquée sur sa personne, le 14 avril 1998, à l'Hôpital de Y. La relation de causalité adéquate entre l'opération et le préjudice subséquent est avérée. Seule est dès lors litigieuse, dans le cas concret, la question de l'illicéité. »[44]

De façon intéressante, le Tribunal fédéral discute en détail la question de la causalité précise, « locale », de la lésion du nerf obturateur survenue pendant l'intervention chirurgicale. Cet examen intervient toutefois dans le contexte de l'analyse de la faute médicale, et non pas de la causalité au sens juridique du terme :

« Examinant la question d'une éventuelle violation des règles de l'art médical dont aurait à répondre l'intimée, le Tribunal administratif a considéré, en substance, qu'il n'était pas en mesure de déterminer la cause de la lésion du nerf obturateur, imputable principalement et très vraisemblablement au geste chirurgical, c'est-à-dire à un acte accompli au cours de l'opération. En effet, il n'était pas possible d'établir, au dire des experts, à quel acte précis pouvait être imputée la lésion nerveuse (lésion thermique pendant l'hémostase, points de suture inadéquats comprimant le nerf, lames d'un écarteur). De plus et surtout, les experts n'avaient pas été en mesure de définir les précautions particulières qu'il y aurait eu lieu de prendre pour éviter la surve-

---

41   Par exemple en cas d'acte chirurgical lésant une structure anatomique.

42   Par exemple en cas d'administration d'un médicament contre-indiqué, ou à trop forte dose.

43   TF, 4P.110/2003.

44   Ibid., c. 2.1 *in fine*.

nance de l'un ou l'autre de ces risques et ils n'avaient pu expliquer en quoi l'intervention aurait comporté une violation des règles de l'art. »[45]

Au chapitre des fautes médicales par commission, il convient de citer une décision du Tribunal fédéral déjà relativement ancienne et restée isolée, mais souvent invoquée par les patients lors de procès en responsabilité médicale[46]. En raison de douleurs à l'épaule droite, une patiente avait bénéficié d'injections intra-articulaires de cortisone par son médecin traitant les 9 juin et 1er juillet 1986. Les douleurs étant toujours vives le 5 août 1986, la patiente est adressée par son médecin traitant à un spécialiste en chirurgie orthopédique. L'évolution reste défavorable et aboutit, le 6 novembre 1986, à une intervention chirurgicale exploratrice de l'épaule. Il ressort de cette opération que la tête de l'humérus et la cavité glénoïde droite ont été irrémédiablement lésées à la suite d'une infection intra-articulaire à staphylocoques. La patiente reste partiellement invalide.

La patiente ouvre action devant la Cour d'appel du canton de Berne, laquelle ordonne une expertise. Celle-ci indique que les complications infectieuses à la suite d'injections intra-articulaires sont connues, et se produisent dans environ un cas sur dix mille. Toutefois, l'expertise ne dit rien quant à l'origine de ces complications : dues à un manquement à la diligence du médecin pratiquant l'injection, ou survenant malgré toutes les précautions possibles. La Cour d'appel bernoise établit alors une présomption de fait, selon laquelle lorsqu'une infection intra-articulaire se déclare après une injection au même site, l'asepsie n'a pas été respectée et une faute du médecin a été commise[47].

Le Tribunal fédéral reprend cette thèse, indiquant qu'en présence d'une telle présomption de fait – laquelle ne peut être revue dans le cadre d'un recours en réforme –, il appartient au médecin d'apporter la contre-preuve « ... *en prouvant que dans l'état actuel de la science médicale un risque résiduel imparable subsistait quand bien même toute la diligence requise aurait été intégralement observée* »[48]. Le médecin n'ayant pas argumenté en ce sens en procédure cantonale, la déduction de la Cour d'appel selon laquelle le médecin a commis une faute d'asepsie est admise telle quelle par le Tribunal fédéral.

Cette décision a été à juste titre critiquée par la doctrine[49]. Bien qu'il s'en défende, le Tribunal fédéral opère *de facto* un renversement du fardeau de

---

45   Ibid. c. 4.2. Un arrêt très récent basé sur un état de fait similaire (lésion du nerf crural lors de la pose d'une prothèse de hanche) procède de la même manière. Le propos se concentre sur la faute professionnelle alléguée alors que la causalité, évidente, n'y est pas discutée. TF, 4C.366/2006.

46   ATF 120 II 248, JdT 1995 I 559-602.

47   Cette construction équivaut à la « *res ipsa loquitur* » du droit anglo-saxon.

48   ATF 120 II 248, JdT 1995 I 559-602, c. 2.c.

49   HONSELL Heinrich, AJP 2/1995, p. 227-229.

la preuve, exigeant du médecin qu'il prouve qu'il n'a *pas* commis de faute d'asepsie[50]. Ce faisant, il impose une obligation de résultat au médecin lorsque celui-ci pratique une injection intra-articulaire: en cas d'infection dans les suites, la faute médicale est donnée (sous réserve d'une contre-preuve impossible à apporter en pratique). Pressant que sa décision pourrait donner lieu à des généralisations malvenues, le Tribunal fédéral a jugé utile de préciser « ... *que la présomption de fait utilisée ici ne saurait s'appliquer sans restriction dans des cas d'infections liées à d'autres traitements médicaux.* »[51].

Le malaise lié à cette décision provient du fait que l'instruction de la cause n'a probablement pas été optimale. La faute médicale est ici évidente, mais elle n'est pas imputable à l'injection elle-même, tant il apparaît impossible d'exclure tout risque d'infection à la suite d'une injection intra-articulaire. La faute est davantage liée au *retard* apporté au diagnostic de l'infection intra-articulaire, lequel est intervenu plus de trois mois après l'infection et n'est pas entièrement imputable au médecin condamné. C'est bien ce retard qui a causé la destruction de l'articulation, car un traitement antibiotique voire un lavage articulaire plus précoce aurait sans doute permis de limiter, voire d'exclure les séquelles de l'infection.

Qu'en est-il de la causalité? Le Tribunal fédéral ne la mentionne pas dans son raisonnement, tout entier concentré sur la faute médicale. Cette dernière est, au final, définie par la causalité, à tel point que la causalité n'est pas discutée pour elle-même. Depuis Louis Pasteur et le rejet de la théorie de la génération spontanée, on sait que les infections bactériennes doivent avoir une source, une cause; compte tenu de la faible probabilité des autres causes d'infections intra-articulaires, l'injection intra-articulaire est, logiquement, apparue comme la cause la plus vraisemblable de l'infection. En ce qu'il a trait à la causalité entre l'injection incriminée et l'infection, le raisonnement

---

[50] Ibid. Le professeur Wiegand a parlé de «*probatio diabolica*». WIEGAND Wolfgang, *Die privatrechtliche Rechsprechung des Bundesgeruichts im Jahre 1994*, [131/1995], Zeitschrift des bernischen Juristenvereins (ZBJV), 330 ss, cité dans HAUSHEER Heinz, *Switzerland* in *Cases on Medical Malpractice in a Comparative Perspective*, Vienne New-York 2001, p. 217.

[51] Le professeur Hausheer indique que cette décision ne saurait tenir lieu de précédent jurisprudentiel au sens de l'art. 1 al. 3 CC. HAUSHEER Heinz, *Switzerland* in *Cases on Medical Malpractice in a Comparative Perspective*, Vienne New-York 2001, p. 217. Le Tribunal fédéral a rappelé le caractère spécifique de l'arrêt 120 II 248 dans la décision 4C.53/2000, c. 2.b: «*Der Kläger misst BGE 120 II 248 eine Bedeutung zu, die ihm nicht zukommt. Das Bundesgericht hat darin namentlich nicht entschieden, dass bei jeglicher Verschlechterung des Gesundheitszustandes während einer ärztlichen Behandlung eine natürliche Vermutung für eine Sorgfaltswidrigkeit spreche. Vielmehr hat es die Tragweite des Entscheides ausdrücklich auf die in Frage stehende konkrete Art der Injektion beschränkt und ausgeführt, die natürliche Vermutung dürfe selbst auf Infektionsfälle, die mit einer anders gearteten ärztlichen Behandlung zusammenhängen, nicht ohne weiteres übertragen werden (BGE 120 II 248 E. 2c S. 251). In der Lehre wurde der Entscheid denn auch dahingehend interpretiert, dass die darin entwickelten Grundsätze nicht für Nachteile aus anderen medizinischen Behandlungen gelten (Honsell, AJP 2/1995 S. 229).*»

opéré par le Tribunal fédéral est correct. C'est le raccourci emprunté pour aboutir au caractère fautif de l'acte qui pose problème. Le caractère intriqué des questions relatives à la faute médicale et à la causalité ressort directement du dernier passage de la décision citée :

> « La juridiction précédente a vu dans les injections de cortisone la cause de l'infection qui a atteint l'épaule droite. Elle en a déduit une violation du devoir de diligence à la charge du défendeur. On ne saurait lui reprocher d'avoir retenu une notion inexacte de la violation de contrat. »[52]

En conclusion, lorsque l'acte médical incriminé est un acte positif (commission), l'atteinte à la santé est dans la plupart des cas objectivable. La causalité ne pose le plus souvent pas de problème particulier, l'attention des experts étant davantage mobilisée à déterminer le caractère fautif de l'acte médical ayant causé l'atteinte.

B.   Défaut de consentement

Les dernières décennies ont vu la disparition – ou à tout le moins la forte atténuation – d'un certain paternalisme médical par lequel le médecin, omniscient, décidait trop souvent en lieu et place du patient. Dans le même temps sont apparues les notions d'autonomie et d'autodétermination du patient, dont un corollaire important est l'exigence du consentement éclairé[53].

Avant de procéder à un acte médical quel qu'il soit, le médecin doit ainsi recueillir le consentement éclairé de son patient. A défaut, il viole son obligation de diligence, et répond de tout préjudice résultant dudit acte médical, même si celui-ci est, sur le plan technique, exécuté conformément aux règles de l'art :

> « L'exigence d'un consentement éclairé se déduit directement du droit du patient à la liberté personnelle et à l'intégrité corporelle, qui est un bien protégé par un droit absolu. Le médecin qui fait une opération sans informer son patient ni en obtenir l'accord commet un acte contraire au droit et répond du dommage causé, que l'on voie dans son attitude la violation de ses obligations de mandataire ou une atteinte à des droits absolus et, partant, un délit civil. L'illicéité d'un tel comportement affecte l'ensemble de l'intervention et rejaillit de la sorte sur chacun des gestes qu'elle comporte, même s'ils ont été exécutés conformément aux règles de l'art. Une atteinte à l'intégrité corporelle, à l'exemple d'une intervention chirurgicale, est ainsi illicite à moins qu'il n'existe un fait justificatif. Dans le domaine médical,

---

52   ATF 120 II 248, JdT 1995 I 559-602, c. 2c *in fine*.

53   Pour une analyse approfondie de la notion de consentement éclairé, voir GUILLOD Olivier, *Le consentement éclairé du patient*, Neuchâtel 1986.

la justification de l'atteinte réside le plus souvent dans le consentement du patient... »[54] (Réf. omises)

Pour être valable et constituer un fait justificatif efficace, le consentement doit être « éclairé », c'est-à-dire couvrir tous les éléments nécessaires afin que le patient donne son accord en connaissance de cause :

> « Le médecin doit donner au patient, en termes clairs, intelligibles et aussi complets que possible, une information sur le diagnostic, la thérapie, le pronostic, les alternatives au traitement proposé, les risques de l'opération, les chances de guérison, éventuellement sur l'évolution spontanée de la maladie et les questions financières, notamment relatives à l'assurance. »[55]

La construction juridique selon laquelle l'acte médical[56] constitue un acte *a priori* illicite, dont l'illicéité n'est levée que par le consentement éclairé, a une conséquence procédurale majeure : il appartient au médecin d'établir qu'il a suffisamment renseigné son patient, et obtenu le consentement préalable de ce dernier (art. 8 CC). La répartition du fardeau de la preuve du consentement, l'illicéité de l'ensemble des gestes médicaux subséquents en cas de défaut de consentement[57], ainsi que la technicité moindre de ce type d'allégation ont fait du défaut de consentement un grief privilégié des plaignants et de leurs conseils.

L'affirmation du Tribunal fédéral, selon laquelle le défaut de consentement affecte l'ensemble des gestes médicaux concernés, n'est pas absolue. Encore faut-il que le défaut de consentement soit en relation de causalité naturelle et adéquate avec le préjudice subi par le patient :

> « Faute d'un tel consentement, l'intervention est illicite dans son ensemble ; le médecin ou, le cas échéant, la personne qui répond à sa place, devra réparer tout dommage en lien de causalité adéquate avec l'intervention, quand bien même aucune règle de l'art n'aurait été violée. »[58]

La concrétisation de cette exigence de causalité entre le défaut de consentement et le préjudice est l'admission, par le Tribunal fédéral à la suite de la Cour fédérale allemande, de la théorie du « consentement hypothétique »[59] :

---

54   TF, 4P.265/2002, SJ 2004 I 117-128, c. 4.1.

55   Ibid, c. 4.2.

56   Au sens d'atteinte à l'intégrité corporelle du patient.

57   *« Celui qui agit pour violation* [technique] *des règles de l'art se voit certes imposer une preuve plus stricte, puisqu'il doit démontrer que l'erreur même de diagnostic ou de traitement, et non pas seulement l'acte médical dans son ensemble, est la condition ‹ sine qua non › de son préjudice. Ces exigences différentes tiennent au fondement même de la responsabilité dans l'un et l'autre cas. Car si l'absence de consentement entraîne l'illicéité de toute l'opération, la violation des règles de l'art ne rend contraire au droit que le geste diagnostique ou thérapeutique erroné. »* ATF 108 II 59, 63, c. 3.

58   TF, 4P.110/2003, c. 2.2.

59   ATF 108 II 59 ; ATF 117 Ib 197, JdT 1992 I 214-221 ; 4P.265/2002, SJ 2004 I 117-128.

« La jurisprudence et la doctrine majoritaire reconnaissent au médecin, respectivement à celui qui répond de lui, la faculté de soulever le moyen du consentement hypothétique du patient. Si le médecin parvient à établir que le malade concerné se serait tout de même décidé en faveur de l'intervention proposée à supposer qu'il ait reçu une information complète et appropriée, l'illicéité de l'intervention, et par conséquent l'obligation de réparer, disparaissent ipso facto. »[60]

Etablir que le malade concerné se serait tout de même décidé en faveur de l'intervention revient à nier le lien de causalité naturelle et adéquat entre le défaut de consentement éclairé et l'intervention. En d'autres termes, la théorie du consentement hypothétique n'est qu'un cas d'application, en matière de responsabilité médicale, de la notion de « comportement de substitution licite », ou *rechtmässige Alternativverhalten*, applicable plus largement en responsabilité civile[61].

La preuve du consentement hypothétique est à la charge du médecin, de la même manière que la preuve du consentement éclairé :

« Le fardeau de la preuve du consentement hypothétique incombe au médecin, à charge pour le patient de collaborer à cette preuve en rendant vraisemblable ou au moins en alléguant les motifs personnels qui l'auraient incité à refuser l'opération s'il en avait notamment connu les risques. »[62]

Le consentement hypothétique ne doit pas être évalué par rapport à un patient-type raisonnable, mais par rapport au patient en question. Il suffit ainsi à ce dernier de rendre vraisemblable qu'il aurait refusé l'intervention :

« Selon la jurisprudence, il ne faut pas se baser sur le modèle abstrait d'un ‹ patient raisonnable ›, mais sur la situation personnelle et concrète du patient dont il s'agit. Ce n'est que dans l'hypothèse où le patient ne fait pas état de motifs personnels qui l'auraient conduit à refuser l'intervention proposée qu'il convient de considérer objectivement s'il serait compréhensible, pour un patient sensé, de s'opposer à l'opération. »[63]

Dans les affaires de responsabilité médicale où la question du consentement est soulevée, le Tribunal fédéral a souvent recours aux experts médicaux (au sens large) afin de déterminer l'étendue de l'obligation d'information du médecin en vue d'obtenir le consentement éclairé. Ces questions relèvent toutefois de l'examen de la faute médicale, et non de la causalité.

L'examen de la causalité entre le défaut de consentement et le préjudice résultant d'une intervention médicale – à savoir l'analyse du consentement

---

60 TF, 4P.265/2002, SJ 2004 I 117-128, c. 6.1.

61 ATF 122 III 229. Voir aussi WERRO Franz, *La responsabilité civile*, Berne 2005, p. 49-50, n⁰ˢ 191-194, ainsi que sa contribution consacrée au comportement de substitution licite dans le présent recueil.

62 TF, 4P.265/2002, SJ 2004 I 117-128, c. 6.1.

63 TF, 4P.110/2003, c. 3.1.2.

hypothétique du patient – ne requiert quant à lui pas de connaissances médicales particulières, car il revient essentiellement à évaluer les ressorts psychologiques du patient confronté à une décision de traitement. Le juge peut ainsi s'inspirer de la nature humaine et du «cours ordinaire des choses et l'expérience générale de la vie», tels qu'il les connaît. C'est la raison pour laquelle les cas de consentement hypothétique sont généralement décidés par le Tribunal fédéral sans se référer aux experts médicaux:

> «D'entrée de cause, A. a soutenu que s'il avait bénéficié de toute l'information voulue, il aurait en définitive renoncé à l'opération. Cette opinion est plausible à considérer les circonstances de l'espèce. ... Il convient à ce stade du raisonnement de prendre en compte la personnalité du patient ainsi que son anamnèse. ... Partant, il apparaît que le patient concerné, qui était un homme très sportif n'ayant pas encore 30 ans, pouvait choisir de refuser l'intervention, dans l'espoir de profiter pleinement de la vie encore quelques années, comme il l'avait fait entre 1988 et 1996.»[64]

Lorsqu'il évalue le consentement hypothétique, le juge compare les faits tels qu'ils se sont déroulés avec le scénario hypothétique qui se serait déroulé si le patient avait été correctement informé. Si les deux scénarios aboutissent au même résultat, le consentement hypothétique est donné:

> «Selon les juges neuchâtelois, vu le caractère exceptionnel du risque qui s'est réalisé, la patiente l'aurait assumé pour suivre le traitement proposé, dans le but de supprimer l'atteinte à sa santé extrêmement gênante qu'elle ressentait, et qui représentait un trouble constant dans tous les domaines de sa vie, tant personnel que familial et professionnel, au point qu'elle qualifiait elle-même la situation d'‹infernale›. Comme elle avait accepté les autres risques opératoires, il est manifeste qu'elle n'aurait pas renoncé à l'opération qui l'a finalement guérie, en considération d'un risque d'une atteinte certes grave, mais si rare que l'avantage escompté du traitement l'eût emporté dans la pesée des intérêts contradictoires à laquelle elle aurait procédé. Cette argumentation est non seulement exempte d'arbitraire, mais elle résisterait même à un libre examen.»[65]

De fait, l'analyse du défaut de consentement est similaire à celle opérée en cas d'omission d'un acte médical[66], où le juge procède à une comparaison de deux scénarios, l'un étant avéré et l'autre hypothétique. La principale différence réside dans l'allocation du fardeau de la preuve, qui est à la charge du

---

64   TF, 4P.265/2002, SJ 2004 I 117-128, c. 6.2. Dans cette affaire, le chirurgien avait obtenu le consentement du patient pour une intervention neurochirurgicale potentiellement invalidante seulement quelques heures avant l'intervention. Le Tribunal fédéral avait décidé que le consentement n'avait pas été valablement obtenu, et que le consentement hypothétique n'était pas donné.

65   TF, 4P.110/2003, c. 3.1.2. Dans cette affaire déjà citée ci-dessus dans la partie IV A, la patiente avait subi une intervention visant à traiter une incontinence urinaire invalidante. L'opération s'était soldée par une perte partielle de l'usage de la jambe droite.

66   Voir ci-dessous partie IV C 2.

médecin en cas de défaut de consentement, et du patient en cas d'omission d'un acte médical.

Dans les décisions relatives au défaut de consentement, le Tribunal fédéral ne distingue pas clairement les notions de causalité naturelle et adéquate. La raison tient probablement au fait que le défaut de consentement n'est qu'une forme particulière d'omission, dont on verra ci-dessous qu'elle s'accommode difficilement de la distinction[67].

La plupart des décisions relatives au défaut de consentement ont été rendues dans le contexte d'interventions chirurgicales. Dans ces cas, la construction juridique selon laquelle le consentement du patient constitue un fait justificatif d'une lésion de l'intégrité corporelle *a priori* illicite, fait pleinement sens. De fait, le Tribunal fédéral fait une distinction entre les situations où l'atteinte à l'intégrité est commise *directement* par le médecin sans que celui-ci soit au bénéfice du fait justificatif du consentement et, d'autre part, les cas où l'atteinte à l'intégrité du patient découle non pas d'une atteinte directe – chirurgicale – par le médecin, mais d'une cascade d'évènements qui ne se seraient pas déroulés si le médecin avait pleinement respecté son devoir d'information. Le Tribunal fédéral analyse ces dernières situations davantage comme une omission d'un acte médical que comme un défaut de consentement.

L'arrêt dit « des trithérapies » en est un exemple[68]. Dans cette affaire, une patiente séropositive HIV s'était vue prescrire par le médecin une trithérapie à base de Videx, Zerit et Norvir. Dans les suites, la patiente avait pris en automédication et sans en référer au médecin du Bellergal, un médicament à base d'ergotamine qui avait été prescrit dans le passé à sa mère. La prise simultanée de Bellergal et de Norvir avait occasionné une interaction médicamenteuse sévère, avec ergotisme nécessitant l'amputation du pied droit et des orteils gauches de la patiente. Lors de la procédure devant le Tribunal fédéral (procès direct), il a été établi que la patiente n'avait pas été correctement informée du risque d'interactions médicamenteuses existant lors de la prise d'une trithérapie. L'hôpital employant le médecin a ainsi été jugé responsable, sous réserve d'une réduction de l'indemnité en raison de la faute concomitante de la patiente (art. 44 CO).

Dans son analyse, le Tribunal fédéral opère une distinction d'avec les cas traditionnels de défaut de consentement :

> « En l'occurrence, le litige ne porte pas sur le point de savoir si, en présence d'une atteinte à l'intégrité corporelle en elle-même illicite commise par le médecin (Heileingriff), le patient a valablement consenti à l'acte médical

---

67 Voir ci-dessous partie IV C 2.

68 TF, 4C.229/2000.

effectué. On ne se trouve donc pas dans une situation où le praticien, pour se libérer de sa responsabilité, doit démontrer l'existence d'un fait justificatif. Il convient uniquement de se demander si le médecin avait, dans le cas d'espèce, l'obligation d'informer la patiente du risque d'interactions médicamenteuses liées au Norvir et si celui-ci a effectivement violé cette injonction, commettant alors un acte illicite. »[69] (Réf. omises)

Le Tribunal fédéral analyse ainsi le cas comme un cas d'omission, sans se référer à la théorie du consentement hypothétique. Il est vrai qu'en l'espèce, une telle construction apparaît quelque peu artificielle : il est difficile de concevoir que la patiente puisse « consentir » à être la victime d'une interaction médicamenteuse sévère et aux lésions qui en découlent.

Le Tribunal fédéral procède ensuite à l'appréciation de la causalité entre l'omission d'informer quant aux risques d'interactions médicamenteuses et les lésions subies par la patiente. A l'instar des cas de défaut de consentement cités précédemment, les juges n'ont pas recours aux avis d'experts, l'analyse revenant à apprécier la tendance personnelle de la patiente à respecter les directives médicales.

> «Comme le manquement reproché au médecin consiste dans une omission, l'établissement du lien de causalité revient à se demander si l'accomplissement de l'acte omis aurait empêché la survenance du résultat dommageable (causalité hypothétique). … En l'espèce, rien n'indique que la demanderesse ait eu une propension à ne pas respecter les indications données par ses médecins. Au contraire, le défendeur souligne lui-même que cette patiente a suivi régulièrement le traitement prescrit, qui était particulièrement astreignant. On peut donc considérer que, si la demanderesse avait expressément été avisée par son médecin traitant des risques d'interactions médicamenteuses avec le Norvir et de la nécessité de ne pas prendre d'autres médicaments sans avis médical, elle n'aurait, selon toute vraisemblance, pas absorbé de son propre chef du Bellergal sans en référer à son médecin traitant. Le lien de causalité hypothétique entre le défaut d'information et l'atteinte à la santé dont se plaint la demanderesse doit donc être tenu pour établi. »[70]

On relève que dans ses considérants le Tribunal fédéral n'indique pas qui, de la patiente ou du médecin, devrait supporter le fardeau de la preuve de la causalité. En bonne logique, il devrait incomber à la patiente, puisque le cas est analysé comme une omission et non comme un défaut de consentement typique.

En conclusion, l'appréciation de la causalité dans les cas de défaut de consentement voire d'omission par le médecin d'une information médicale est effectuée sans l'aide d'experts médicaux, car elle requiert essentiellement

---

69   Ibid., c. 3a.

70   Ibid., c. 4.

une analyse des ressorts psychologiques du patient concerné. Le juge peut ainsi mener à bien cette tâche en s'inspirant de la nature humaine et de l'expérience générale de la vie.

C.   Omission ou retard

Dans l'ordre naturel, une omission ne peut être la cause d'un effet, car une « inaction » ne peut modifier le cours extérieur des choses[71]. En revanche, sur le plan normatif une omission peut être la cause d'un préjudice lorsqu'il existait une obligation d'agir. Lorsque le médecin a une obligation d'agir en vertu des règles de l'art et ne le fait pas – ou ne le fait pas à temps – il commet une omission qui peut être causale du préjudice du patient. On parle alors de « causalité hypothétique » entre l'omission et le préjudice.

La distinction classique entre causalité naturelle et adéquate est difficile à opérer lorsque l'acte générateur d'obligation est une omission. Cette difficulté résulte de la méthode utilisée pour juger de la causalité d'une omission, qui consiste à comparer le déroulement des faits tels qu'ils se sont effectivement produits avec le scénario hypothétique des évènements tels qu'ils se seraient déroulés si le responsable avait agi selon ses obligations. Selon le Tribunal fédéral, un jugement de valeur intervient immanquablement *déjà* au moment de l'établissement des faits à la base de cette causalité hypothétique, d'où la difficulté de distinguer entre causalité naturelle (relevant du fait) et causalité adéquate (relevant du droit). La portée de la distinction doit ainsi être relativisée dans les cas d'omission, seules les déductions reposant exclusivement sur l'expérience générale de la vie pouvant être revues par le Tribunal fédéral :

> « D'où cette particularité par rapport au cas de la commission : en règle générale, déjà au moment où il constate le rapport [de causalité hypothétique], le juge se fonde sur l'expérience générale de la vie ; ce faisant, il élimine d'emblée certains scénarios comme improbables d'après cette même expérience. Le jugement de valeur joue donc déjà un rôle pour la constatation de la causalité hypothétique alors que, d'ordinaire, il ne joue un rôle que pour statuer sur le caractère adéquat de la causalité. Dès lors, il ne se justifie généralement pas de soumettre le scénario hypothétique, constaté ou admis, à un nouvel examen sur la nature adéquate de la causalité. … La jurisprudence sur la distinction entre causalité naturelle et causalité adéquate voit donc sa portée restreinte, dans le sens des considérants ci-dessus.
>
> … lorsque le juge cantonal admet ou rejette un processus causal en se fondant sur des témoignages ou d'autres moyens de preuve, il fait une libre appréciation des preuves que le Tribunal fédéral ne peut revoir. Ne font exception

---

71   DESCHENAUX Henri et TERCIER Pierre, *La responsabilité civile*, 2e édition, Berne 1982, p. 38, n° 5.

que les déductions reposant uniquement sur l'expérience générale de la vie. En l'espèce, il y a lieu de s'en tenir à cette jurisprudence ... »[72]

Il convient d'en conclure qu'en matière de causalité hypothétique, le juge cantonal n'effectue le contrôle normatif normalement joué par l'examen de la causalité adéquate qu'au moment où il exerce la libre appréciation des preuves. Il en découle également que le Tribunal fédéral ne revoit les constatations des tribunaux inférieurs en matière de causalité hypothétique qu'avec la plus grande retenue[73].

Lorsqu'il compare les « deux scénarios » afin de déterminer la causalité hypothétique d'une omission, le juge se contente du même degré de preuve qu'en matière de causalité naturelle, c'est-à-dire d'une vraisemblance prépondérante[74] :

« ... il suffit – dans les cas de causalité hypothétique – que le juge se convainque qu'un processus causal déterminé est le plus vraisemblable. »[75]

« Lorsque le comportement générateur de responsabilité consiste en une omission, l'établissement du lien de causalité revient à s'interroger sur le cours hypothétique des événements et à se demander si l'acte omis aurait empêché la survenance du résultat dommageable. En cette matière, la jurisprudence n'exige pas une preuve stricte. Il suffit que le juge parvienne à la conviction qu'une vraisemblance prépondérante plaide pour un certain cours des événements. »[76] (Réf. omises)

Lorsque le degré de preuve n'atteint pas la vraisemblance prépondérante (c'est-à-dire est inférieure à 50%), la causalité hypothétique fait défaut et l'auteur de l'omission n'encourt aucune responsabilité[77].

1.   D'une mesure d'organisation

Depuis une vingtaine d'années est apparu un nouveau chef de responsabilité pour les hôpitaux et autres établissements médicaux, basé sur leur devoir de surveillance et de sécurité à l'égard des patients qui y séjournent[78]. Les

---

[72]   ATF 115 II 440, JdT 1990 I 362-371, c. 5.

[73]   De façon significative, Franz WERRO aborde la question de la causalité hypothétique au chapitre de la causalité naturelle. WERRO Franz, *La responsabilité civile*, Berne 2005, p. 48-49, n°s 188-189.

[74]   Voir ci-dessus partie II B 1 et ATF 107 II 269, JdT 1971 I 446.

[75]   ATF 115 II 440, JdT 1990 I 362-371, c. 6.a.

[76]   TF, 4C.125/2006, c. 6.2.

[77]   Selon les tenants de la théorie de la perte d'une chance, l'auteur peut être tenu à réparation également en présence de degrés de vraisemblance inférieurs à 50%. Voir ci-dessous partie V.

[78]   Voir ATF 112 Ib 322, JdT 1987 I 186-188 ; ATF 120 Ib 411, JdT 1995 I 554-558 ; ATF 123 III 204, JdT 1999 I 9-18 ; TF, 4C.53/2000 ; ATF 130 I 337, JdT 2005 I 95-104.

états de fait concernent notamment des accidents de défenestration chez des patients suicidaires ou souffrant d'autres affections psychiatriques. Se pose alors la question de savoir si des mesures techniques préventives – telles l'entrave du patient ou la condamnation des issues –, ou encore une veille permanente du patient, s'imposaient au vu des règles de l'art.

La difficulté de ce type d'affaires réside avant tout dans la détermination des mesures préventives et/ou de sécurité qui objectivement devaient être prises par l'établissement compte tenu de l'état du patient, et qui ont été omises. Cette tâche requiert fréquemment l'aide d'experts médicaux, chargés d'établir les règles de l'art en la matière. La question relève toutefois de la faute, et non de la causalité.

Une fois la violation de l'obligation de diligence établie, la causalité entre l'omission et le préjudice subi par le patient est le plus souvent évidente. En effet, l'expérience générale de la vie suffit généralement à apprécier si une mesure technique ou la veille permanente du patient auraient suffi à prévenir le préjudice, et le recours aux experts médicaux n'est pas nécessaire sur ce point précis. Ainsi le Tribunal fédéral, dans une affaire récente où un patient désorienté à la suite d'une intervention de chirurgie cardiaque avait fait une chute mortelle[79] :

« … la prescription d'une veille permanente, qui s'imposait en considération de l'état maladif de E. et des risques persistants … aurait très probablement empêché l'évènement fatal. »[80]

2. D'un acte médical

Lorsque le médecin omet de pratiquer un acte médical requis par les règles de l'art, ou le reporte à plus tard sans raison valable, il omet de « dévier » le cours normal du processus pathologique préjudiciable au patient vers une évolution plus favorable. Partant, son omission est causale (au sens normatif du terme) de l'évolution pathologique inchangée, laquelle est moins favorable que l'évolution avec un traitement approprié.

Dans le contexte d'une omission, le manquement à la diligence est intimement lié, voire *défini* par la relation de causalité. En effet, parmi l'infinité des « omissions » possibles, l'attention va se porter précisément sur celle qui est *a priori* causale du préjudice. Le cheminement logique est ici frappant : on remonte du préjudice vers une omission, une « non-action » génératrice de responsabilité, qui *de facto* est définie par la relation de causalité.

---

[79] Les techniques de circulation extra-corporelle (CEC) utilisées en chirurgie cardiaque entraînent dans un nombre significatif de cas un état confusionnel transitoire, dont le mécanisme physiopathologique est mal compris.

[80] ATF 130 I 337, JdT 2005 I 95-104.

A l'instar des autres cas d'omission, la méthode consiste à comparer le déroulement des faits tels qu'ils se sont effectivement produits avec le scénario hypothétique des évènements tels qu'ils se seraient déroulés si le médecin avait agit conformément à ses obligations. L'évaluation du scénario hypothétique nécessite dès lors de reconstruire l'évolution du processus pathologique, tel que modifié, «dévié» par l'intervention diligente du médecin. La comparaison des deux scénarios requiert ensuite d'évaluer dans quelle mesure ils divergent, et dans quelle mesure leur issue est différente en terme de préjudice. Ces démarches déductives nécessitent à l'évidence des connaissances spécifiques, qui seront le plus souvent apportées par l'expert médical. On l'a vu, l'appréciation de la causalité hypothétique relève essentiellement de l'appréciation des preuves, que le Tribunal fédéral ne peut revoir sauf lorsque la décision est «*basée uniquement sur l'expérience de la vie.*»[81]. En matière médicale, il faut s'attendre à ce que les déductions de causalité lors d'omissions reposeront rarement sur la seule expérience générale de la vie du juge, mais bien souvent sur des connaissances médicales spécialisées. Ce rôle important de l'expert est confirmé par deux décisions récentes du Tribunal fédéral.

La première concerne une patiente chez qui l'on met en évidence, lors d'une échographie pratiquée le 8 décembre 1998 une masse située dans le petit bassin, compatible avec un kyste ou une tumeur de l'ovaire gauche[82]. Une laparoscopie exploratrice pratiquée le 26 février 1999 confirme la présence de la masse, et en précise la localisation. Un scanner pratiqué le 4 mars 1999 indique que la masse est compatible avec une tumeur d'origine ovarienne ou autre. Devant ce tableau, les médecins décident de surseoir à l'intervention et de répéter le scanner trois mois plus tard. Cet examen effectué le 2 juin 1999 révèle une importante aggravation de la masse tumorale, laissant supposer une lésion cancéreuse agressive. La patiente est alors opérée le 16 juin 1999. L'extirpation de la masse tumorale nécessite de procéder dans le même temps à l'ablation de l'utérus et de l'ovaire gauche. L'analyse du tissu tumoral révèle une lésion de type fibromateux (léio-myome), sans signe de malignité.

La patiente ouvre action devant le Tribunal administratif du canton de Neuchâtel au motif que l'ablation de l'utérus et de l'ovaire gauche effectuée le 16 juin 1999 aurait pu être évitée si les médecins étaient intervenus plus précocement, au moment de la laparoscopie du 26 février 1999. En d'autres termes, le retard à intervenir, imputable aux médecins, constituait la cause de l'ablation de l'utérus et de l'ovaire gauche subie par la patiente trois mois plus tard.

Une expertise extra-judiciaire FMH puis une expertise judiciaire ont été diligentées afin d'apprécier, notamment, le lien de causalité entre le retard à

---

81   Voir partie IV C ci-dessus et ATF 115 II 440, JdT 1990 I 362-371.

82   TF, 4P.283/2004, RDAF 2005 I 375-382.

intervenir chirurgicalement et l'ampleur de l'intervention chirurgicale finalement effectuée. L'expertise judiciaire (le résultat de l'expertise FMH n'est pas rapporté dans la décision) a confirmé que l'ablation de l'utérus (hystérectomie) et de l'ovaire gauche (annexectomie) auraient

> «... également été incontournables 3 mois avant le 3 juin 1999 et que l'avancement de la date de l'opération n'aurait pas permis de préserver plus d'organes. ... cette lésion volumineuse et située profondément dans le petit bassin aurait très vraisemblablement requis une hystérectomie, pour des raisons opératoires, si l'intervention avait été faite sans attendre.»[83]

La patiente a formé recours de droit public à l'encontre de la décision du Tribunal administratif neuchâtelois, au motif que celui-ci aurait repris «tel quel» le raisonnement de l'expert judiciaire, ce qui constituerait une appréciation arbitraire des preuves.

Le Tribunal fédéral rejette le recours, indiquant que l'instance cantonale était fondée à se rallier aux conclusions de l'expert.

> «En présence d'un rapport d'expertise complet et précis, les juges cantonaux étaient fondés à se rallier aux conclusions de l'auteur de celui-ci pour parvenir, sans arbitraire, à la conclusion que tout lien de causalité faisait défaut en l'espèce.»[84]

L'examen du Tribunal fédéral est certes ici limité à l'arbitraire. Son raisonnement conforte néanmoins l'observation selon laquelle en cas d'omission ou de retard d'un acte médical, la marge de manœuvre du juge en matière de causalité se limite en pratique à l'appréciation des faits. Le Tribunal fédéral rappelle en effet les circonstances limitées dans lesquelles le juge doit s'écarter des conclusions d'une expertise:

> «... lorsque l'autorité cantonale juge celle-ci concluante et en fait sien le résultat, le Tribunal fédéral n'admet le grief d'appréciation arbitraire que si l'expert n'a pas répondu aux questions posées, si ses conclusions sont contradictoires ou si, d'une quelconque autre façon, l'expertise est entachée de défauts à ce point évidents et reconnaissables, même sans connaissances spécifiques, que le juge ne pouvait tout simplement pas les ignorer.»[85]

Cela signifie *a contrario* que dans tous les autres cas, le juge est fondé à suivre l'expertise. Compte tenu de la nature éminemment technique de l'évaluation de la causalité hypothétique en matière médicale, mais aussi du caractère nécessairement limité du contrôle normatif effectué par le juge en cas d'omission, il faut s'attendre à ce que ce dernier suive les conclusions de l'expert dans l'écrasante majorité des cas.

---

83   Ibid., c. 3.2.

84   Ibid.

85   Ibid., c. 3.1.

La seconde décision du Tribunal fédéral concerne un patient traité pour des problèmes gastriques à répétition, chez lequel une gastroscopie pratiquée le 10 janvier 1991 révèle un ulcère de l'estomac, d'aspect bénin[86]. Le médecin lui prescrit un traitement à base de Zantic. Le 18 janvier 1991 le patient va mieux, et le médecin lui propose une gastroscopie de contrôle pour le 20 février 1991. Peu avant cette date, le patient annule le rendez-vous, et ne se manifeste plus auprès du médecin. En mai 1992, on diagnostique chez le patient un cancer gastrique qui nécessite une résection chirurgicale de l'estomac et des traitements lourds, lesquels se soldent par des complications sérieuses. Le patient saisit la Cour civile du Tribunal cantonal vaudois, notamment au motif que son médecin avait omis d'attirer son attention sur l'importance de pratiquer la gastroscopie de contrôle du 20 février 1991. Selon lui, cette mesure aurait permis de diagnostiquer plus précocement le cancer gastrique, et d'en alléger les modalités thérapeutiques. Une expertise extra-judiciaire FMH ainsi qu'une expertise judiciaire ont confirmé qu'un diagnostic plus précoce du cancer gastrique n'aurait probablement pas permis d'éviter les traitements auxquels le patient a été exposé, et n'aurait pas amélioré son état de santé. Le patient a formé un recours en réforme devant le Tribunal fédéral, notamment au motif que les juges cantonaux n'ont pas admis de lien de causalité entre les prétendus manquements du médecin et le dommage qu'il a subi.

Le Tribunal fédéral commence par rappeler la distinction entre causalité naturelle et causalité adéquate, insistant sur le fait que la première relève de l'appréciation des faits et ne peut être revue dans le cadre d'un recours en réforme[87]. Il poursuit, à propos de la causalité adéquate:

> «L'existence d'un rapport de causalité adéquate doit être appréciée sous l'angle juridique; elle doit être tranchée par le juge seul, et non par les experts médicaux.»[88] (Réf. omises)

Le Tribunal fédéral n'indique pas en quoi son examen de la causalité adéquate consiste, alors que cette question entre précisément dans son pouvoir de cognition dans le contexte d'un recours en réforme. A vrai dire, on voit difficilement quel pourrait être le rôle d'appréciation normative du juge en la présente espèce, qui concerne une omission. Le Tribunal fédéral poursuit, admettant sans le dire que l'appréciation de la causalité relève essentiellement des faits, ce qui en pratique réduit à portion congrue l'examen normatif de la causalité adéquate:

> «Toutefois, si en principe le juge n'est pas lié par les conclusions d'une expertise judiciaire, il ne saurait s'en écarter sans motifs sérieux et doit motiver sa

---

[86] TF, 4C.88/2004.

[87] On note qu'en l'espèce le Tribunal fédéral ne se réfère pas à sa jurisprudence antérieure ATF 115 II 440, où il relativisait la distinction entre causalité naturelle et adéquate dans les cas d'omission.

[88] TF, 4C.88/2004, c. 4.1.

décision à cet égard. Il sied encore de rappeler que l'appréciation *in concreto* de la valeur probante d'une expertise ressortit au fait et ne peut pas être revue en instance de réforme. »[89] (Réf. omises)

Le Tribunal conclut en indiquant que l'ensemble des griefs du demandeur relatifs au lien de causalité ne relèvent pas de son pouvoir de cognition :

> «Force est ainsi de constater que toutes les critiques du demandeur concernant le refus de l'autorité cantonale d'admettre un lien de causalité tombent à faux. En effet, s'il entendait s'en prendre au constat de la causalité naturelle, le demandeur devait procéder par la voie du recours de droit public (cf. consid. 4.1), ce qu'il n'a pas fait. Par ailleurs, le demandeur n'a nullement démontré en quoi la cour civile aurait méconnu le concept même de causalité naturelle ou raisonné de façon erronée en matière de causalité adéquate. »[90]

Bien que le Tribunal fédéral évoque les notions de causalité naturelle et de causalité adéquate, il n'indique à aucun moment quel est le contenu ou la signification de la causalité adéquate, pourtant seule concernée en instance de réforme.

Ces exemples confirment qu'en matière d'omission, la distinction entre causalité naturelle et adéquate est difficile, voire impossible à opérer. Il en résulte qu'en pratique, l'appréciation de la causalité hypothétique relève essentiellement des faits, lesquels sont le plus souvent établis avec l'aide d'experts dans les affaires médicales. L'intervention du juge se limite ainsi à apprécier lesdits faits.

Dans les deux décisions citées, les experts ont en définitive livré des conclusions tranchées, sur lesquelles le juge cantonal s'est fondé. Il ne faut toutefois pas se leurrer quant à l'apparente facilité de l'exercice. Le langage utilisé par les experts dans les deux affaires laisse au contraire voir les hésitations de ceux-ci avant qu'ils ne parviennent à leurs conclusions finales :

> «… l'expert judiciaire avait indiqué qu'il n'était pas possible de répondre avec une absolue certitude à la question de savoir si l'hystérectomie incriminée aurait pu être évitée dans l'hypothèse où l'ablation de la masse pelvienne en question n'aurait pas été retardée. Néanmoins, … [suit la conclusion plus tranchée de l'expert selon laquelle l'hystérectomie aurait été inéluctable] »[91]

> «[l'expert] a ajouté qu'il avait identifié la possibilité d'un retard au diagnostic de carcinome chez A. et que cette possibilité, faible mais non nulle, résidait dans le fait que A. ne s'était pas rendu à l'endoscopie de contrôle à laquelle il avait été convoqué pour le 20 février 1991. »[92]

---

89 Ibid.

90 Ibid., c. 4.3.

91 TF, 4P.283/2004, RDAF 2005 I 375-382, c. 3.2.

92 TF, 4C.88/2004.

Ces précautions oratoires dénotent les difficultés rencontrées par les experts. A l'instar de celle du juge, leur évaluation de la causalité est probabiliste, et basée sur la vraisemblance prépondérante.

Lorsque les scénarios à comparer divergent peu, notamment lorsque le traitement omis par le médecin est d'une efficacité aléatoire, il peut être difficile de déterminer si l'omission constitue, avec une vraisemblance prépondérante (c'est-à-dire supérieure à 50%), la cause de l'évolution défavorable du patient. Dans de tels cas, les conclusions de l'expert peuvent devenir évasives, voire non conclusives. Le juge se doit néanmoins de trancher, le cas échéant après avoir ordonné de nouvelles mesures d'instruction.

V. Théorie de la perte d'une chance : une chance ?

La théorie de la perte d'une chance est régulièrement citée par la doctrine comme une solution équitable lorsque la causalité entre fait générateur de responsabilité et préjudice est incertaine[93]. Acceptée à des degrés divers en France et dans bon nombre d'Etats américains, cette théorie permet de réparer la perte d'une chance de réaliser un gain ou d'éviter un préjudice.

Bien que les domaines d'application de la théorie de la perte d'une chance soient innombrables[94], le domaine médical constitue l'un de ses terrains de prédilection. Dans la plupart des cas, une mesure thérapeutique ou diagnostique nécessaire est fautivement omise ou retardée par le médecin, ce qui permet au processus pathologique de suivre son cours naturel et d'aboutir au préjudice. Comme mentionné ci-dessus dans la partie IV C 2, la causalité hypothétique entre l'omission et le préjudice est établie en comparant le déroulement des faits tels qu'ils se sont effectivement produits avec le scénario hypothétique des évènements tels qu'ils se seraient déroulés si le médecin avait agit conformément à ses obligations («les deux scénarios»).

---

[93] Voir notamment THÉVENOZ Luc, *La perte d'une chance et sa réparation*, in Quelques questions fondamentales du droit de la responsabilité civile : actualités et perspectives, Colloque du droit de la responsabilité civile 2001, Université de Fribourg, Berne 2002, p. 237-259 ; MÜLLER Christoph, *La perte d'une chance. Etude comparative en vue de son indemnisation en droit suisse, notamment dans la responsabilité médicale*, Berne 2002 ; GUILLOD Olivier, *La responsabilité civile des médecins : un mouvement de pendule*, in *La responsabilità del medico e del personale sanitario fondata sul diritto pubblico, civile e penale*, Lugano 1989, p. 77-80. Voir également la contribution du professeur Thomas KADNER dans le présent recueil.

[94] Les situations vont du cheval de course empêché de courir, à l'avocat négligent qui laisse prescrire un droit d'action. Pour une casuistique en droit français, voir MÜLLER Christoph, *La perte d'une chance. Etude comparative en vue de son indemnisation en droit suisse, notamment dans la responsabilité médicale*, Berne 2002, p. 55 ss.

Le cas typique est celui d'un patient dont le cancer est diagnostiqué tardivement à la suite d'une prétendue négligence du médecin[95]. Lorsque le cancer est finalement détecté, le patient a perdu toutes ou partie de ses chances de guérir grâce à un traitement précoce.

Cette situation est caractérisée par le fait qu'il est strictement impossible, *a posteriori*, de savoir quelle aurait été l'évolution réelle du patient s'il avait reçu à temps le traitement approprié. L'évolution favorable est ainsi marquée par un aléa. En reconstruisant le scénario hypothétique, le juge doit se baser sur les données de la science médicale, qui lui seront le plus souvent livrées par un expert.

Lorsque la mesure omise aurait, à coup sûr ou avec une vraisemblance prépondérante (c'est-à-dire supérieure à 50%) permis d'éviter le préjudice, la causalité hypothétique est donnée et la victime est indemnisée pour l'intégralité du préjudice[96]. Lorsque la mesure omise aurait seulement éventuellement permis d'éviter le préjudice, c'est-à-dire avec une vraisemblance inférieure à 50%, la causalité hypothétique entre l'omission et le préjudice fait défaut, et la victime n'a droit à aucune indemnité. C'est la solution actuelle du droit suisse, parfois appelée théorie du « tout-ou-rien ». Les tenants de la théorie de la perte de chance la tiennent pour injuste, car le médecin négligent ne risque rien à omettre ou retarder des mesures thérapeutiques ou diagnostiques dont l'efficacité à éviter le préjudice est inférieure à 50%. En outre, la victime qui a gain de cause est selon eux sur-indemnisée dans un nombre important de cas, la causalité n'étant jamais certaine à 100%.

Selon la théorie de la perte de chance, la victime est indemnisée en proportion des chances perdues. Lorsque la mesure omise aurait à coup sûr (dans 100% des cas) permis d'éviter le préjudice, la victime est indemnisée pour l'intégralité du préjudice. Lorsque la mesure omise aurait permis d'éviter le

---

[95] La décision 4C.88/2004 rapportée ci-dessus appartient à cette catégorie. Voir ci-dessus partie IV C 2.

[96] Une réduction de l'indemnité basée sur l'art. 43 al. 1 CO reste néanmoins possible. Cette voie avait été suivie par un Tribunal de district zurichois dans une affaire de cancer testiculaire diagnostiqué et traité tardivement (85 RSJ (1989) p. 119 ss.). Le Tribunal avait considéré que s'il avait été institué à temps, le traitement aurait guéri le patient avec une vraisemblance prépondérante de 60%. La causalité entre l'omission et l'évolution défavorable était ainsi donnée, de même que le principe de la réparation. Invoquant l'art. 43 al. 1 CO, le Tribunal n'a toutefois alloué que 60% du montant total du préjudice à la victime, en considération des 40% de chances que l'évolution aurait pu être défavorable en dépit du traitement. Olivier GUILLOD estime que cette décision marque l'apparition de la théorie de la perte d'une chance en droit suisse. Cela aurait été pleinement le cas si le Tribunal avait donné droit à réparation en présence d'une probabilité de guérison induite par le traitement inférieure à 50%. En l'espèce, le raisonnement du Tribunal suit les règles classiques de la responsabilité civile. GUILLOD Olivier, *La responsabilité civile des médecins : un mouvement de pendule*, in *La responsabilità del medico e del personale sanitario fondata sul diritto pubblico, civile e penale*, Lugano 1989, p. 78.

préjudice avec une probabilité de 60%, la victime est indemnisée à hauteur de 60% du préjudice total, soit significativement moins que dans le système du tout-ou-rien (100%)[97]. Lorsque la mesure omise aurait permis d'éviter le préjudice avec une probabilité de 20%, la victime est indemnisée à hauteur de 20% du préjudice total, soit significativement plus que dans le système du tout-ou-rien (ou elle ne toucherait aucune indemnité)[98]. Dans ce contexte, la place de l'expert médical est encore plus importante que dans le système du tout-ou-rien. Alors que dans ce système l'expert doit «seulement» indiquer si l'omission du médecin constitue la cause vraisemblable du préjudice (au sens de vraisemblance prépondérante), la théorie de la perte d'une chance lui impose d'évaluer la causalité en terme de pourcentages précis. Son intervention vise ainsi non seulement à établir le principe de la responsabilité, mais également sa quantification en terme de dommages[99].

Au plan conceptuel, la théorie de la perte d'une chance peut être appréhendée de deux manières. La première, admise essentiellement dans le monde anglo-saxon, intègre l'aléa affectant l'évolution du patient au niveau de la causalité: la causalité incertaine («il y a 20% de chances que l'omission ait causé le dommage») affecte le montant total du dommage final. La réparation est ainsi de: 20% × montant total du dommage final. La seconde manière d'appréhender la théorie de la perte d'une chance, admise avant tout en France, intègre l'aléa dans la définition même du dommage: la chance perdue constitue un dommage distinct, d'une autre nature que le dommage final. L'omission incriminée a ainsi causé la perte de chance, dommage distinct qui aura une valeur par définition inférieure au montant du dommage final[100].

Quelle que soit l'approche conceptuelle adoptée, l'effet essentiel de la théorie de la perte d'une chance est d'éluder la question de la causalité. L'approche anglo-saxonne permet d'alléger l'exigence de causalité précisément dans les cas où elle pose le plus problème: une causalité incertaine ne représente plus un obstacle, puisqu'il en est tenu compte dans le calcul du dommage. L'approche française permet quant à elle de ne plus avoir à se poser la question, puisque la causalité entre l'omission et la perte de chance, dès lors seule pertinente, sera toujours donnée.

---

[97] Voire la même chose si le Tribunal fait application de l'art. 43 al. 1 CO de la même manière que dans l'arrêt zurichois cité précédemment.

[98] Ces exemples présument que le préjudice survient dans tous les cas où le traitement est omis. Lorsque le préjudice n'est pas certain (p. ex. en cas de rémission spontanée du cancer sans traitement), il est possible d'en tenir compte dans le calcul de la perte de chance. Voir Bieri Laurent, *La responsabilité du mandataire proportionnelle à la causalité: une perspective économique*, Revue de Droit Suisse, Vol. 125 (2006) I, Heft 4, p. 515-530.

[99] Il est d'ailleurs probable que dans un nombre significatif voire la plupart des cas, l'expert ne puisse fournir la précision postulée par la théorie de la perte d'une chance.

[100] Sauf dans les cas où la causalité est certaine («il y a 100% de chances que l'omission a causé le dommage»), où la valeur des chances perdues sera équivalente au montant du dommage final.

Ce n'est pas le lieu d'une analyse approfondie de la théorie de la perte d'une chance. On me permettra néanmoins d'évoquer les interrogations que suscite cette théorie, notamment dans le contexte de la responsabilité médicale :

- « *En logique comme dans la nature, la cause existe ou n'existe pas, elle ne peut être ni ‹ partielle ›, ni ‹ adéquate ›, ni ‹ relative ›. La loi d'ailleurs ne pose à cet égard aucune exigence particulière.* »[101] DESCHENAUX et TERCIER avaient formulé cette critique à propos de la causalité adéquate, qui est déjà une notion probabiliste. Elle est d'autant plus pertinente dans le contexte de la théorie de la perte d'une chance : soit un processus est causal, soit il ne l'est pas. En admettant qu'un processus « causal » à 10, 25 ou 40% seulement puisse entraîner réparation, la théorie de la perte d'une chance remet en cause le concept même de causalité.

- La théorie de la perte d'une chance aboutit à une « justice de statisticien », et non pas à une justice individuelle. Pour le justiciable, elle est plus souvent injuste que juste. Admettons qu'un traitement efficace dans 30% des cas ait été omis chez 100 patients atteints d'un cancer au même stade, entraînant leur décès. Selon la théorie de la perte d'une chance, les 100 patients (ou leurs ayant-droits) recevraient chacun 30% du montant du dommage final. Une injustice est ainsi commise chez les 100 patients : chez les 30 patients qui auraient survécu grâce au traitement et qui auraient dû être indemnisés à 100%, et chez les 70 patients qui seraient décédés en dépit du traitement et qui n'auraient dû recevoir aucune indemnité. Quant à la solution du « tout-ou-rien », elle aboutit à une injustice seulement envers les 30 patients décédés en raison de l'omission du traitement[102]. Le calcul peut être effectué de même manière pour un traitement efficace à plus de 50%, avec le même résultat : la théorie de la perte d'une chance entraîne quantitativement plus d'injustices que la méthode du tout-ou-rien.

- La question du seuil à partir duquel il convient de réparer la perte d'une chance apparaît difficile à résoudre, et représente une faiblesse de la théorie. En bonne logique, toute chance perdue, aussi petite soit-elle, devrait pouvoir être réparée. MÜLLER conclut dans ce sens[103]. Il n'en reste pas moins que la plupart des juridictions appliquant la théorie de la perte d'une chance semblent estimer qu'une limite inférieure est souhaitable. La chance perdue doit être « *réelle et sérieuse* » en France, et « *substantial* » et « *appreciable* » aux Etats-Unis. L'avant projet de révision de la responsabilité civile suisse, dont l'article 56d sur la preuve du dommage et de

---

[101] DESCHENAUX Henri et TERCIER Pierre, *La responsabilité civile*, 2e édition, Berne 1982, p. 61, n° 45.

[102] Exemple modifié de Dumas v. Cooney, 235 Cal. App.3d 1593 (1991), décision californienne rejetant la théorie de la perte d'une chance dans cet Etat américain.

[103] MÜLLER Christoph, *La perte d'une chance. Etude comparative en vue de son indemnisation en droit suisse, notamment dans la responsabilité médicale*, Berne 2002, p. 268, n° 395.

la causalité permet de régler certaines situations de perte d'une chance, parle de vraisemblance «*convaincante*». Bien que cette notion représente un niveau de preuve certainement inférieur à celui de la vraisemblance prépondérante (50%)[104], la conviction du juge ne saurait être emportée par un niveau de vraisemblance moins que significatif. On constate ainsi que les instances appelées à appliquer la théorie de la perte d'une chance éprouvent le besoin de fixer un seuil minimal, lequel ne pourra être qu'arbitraire. En fixant la limite à la vraisemblance prépondérante (50%), la solution du droit actuel a le mérite de n'entraîner la réparation que lorsque la cause incriminée est la plus vraisemblable parmi toutes les causes possibles.

– La théorie de la perte d'une chance procure une fausse impression d'exactitude, plaçant des chiffres précis sur ce qui est avant tout notre ignorance du destin particulier de chacun. Certes, la littérature médicale fournit bon nombre de données épidémiologiques et pronostiques quant à l'évolution des maladies. Il est toutefois illusoire de vouloir faire «coller» la réalité d'un patient donné aux séries de sujets collectées dans la littérature médicale, et les praticiens le savent bien : pour le patient, seule son évolution propre compte, car il va par définition la vivre à 100%. Peu lui chaut de savoir que les grandes séries de la littérature lui donnaient 20, 40 ou 80% de chances de guérir. C'est également la raison pour laquelle les médecins évitent de donner des pronostics déterminés de survie, même basés sur la littérature la plus récente : ils savent qu'ils se trompent presque certainement dans le cas particulier.

– Les cas où la causalité est incertaine sont les plus susceptibles d'être transigés par les parties, car aucune d'entre elles n'a alors la conviction de prévaloir au tribunal. Celles-ci parviendront souvent à un accord représentant un moyen terme, proche du résultat obtenu par la théorie de la perte d'une chance. En revanche, lorsque les parties décident de soumettre leur litige au juge, elles entendent que celui-ci décide pour l'une ou l'autre d'entre elles, compte tenu de toutes les circonstances.

– Enfin et surtout, la théorie de la perte d'une chance ignore la «fonction cathartique» de la décision de justice, par laquelle le juge tranche et vide le litige entre les parties. L'indemnité de 30% versée aux 100 patients de l'exemple ci-dessus ne satisfera pas grand monde : sous nos latitudes, l'élément de réparation financière est rarement au premier plan, et les justiciables attendent bien davantage que la faute du médecin soit exposée[105].

---

[104] Thévenoz Luc, *La perte d'une chance et sa réparation*, in Quelques questions fondamentales du droit de la responsabilité civile : actualités et perspectives, Colloque du droit de la responsabilité civile 2001, Université de Fribourg, Berne 2002, p. 237-259, 256.

[105] L'expertise extra-judiciaire FMH joue d'ailleurs souvent ce rôle avant procès.

La possibilité d'obtenir une décision claire quant à la causalité, même si celle-ci est par définition imparfaite – ou humaine? –, représente à mon sens une valeur propre, malmenée par la théorie de la perte d'une chance.

La théorie de la perte d'une chance représente une solution intellectuellement élégante aux problèmes épineux posés par la causalité incertaine. La France et une partie du monde anglo-saxon l'ont adoptée[106], et elle a la faveur de la doctrine dans notre pays. Il n'en reste pas moins qu'indépendamment de la manière avec laquelle on l'appréhende, la théorie de la perte d'une chance remet en cause le concept même de causalité, ce qui est choquant à tout le moins en matière médicale[107].

VI. Conclusion

La diversité des situations de la vie réelle se laisse – bien heureusement! – mal appréhender par la théorie. Il en va de même de la causalité en matière médicale: la typologie esquissée dans la présente contribution a ainsi nécessairement ses limites. Il est néanmoins possible de tirer un certain nombre de conclusions générales.

Lorsque le préjudice est causé par un accident, la causalité est le plus souvent évidente, excepté lorsque la chaîne causale s'allonge ou lorsque l'atteinte à la santé est de nature psychologique (ce qui au fond revient au même). Dans ces cas, la notion de causalité adéquate, déterminée par le juge parfois aidé de l'expert, joue un rôle efficace de limitation normative de la responsabilité. Lorsque le préjudice est causé par un acte médical positif, il en va de même qu'en cas d'accident: la relation de causalité est le plus souvent évidente, déterminée par les lois de la mécanique ou du métabolisme. Lorsque le préjudice est causé par un défaut de consentement ou par un défaut d'information, évaluer la causalité revient à estimer si, compte tenu de ses ressorts psychologiques, la victime eût consenti au traitement ou suivi les directives du médecin. L'expert est rarement absent de ces situations, mais intervient avant tout afin d'évaluer la faute médicale. Lorsque le préjudice est causé par une omission (ou retard) d'un acte médical imputable au médecin, l'examen

---

106   L'adoption de la théorie de la perte d'une chance n'est pas toujours définitive. Certains Etats américains (Michigan, Dakota du Sud) ont en effet édicté des lois destinées à exclure l'application de la théorie peu après que celle-ci ait été acceptée par leurs tribunaux. Voir WEIGAND Tory, *Loss of chance in medical malpractice: the need for caution*, 87 Massachussetts Law Review 1 (2002).

107   Pour une discussion de l'exclusion éventuelle du domaine médical de l'application de la théorie de la perte d'une chance, voir MÜLLER Christoph, *La perte d'une chance. Etude comparative en vue de son indemnisation en droit suisse, notamment dans la responsabilité médicale*, Berne 2002, p. 289-291, nᵒˢ 425-428. Christoph MÜLLER conclut qu'aucune distinction ne se justifie.

de la causalité requiert de reconstruire l'évolution du processus pathologique pour le cas où l'acte omis aurait été correctement effectué. L'expert médical est ici sollicité au premier chef, et la jurisprudence en matière de responsabilité – médicale ou non –, peine à déterminer quel est en pratique le rôle du juge, au-delà de la pure appréciation des faits établis par l'expert. Un jugement de valeur intervient en effet déjà au moment de l'établissement et de la comparaison des deux scénarios, activités relevant des faits, et il devient difficile de différencier l'examen de la causalité naturelle et de celui de la causalité adéquate. Les cas d'omission sont également ceux où l'examen de la causalité est le plus problématique, notamment lorsque le traitement omis est d'une efficacité aléatoire. D'aucuns croient trouver dans la théorie de la perte d'une chance une solution à ces problèmes de causalité incertaine. En dépit d'une élégance intellectuelle indéniable, cette théorie à le défaut de remettre en cause le concept même de causalité, et de diluer de façon malvenue la « fonction cathartique » de la décision de justice.

La « perte d'une chance » en droit privé européen : « tout ou rien » ou réparation partielle du dommage en cas de causalité incertaine

Thomas Kadner Graziano[*]

Table des matières

---

[*]   Professeur à l'Université de Genève.

I.   Introduction[1]

Le projet de réforme du droit des obligations dans le Code civil *français*, actuellement discuté en France[2], prévoit, à son article 1346, la « perte d'une chance » en tant que chef de responsabilité autonome[3]. D'après ce projet, le nouvel art. 1346 du Code civil prévoira : « La perte d'une chance constitue un préjudice réparable distinct de l'avantage qu'aurait procuré cette chance si elle s'était réalisée. » Le législateur français s'appuie, dans cette disposition,

---

[1]   Littérature sommaire: Alain Bénabent: La chance et le droit, Paris 1973 ; Franz Bydlinski, Aktuelle Streitfragen um die alternative Kausalität, in: Sandrock (éd.), Festschrift für Günther Beitzke, Berlin et al. 1979, p. 3 ; European Group on Tort Law (éd.): Principles of European Tort Law – Text and Commentary, Wien / New York 2005 ; Holger Fleischer: Schadensersatz für verlorene Chancen im Vertrags- und Deliktsrecht, Juristen-Zeitung (JZ) 1999, 766 ; Alain Hirsch: Perte de chance et causalité, dans ce même volume ; Nils Jansen: The Idea of a Lost Chance, Oxford Journal of Legal Studies (OJLSt.) 1999, 271 ; Helmut Koziol: Schadensersatz für den Verlust einer Chance? In: G. Hohloch / R. Frank / P. Schlechtriem (éd.), Festschrift für Hans Stoll, Tübingen 2001, p. 233 ; idem: Gregg v. Scott – Much ado about nothing?, Entscheidung des House of Lords vom 27. Januar 2005, Zeitschrift für Europäisches Privatrecht (ZEuP) 2006, 656 ; idem: Anmerkung zu BGH 16.6.2005, JZ 2006, 198, 201 ; Christoph Müller: La perte d'une chance, Berne 2002 ; idem : La perte d'une chance, in: Bénédict Foëx / Franz Werro (éd.), La réforme du droit de la responsabilité civile, Zurich 2004, p. 143 ; Walter Müller-Stoy: Schadensersatz für verlorene Chancen – eine rechtsvergleichende Untersuchung, Freiburg 1973 ; Hans Stoll: Schadensersatz für verlorene Heilungschancen vor englischen Gerichten in rechtsvergleichender Sicht, in: E. Deutsch / E. Klingmüller / H.J. Kullmann (éd.), Festschrift für Erich Steffen, Berlin / New York 1995, p. 465 ; idem: Haftungsverlagerung durch beweisrechtliche Mittel, Archiv für die civilistische Praxis (AcP) 176 (1976), 146 ; Luc Thévenoz: La perte d'une chance et sa réparation, in: Christine Chappuis / Guy Chappuis / Pierre Tercier / Luc Thévenoz / Franz Werro (éd.), Quelques questions fondamentales du droit de la responsabilité civile: actualités et perspectives, Berne 2002, p. 237 ; Philippe Le Tourneau: Droit de la responsabilité et des contrats, Paris 2004 ; Bénédict Winiger / Helmut Koziol / Bernhard A. Koch / Reinhard Zimmermann (éd.): Digest of European Tort Law, Vol. 1: Essential Cases on Natural Causation, Wien / New York 2007.

[2]   Avant-projet de réforme du droit des obligations (Articles 1101 à 1386 du Code civil) et du droit de la prescription (Articles 2234 à 2281 du Code civil), in: www.lexisnexis.fr/pdf/DO/RAPPORTCATALA.pdf.

[3]   Cette disposition est à lire conjointement avec la condition de base de la responsabilité, i.e. l'art. 1343 qui prévoit: « Est réparable tout préjudice certain consistant dans la lésion d'un intérêt licite, patrimonial ou extra-patrimonial, individuel ou collectif ».

sur une jurisprudence très riche des tribunaux français concernant la réparation pour « perte d'une chance »[4].

La législation et la jurisprudence *suisses* n'ont, jusqu'à présent, pas reconnue le concept de l'indemnisation pour « perte d'une chance »[5]. Le droit des obligations *allemand*, réformé en 2002, ne connaît pas non plus cette notion ou catégorie de dommage[6].

La présente contribution tentera tout d'abord de clarifier les situations de fait dans lesquelles nous avons à faire à la « perte d'une chance » (II). Ensuite sera analysé à quel point la « perte d'une chance » est un problème de causalité (III), puis quelles sont les solutions traditionnelles pour remédier au problème (IV), pour ensuite présenter la notion et le concept juridique de la « perte d'une chance » (V).

Une fois les solutions principales pour remédier au problème de la causalité incertaine présentées, nous tenterons de faire un bilan comparatif et de dégager, si possible, des tendances actuelles dans le droit privé européen en ce qui concerne la réparation pour « perte d'une chance » (VI). Ce bilan prendra également en considération les « Principes relatifs aux contrats du commerce international » (ou « Principes d'UNIDROIT ») de 2004, les « Principes du droit européen du contrat » (ou « Principes Lando ») ainsi que les « *Principles of European Tort Law* » publiés en 2005 par le « *European Group on Tort Law* » (VII). Dans la dernière partie, nous essayerons de peser le pour et le contre des différentes approches au problème de la « perte d'une chance » (VIII), pour ensuite prendre position (IX).

II.   Situations de fait

Les situations de fait soulevant des questions de « perte d'une chance » peuvent, en tout cas, être regroupées en quatre catégories[7].

---

4   Cf. par ex. Le Tourneau, Droit de la responsabilité et des contrats, nos 1415 ss.

5   Ce résultat de la recherche effectuée par Ch. Müller, La perte d'une chance, nos 241 et 249, est toujours d'actualité. Dans une décision du 13 juin 2007, le Tribunal fédéral suisse (TF) traite, pour la première fois, expressément de la question de la « perte d'une chance » mais, pour des questions de procédure, laisse la question ouverte, TF, arrêt du 13 juin 2007, 4A.61/2007.

6   Dans la doctrine allemande, la notion de « perte d'une chance » est à peine connue. Il paraît que seuls les comparatistes en ont pris note, v. les références supra, n. 1, et Zimmermann : « this idea [i.e. the loss of a chance] is practically non-existent in the case law of [German] courts », in : Winiger et al. (éd.), Digest of European Tort Law, 10.2.7.

7   Pour d'autres cas d'application de l'approche de perte d'une chance en droit *français*, v. Le Tourneau : Droit de la responsabilité et des contrats, nos 1419, 1422 ss.

A.   La première catégorie : la responsabilité des avocats

La première catégorie concerne la responsabilité des avocats pour fautes professionnelles. Cette catégorie peut être illustrée par un cas qu'a eu à trancher le Tribunal Suprême espagnol en 2004 :

Une femme est employée en tant que secrétaire dans une entreprise. On lui notifie sa mutation dans un autre département, ce qui affecte son horaire ainsi que ses conditions de travail. Elle mandate un avocat pour contester ce changement, mais celui-ci omet fautivement de porter plainte dans les délais. Par conséquent, l'action est rejetée.

La secrétaire demande à être dédommagée par l'avocat pour la perte des bénéfices qu'elle aurait dû recevoir de la part de son employeur suite à la violation de son contrat de travail. L'avocat répond que la demande devant le tribunal n'aurait de toutes façons pas abouti[8].

Ces dernières années, les tribunaux notamment *allemands, anglais, écossais, néerlandais, portugais, espagnols, autrichiens* et *suisses* ont eu à connaître des cas semblables, dans lesquels des avocats avaient, par exemple, fautivement omis de porter plainte ou d'intenter un recours dans les délais[9].

---

8   Tribunal Supremo 9.7.2004, Repertorio de Jurisprudencia Aranzadi (RJ) 2004, 5121, reproduit in : Winiger et al. (éd.), Digest of European Tort Law, 10.10.5 avec note J. RIBOT / A. RUDA.

9   V. par ex. Cour fédéral de justice *allemande*/Bundesgerichtshof (BGH) 27.1.2000, Versicherungsrecht (VersR) 2001, 638 ; BGH 2.7.1987, Neue Juristische Wochenschrift (NJW) 1987, 3255 ; les cas *anglais* : Allied Maples Group Ltd v Simmonds & Simmonds [1995] 1 Weekly Law Reports (WLR) 1602 (Court of Appeal), reproduit in : Winiger et al. (éd.), Digest of European Tort Law, 10.12.5 avec note K. OLIPHANT ; Kitchen v. Royal Air Force Association [1958] WLR 563 (a solicitor's negligence resulted in his client's action for damages being time-barred ; award of damages for loss of a chance) ; le cas *écossais* : Kyle v P & J Stornmonth Darling, 1993 Session Cases (Cour suprême d'Ecosse) SC 57, reproduit in : Winiger et al. (éd.), Digest of European Tort Law, 10.13.7 note M. HOGG (solicitors failed to lodge an appeal timeously and as a result the pursuer was unable to continue his action. He therefore brought an action against the solicitors claiming to have suffered loss as a result of their negligence. Held : The pursuer's action was successful, and a hearing ordered to determine the value of the chance which the pursuer had lost. The Inner House commented : "the pursuer [...] is right to claim damages for what he offers to prove he has lost, namely the value of the lost right to proceed with his appeal in the original litigation. The pursuer will fail unless it is established that the lost right had an ascertainable, measurable, non-negligible value ; but he is under no obligation, as a precondition of obtaining an award against the present defenders, to show that he would probably have succeeded in the original litigation" ; le cas *néerlandais* : Hoge Raad 24.10.1997, Nederlandse Jurisprudentie (NJ) 1998, 257 (Baijings/H.), reproduit in : Winiger et al. (éd.), Digest of European Tort Law, 10.8.7 note W.H. VAN BOOM / I. GIESEN ; le cas *portugais* : Lisbon Court of Appeal 8.7.1999, cité d'après : Winiger et al. (éd.), Digest of European Tort Law, 10.11.1 note A. PEREIRA : Held : liability for an amount of € 2,500 out of a damage of € 10.000 for having lost a 25% chance of recovering a debt ; les cas *espagnols* : Tribunal Supremo (TS) 9.7.2004 (supra, n. 8), et TS 26.1.1999, RJ 1999, 323 ; le cas *autrichien* : Oberster Gerichtshof (OGH) 3.11.1966, Amtliche Sammlung der Entscheidungen des OGH (SZ) 39/186 ; le cas *suisse* TF 12.12.1961, ATF 87 II 364.

B.　La deuxième catégorie : la responsabilité des médecins

La deuxième catégorie concerne la responsabilité médicale, illustrée par un cas qui a donné lieu, en 1989, à un célèbre précèdent en droit *anglais* :

Un garçon âgé de 13 ans chute d'un arbre et se blesse à la hanche. A l'hôpital, le médecin se trompe de diagnostic et le traitement approprié est administré avec du retard. Suite à ces événements, le garçon souffre d'une mobilité réduite et devient, à l'âge de 20 ans, complètement invalide.

Lors du procès en dommages-intérêts intenté contre l'hôpital, il est établi que le garçon aurait eu une chance de 25% de guérir entièrement s'il avait reçu le traitement approprié à temps. Il y avait une probabilité de 75% que les vaisseaux sanguins de la hanche du garçon aient déjà été détruits lors de sa chute et que la faute du médecin ait alors été sans conséquences[10].

Des questions de causalité dans des actions intentées contre des médecins ont occupé les tribunaux en *France, Belgique, Allemagne, Autriche, Italie, Espagne,* aux *Pays-Bas,* en *Ecosse,* en *Irlande* ainsi qu'en *Lituanie*[11]. En *Suisse* c'est l'*Obergericht Zürich* qui a eu à trancher, en 1988, un cas de causalité incertaine suite à la faute professionnelle d'un médecin[12].

---

[10]　Hotson v East Berkshire Area Health Authority [1989] Appeal Cases (AC) 750 (House of Lords), reproduit in : Winiger et al. (éd.), Digest of European Tort Law, 10.12.1 note *K. Oliphant.*

[11]　Cour de Cassation *française* (Cour de cass.) 18.3.1969, Bulletin des arrêts de la Cour de cassation, chambres civiles (Bull. civ.) II, n° 117, reproduit in : Winiger et al. (éd.), Digest of European Tort Law, 10.6.1. note O. Moréteau / L. Francoz-Terminal ; Cour de Cassation / Hof van Cassatie *belge* 19.1.1984, Pasicrisie (Pas.) belge 1984, I, 548, reproduit in : Winiger et al. (éd.), Digest of European Tort Law, 10.7.1 note *I. Durand* ; les cas *allemands* : BGH 11.6.1968, Neue Juristische Wochenschrift (NJW) 1968, 2291, reproduit in : Winiger et al. (éd.), Digest of European Tort Law, 10.2.1 note R. Zimmermann / J. Kleinschmidt ; Oberlandesgericht (OLG) Stuttgart 21.6.1990, VersR 1991, 821 ; le cas *autrichien* : Oberster Gerichtshof (OGH) 8.7.1993, Juristische Blätter (JBl.) 1994, 540 note Bollenberger, reproduit in : Winiger et al. (éd.), Digest of European Tort Law, 10.3.1 note B.A. Koch ; le cas *italien* : Corte di Cassazione 4.3.2004, cité d'après : Winiger et al. (éd.), Digest of European Tort Law, 10.9.7 note M. Graziadei / D. Migliasso ; le cas *espagnol* : Tribunal Supremo 10.10.1998, RJ 1998, 8371, reproduit in : Winiger et al. (éd.), Digest of European Tort Law, 10.10.1 note J. Ribot / A. Ruda ; le cas *néerlandais* : Gerechtshof Amsterdam 4.1.1996, NJ 1997, 213 (Wever / De Kraker), reproduit in : Winiger et al. (éd.), Digest of European Tort Law, 10.8.1 note W.H. van Boom / I. Giesen (medical malpractice case, 25% chance of reaching a better result of treatment) ; le cas *écossais* : Kenyon v Bell, 1953 SC 125, reproduit in : Winiger et al. (éd.), Digest of European Tort Law, 10.13.1 note M. Hogg ; le cas *irlandais* : Caroll v Lynch 16.5.2002 (High Court), cité d'après : E. Quill, in : Winiger et al. (éd.), Digest of European Tort Law, 10.14.6 ; le cas *lituanien* : Supreme Court of Lithuania, cité d'après : Winiger et al. (éd.), Digest of European Tort Law, 10.21.1 note J. Kirsiene / S. Selelionyte-Drukteiniene.

[12]　87 ZR (1988) n° 66 p. 209 ss, 85 RJS (1989) p. 119 ss ; commenté par Ch. Müller, La perte d'une chance, n° 245 ss.

C.   La troisième catégorie : situations de compétition

La troisième catégorie concerne des situations de compétition en matières politique, commerciale, sportive, ou en matière de concours de beauté :

–   Dans un cas *irlandais,* suite à une réglementation déclarée plus tard inconstitutionnelle, un politicien est empêché de participer à des élections nationales et européennes. Il prétend avoir perdu une chance d'être élu[13].

–   Dans un cas *allemand,* un architecte est exclu de manière injustifiée d'un concours d'architecture[14].

–   Dans un cas *grec* des chevaux comptant parmi les favoris d'une course de chevaux sont exclus sans justification valable. Le propriétaire réclame des dommages-intérêts pour le prix qu'il aurait pu gagner si ses chevaux avaient participé à la course[15].

–   A *Genève,* une candidate à l'élection de « Miss Suisse 2006 » est victime d'un accident de voiture et est de ce fait empêchée de participer au concours[16].

D.   La quatrième catégorie : situations diverses

Une quatrième catégorie est constituée de situations diverses, telles la perte ou le vol de billets de loterie ou d'autres évènements empêchant des intéressés de participer à des jeux de hasard. A titre d'exemple, on peut citer un cas qui a donné lieu, en 1987, à une décision des tribunaux *grecs* :

Un intéressé achète un billet à la loterie nationale. Lors du tirage, un numéro est tiré deux fois. Après coup, il s'avère que, suite à la négligence des organisateurs de la loterie, le billet de l'intéressé ne se trouvait pas dans l'urne alors que le numéro gagnant s'y trouvait deux fois. L'intéressé porte plainte et réclame un prix[17].

---

13   Redmond v The Minister for the Environment et al., 13.2.2004, cité d'après : Winiger et al. (éd.), Digest of European Tort Law, 10.14.1 note E. Quill.

14   BGH 23.9.1982, NJW 1983, 442 ; v. aussi le cas *italien* : Corte di Cassazione 19.12.1985, Il Foro italiano (Foro it.) 1986, I, 383 note Princigalli, reproduit in : Winiger et al. (éd.), Digest of European Tort Law, 10.9.1 note M. Graziadei / D. Migliasso.

15   Areios Pagos (AP) 447/1957 (Sect. A') [1958] n° V 6, 102 ; AP 742/1958 (Sect. C') [1959] n° V 7, 380 ; cité d'après : Winiger et al. (éd.), Digest of European Tort Law, 10.5.1 note E. Dacoronia ; v. aussi le cas *français* : Cour d'appel de Paris 21.11.1970, Juris-classeur périodique. La semaine juridique (JCP). 1970 Jur. 16990 : action contre un jockey qui aurait fautivement cessé de pousser son cheval dans la dernière ligne droite ; v. aussi le cas *norvégien* Court of First Instance 18.10.1983, cité d'après V. Ulfbeck / B. Askeland, Winiger et al. (éd.), Digest of European Tort Law, 10.16.1.

16   Le cas *genevois* a occupé la presse locale mais pas les tribunaux.

17   Areios Pagos, 255/1986 [1987] n° V 35, 910, cité d'après : Winiger et al. (éd.), Digest of European Tort Law, 10.5.6 note E. Dacoronia.

III. La perte d'une chance – un problème de causalité ?

Tous les ordres juridiques européens ont ceci en commun que la personne qui réclame des dommages-intérêts doit établir un lien causal entre l'atteinte à ses intérêts juridiquement protégés et une activité (i.e. un acte ou une omission) d'autrui. Il s'agit de la fameuse formule de la *conditio sine qua non*. D'après la formule récemment établie par le *European Group on Tort Law* dans ses *Principles of European Tort Law* « [e]st considérée comme cause du dommage subi par la victime toute activité ou conduite [...] en l'absence de laquelle le dommage ne serait pas survenu »[18].

Dans le premier cas, concernant la secrétaire espagnole, l'avocat a fautivement omis de porter plainte dans les délais légaux. Il est pourtant incertain si un procès de la secrétaire contre l'employeur aurait abouti s'il avait été intenté à temps.

Dans le deuxième cas, celui du garçon anglais qui a chuté de l'arbre, le médecin avait commis plusieurs fautes à la suite desquelles le garçon est devenu invalide. Il est pourtant impossible d'établir avec une probabilité prépondérante qu'en cas de traitement correct et à temps le garçon n'aurait pas subi les mêmes conséquences.

Dans les cas appartenant à la troisième catégorie, il est impossible de savoir si le politicien irlandais aurait gagné les élections s'il avait pu se présenter. Il est de même impossible de savoir si l'architecte allemand aurait gagné le concours s'il avait pu présenter son projet, si les chevaux dans le cas grec auraient gagné la course ou si la candidate genevoise à l'élection de « Miss Suisse » aurait gagné le titre si elle avait pu se présenter au concours.

Tous ces cas ont en commun que la personne tenue pour responsable a agi de manière illicite et fautive, mais que la victime n'est pas en mesure de prouver que l'atteinte à ses intérêts ne se serait pas réalisée si l'autre s'était comporté de manière conforme à la loi.

Vu sous cet angle, la personne ayant subi un dommage a, dans tous ces cas, un problème insurmontable pour établir un *lien de causalité naturelle* entre son dommage et l'acte fautif de la personne dont elle invoque la responsabilité.

---

18 European Group on Tort Law (éd.): Principles of European Tort Law – Text and Commentary, Wien / New York 2005, art. 3:101; accessible aussi sur www.ectil.org/.

IV.　Solutions traditionnelles

En droit privé européen, plusieurs moyens traditionnels sont à disposition pour renforcer la position d'une victime qui a des difficultés à établir un lien de causalité entre son dommage et la faute d'une personne tenue pour responsable. Pour les cas concernant la «perte d'une chance», au moins quatre remèdes traditionnels sont à disposition :

- Premièrement, remédier «après-coup» au problème de l'incertitude ;
- Deuxièmement, alléger le degré de preuve ;
- Troisièmement, renverser le fardeau de la preuve ; et
- Quatrièmement appliquer, de manière étendue, le principe de la causalité alternative.

A.　Remédier à l'incertitude

Une première solution traditionnelle serait de remédier a l'incertitude «après-coup». Dans les cas de fautes professionnelles commises par des avocats, la question de la causalité entre la faute de l'avocat et le dommage du client se posera dans une procédure en responsabilité professionnelle engagée par le client contre l'avocat. Dans cette deuxième procédure, le juge établit – de manière hypothétique – si la faute de l'avocat a empêché une réussite dans un premier procès ou si un premier procès aurait de toute manière été perdu par le client. On pourrait, par conséquent, parler d'un «procès dans le (deuxième) procès» («*Prozess im Prozess*»). Le résultat hypothétique d'un premier procès est la question préalable pour la réussite du client dans la deuxième procédure. Le juge remédie ainsi à l'incertitude concernant le résultat du premier procès et concernant la causalité de la faute de l'avocat. Etant donné que, dans le deuxième procès, la certitude sera établie, la question de la «perte d'une chance» ne se posera plus[19].

La solution du «procès dans le procès» est appliquée de manière constante par les tribunaux *allemands*[20]. Elle est également pratiquée par les tribunaux *néerlandais*[21] et par la jurisprudence *suisse*[22].

---

[19]　Pour une critique de la jurisprudence allemande, v. Mäsch, ZEuP 2006, 656 (674) ; idem, JZ 2006, 198 ; idem, Chance und Schaden, p. 76 ss, 126.

[20]　Pour de nombreuses références, v. Mäsch, Chance und Schaden, p. 76 ss ; v., par ex., BGH 9.6.1994, Entscheidungen des Bundesgerichtshofes in Zivilsachen, amtliche Sammlung (BGHZ) 126, 217 ; BGH 16.6.2005, JZ 2006, 198 note Mäsch.

[21]　Hoge Raad 24.10.1997, NJ 1998, 257 (Baijings/mr. H.), reproduit in : Winiger et al. (éd.), Digest of European Tort Law, 10.8.7 note W.H. van Boom / I. Giesen ; selon la jurisprudence néerlandaise, le juge peut recourir aussi à l'approche de la «perte d'une chance», v. W.H. van Boom / I. Giesen, 10.8.9 ss.

[22]　TF 12.12.1961, ATF 87 II 364 (373 s.).

B. L'allégement du degré de preuve

Pour les cas de la première catégorie dans lesquels il ne sera pas possible de remédier après coup au problème de l'incertitude, ainsi que pour les cas appartenant aux trois autres catégories, d'autres solutions sont nécessaires. Un remède pourrait être d'alléger le degré de preuve de la causalité pour la victime[23].

Dans certains ordres juridiques européens il est, en principe, nécessaire qu'il soit certain (« *gewiss* ») que la causalité est établie. Tel est le cas en droit *allemand* (§ 286 ZPO)[24].

En droit *suisse*, la victime doit, en principe, établir la causalité avec une probabilité prépondérante (« *mit überwiegender Wahrscheinlichkeit* »)[25]. Dans un cas de responsabilité médicale, un cancer des testicules avait été diagnostiqué trop tard et le patient était décédé. L'*Obergericht* et le *Kassationsgericht Zürich* ont jugé suffisant que la causalité de la faute du médecin soit établie avec une probabilité de 60%. Dans cet arrêt, qui est resté exceptionnel en Suisse, le tribunal a donné droit à la demande pour 60% du dommage subi[26].

Selon l'opinion majoritaire en Suisse, la simple possibilité de causalité ne suffit pas, par contre, pour donner (ni entièrement, ni partiellement) droit à une demande[27].

En cas de faute d'un médecin, des tribunaux *autrichiens* ont également réduit le fardeau de la preuve de causalité à une « probabilité prépondérante » pour donner entièrement droit à la demande[28].

---

[23] V., par ex., Mäsch, ZEuP 2006, 656 (674 s.) ; idem, Chance und Schaden, p. 237 ss.

[24] V., pour le droit allemand, avec de nombreuses références, Mäsch, Chance und Schaden, p. 30 ss ; pour la situation en droit autrichien, v. Walter Rechberger / Daphne-Ariane Simotta, Grundriss des österreichischen Zivilprozessrechts, 5e éd., Wien 2000, n° 580 avec d'autres références.

[25] TF 8.5.1981, ATF 107 II 269, cons. C. 1b = JdT 1971 I 446 (448). Le fardeau de la preuve peut varier selon le bien juridique atteint, v. Roland Brehm, Schweizerisches Zivilgesetzbuch, Das Obligationenrecht, Band VI, Art. 41-61 OR, 3e éd., Berne 2006, Art. 41 N 117 ss ; v. aussi Ch. Müller, La perte de chance, n° 269.

[26] D'après cet arrêt, la probabilité de 40% est donc à prendre en considération lors de la quantification des dommages-intérêts selon l'art. 43 al. 1 CO. Voir sur cet arrêt, Olivier Guillod, La responsabilité civile des médecins : un mouvement de pendule, in : M. Borghi / O. Guillod / H. Schultz (éd.), La responsabilità del medico e del personale sanitario fondata sul diritto pubblico, civile e penale, Lugano 1989, n° 247 ; Thévenoz, La perte d'une chance, p. 237 (253) ; Ch. Müller, La perte d'une chance, p. 178 ss.

[27] Max Guldener : Beweiswürdigung und Beweislast nach schweizerischen Zivilprozessrecht, Zürich 1955, p. 21 : « Die bloße Möglichkeit, dass sich der rechtserhebliche Tatbestand verwirklicht hat, genügt nicht, um auch nur einen Teilbetrag zuzusprechen. » ; Ch. Müller, La perte d'une chance, p. 196.

[28] V., par ex., Helmut Koziol, Österreichisches Haftpflichtrecht, Band I, 3e éd., Wien 1997, n° 16/11.

En droit *anglais*, il suffit de démontrer qu'il est « *more probable than not* » (c'est-à-dire qu'il y ait une chance de 51%) qu'un dommage soit la conséquence d'un certain acte du défendeur[29].

Des probabilités inférieures à cette marge ne suffisent, en principe[30], dans aucun ordre juridique pour établir la causalité.

Dans aucun de nos cas pratiques la victime n'a pu prouver de lien de causalité avec une probabilité prépondérante. Selon ce standard, toutes les demandes devraient par conséquent être rejetées, aussi bien celle de la secrétaire espagnole contre son avocat que la demande du garçon anglais contre son médecin et, bien évidemment, la demande de la candidate au titre de « Miss Suisse » contre l'auteur de l'accident de la route dont elle a été victime.

C.   Le renversement du fardeau de la preuve

Une autre solution est de renverser, sous certaines conditions, le fardeau de la preuve de la personne dont la responsabilité est invoquée.

Pour les actions en responsabilité civile engagées contre des médecins, la jurisprudence *allemande* renverse le fardeau de la preuve à condition que la faute soit grave et qu'elle soit une cause possible du dommage[31]. En matière médicale, les jurisprudences *néerlandaise, autrichienne* ainsi que la Cour Suprême de la *Lituanie* ont également eu recours au renversement du fardeau de la preuve en cas de causalité incertaine[32].

La jurisprudence *allemande* a étendu ces principes à d'autres professions dans le secteur de la santé[33]. D'après cette jurisprudence, celui qui a violé un *devoir contractuel* d'information ou de conseil, supporte le fardeau de la

---

[29]   Cf., pour tous, House of Lords 2.7.1987, Hotson v East Berkshire AHA, [1987] 1 AC 750, [1987] 2 All ER 909 ; Jane Stapleton, The Gist of Negligence, Part II, (1988) 104 Law Quarterly Review (LQR) 389 (389 s.).

[30]   Voir pourtant un arrêt *autrichien* selon lequel, en cas de faute médicale, la simple « probabilité » de causalité suffirait, OGH 17.6.1992, JBl. 1993, 316 (319).

[31]   Depuis BGH 20.6.1962, VersR 1962, 960 ; BGH 13.10.1964, NJW 1965, 345 ; BGH 11.6.1968, NJW 1968, 2291.

[32]   V. pour le droit *néerlandais* : W.H. van Boom / I. Giesen, in : Winiger et al. (éd.), Digest of European Tort Law, 10.8.5 avec références ; pour le droit *autrichien* : Mäsch, Chance und Schaden, p. 158 ss ; pour le droit *lituanien* : 18.2.2004 Supreme Court of Lithuania, civil case 3K–3–16/2004, cité d'après : Winiger et al. (éd.), Digest of European Tort Law, 10.21.1 note *R. Lampe*.

[33]   Berufe, « die auf Bewahrung anderer vor Gefahren für Körper und Gesundheit gerichtet sind », BGH 13.3.1962 NJW 1962, 959 (maître nageur/*Bademeister*) ; BGH 10.11.1970, NJW 1971, 243 (sage femme/*Hebamme*) ; BGH 5.7.1973, BGHZ 61, 118 (121).

preuve de montrer que son acte n'a pas causé le dommage de la victime ou que, en cas d'information adéquate, la victime n'aurait pas suivi le conseil[34].

Si les conditions pour un renversement du fardeau de la preuve sont remplies, les jurisprudences allemande, néerlandaise et lituanienne accordent des dommages-intérêts portant, en principe, sur l'entier du dommage, bien que la causalité reste, dans ces cas, incertaine[35]. Ce renversement du fardeau de la preuve a donc comme conséquence qu'un médecin qui a commis une faute grave est responsable pour toutes les conséquences probables de cette faute.

En matière de responsabilité des avocats, la jurisprudence *allemande* a, par contre, toujours refusé de renverser le fardeau de la preuve et ceci même en cas de faute grave de l'avocat[36]. Contrairement au patient, le client de l'avocat ne serait pas exposé à des risques existentiels. En plus, et contrairement à la situation en cas de faute médicale, dans le cas de la faute de l'avocat, il ne serait pas possible de conclure systématiquement à l'existence d'un lien entre la faute et le dommage du client[37]. Le Tribunal Fédéral *suisse* n'admet pas non plus de renversement du fardeau de la preuve en matière de responsabilité des avocats, et le client doit prouver avec une probabilité prépondérante que la faute de l'avocat a causé le dommage[38].

D. Application étendue du principe de la causalité alternative

Une dernière solution en cas d'incertitude concernant la causalité naturelle est l'application extensive ou l'application par analogie des règles sur la causalité alternative.

En 1995, la 4e chambre de la Cour suprême de justice autrichienne avait à décider du cas d'un bébé qui était né avec de graves handicaps. Ils étaient dus soit au fait que le bébé avait eu le cordon ombilical entouré trois fois autour du cou à la naissance, fait inévitable dans ce cas pour les médecins,

---

34 BGH 5.7.1973, BGHZ 61, 118.

35 Pour un avis très critique sur cette jurisprudence, v. Mäsch, ZEuP 2006, 656 (674).

36 BGH 1.10.1987, NJW 1988, 200; BGH 9.6.1994, BGHZ 126, 217 (221): Leitsatz «a»: Im Anwalts-haftungsprozess hat der Mandant auch dann zu beweisen, dass die Pflichtverletzung für den geltend gemachten Schaden ursächlich geworden ist, wenn dem Anwalt ein grober Fehler unterlaufen ist. Die Beweisführung kann jedoch im Einzelfall nach den Grundsätzen des Anscheinsbeweises erleichtert sein».

37 BGH 9.6.1994, BGHZ 126, 217 (223 s.).

38 TF 18.11.2004, 4C.274/2004/grl cons. 2.3.; TF 8.3.2001, 4C.225/2000/rnd.; ATF 124 III 155 E. 3d p. 165; ATF 87 II 364 E. 2. Les arrêts du Tribunal fédéral sont disponibles sur www.bger.ch.

soit à une insuffisance du placenta, fait que les médecins auraient dû dé-
couvrir et par rapport auquel ils auraient pu éviter des conséquences nui-
sibles pour le bébé. La 4ᵉ chambre de la Cour suprême de justice a appliqué, par analogie, les règles sur la causalité alternative. Etant donné que les
médecins étaient responsables pour une de deux sources qui avaient pu
causer le handicap du bébé, la Cour les a condamnés à la réparation de la
moitié du dommage[39].

D'autres chambres de la Cour suprême de justice autrichienne n'ont pourtant pas suivi cette jurisprudence et préfèrent alléger ou renverser le fardeau
de la preuve dans de telles situations[40].

Les *Principles of European Tort Law* prévoient, aux art. 3:103 et 3:106, tout
comme la 4ᵉ chambre de la Cour suprême autrichienne, qu'en cas d'activités
multiples, qui auraient chacune été suffisante pour causer le dommage, sans
qu'il soit possible de déterminer quelle activité l'avait effectivement causé,
que chaque activité est considérée comme une cause, en proportion de sa
contribution probable au dommage subi par la victime. Nous allons revenir
sur cette proposition[41].

V. Notion et concept juridique de la *perte d'une chance*

Selon le concept de la «perte d'une chance», dans les cas de causalité incertaine, le fait qui déclenche la responsabilité civile n'est pas l'atteinte à un
bien juridique qui est traditionnellement protégé par le droit contractuel (tel
le patrimoine de la secrétaire espagnole dans le premier cas d'exemple) ou
l'atteinte à un droit absolu (la santé du garçon anglais dans le deuxième cas).
C'est la *perte d'une chance* elle-même qui constitue le fait générateur de la responsabilité civile[42].

La responsabilité dans le cas du garçon anglais ne serait donc pas déclenchée par l'atteinte à la santé du garçon pour laquelle le lien de causalité

---

39 OGH (4. Senat) 7.11.1995, JBl. 1996, 181; cf. Mäsch, Chance und Schaden, p. 161: «(...) das *Ergeb-
nis* dieser Rechtsprechung [kommt] im Arzthaftungsrecht der Haftung für eine verlorene Chance
sehr nahe, zumal dann, wenn die Höhe des Abschlages in der Schadensersatzsumme sich nach
der Wahrscheinlichkeit des Ursachenzusammenhangs zwischen Behandlungsfehler und Ge-
sundheitsschaden richtet».

40 OGH 22.8.1996, JBl. 1997, 392; 10.10.1991, JBl. 1992, 522; v. aussi Mäsch, Chance und Schaden,
p. 159 s.

41 Infra, IX. B.

42 Voir, par ex., O. Moréteau / L. Francoz-Terminal, in: Winiger et al. (éd.), Digest of European Tort
Law, 10.6.3.

entre l'acte du médecin et le dommage du garçon n'est établi qu'à 25%. La responsabilité serait, par contre, déclenchée par le fait que le garçon a, suite à la négligence du médecin, perdu une chance de guérir entièrement[43].

Vu sous cet angle, qui diffère considérablement de la manière traditionnelle de qualifier le problème, il ne s'agit *plus d'un problème de causalité*. Le fait que, dans notre premier cas d'exemple, la faute commise par l'avocat ait privé la secrétaire espagnole d'une *chance* de gagner le procès est *certain*. Il est aussi certain que la faute du médecin, dans le deuxième cas d'exemple, a privé le garçon anglais d'une chance de 25% de sortir indemne de son accident.

Le concept de «perte d'une chance» change, par conséquent, l'optique et l'objectif de protection du droit de la responsabilité civile : ce n'est plus la santé en tant que telle qui est l'objet immédiat de la protection mais la *chance* de guérir. Le concept de «perte d'une chance» change, en même temps, les éléments à prendre en considération pour déterminer la causalité. En effet, suite au changement de perspective, la question de la causalité se pose différemment et elle ne pose plus problème.

Contrairement aux approches traditionnelles, le concept de la perte d'une chance ne mène pas à une réparation selon le principe du «tout ou rien», mais, conformément au changement d'objet de la protection, à une réparation qui correspond à l'étendue de la chance perdue. La Cour de cassation française a, par conséquent, jugé que «la réparation d'une perte de chance doit être mesurée à la chance perdue et ne peut être égalée à l'avantage qu'aurait procuré cette chance si elle s'était réalisée»[44].

Dans le cas du garçon anglais qui a perdu une chance de 25% de guérir, le médecin fautif serait donc responsable pour un montant qui correspond à 25% du dommage subi par le garçon. Dans le cas de la jeune Genevoise, victime d'un accident de voiture, qui a perdu la chance de gagner le titre de «Miss Suisse 2006», le dommage serait, selon cette approche, très probablement calculé à hauteur d'un montant de 1/20 du gain manqué qu'elle aurait pu réaliser en tant que «Miss Suisse 2006» (ceci dans l'hypothèse où il y aurait 20 participantes au concours et à condition qu'elle ne puisse pas se présenter une autre année).

Dans les autres cas, la réparation serait également calculée en fonction de l'étendue de la chance perdue.

---

43 «la perte d'une chance peut se définir comme *la disparition de la probabilité d'un événement favorable* lorsque cette chance apparaît suffisamment sérieuse», LE TOURNEAU, Droit de la responsabilité et des contrats , n° 1418 avec références.

44 Cour de cass. 1re ch. civ. 9.4.2002, Bull. civ. I, n° 116 ; pour de nombreuses autres références, v. LE TOURNEAU, Droit de la responsabilité et des contrats, n° 1419.

VI. La perspective du droit privé européen : bilan et tendances actuelles[45]

Selon les trois premières approches traditionnelles telles qu'elles sont pratiquées actuellement dans les différents pays, dans nos cas d'exemple, aucune des demandes n'aboutirait. Selon l'approche de la «perte d'une chance», en revanche, ces demandes aboutiraient et le dommage serait réparé en fonction du degré de la chance perdue. Dans un cas concret, les solutions divergent donc énormément selon le concept employé.

Un bilan comparatif sur le plan européen permettra de dégager des tendances actuelles en droit privé européen en ce qui concerne la réparation pour «perte d'une chance». Ce bilan mettra en évidence le fait que la question de la réparation pour «perte d'une chance» est aujourd'hui loin d'être marginale en droit privé européen.

1) En tout cas 12 ordres juridiques européens ignorent encore le concept de la «perte d'une chance» ou refusent de l'adopter. Font partie de ce groupe les droits *allemand, autrichien, suisse* ainsi que le droit *grec* qui applique, tout comme le droit allemand, le principe du «tout ou rien»[46]. Il n'y a pas non plus de jurisprudence concernant la perte d'une chance dans les droits *danois, suédois, norvégien, finlandais, hongrois, tchèque, slovène* ou *estonien*[47].

2) Dans d'autres ordres juridiques européens, le concept de la «perte d'une chance» est établi sans réserve. Il s'agit tout d'abord du droit *français* qui est l'ordre juridique d'origine en matière de «perte d'une chance»[48]. La France sera, probablement, aussi le premier pays qui prévoira, dans son Code civil, que «la perte d'une chance constitue un préjudice réparable»[49].

Font aussi partie de ce groupe les *Pays-Bas*, où la réparation partielle du dommage en cas de causalité incertaine est également reconnue et ceci aussi bien pour la responsabilité des médecins que pour, à côtés des solutions traditionnelles, celle des avocats[50].

---

[45]   Pour la situation aux Etats-Unis, v. Thévenoz, La perte d'une chance, p. 237 (246 ss).

[46]   Voir, pourtant, pour le droit *autrichien*, l'arrêt de la 4e chambre de la Cour suprême cité supra, n. 39.

[47]   Voir, pour tous ces pays, les références et notes, pays par pays, in : Winiger et al. (éd.), Digest of European Tort Law, 10.2. à 10.26 ; v. aussi Helmut Koziol, Comparative report, in : Winiger et al. (éd.), Digest of European Tort Law,10.29.1 et ss.

[48]   Cour de Cass. 18.3.1969, Bull. civ. II, n° 117, reproduit aussi in : Winiger et al. (éd.), Digest of European Tort Law, 10.6.1.

[49]   Voir supra, I., et n. 2.

[50]   W.H. van Boom / I. Giesen, in : Winiger et al. (éd.), Digest of European Tort Law, 10.8.4 ss et 10.8.9 ss avec références.

3) Dans un troisième groupe d'ordres juridiques, le concept de « perte d'une chance » est adopté avec des nuances ou il est reconnu dans certains cas de figure mais pas (ou pas encore) dans d'autres.

En *Espagne*, les tribunaux appliquent le concept de « perte d'une chance »[51]. Toutefois, les juges espagnols prennent une grande liberté dans l'évaluation du dommage et n'établissent pas forcément un lien concret entre un pour- centage déterminé de la chance perdue et le montant alloué au demandeur. Une manière d'éviter ce calcul concret est d'accorder des indemnités non pas pour un dommage matériel mais pour le tort moral subi suite à la « perte d'une chance »[52].

La jurisprudence *italienne* a également adopté le concept de « perte d'une chance »[53]. Dans un cas dans lequel un candidat avait été exclu de manière in- justifiée d'un examen d'admission, la jurisprudence a accordé des dommages- intérêts, étant donné que la marge de probabilité de succès dépassait les 50% (67 des 91 candidats avaient réussi l'examen)[54]. En matière de responsabilité médicale, la jurisprudence italienne reconnaît la « perte d'une chance », par contre, aussi en dessous de la marge des 50% de probabilité[55].

La jurisprudence *anglaise* accepte la réparation pour *« loss of a chance »* dans de nombreuses catégories mais refuse toujours de l'accepter en matière de responsabilité médicale[56]. Dans le cas du garçon tombé de l'arbre qui nous a servi d'exemple pour la deuxième catégorie de cas, le jeune homme avait perdu une chance de guérison de 25%. Dans l'arrêt *Hotson v. East Berkshire Area Health Authority*, le *House of Lords* a appliqué, de manière stricte, le test du *more probable than not*[57]. Le garçon ne pouvait pas satisfaire à ce test étant donné que la chance de guérir était inférieure à 51%. Cette jurisprudence a été confirmée, en 2005, avec trois voix contre deux, dans le cas *Gregg v. Scott*[58]. Dans ce dernier cas, un médecin n'avait pas diagnostiqué un cancer et avait ainsi réduit la chance de survie du patient de 42% à 25%.

---

[51] J. Ribot / A. Ruda, in: Winiger et al. (éd.), Digest of European Tort Law, 10.10.7 s.

[52] Voir les arrêts du Tribunal Supremo 10.10.1998, RJ 1998, 8371, reproduit in: Winiger et al. (éd.), Digest of European Tort Law, 10.10.1, et TS 9.7.2004, ibid. 10.10.5, et la note de J. Ribot / A. Ruda, ibid. 10.10.8.

[53] M. Graziadei / D. Migliasso, in: Winiger et al. (éd.), Digest of European Tort Law, 10.9.5: « In Italy ‹loss of a chance› (*perdita di chance*) has been an established category of recovery in tort since the 1980s ».

[54] Corte di Cassazione 19.12.1985, Foro it. 1986, I, 383, reproduit in: Winiger et al. (éd.), Digest of European Tort Law, 10.9.1.

[55] Corte di Cassazione 4.3.2004 et note M. Graziadei / D. Migliasso, in: Winiger et al. (éd.), Digest of European Tort Law, 10.9.7 et 10.9.9.

[56] V., pour le droit anglais, par ex. Gerald Mäsch, ZEuP 2006, 656 ss.

[57] Hotson v East Berkshire Area Health Authority [1989] AC 750 (HL), reproduit in: Winiger et al. (éd.), Digest of European Tort Law, 10.12.1 note K. Oliphant.

[58] Gregg v Scott [2005] United Kingdom House of Lords (UKHL) 2; note Mäsch, ZEuP 2006, 656.

Pour d'autres cas de figure, le concept de «*loss of a chance*» est bien établi dans la jurisprudence anglaise[59]. Si un avocat omet fautivement de porter plainte ou d'intenter un recours, il est – depuis l'arrêt *Kitchen v. Royal Air Force Association* de 1958[60] – responsable dans la mesure du degré de la chance perdue par le client (dans *Kitchen* le demandeur a reçu 2/3 du montant qu'il aurait pu gagner en l'absence de la faute de son avocat).

Dans le célèbre arrêt *Chaplin v. Hicks* de 1911, la *Court of Appeal* a accordé des dommages-intérêts partiels à une candidate qui avait été exclue d'un concours bien qu'elle se soit qualifiée[61]. Il était, bien évidemment, impossible pour elle de montrer qu'elle aurait été parmi les gagnants du concours. Il s'agit donc de l'un des premiers cas européens de «*loss of a chance*». Dans de nombreuses autres situations, la *Court of Appeal* ainsi que le *House of Lords* ont également accordé des dommages-intérêts pour «*loss of a chance*»[62].

Le droit *écossais* – tout comme le droit anglais – distingue entre les différents cas de figure[63]. En matière de responsabilité médicale, la jurisprudence refuse de dédommager pour «*loss of a chance*»[64] alors que pour la responsabilité des avocats, ce principe est reconnu et la demande du client aboutit sans qu'il soit nécessaire qu'il démontre qu'il aurait gagné si, par exemple, un appel avait été interjeté à temps[65].

Au *Portugal*, un avocat a été condamné à payer ¼ du dommage du client pour avoir empêché une chance de ce dernier de 25% de gagner un procès[66].

Finalement, en 2004 la *High Court irlandaise* s'est aussi montrée favorable à la théorie de «*loss of a chance*» dans un obiter dictum[67].

---

[59] Pour un aperçu très instructif, v. MÄSCH, ZEuP 2006, 662 ss; idem, Chance und Schaden, 186 ss; Ch. MÜLLER, La perte d'une chance, p. 134 ss.

[60] Kitchen v Royal Air Force Association [1958] WLR 563.

[61] Chaplin v Hicks [1911] 2 KB 786 (Court of Appeal). 12 des 50 candidats avaient été engagés par le théâtre pour une durée de trois ans. La chance d'être parmi ces candidats était donc de 25% environ.

[62] Voir MÄSCH, ZEuP 2006, 656, avec de nombreuses références.

[63] Dans la doctrine, cette distinction est critiquée, v. Martin HOGG, in: Winiger et al. (éd.), Digest of European Tort Law, 10.13.11 avec références.

[64] Kenyon v Bell, 1953 SC 125, reproduit in: Winiger et al. (éd.), Digest of European Tort Law, 10.13.1 et *M. Hogg*, 10.13.3 ss.

[65] Kyle v P & J Stornmonth Darling, 1993 SC 57, reproduit in: Winiger et al. (éd.), Digest of European Tort Law, 10.13.7 note M. HOGG, 10.13.10 s.

[66] Lisbon Court of Appeal 8.7.1999, cité d'après: Winiger et al. (éd.), Digest of European Tort Law, 10.11.1 note A. PERREIRA.

[67] V. l'arrêt Redmond v The Minister for the Environment, Ireland & the Attorney General, Unrep. HC, 13.2.2004, cité d'après: Winiger et al. (éd.), Digest of European Tort Law, 10.14.1 note E. QUILL, 10.14.5 ss.

4) Le droit *belge* est particulièrement intéressant en la matière. Tout comme en droit français, le concept de «perte d'une chance» a été établi depuis longtemps. La jurisprudence s'en est servie aussi bien en matière de responsabilité médicale que de responsabilité des avocats, ainsi que dans de nombreuses autres catégories de cas[68].

Un arrêt de 2004 soulève pourtant des doutes quant à la position de la Cour de cassation belge et la question se pose de savoir si la Cour prend de la distance par rapport à ce concept :

Une jeune femme reçoit des menaces de la part de son ancien ami. La police est au courant de la dangerosité du jeune homme mais ne prend pas les mesures nécessaires pour la protéger. Finalement, le jeune homme attaque la jeune femme et la blesse gravement avec de l'acide.

La *Cour d'appel* condamne l'Etat à payer des dommages-intérêts à la jeune femme. Selon la Cour, il aurait été impossible de la protéger de façon absolue mais l'inactivité de la police aurait pourtant privé la jeune femme d'une chance de 80% d'échapper à l'agression. La perte de cette chance justifierait l'allocation d'un montant représentant 80% du dommage.

La *Cour de Cassation* belge casse cet arrêt avec l'argument que la victime doit prouver le lien de causalité entre la faute (in concreto : la faute de la police) et son dommage. Si des doutes subsistent, la demande doit être rejetée[69].

Il sera intéressant de suivre les prochaines étapes de la jurisprudence belge et de voir quelle attitude la Cour de cassation belge adoptera dorénavant concernant la «perte d'une chance», en particulier si sa jurisprudence en matière de responsabilité des médecins et des avocats subsistera.

Ce bref aperçu de la situation en droit privé européen montre d'un côté que, dans de nombreux ordres juridiques, le concept de «perte d'une chance» n'est pas ou pas encore accepté. Dans de nombreux autres ordres juridiques, ce concept a, ces dernières années, gagné beaucoup de terrain. C'est le cas, bien évidemment, en *France*, mais également en *Espagne*, en *Italie*, en *Angleterre* et aux *Pays-Bas*. En *Belgique*, où la perte d'une chance a été pendant longtemps reconnue comme chef de responsabilité, la question est, en revanche actuellement remise en question.

On constate, en outre, que la jurisprudence en Europe se sert de l'idée de la «perte d'une chance» dans des cas de figure qui se ressemblent d'un pays

---

[68]   V., par ex., le cas Cour de cassation/Hof van Cassatie 19.1.1984, Pas 1984, I, 548 (responsabilité médicale, le montant alloué correspond à 80% du dommage), reproduit in : Winiger et al. (éd.), Digest of European Tort Law, 10.7.1 note I. Durant.

[69]   Cour de cassation/Hof van Cassatie 1.4.2004, reproduit in : Winiger et al. (éd.), Digest of European Tort Law, 10.7.6 note I. Durant, 10.7.11 qui pose la question de savoir s'il s'agit du «end of a concept» ; v. aussi Hirsch, Perte de chance et causalité, III.

à l'autre. Il est aussi à noter que les jurisprudences *anglaise* et *écossaise* sont plus sévères avec les avocats qu'avec les médecins alors qu'en droits *allemand* et *suisse*, dans le cadre des solutions traditionnelles, nous observons une tendance inverse.

VII. La situation en droit européen, dans les règlements internationaux et dans les propositions nationales de réforme

A. Droit communautaire

Dans le droit de la responsabilité civile de l'Union européenne se trouvent aussi bien des arrêts qui s'appuient sur l'idée de réparer des chances perdues que des arrêts qui le refusent.

Dans un cas de 1993, une candidature pour une promotion à un poste supérieur avait été traitée de manière négligente et en violation de règles de l'administration. Les chances du candidat d'être promu au poste supérieur avaient ainsi été réduites. Le Tribunal de première instance de la Cour de justice des Communautés européennes a accordé au candidat un dédommagement partiel. Le seul dommage qu'il pouvait invoquer était la perte d'une chance d'être promu au poste supérieur[70].

Dans d'autres situations, notamment en matière de décisions d'attribution de fonds, un allégement du degré de preuve de la causalité entre la mauvaise administration et la non attribution a été refusé. Dans ces cas, il a ainsi été refusé de dédommager le demandeur pour «perte d'une chance»[71].

B. «Principes du droit européen du contrat», «Principes relatifs aux contrats du commerce international» et «Principles of European Tort Law»

Un bilan comparatif doit aujourd'hui nécessairement également prendre en considération les «Principes du droit européen du contrat» (dits «Principes Lando»), les «Principes relatifs aux contrats du commerce international»

---

[70]   Tribunal de première instance de la Cour de justice des Communautés européennes 16.12.1993, aff. T-20/89 (Moritz v Commission) Rec. 1993, II-1423, reproduit in: Winiger et al. (éd.), Digest of European Tort Law, 10.27.1 note U. Magnus / K. Bitterich; v. aussi Tribunal de première instance 27.10.1994, aff. T-47/93, Rec. 1994 II-743.

[71]   Cf. U. Magnus / K. Bitterich, in: Winiger et al. (éd.), Digest of European Tort Law, 10.27.3 avec références.

(dits «Principes d'UNIDROIT») de 2004, ainsi que les «*Principles of European Tort Law*» publiés en 2005 par le «*European Group on Tort Law*».

Les «Principes Lando» ne mentionnent pas la «perte d'une chance» dans leurs dispositions concernant les dommages-intérêts contractuels (art. 9:501 à 9:510) et laissent la question ouverte.

Par contre, les «Principes d'UNIDROIT» prennent clairement position: l'art. 7.4.3 al. 2 prévoit: «La perte d'une chance peut être réparée dans la mesure de la probabilité de sa réalisation.»

Le commentaire officiel des Principes d'UNIDROIT donne l'exemple du «propriétaire du cheval arrivé trop tard du fait du transporteur pour prendre le départ d'une course»[72]. Il aura droit à une indemnisation partielle selon les chances de gagner qu'il aura perdues.

Le commentaire cite encore l'exemple selon lequel un certain «A confie à B [...] un dossier de soumission à un appel d'offres pour la construction d'un aéroport.» B remet le dossier hors délai et le dossier est refusé. Selon les Principes d'UNIDROIT «[l]e montant de l'indemnisation dépend de la probabilité que le dossier de A avait d'être retenu et suppose la comparaison avec les candidatures sélectionnées. Il sera donc d'une fraction plus ou moins élevée des bénéfices que A aurait pu retirer de l'opération.»[73]

Les Principes d'UNIDROIT se rallient ainsi clairement à la position des droits favorables à la réparation de la «perte d'une chance». Inspirées par l'art. 7.4.3 al. 2 des Principes d'UNIDROIT, des tribunaux arbitraux ont, à plusieurs reprises, accordé une réparation pour «perte d'une chance» suite à des violations contractuelles[74].

---

[72] Principes d'Unidroit, art. 7.4.3, Commentaire 1, in: www.unilex.info/.

[73] Principes d'Unidroit, art. 7.4.3, Commentaire, 2., Illustration, www.unilex.info/; texte de la version française des Principes aussi sur: www.unidroit.org/french/principles/contracts/principles2004/blackletter2004.pdf.

[74] Dans la plupart des cas, la demande portait sur un gain perdu qui, selon les règles traditionnelles, ne pouvait pas être prouvé avec une probabilité suffisante: Ad hoc arbitration (San José, Costa Rica), Arbitral Award 30.04.2001, Source: V. PÉREZ VARGAS / D. PÉREZ UMANA, The UNIDROIT Principles of International Commercial Contracts in Costa Rican Arbitral Practice, Uniform Law Review (ULR), 2006, 181 (Action en dommages et intérêts pour perte de profit; le Tribunal arbitral a jugé que les gains attendus étaient trop incertains pour pouvoir être compensés dans leur totalité et n'a donc octroyé de dommages et intérêts que pour la perte d'une chance, en se basant expressément sur l'art. 7.4.3 des Principes d'UNIDROIT); v. aussi: ICC International Court of Arbitration, Paris, Arbitral Award 8264, 04.1997, ICC International Court of Arbitration Bulletin, Vol. 10, n° 2, cas 1999, 62 ss (Contrat portant sur la livraison d'équipements industriels et de know-how, retenue du know-how; perte de la possibilité d'adapter l'équipement aux exigences du marché; octroi d'une réparation pour la perte d'une chance inspiré par l'art. 7.4.3 des Principes d'UNIDROIT); v. aussi (mais sans que la disposition des Principes d'UNIDROIT ne soit mentionnée: ICC International Court of Arbitration, Arbitral Award n° 9078, 10.2001, extraits in: ICC International Court of Arbitration Bulletin, 2005 Special Supplement, p. 73 ss (Violation de l'interdiction d'exploitation et de concurrence, gain manqué, solution inspirée par les PU).

Les « *Principles of European Tort Law* » ne se servent pas expressément de la notion de « perte d'une chance ». Ils arrivent pourtant dans de nombreux cas de figure à la réparation des dommages résultant de chances perdues. Nous allons revenir à l'approche des *Tort-Principles* dans un instant[75].

C. Propositions nationales de réforme

Parmi les projets nationaux de réforme, c'est le projet *français* qui prévoit expressément des dommage-intérêts pour « perte d'une chance »[76].

On peut douter si c'est aussi le cas de « l'Avant-projet de Loi fédérale sur la révision et l'unification du droit de la responsabilité civile (LRCiv) » qui a été discuté en *Suisse*. D'après l'avant-projet, la personne lésée doit prouver la causalité entre l'acte et le dommage qu'elle a subi avec une « vraisemblance convaincante »[77]. Selon le rapport explicatif de cette proposition, elle ne devrait pas changer le droit en vigueur[78]. Des probabilités en dessous d'une marge de 50% ne devraient, par conséquent, pas suffire pour déclencher la responsabilité civile et la chance perdue ne serait pas réparée en tant que telle[79].

Le projet de réforme du droit de la responsabilité civile en *Autriche*[80] prévoit de résoudre les cas de chances perdues à l'aide des règles sur la causalité alternative[81]. La disposition sur la causalité alternative[82] prévoit que, si plusieurs actes entrent en considération sans qu'il ne puisse être établi lequel a

---

75   Infra, IX. B.

76   Cf. supra, n. 2.

77   Art. 56 II LRCiv.

78   Pierre WIDMER / Pierre WESSNER, Révision et unification du droit de la responsabilité civile, Rapport explicatif, Berne 2000, p. 243 ss.

79   V. Ch. MÜLLER, La perte d'une chance, p. 186 ; THÉVENOZ, La perte d'une chance, p. 256 : « Cette disposition ne consacre toutefois pas la théorie de la perte d'une chance ». Selon l'avant-projet, une fois qu'une vraisemblance convaincante est établie, « la décision du juge ne doit pas forcément conclure à une solution alternative en termes de « tout ou rien », mais elle peut éventuellement aussi conduire à une responsabilité partielle », Rapport explicatif, p. 244 s.

80   Cf. I. GRISS / G. KATHREIN / H. KOZIOL (éd.), Entwurf eines neuen österreichischen Schadenersatzrechts, Wien / New York 2006.

81   V. supra IV. D.

82   Il s'agit du § 1294 al. 2 : « Ein Schaden kann einer Person zugerechnet werden, wenn sie ihn verursacht hat oder die Ursache sonst in ihrem Bereich gelegen ist. Gleiches gilt, wenn ein Ereignis in hohem Masse geeignet war, den Schaden herbeizuführen, dasselbe jedoch auch für ein anderes Ereignis zutrifft (kumulative oder überholende Kausalität). Ist eines der beiden Ereignisse ein Zufall oder vom Geschädigten herbeigeführt oder konnte entweder nur das eine oder das andere Ereignis den Schaden verursacht haben (alternative Kausalität), so ist der Schaden nach dem Gewicht der Zurechnungsgründe und der Wahrscheinlichkeit der Verursachung zu teilen. » Sur cette disposition *Franz* BYDLINSKI, Die Verursachung im Entwurf eines neuen Schadesersatzrechts, in : I. GRISS / G. KATHREIN / H. KOZIOL (éd.), Entwurf eines neuen österreichischen Schadensersatzrechts, Wien / New York 2006, p. 37 (42 ss).

effectivement causé le dommage, ce dernier sera partagé selon le caractère de la base d'imputation respective et selon la probabilité respective de causalité pour chaque acte. Ceci vaut également si un des actes est un cas fortuit ou revient à la sphère de la victime.

VIII. Les arguments pour et contre l'indemnisation de chances perdues

Quels sont les inconvénients de la réparation de la « perte d'une chance », et quels arguments plaident en faveur d'une telle réparation ?

A. Les arguments contre la réparation pour la « perte d'une chance »

En premier lieu, on peut poser la question de savoir si le concept de « perte d'une chance » a déjà fait ses preuves et a véritablement convaincu dans les pays dans lesquels il a été adopté. En Belgique, où il existe une riche jurisprudence sur la perte d'une chance, la Cour de cassation semble actuellement remettre le principe en question.

Selon un autre argument, le but principal de la responsabilité civile est de réparer des dommages et non pas de sanctionner la création de risques[83]. Il ne serait pas admissible non plus de tirer des conclusions de probabilités statistiques pour un cas concret[84].

Dans un arrêt de 2005, concernant la responsabilité des médecins, le *House of Lords* anglais a douté qu'il soit souhaitable qu'un patient qui prouve avec une probabilité de 75% que la faute du médecin a causé son dommage ne soit dédommagé qu'à 75%. S'il n'arrive, par contre, qu'à prouver une probabilité de 25% de causalité, le médecin trouverait, à juste titre, inéquitable que le médecin soit responsable pour 25% du dommage. Le House of Lords arrive à la conclusion que « [a] more likely than not approach to causation suits both sides »[85]. Dans la terminologie continentale, on pourrait dire que l'approche de « tout ou rien » est appropriée et répond aux attentes aussi bien de la victime que du responsable du dommage[86].

---

83   STOLL, AcP 176 (1976), 146 (185).

84   FLEISCHER, JZ 1999, 766 (772).

85   Baroness HALE in House of Lords 27.1.2005, *Gregg v. Scott* (2005) UKHL 2; (2005) 4 All England Law Reports (All ER) 812, n° 195.

86   Pour des arguments en faveur de l'approche du « tout ou rien », v. HIRSCH, Perte de chance et causalité, III.

On pourrait, de plus, être d'avis qu'il fait partie des risques ordinaires de la vie de la victime que, dans certaines situations, elle n'arrive pas à prouver le lien de causalité avec une probabilité prépondérante.

Si l'on admettait la réparation de la chance perdue, ne devrait-on pas analyser la grande majorité des cas de responsabilité une deuxième fois, cette fois sous l'aspect de la «perte d'une chance»? Le *House of Lords* a récemment, dans le même arrêt, exprimé l'avis selon lequel «[a]llmost any claim for loss of an outcome could be reformulated as a claim for loss of a chance of that outcome»[87]. Dans ce cas, la réparation selon des probabilités ne deviendrait-elle pas la règle et la compensation totale l'exception?

Selon un autre argument, le concept de «perte d'une chance» pourrait générer des coûts additionnels importants, étant donné que beaucoup de demandes n'aboutissant pas actuellement seraient accueillies partiellement selon l'approche de la «perte d'une chance»[88]. Cette dernière mènerait souvent à une responsabilité divisée en quota, ce qui peut générer des coûts de transactions supplémentaires. Souvent, il sera difficile ou très coûteux d'estimer avec précision avec quel degré de probabilité un événement a contribué au dommage. La jurisprudence espagnole, en principe ouverte à la réparation de la chance perdue, en a tiré, dans certains arrêts, la conséquence de ne pas dédommager la victime pour ses pertes économiques mais pour le tort moral subi suite à la perte d'une chance[89]. Selon le principe du «tout ou rien», il n'est pas nécessaire d'entrer dans les détails de l'estimation des pourcentages.

Les expériences faites, par exemple, en Allemagne et en Suisse montrent que, par les solutions traditionnelles, il est possible de remédier à certains cas[90] de causalité incertaine, en tout cas dans les catégories de responsabilité des avocats et des médecins.

L'approche du «tout ou rien» a l'avantage d'être simple: en cas de probabilité prépondérante de causalité, le dommage sera réparé entièrement. En dessous de cette marge, rien n'est dû. Des solutions intermédiaires et compliquées ne sont pas prévues.

---

[87] Baroness Hale in House of Lords 27.1.2005, Gregg v. Scott (2005) UKHL 2; (2005) 4 All England Law Reports (All ER) 812, n° 224; v. aussi Hirsch, Perte de chance et causalité, III.

[88] V., par rapport à cet argument, Fleischer, JZ 1999, 766 (769).

[89] V. l'arrêt cité supra, n. 11.

[90] V. supra, IV. A-C. Dans d'autres cas, p. ex. en cas de négligence simple (*einfache Fahrlässigkeit*) du médecin, ou dans les situations appartenant à la troisième et à la quatrième catégorie (supra, IV, C. resp. D.), la demande n'aboutirait pas, étant donné que le lien de causalité ne peut pas être prouvé avec le degré nécessaire. Voir, pour le cas de l'architecte exclu de manière injustifiée d'un concours d'architecte, BGH NJW 1983, 442 (444): «Dem Kläger steht jedoch der Nachweis offen, dass er bei Zulassung zum Architekturwettbewerb einen der ausgesetzten Preise gewonnen hätte».

B.   Arguments en faveur d'une réparation partielle du dommage en cas de causalité incertaine

Il existe pourtant aussi de nombreux arguments en faveur de la réparation partielle du dommage en cas de causalité incertaine.

Une responsabilité divisée en quotas est déjà pratiquée dans la quasi-totalité des pays en cas de faute concomitante. Une réparation partielle du dommage ne serait, par conséquent, en tant que telle, pas une nouveauté.

Dans des systèmes qui n'ont pas adopté la théorie de la «perte d'une chance», dans de nombreux cas pratiques les procédures aboutissent aussi à une responsabilité en quota : face à des problèmes d'établissement du lien de causalité, les parties trouvent souvent un accord à l'amiable sur le montant du dédommagement. Dans ces cas, des quotas correspondent souvent mieux au sentiment de justice des parties que le principe du «tout ou rien».

Les approches traditionnelles ont des limites importantes. En droit allemand, par exemple, en cas de faute grave du médecin le fardeau de la preuve est renversé[91]. Le patient n'a pourtant pas d'intérêt à ce que le médecin soit sanctionné dans des cas de fautes particulièrement graves. Il a un intérêt à ce que son dommage soit réparé et ceci indépendamment du fait que la faute du médecin ait été légère, moyenne ou grave[92]. En plus, le critère de la gravité de la faute n'est pas en lien avec la probabilité que cette faute ait ou non causé le dommage du patient. La jurisprudence allemande l'illustre parfaitement : dans un cas pratique, une faute légère du médecin avait causé le dommage du patient avec une probabilité de 90%. Le tribunal a refusé la demande du patient, vu que des doutes sur la causalité subsistaient. Dans un autre cas, une faute grave du médecin était, avec une probabilité de 10%, la cause des problèmes subséquents du patient. Vu la gravité de la faute, le patient a été dédommagé entièrement[93]. Cette solution n'est pas convaincante[94].

Le concept de «perte d'une chance» évite que les juges, afin d'arriver à des résultats justes, ne décident sur des bases fictives par rapport à la gravité de la faute du médecin ou par rapport à la causalité qui ne peut pas véritablement être établie avec prépondérance[95].

---

91   Supra, IV. C.

92   Cf. FLEISCHER, JZ 1999, 766 (773).

93   Cf. MÄSCH, Chance und Schaden, p. 34 s., et les arrêts OLG Hamm 26.8.1998, VersR 2000, 325, et OLG Brandenburg 8.4.2003, NJW-RR 2003, 1383.

94   V. aussi MÄSCH, Chance und Schaden, p. 35 ss.

95   Voir déjà KOZIOL, in : Winiger et al. (éd.), Digest of European Tort Law, 10.29.4 : «The theory of loss of a chance also avoids the problematic tendency of some courts to take for granted what in fact is uncertain».

Les expériences faites dans les droits français, néerlandais, anglais et autres montrent que le concept de « perte d'une chance » est bien gérable[96].

Il est vrai que, dans de nombreux cas dans lesquels la demande est rejetée selon les approches traditionnelles, en application du concept de « perte d'une chance », une réparation partielle serait due. Par contre, dans d'autres cas dans lesquels une réparation entière est accordée aujourd'hui, seule une partie du dommage serait compensée selon l'approche de « perte d'une chance ». Dans l'ensemble, les coûts des deux approches ne divergent pas nécessairement. Ce qui change par contre c'est l'adéquation de la réparation dans chaque cas concret.

Le droit anglais de la responsabilité civile est, tout comme le droit suisse en la matière[97], caractérisé par le souci de limiter la responsabilité. L'argument selon lequel *the floodgates must be kept shut* a une grande valeur en droit anglais. Pourtant, ce dernier a adopté, pour de nombreuses catégories de cas, le concept de « *loss of a chance* ». La responsabilité des médecins fait exception, ce qui est difficilement justifiable dans le système anglais[98].

La question de la « perte d'une chance » se pose dans des situations dans lesquelles la faute d'autrui a empêché qu'un résultat favorable à la victime ne puisse se réaliser. Des incertitudes suite à la violation d'un devoir devraient, en principe, faire partie des risques ordinaires de la vie de celui qui a violé un contrat ou un devoir légal et non pas de celui qui, par conséquent, a perdu la chance d'un résultat favorable. L'*Obergericht Zürich* a, dans ce sens, constaté, dans un arrêt de 1989 : « Refuser d'octroyer des dommages-intérêts aux proches de patients qui ont été traités de manière fautive et qui sont ensuite morts d'un cancer, fondé sur l'argument qu'il ne serait pas prouvé que la faute du médecin ait causé le mort du patient, est fortement inéquitable »[99].

Une vue d'ensemble montre qu'en cas de causalité incertaine, une réparation partielle du dommage atteint mieux l'objectif de réparation que le principe du « tout ou rien ». Prenons l'exemple selon lequel, suite à des fautes professionnelles, un médecin ne diagnostique pas une maladie mortelle, et ceci dans huit cas. Pour chaque patient, la chance de survie est de 25%. Deux des huit patients mourront probablement. Selon le principe du « tout ou rien »,

---

96   V. déjà Fleischer, JZ 1999, 769 s.

97   Cf., pour le droit suisse, Thévenoz, La perte d'une chance, p. 237 ; Kadner Graziano, Entwicklungstendenzen im schweizerischen ausservertraglichen Haftungs- und Schadensrecht, in : Peter Jung (éd.), Aktuelle Entwicklungen im Haftungsrecht, Bern / Zurich / Basel / Genf 2007, p. 1 (3).

98   Mäsch, ZEuP 2006, 656 (665 ss).

99   OG Zürich SJZ 85 (1989), 119 (122) : « Den Angehörigen von Krebspatienten, die eindeutig falsch behandelt wurden, in (sehr) vielen Fällen Schadensersatzansprüche abzusprechen mit der Begründung, der Kausalzusammenhang zwischen den Behandlungsfehlern und dem Tod des Patienten sei nicht nachgewiesen, wäre aber in hohem Maße unbillig. »

aucun patient ne sera dédommagé. Selon l'approche qui prévoit le dédommagement selon la probabilité de la causalité, chacun des patients recevra des dommages intérêts correspondant à la probabilité de subir un dommage. C'est seulement selon cette approche que les dommages seront, vu de façon globale, compensés.

L'aspect non pas de sanction mais de prévention a gagné énormément de terrain en droit privé européen et est aujourd'hui reconnu en tant que deuxième but de la responsabilité civile dans de nombreux pays ainsi que par les *Principles of European Tort Law*[100]. La prévention plaide également en faveur d'une réparation partielle du dommage en cas de causalité incertaine[101]. Selon l'approche du «tout ou rien», de nombreuses violations d'obligations contractuelles et extracontractuelles restent sans conséquences bien qu'elles puissent très bien avoir causé d'importants dégâts. Une réparation partielle inciterait, par contre, à se comporter en accord avec le contrat et avec la loi.

La critique du principe du «tout ou rien» est particulièrement vive dans des cas limites[102]. Ainsi, pour la victime, il est difficilement justifiable que, dans un cas dans lequel la causalité est prouvée à 49%, sa demande soit rejetée entièrement. Il sera aussi difficile pour le défendeur d'accepter qu'une probabilité de 51% mène à une responsabilité de 100%. Le juge anglais Donaldson, *Master of the Rolls*, a critiqué cette solution en déclarant que : « *If this is the law, it is high time that it was changed* »[103]. Des praticiens du droit sur le continent nous confirment que de nombreux clients considèrent le principe du «tout ou rien» comme injuste et souvent difficilement acceptable.

IX. Prise de position

De nombreux arguments plaident donc en faveur du concept de la «perte d'une chance», alors que de nombreux autres plaident contre cette approche. Comment pourrait-on s'en sortir ?

Dans de nombreux cas de la première catégorie (c'est-à-dire les cas de la responsabilité des avocats[104]), il sera possible de procéder à un «procès dans

---

[100] V. l'art. 10 :101 2e phr. des *Principles :* «Damages also serve the aim of preventing harm».

[101] V. déjà FLEISCHER, JZ 1999, 766 (770).

[102] Pour une critique du principe du «tout ou rien», v., par ex., BYDLINSKI, FS Beitzke, p. 3 (32 s.) ; STOLL, FS Steffen, p. 465 (466) ; JANSEN, 19 OJLS 271 (277) ; KOZIOL, FS Stoll, p. 233 (238) ; Ch. MÜLLER, La perte d'une chance, n° 272 s., 290 ; MÄSCH, Chance und Schaden, p. 125 s. ; HIRSCH, Perte de chance et causalité, VII : «la théorie absolue de la causalité, du ‹tout ou rien›, est dépassée» ; KADNER GRAZIANO, in : Winiger et al. (éd.), Digest of European Tort Law, 10.28.18 s.

[103] Hotson v East Berkshire Area Health Authority 2.7.1987 (1987) 1 AC 750 (759).

[104] Supra, II. A.

le procès» et de remédier ainsi «après-coup» au problème de l'incertitude[105]. Ceci semble être la solution à favoriser étant donné qu'elle lève l'incertitude qui est la base et la condition du concept de la «perte d'une chance».

Pour les autres cas, une distinction entre la responsabilité contractuelle et la responsabilité délictuelle pourrait être faite ou s'impose même :

A.   Responsabilité contractuelle

En droit contractuel, la sauvegarde des chances de succès est, le cas échéant, au centre de la prestation contractuelle[106].

Si un médecin omet de procéder à un acte qui s'impose, il viole un devoir principal du contrat qu'il a conclu avec le patient, à savoir de faire tout ce qui est nécessaire dans l'intérêt du patient. L'obligation principale du médecin n'est bien évidemment pas de garantir que le patient guérisse, mais de sauvegarder les chances de guérison.

Si l'avocat omet de procéder à un acte qui s'impose dans l'intérêt du client ou un acte pour l'accomplissement duquel il a été mandaté par le client, il viole un devoir principal de son contrat à savoir de faire le nécessaire pour que les chances de réussir du client puissent se réaliser.

Une fois que la violation de cette *obligation principale de sauvegarder les chances de l'autre partie* est constatée, la question devient un problème de mesure du dommage qui en résulte. Dans ce contexte, la chance du patient ou du client pourrait très bien être prise en considération même si la probabilité de sa réalisation n'est pas prépondérante. Tout ceci à condition que la chance soit suffisamment manifestée.

L'aspect que la violation d'un devoir central du contrat resterait autrement sans sanction et l'aspect de la prévention ne semblent pas être les moindres arguments en faveur de la réparation partielle du dommage en fonction du degré de la chance perdue[107].

---

[105] V. pourtant la critique de Mäsch, ZEuP 2006, 656 (674) ; idem, Chance und Schaden, p. 142 s., 388 ss, 400 ss.

[106] Ceci vaut aussi bien pour le contrat entre patient et médecin que pour le contrat entre client et avocat. V. aussi Mäsch, Chance und Schaden, p. 237 ss, conclusions p. 423 ss, en particulier les points 3, 6, 7 et 10 ; contra Fleischer, JZ 1999, 766 (772) col. dr.

[107] V. aussi Mäsch, Chance und Schaden, p. 427 n° 18 ; idem, ZEuP 2006, 656 (675).

B. Responsabilité délictuelle

1. *Point de départ*

En matière de responsabilité délictuelle, la situation est plus délicate. Des études récentes de droit comparé ont confirmé que certains biens juridiques, appelés dans certains pays *droits absolus*, jouissent d'un degré de protection plus étendu que d'autres. En droit allemand, la victime doit, en principe, prouver l'atteinte à un droit absolu pour que la responsabilité délictuelle soit déclenchée. En droit suisse un acte est considéré illicite et déclenche la responsabilité civile s'il porte atteinte à un droit absolu (dans ce cas, on parle « d'illicéité de résultat », « *Erfolgsunrecht* »)[108]. Dans d'autres ordres juridiques, notamment en Angleterre et même en France[109], sans que l'on utilise le terme de « droit absolu », ces biens juridiques jouissent également d'une protection plus étendue que d'autres[110]. Cette hiérarchie des biens protégés permet, dans les ordres juridiques appartenant à la famille germanique mais aussi au droit anglais, de limiter de façon très efficace la responsabilité délictuelle.

Reconnaître, sans distinction majeure, que la «perte d'une chance» (par exemple de guérir ou de gagner un procès) constitue, en principe, un préjudice réparable ébranle le système ou le laisse se disloquer[111]. Etant donné qu'en responsabilité délictuelle, il y a cette hiérarchie des bien protégés, il semble hautement problématique de traiter les différentes situations de perte d'une chance de la même manière en matière de responsabilité délictuelle : dans la catégorie de la responsabilité médicale, il s'agit de la protection de

---

[108] Cf. ATF 123 II 577 c. 4 ; ATF 119 II 127, c. 3 ; *H. Rey*, Außervertragliches Haftpflichtrecht, Zurich / Bâle / Genève 2003, n° 670 ; pour une critique, v. F. WERRO, La responsabilité civile, Berne 2005, n° 284 ; *I. Schwenzer*, Schweizerisches Obligationenrecht, Allgemeiner Teil, 4e éd., Bern 2006, n° 50.04.

[109] Pour limiter la responsabilité civile, la jurisprudence française se sert du critère de la causalité, v., p. ex, Geneviève VINEY, Modération et limitation des responsabilités et des indemnisations, in : Jaap Spier (éd.), The Limits of Liability, Keeping the Floodgates Shut, La Haye / Londres / Boston 1996, p. 127, 131 s. L'étendue de la responsabilité reste, dans de nombreuses situations, pourtant plus large que dans la grande majorité des autres ordres juridiques.

[110] V. aussi le *Principles of European Tort Law*, www.egtl.org/Principles/index.htm, art. 2:102 (Intérêts protégés) : «(1) L'étendue de la protection d'un intérêt dépend de sa nature ; plus sa valeur est élevée, sa définition précise et la nécessité de le protéger évidente, plus sa protection sera étendue. (2) La vie, l'intégrité corporelle ou mentale et la liberté jouissent de la protection la plus étendue. (3) Les droits de propriété se voient accorder une protection étendue, y compris en matière de droits portant sur des biens incorporels. (4) La protection des intérêts économiques ou des relations contractuelles pourra être d'étendue plus limitée, en considération notamment de la proximité entre l'auteur et la personne menacée ou du fait que l'auteur avait conscience de causer un dommage, alors que ses intérêts sont nécessairement de valeur inférieure à ceux de la victime.

[111] STOLL, FS Steffen (1995), p. 465 (472 ss) ; v. aussi KOZIOL, in : Winiger et al. (éd.), Digest of European Tort Law, 10.29.5.

la santé ou même de la vie humaine. Il s'agit donc de biens qui jouissent de la protection délictuelle la plus étendue. Dans les autres catégories, il s'agit, par contre, de protéger des intérêts économiques uniquement, qui jouissent, dans peut-être tous les pays européens, d'une protection moindre en matière délictuelle[112].

Une proposition telle l'art. 1346 de l'avant-projet français, qui élève la «perte d'une chance» au rang de *préjudice réparable* s'appliquant, en principe, aussi bien à la responsabilité contractuelle que délictuelle semble, par conséquent, difficilement soutenable pour le droit privé européen et notamment pour les droits allemand et suisse et ceci même *de lege ferenda*.

2. *Proposition de solution*

a. *Condition: atteinte à un bien juridique protégé par la responsabilité délictuelle*

En ce qui concerne la responsabilité délictuelle, la solution pourrait être de conserver, en principe, la *hiérarchie des biens protégés* telle qu'elle est à constater dans le droit privé européen actuellement – et telle qu'elle est prévue dans l'art. 2:102 des *Principles of European Tort Law*[113]. Selon l'al. 2 de cette disposition, qui est issue de vastes études de droit comparé, «La vie, l'intégrité corporelle ou mentale et la liberté jouissent de la protection la plus étendue» en responsabilité délictuelle, alors que selon l'al. 4 de la même disposition, «La protection des intérêts économiques ou des relations contractuelles pourra être d'étendue plus limitée, en considération notamment de la proximité entre l'auteur et la personne menacée ou du fait que l'auteur avait conscience de causer un dommage, alors que ses intérêts sont nécessairement de valeur inférieure à ceux de la victime.»

Dans le cas du garçon anglais, l'intérêt protégé par la responsabilité délictuelle est sa santé; dans celui de la secrétaire espagnole, l'intérêt concerné est de nature purement économique et donc un intérêt qui jouit, *en matière délictuelle*, d'une protection moins étendue.

b. *Responsabilité partielle selon la probabilité de causalité*

Une fois que l'atteinte à un intérêt protégé par la responsabilité délictuelle est constatée, se pose la question de la causalité entre l'acte de la personne tenu

---

[112] Cf. *Principles of European Tort Law*, art. 2:102 (4), texte supra, n. 110; v. aussi, p. ex., W. VAN BOOM / H. KOZIOL / Ch. WITTING: Pure Economic Loss, Wien / New York 2004; KOZIOL, in: Winiger et al. (éd.), Digest of European Tort Law, 10.29.5.

[113] European Group on Tort Law (éd.), Principles of European Tort Law, art. 2:102 (1)-(4), cf. supra n. 110.

pour responsable et le dommage (dans le cas du garçon anglais : entre la faute du médecin et le handicap du garçon). Avec une probabilité de 25% le handicap du garçon était dû à une faute médicale, alors qu'avec une probabilité de 75% le problème était dû à la chute et donc à un fait qui est à situer dans la sphère de la victime.

Dans une telle situation, la responsabilité délictuelle pourrait être déterminée à l'aide d'une règle sur la causalité alternative. Dans le même sens que le projet de réforme autrichien[114] et l'arrêt de la 4e chambre de la Cour suprême dans le cas du bébé né gravement blessé[115], l'art. 3:103 des *Principles of European Tort Law*, portant sur des « causes alternatives », prévoit, dans son al. 1er, que

> « [e]n cas d'activités multiples, dès lors que chacune d'elles prise isolément aurait été suffisante pour causer le dommage, mais que celle ayant effectivement conduit à sa réalisation reste incertaine, chaque activité est considérée comme une cause, en proportion de sa contribution probable au dommage subi par la victime. »

L'art. 3:106 des Principes affirme que, si une de ces circonstances est à localiser dans la sphère de la victime, elle doit en supporter les conséquences dans une mesure correspondant à la probabilité que cette circonstance ait causé le dommage[116]. A condition que la victime soit atteinte dans un droit protégé par les règles de la responsabilité délictuelle, le dommage pourrait ainsi être partagé entre la victime et une autre personne en fonction des probabilités de causalité[117].

Des probabilités de contribution au dommage restant en dessous d'un *seuil minimum* pourraient être écartées ainsi que de *pures hypothèses* de causalité[118]. Pour réparer des dommages en cas de « chances perdues », la Cour de Cassation française réclame ainsi une « chance réelle et sérieuse »[119], et

---

[114] Supra, n. 78. L'avant-projet *suisse* propose une indemnité proportionnelle à la causalité une fois qu'un lien de causalité d'un acte attribuable à la personne tenue pour responsable est établi avec une probabilité supérieure à 50%, v. supra, VII. C. ; v. aussi HIRSCH, Perte de chance et causalité, V.

[115] Supra, IV. D.

[116] *Principles of European Tort Law*, Art. 3:106 (Uncertain causes within the victim's sphere) : "The victim has to bear his loss to the extent corresponding to the likelihood that it may have been caused by an activity, occurrence or other circumstance within his own sphere." = (Causes incertaines dans la sphère d'influence de la victime) : « La victime doit supporter ses pertes dans la mesure correspondant à l'incidence possible d'une activité, d'un événement ou toute autre circonstance, incluant des événements naturels, du moment que cette cause se trouve dans sa sphère d'influence ».

[117] Pour l'application des *Principles* à des cas pratiques en matière de « perte d'une chance », et en particulier au cas du garçon anglais, v. KADNER GRAZIANO, in : Winiger et al. (éd.), Digest of European Tort Law, 10.28.1-25.

[118] Cf., par ex., HIRSCH, Perte de chance et causalité, V.

[119] Cour de cass. (Ass. plén.) 3.6.1988, La Gazette du Palais (Gaz. Pal.) 1988, 2, pan. 180 ; v. aussi LE TOURNEAU : Droit de la responsabilité et des contrats, n° 1418.

selon la jurisprudence anglaise, le demandeur doit prouver «*that he had a real or substantial chance as opposed to a speculative one*»[120].

Selon la solution proposée, la «perte d'une chance» ne serait pas introduite en tant que nouvelle catégorie de dommage, tel que prévue dans le projet français. Les cas de chances perdues seraient analysés, au contraire, à l'aide de règles sur la causalité alternative.

Pour certaines atteintes, l'approche de «perte d'une chance» et la résolution à l'aide des règles sur la causalité alternative poursuivent donc la même fonction et sont, pour ces cas, équivalents[121]. Par rapport à l'approche de «perte d'une chance», la solution proposée aurait l'avantage de mener dans un certain nombre de cas de figure à une responsabilité qui correspond à la probabilité de causalité, mais tout en respectant la hiérarchie des biens protégés par la responsabilité délictuelle[122].

C.   Résolution des cas

Comment seraient résolus nos cas d'exemple selon cette approche?

La demande de la secrétaire espagnole serait analysée dans une procédure en responsabilité civile contre l'avocat qui a omis de porter plainte. La solution serait de procéder à un «procès dans le procès» et – *idéalement* – le problème de l'incertitude quant à la causalité entre la faute de l'avocat et le dommage serait résolu «après-coup». Si, dans le cas concret, il s'avérait pourtant impossible d'établir – de manière hypothétique – si la faute de l'avocat a empêché une réussite dans un premier procès, la secrétaire pourrait, en tout cas sur une base *contractuelle*, être dédommagée pour la chance perdue en fonction de sa probabilité de réalisation[123].

---

[120] Allied Maples Group Ltd v Simmonds & Simmonds (1995) 1 WLR 1602 (1614), Court of Appeal, Stuart-Smith, LJ; arrêt reproduit in: Winiger et al. (éd.), Digest of European Tort Law, 10.12.5 avec note K. Oliphant.

[121] Pour cette «*Funktionsäquivalenz*», v. Franz Bydlinski, Die Verursachung im Entwurf eines neuen Schadensersatzrechts, in: I. Griss / G. Kathrein / H. Koziol (éd.), Entwurf eines neuen österreichischen Schadensersatzrechts, Wien / New York 2006, p. 37 (42 ss); Koziol, in: Winiger et al. (éd.), Digest of European Tort Law, 10.29.2, 8; Jacques Boré, L'indemnisation pour les chances perdues: une forme d'appréciation quantitative de la causalité d'un fait dommageable, JCP G 1974, I, 2620; Mäsch, Chance und Schaden, p. 161; Kadner Graziano, in: Winiger et al. (éd.), Digest of European Tort Law, 10.28.3 ss, 10.28.17.

[122] Pour une indemnité proportionnelle à la probabilité de causalité, avec des arguments à caractère économique, Michael Faure, Causal uncertainty, in: Helmut Koziol / Jaap Spier (éd.), Tort and Insurance Law, Liber Amicorum Pierre Widmer, Wien / New York 2003, p. 87; Hirsch, Perte de chance et causalité, V (avec des arguments en faveur de cette approche), VII.

[123] Pour une solution du cas selon les *Principles of European Tort Law*, v. Kadner Graziano, in: Winiger et al. (éd.), Digest of European Tort Law, 10.28.20-25.

L'action du garçon anglais contre le médecin pourrait aboutir pour un montant correspondant à la probabilité que le médecin ait causé le dommage, i.e. pour 25% du dommage subi. L'action aboutirait soit sur une base contractuelle, soit sur une base délictuelle vu que le garçon est atteint dans sa santé, c'est-à-dire dans un droit qui bénéficie de la protection délictuelle la plus étendue[124].

La candidate au titre de «Miss Suisse 2006» n'aurait pas d'action contractuelle contre l'auteur de l'accident de la circulation étant donné qu'il n'y a pas de lien contractuel entre les deux parties. La jeune femme était blessée dans sa santé et la réparation de la «chance perdue» pourrait ainsi, en principe, être réclamée sur une base délictuelle. L'action n'aboutirait pourtant très probablement pas. Etant donné que la jeune femme pourra se présenter l'année suivante, sa chance de gagner le concours n'est pas perdue de manière définitive[125]. Seraient pourtant à rembourser des frais additionnels liés au report de la candidature d'une année.

X.   Résumé

1.   Les situations de fait dans lesquelles se pose la question de la «perte d'une chance» en Europe se ressemblent. Les cas de «perte de chance» ont en commun que la personne tenue pour responsable a agi de manière illicite et fautive, mais que la victime n'est pas en mesure de prouver, avec la probabilité traditionnellement requise, un lien de causalité entre l'acte d'autrui et l'atteinte à ses intérêts juridiquement protégés.

2.   La théorie de la «perte d'une chance» change la perspective et redéfinit le problème : le fait qui déclenche la responsabilité civile n'est plus l'atteinte à un bien juridique protégé traditionnellement. C'est la «perte d'une chance» elle-même qui constitue le «dommage» et qui déclenche la responsabilité civile. Suite au changement de perspective, la question de la causalité ne pose plus de problème étant donné que le lien causal entre le fait d'autrui et la «perte d'une chance» est établie dans les situations de «perte de chance».

3.   Par rapport à la théorie de «perte d'une chance», la situation dans le droit privé européen est extrêmement diverse : Dans de nombreux ordres

---

[124]   Pour une solution du cas selon les *Principles of European Tort Law*, v. KADNER GRAZIANO, in : Winiger et al. (éd.), Digest of European Tort Law, 10.28.1-19.

[125]   V., pour ce critère, LE TOURNEAU, Droit de la responsabilité et des contrats, n° 1418 avec références : «(p)our qu'il y ait perte d'une chance, la victime ne doit plus pouvoir remédier à l'impossibilité de survenance de l'événement. Si elle pouvait demeurer maîtresse de sa réalisation, elle n'a rien vraiment perdu».

juridiques européens, le concept de « perte d'une chance » n'est pas (ou pas encore) accepté. Dans de nombreux autres, ce concept est soit accepté, soit il a, ces dernières années, gagné beaucoup de terrain.

4.   Vu les développements récents du droit privé européen en la matière, la solution d'avenir pourrait être l'abandon partiel du principe du « tout ou rien » et l'indemnisation, dans certaines situations de chances perdues, selon des probabilités de causalité.

5.   En matière de droit *contractuel*, la sauvegarde des chances de succès est, le cas échéant, au centre de la prestation contractuelle. Une fois que la violation de l'obligation principale du contrat de sauvegarder les chances de l'autre partie est constatée, la question devient un problème de mesure du dommage qui en résulte. Dans ce contexte, la chance perdue pourrait très bien être prise en considération même si la probabilité de sa réalisation n'est pas prépondérante, à condition que la chance soit suffisamment manifestée.

6.   En matière de responsabilité *délictuelle*, afin de sauvegarder les limites de la responsabilité, il convient de conserver la hiérarchie des biens protégés qui existe actuellement dans la majorité des ordres juridiques européens. Il convient, par conséquent, de continuer, en matière délictuelle, de qualifier le problème de chances perdues comme une question de causalité.

7.   En matière de responsabilité délictuelle, des règles sur la *causalité alternative*, telles que prévues dans les *Principles of European Tort Law*, permettraient d'indemniser des victimes selon des probabilités de causalité et d'éviter ainsi les inconvénients du principe du « tout ou rien », tout en respectant la hiérarchie des biens protégé par la responsabilité délictuelle et tout en évitant une responsabilité pour chances perdues sans véritables limites.

8.   En Suisse et en Allemagne, l'analyse du concept de « perte d'une chance » et de son potentiel vient de commencer, et ceci grâce à quelques publications récentes de haute qualité[126]. Etant donné que le concept de la réparation partielle en cas de causalité incertaine a été adopté, ces dernières années, par de nombreux pays ainsi que par les Principes d'UNIDROIT et, mais d'une autre façon, par les *Principles of European Tort Law*, il semble que la question mérite une discussion approfondie aussi bien en Suisse qu'à l'échelle européenne.

---

[126]   Supra, n. 1; pour des références à la doctrine suisse, v. Ch. Müller, La perte d'une chance, p. 183 ss ; Thévenoz, La perte d'une chance, p. 237 (251, n. 35).

Le procès manqué

LAURENT HIRSCH*

Table des matières

I.   Introduction

A.   La question concrète

1.   Comment évaluer le dommage causé lorsque l'avocat a commis une erreur de procédure (typiquement a manqué un délai) qui entraîne la perte des droits de son client (typiquement l'irrecevabilité d'une action)?

---

*   Avocat à Genève.

La violation du contrat et la faute de l'avocat étant par hypothèse admises, se pose la question du dommage subi par le client et du rapport de causalité avec la violation du contrat.

2. Il s'agit, de manière classique, de comparer la situation dans laquelle le client se trouve effectivement, ayant donc perdu ses droits, par rapport à la situation dans laquelle il se trouverait s'il avait eu la possibilité de faire valoir ses droits.

- S'il est possible de prédire avec une quasi certitude que le client aurait obtenu gain de cause, l'évaluation du dommage et le rapport de causalité ne soulèvent pas de problème particulier.
- Si à l'inverse il est possible d'exclure avec une quasi certitude que le client ait pu obtenir gain de cause, le dommage est inexistant et il n'y a pas plus de difficultés.
- La réalité est cependant souvent plus complexe et la détermination de ce qui serait advenu dans une hypothèse qui ne s'est pas réalisée est fréquemment ardue. Tel est le sujet de la présente contribution.

B. Cadre de la discussion

3. Notre hypothèse de départ est que les droits perdus concernent des prétentions financières (1 million dans nos exemples) dans un rapport de droit privé. Les développements qui suivent pourraient pour la plupart être également applicables dans l'hypothèse où les droits perdus concernent un rapport de droit administratif (sous réserve de l'évaluation financière des droits perdus), mais beaucoup plus difficilement en matière pénale[1].

4. Nous examinons la possibilité pour le client d'obtenir la réparation de son dommage direct, à savoir de la valeur de ses droits dans le procès manqué (si le client faisait valoir une prétention de 1 million, le dommage s'élève à 1 million au maximum). Nous n'examinons pas la question de savoir si le client serait en droit d'obtenir la réparation du dommage découlant indirectement du procès manqué (tort moral, dépression, atteinte à la réputation,…).

---

[1] L'admission de la responsabilité du défenseur pénal dont le client a été condamné pose des problèmes particuliers, notamment dans l'hypothèse où le client est bien coupable, mais où l'avocat aurait pu le faire acquitter (voir, à propos du droit américain, HEHLI Christine, pp. 48-49).

II. Approches possibles et critères de qualification

A. Procès dans le procès

5.   Pour évaluer le dommage éventuel, dès lors que la simple possibilité que le résultat ait été différent (si l'avocat avait sauvegardé les droits du client) ne suffit pas, le tribunal peut chercher à déterminer quelle aurait été l'issue du procès manqué, s'il avait été instruit. Le tribunal saisi de l'action en responsabilité contre l'avocat se met à la place du tribunal qui aurait été saisi si l'avocat avait sauvegardé les droits de son client. Le tribunal va donc instruire le procès manqué.

6.   Ce système peut fonctionner en particulier si c'est le même tribunal qui aurait été saisi de l'action contre la partie adverse. Dans ce cas, le tribunal saisi finalement de l'action en responsabilité contre l'avocat est relativement bien placé pour déterminer ce qu'il aurait lui-même selon toute vraisemblance décidé s'il avait été saisi de l'action contre la partie adverse[2].

Ce système est moins efficace si le tribunal effectivement saisi n'aurait pas été compétent pour connaître de l'action contre la partie adverse, en particulier s'il n'aurait pas été compétent à raison de la matière, ou si c'est une juridiction supérieure qui aurait dû se prononcer sur les prétentions émises contre la partie adverse[3].

7.   L'exercice reste en tout état de cause une réplique imparfaite du procès qui n'a pas eu lieu. La partie adverse n'est pas là pour se défendre, l'écoulement du temps a pu rendre les témoignages moins concluants, et l'avocat qui connaît bien le dossier du client et était censé le défendre se retrouve à s'y opposer[4].

Compte tenu de ces difficultés, la question de la charge de la preuve et du degré de la preuve se pose avec une certaine acuité.

---

2   Le Tribunal fédéral notait ainsi, dans un ancien arrêt (voir n° 21 ci-dessous) : « On peut tenir pratiquement pour certain que le tribunal qui aurait eu à statuer sur l'action périmée aurait jugé dans le sens admis par le juge saisi de l'action en dommages-intérêts, quand c'est précisément devant celui-ci qu'aurait dû être portée l'action initiale » (JT 1962 I 363, consid. 2 p. 367).

3   Ainsi, dans un cas jugé par la Cour de Justice genevoise (SJ 1979 p. 414), le premier juge avait considéré qu'il ne lui était pas possible d'apprécier quelle aurait été la décision de la Cour si elle avait été saisie d'un appel. La Cour a considéré que le premier juge avait eu tort, notant : « Il arrive qu'un Tribunal soit contraint préjudiciellement de qualifier un rapport de droit qui normalement aurait dû être soumis à l'attention d'une autre instance, civile ou pénale, pour pouvoir ensuite être à même de statuer sur la demande qui lui est soumise ». Cette critique était certes justifiée, mais la Cour était évidemment dans une position plus confortable pour procéder à cette appréciation (et elle a conclu qu'il était raisonnable de considérer qu'un appel était voué à un échec certain).

4   Ne serait-il pas quelque peu gênant de permettre à l'avocat d'utiliser, pour contredire la thèse du client, les éléments du dossier qui lui avaient été confiés pour défendre cette thèse ? De par sa position privilégiée, l'avocat pourrait même parfois être en mesure d'utiliser des arguments dont la partie adverse n'aurait pas eu connaissance.

8. Conformément au principe général de l'article 8 CC, dès lors que le client entend faire valoir des droits, c'est à lui qu'il incombe de prouver les faits dont il déduit ses droits. Selon le degré de preuve habituellement requis, il incomberait donc au client d'apporter une preuve stricte, de convaincre le tribunal, sans qu'il puisse subsister de doute raisonnable, de ce qu'il aurait effectivement obtenu gain de cause dans le procès manqué.

– Si le client y parvenait, il obtiendrait une compensation pleine et entière de l'avocat.

– Le plus souvent, le client échouerait, compte tenu de la difficulté d'apporter une telle preuve. Dans une telle hypothèse, le client n'obtiendrait aucun dédommagement.

9. Pour tenir compte de l'impossibilité pratique d'apporter une preuve stricte de ce qui se serait produit dans une hypothèse qui ne s'est pas réalisée[5], on peut réduire quelque peu le degré de preuve exigé du client et se contenter d'une certaine vraisemblance d'un certain résultat.

Dans l'hypothèse où une telle vraisemblance est admise, le client a droit à un dédommagement complet, quand bien même on ne peut pas exclure complètement l'hypothèse inverse selon laquelle il n'aurait rien obtenu du tout même si l'avocat avait sauvegardé ses droits.

10. Une autre possibilité consiste à renverser le fardeau de la preuve de l'issue du procès manqué, en présumant ainsi que l'avocat aurait pu faire valoir les droits du client avec succès, en l'absence de la violation contractuelle intervenue.

L'avocat aurait alors la possibilité de renverser cette présomption, en démontrant que l'issue du procès aurait de toute façon été défavorable, même si l'avocat n'avait pas violé ses obligations.

B. Perte d'une chance

11. Dans la théorie de la perte d'une chance, il s'agit de pondérer ce que le client aurait pu obtenir en fonction de la probabilité qu'il l'aurait obtenu[6].

Si l'on retient par hypothèse que la probabilité était de 60% que le client obtienne de sa partie adverse un montant de 1 million, l'application de la théorie de la perte d'une chance conduit à lui allouer 600 000 (plutôt que 1 million ou 0).

---

[5] Ou pour tenir compte de ce que c'est la faute de l'avocat qui prive le client de la possibilité de prouver l'issue du procès manqué : pour une application de cette considération en matière médicale, voir Thévenoz Luc, p. 253.

[6] C'est ainsi que l'article 7.4.3 des principes Unidroit stipule que « La perte d'une chance peut être réparée dans la mesure de la probabilité de sa réalisation ».

12. Dans cette théorie, on considère que le client avait une « chance » d'obtenir gain de cause contre la partie adverse, chance qui a été perdue suite à la violation fautive de l'avocat, et le client est indemnisé pour la perte de cette chance, qui est donc évaluée en fonction de la probabilité que cette chance ait pu déboucher sur un gain concret pour le client.

13. Cette théorie, si elle n'est pas consacrée par les tribunaux suisses, semble cependant appliquée en pratique par des assureurs de responsabilité civile professionnelle[7].

14. On pourrait imaginer d'appliquer cette théorie de manière pure, même dans les cas où la probabilité est minime (une chance sur dix mille d'obtenir 1 million vaut 100), mais l'on considère souvent, en pratique, que l'on ne peut raisonnablement tenir compte de la perte d'une chance que si cette chance avait suffisamment de consistance, autrement dit si la probabilité était supérieure à un certain seuil (peut-être entre 5 et 25%)[8].

C. Causalité et dommage

15. La problématique de l'évaluation du dommage causé par le procès manqué peut être abordée sous l'angle du critère du dommage ou sous l'angle du critère de la causalité[9].

16. Utilisant le critère du dommage, on peut considérer que le dommage n'est pas la perte du procès, mais la perte de la possibilité de mener le procès à son terme, non pas le résultat hypothétique du procès, mais l'absence de procès. Pour remettre le client dans la situation qui serait la sienne si l'avocat avait exécuté ses obligations, on vise à le remettre non pas dans la situation dans laquelle il aurait été après le procès instruit, avec des droits tranchés, mais dans la situation dans laquelle il était avant le procès manqué, avec des droits encore incertains.

La causalité (entre la faute de l'avocat et la perte des droits) est bien établie et la question est de savoir si cette perte des droits du client constitue un dommage juridiquement réparable. Dans la théorie de la perte d'une chance,

---

7   « Derartige Schadenfälle werden in der Praxis zumeist liquidiert, indem zwischen den involvierten Parteien unter Einbezug der Haftpflichtversicherung des Anwaltes Quoten entsprechend der materiellen Rechtslage, den von beiden Parteien zu vertretenden Verusachungsanteilen bezüglich des Fehlers und den geschätzten Prozessaussichten gebildet werden. Der nachgewiesene Schaden wird nach diesen Quoten aufgeteilt. », SCHLÜCHTER Fabio, p. 1362.

8   Voir n° 40 ci-dessous à propos du droit français.

9   La doctrine reconnaît que cette problématique apparaît à la croisée des chemins entre le dommage et la causalité (FELLMANN Walter, « Die Haftung des Anwaltes », pp. 188-189 ; WALTER Hans Peter N 16.20 et passage cité n. 10 ; KULL Michael, n. 431).

ces droits perdus ont une valeur, nonobstant leur aléa, et doivent être évalués en fonction des chances de succès du procès manqué[10]. La perte d'une chance concerne ainsi la notion de dommage[11].

Dans l'approche traditionnelle, ces droits perdus ne constituent pas un dommage, car leur valeur n'est pas certaine : ils ne sont pas reconnus, mais sont encore virtuels.

17. Utilisant le critère de la causalité, on considère que le dommage n'est pas le procès manqué, mais le produit hypothétique du procès manqué. Pour remettre le client dans la situation qui serait la sienne si l'avocat avait exécuté ses obligations, on vise à le remettre non pas dans la situation dans laquelle il était avant le procès manqué, mais dans la situation dans laquelle il aurait été après le procès (instruit, s'il n'avait pas été manqué).

Le dommage est bien établi (l'absence de produit du procès) et la question est de savoir si ce dommage est causé par la faute de l'avocat : le procès a été manqué, mais aurait-il sinon été perdu (faute de l'avocat finalement sans conséquence) ou gagné (faute de l'avocat causale dans la perte du procès) ?

Quand la jurisprudence impose de déterminer l'issue la plus vraisemblable du procès manqué, elle examine la question de la causalité.

---

10 Il nous semble, si nous le comprenons bien, que Hans Peter Walter propose d'aller dans cette direction (sans expliciter plus clairement dans quelles limites), en considérant que le critère de la causalité n'est qu'apparent, que le vrai critère est en réalité le dommage, qui permet une réparation partielle, tenant compte de l'incertitude des perspectives de succès : «Besondere Fragen wirft dagegen die notwendige Abhängigkeit des Schadens von der vertraglichen Pflichtverletzung auf, welche sich begrifflich unter dem Rechtswidrigkeitszusammenhang, der haftungsausfüllenden Kausalität oder dem rechtmässige Alternativverhalten abhandeln lasse. Danach ist eine Vermögenseinbusse des Mandanten nur auszugleichen, wenn sie bei pflichtgemässen Verhalten des Anwalts nicht (ebenfalls) eingetreten wäre. Anders gewendet ist im Regelfall zu fragen, ob der wegen einer Unsorgfalt des Anwalts (z.B. einer Fristversäumnis) verlorene Prozess bei pflichtgemässer Mandatsführung gewonnen worden wäre. Damit ist vordergründig die Kausalitätsfrage angesprochen, richtig besehen aber unmittelbar diejenige nach der Vermögensdifferenz und damit nach dem Schaden. Dies erlaubt, die ganze Problematik aus dem Schwarzweiss-Schema der Kausalität zu lösen und den Schaden in wertender Konkretisierung flexibler zu bemessen. Mit Blick auf Art. 42 Abs. 2 OR ermöglicht der direkte Schadensbezug insbesondere, den stets ungewissen Erfolgsaussichten eines rechtmässigen Alternativverhaltens, namentlich dem hypothetischen Ausgang eines sorgfältig geführten Prozesses dadurch Rechnung zu tragen, dass die theoretisch mögliche Vermögenseinbusse nicht nur voll oder überhaupt nicht, sondern auch teilweise als Schaden im Rechtssinne anerkannt und zum Ersatz verstellt wird» (WALTER Hans Peter, N 16.59) ; cette proposition semble malheureusement n'avoir eu guère d'écho jusqu'ici.

11 «la perte d'une chance relève de la quantification du dommage, et non de l'évaluation de la causalité : le fait générateur de la responsabilité ne fait pas perdre le résultat possible, mais une certaine probabilité d'obtenir ce résultat» (WERRO Franz, N 129) ; «la perte d'une chance est une forme spéciale de dommage, et non une atténuation du lien de causalité : le fait générateur de la responsabilité ne fait pas perdre l'enjeu, qui est intrinsèquement aléatoire, mais une certaine probabilité d'obtenir cet enjeu» (THÉVENOZ Luc, p. 241).

D. Causalité naturelle et causalité adéquate

18. Le terme de causalité hypothétique est utilisé pour qualifier cette question, consistant à déterminer quel aurait été le cours des choses dans une hypothèse qui ne s'est pas réalisée.

La causalité hypothétique relève de la causalité naturelle[12]. Savoir quel résultat se serait produit dans l'hypothèse (non réalisée) où l'avocat n'aurait pas violé ses obligations consiste à se poser la question de la causalité naturelle entre la violation du contrat et le résultat qui s'est effectivement produit. Il s'agit d'une construction hypothétique des faits, mais qui n'en est pas moins une question d'appréciation des faits.

19. Si la causalité naturelle est établie, la causalité adéquate[13] ne devrait pas poser de problème dans le cadre de la question examinée ici. Il est en effet parfaitement prévisible qu'une violation des obligations de l'avocat entraîne la perte des droits du client et cause ainsi au client un dommage équivalent à la valeur des droits dont l'avocat devait assurer la défense. Si l'avocat est chargé de faire valoir une prétention de 1 million, sa négligence risque de causer à son client un dommage de 1 million[14].

III. Casuistique jurisprudentielle suisse et étrangère

A. Suisse

20. Nous passons en revue quelques arrêts rendus par le Tribunal fédéral, pour illustrer l'approche jurisprudentielle de la problématique du procès manqué et examiner les principes généraux que l'on pourrait en déduire.

---

[12] Le Tribunal fédéral a récemment exposé la problématique dans les termes suivants: «... pour retenir une causalité naturelle en cas d'omission, il faut admettre par hypothèse que le dommage ne serait pas survenu si l'intéressé avait agi conformément à la loi ou au contrat. Un lien de causalité naturelle ne sera donc pas nécessairement prouvé avec une exactitude scientifique. Le rapport de causalité étant hypothétique, le juge se fonde sur l'expérience générale de la vie et il porte un jugement de valeur. En règle générale, lorsque le lien de causalité hypothétique entre l'omission et le dommage est établi, il ne se justifie pas de soumettre cette constatation à un nouvel examen sur la nature adéquate de la causalité...» (arrêt du Tribunal fédéral du 9 mars 2005, dans la cause 4C.449/2004, voir n° 26 ci-dessous, consid. 4.1).

[13] Question de droit visant à déterminer s'il était objectivement prévisible que la violation fautive cause le dommage considéré (voir WERRO Franz, N 214-215).

[14] La question de la causalité adéquate se poserait en rapport avec le dommage indirect, dont nous ne traitons pas ici (voir n° 4 ci-dessus). Si par exemple le client subit une dépression, ou s'il perd certaines autres affaires, la question se poserait de savoir si un tel résultat était prévisible.

21. Dans un arrêt de décembre 1961, le Tribunal fédéral a examiné l'approche du pronostic de succès du client dans le procès manqué[15]. L'avocat avait laissé passer le délai pour ouvrir une action en paternité. Les clients (mère et enfant) lui avaient intenté une action en dommages-intérêts, que la Cour d'appel du canton de Berne avait admise, en condamnant l'avocat à payer environ CHF 19 000.–. Le Tribunal fédéral a confirmé le jugement. La Cour d'appel du canton de Berne avait examiné de manière approfondie quelle aurait été l'issue de l'action en paternité et considéré qu'il fallait admettre avec une certitude suffisante que cette action aurait abouti. Le Tribunal fédéral a confirmé qu'il n'était pas nécessaire de déterminer avec certitude quelle aurait été l'issue du procès, mais qu'il suffisait qu'on puisse l'admettre avec une très grande vraisemblance[16].

22. Dans un arrêt de juin 1963, le Tribunal fédéral a examiné la question des perspectives de succès d'une action en responsabilité contre l'avocat[17]. L'avocat avait été chargé d'une action en paternité, qui avait été rejetée sans qu'une expertise ne soit ordonnée. L'avocat n'avait pas informé la cliente du jugement et n'avait pas fait appel. La cliente avait ouvert une action en responsabilité contre l'avocat. La commission cantonale compétente avait refusé le bénéfice de l'assistance judiciaire, considérant que le procès en responsabilité était voué à l'échec, car une expertise n'aurait pas pu être ordonnée, de sorte qu'un appel contre le rejet de l'action en paternité était dénué de toute chance de succès. Le Tribunal fédéral a annulé ce jugement. Le Tribunal fédéral, considérant qu'est dénuée de toute chance de succès une procédure dans laquelle

---

[15]   ATF 87 II 364, JdT 1962 I 363.

[16]   « Sans doute n'est-il pas possible de constater avec une certitude absolue comment une action qui n'a pas été jugée, faute d'avoir été ouverte à temps, se serait terminée si elle avait été reçue. On ne peut faire à cet égard que des suppositions, aussi bien en ce qui concerne les faits qui auraient été constatés dans ce procès qu'en ce qui concerne leur appréciation juridique. Mais cela n'exclut pas d'emblée la faculté, pour la partie demanderesse, d'entreprendre de prouver qu'elle aurait gagné le procès, si le délai d'ouverture d'action avait été observé, et que le dommage subi par elle du fait de l'inobservation de ce délai correspond à ce qui lui aurait été accordé par le juge. Cette preuve peut être considérée comme rapportée quand, dans le procès en dommages-intérêts, les faits qui auraient été déterminants pour la solution de l'action périmée ont été établis de telle sorte que l'idée s'impose impérieusement que cette action aurait été admise. Dans les procès en dommages-intérêts de ce genre, il est admis couramment, tant par la jurisprudence française que par la jurisprudence allemande, qu'il faut examiner les chances de succès qu'avait le procès qui aurait dû être intenté. » (consid. 2 p. 366)
« Les demandeurs ont déclaré, lors du procès en responsabilité, qu'on ne pouvait pas savoir avec certitude quel aurait été le résultat de l'action en paternité, si celle-ci avait été jugée sur le fond, ce qui est exact. Mais, contrairement à l'avis du défendeur, cette déclaration ne doit pas être interprétée en leur défaveur : comme on vient de le voir, il suffit, dans l'action en dommages-intérêts, qu'on puisse admettre avec une très grande vraisemblance que les demandeurs auraient obtenu gain de cause dans leur action en paternité » (consid. 2 p. 368).

[17]   ATF 89 I 158, résumé JdT 1964 I 261.

les chances de succès sont notablement moindres que les risques d'échec[18], a procédé à une analyse approfondie de la possibilité d'ordonner une expertise et a conclu que cette question délicate ne pouvait pas être tranchée par avance par la commission chargée de l'assistance judiciaire, mais devait être réservée à l'examen du juge du fond, qui statuait sur la base de toutes les circonstances. La question du sort hypothétique de l'action en paternité, si l'avocat n'avait pas violé ses obligations, doit donc être soumise au juge saisi de l'action en responsabilité, qui devrait déterminer ce qu'aurait fait le tribunal dans l'action en paternité.

23. Dans un arrêt d'octobre 1980, le Tribunal fédéral a examiné une question de prescription qui avait causé la perte des droits du client[19]. Suite à un accident de la circulation, l'avocat avait interrompu la prescription seulement à l'encontre de l'assurance responsabilité civile. La première question à résoudre dans le procès en responsabilité contre l'avocat était de savoir si cette interruption de prescription s'appliquait à l'encontre des personnes responsables seulement à concurrence du montant assuré (CHF 50 000.–) ou sans limite. Alors que la Cour cantonale avait considéré que l'avocat avait correctement interrompu la prescription, le Tribunal fédéral, au terme d'une analyse très approfondie, a conclu que la prescription n'avait pas été interrompue pour la partie du dommage dépassant la somme d'assurance. Le Tribunal fédéral a renvoyé la cause à l'autorité cantonale pour examiner les autres conditions d'une action en responsabilité contre l'avocat.

Cet arrêt montre que, s'agissant de questions de droit, bien que différents tribunaux puissent avoir des vues divergentes, la jurisprudence n'évalue pas les chances de succès du procès manqué par une probabilité en se replaçant à l'époque, mais détermine quelle aurait dû être la solution correcte donnée à la question de droit.

24. Dans un arrêt de mars 2001, le Tribunal fédéral a examiné la question des éléments à prouver par le client pour obtenir gain de cause[20]. Le client était un ancien administrateur d'une société anonyme en faillite, qui avait été amené à accepter une transaction lui imposant de verser un montant de

---

[18] Ce critère, qui tend à une interprétation plutôt extensive de la procédure dénuée de chances de succès (une chance sur quatre, par exemple, apparaît insuffisante à constituer une chance de succès, alors même qu'elle n'apparaîtrait probablement pas négligeable aux yeux du justiciable) pourrait être également utilisé s'agissant de déterminer les chances de succès du procès manqué (dans ce sens voir WALTER Hans Peter, N 16.75) : si ces chances de succès étaient notablement moindres que ces risques d'échec, on considérerait ainsi qu'il n'y a pas de dommage. Demeurerait la question du traitement du procès manqué dont les chances de succès seraient supérieures à ce seuil significatif, mais sans atteindre celui de la vraisemblance prépondérante. De notre point de vue de praticien, cependant, une chance de succès de 10 à 20% n'est pas négligeable et ne devrait pas être considérée comme insignifiante.

[19] ATF 106 II 250.

[20] Arrêt du Tribunal fédéral du 8 mars 2001, non publié, dans la cause 4C.225/2000.

CHF 65 000.– à une créancière cessionnaire des droits de la masse en faillite. Le client reprochait à son avocat de n'avoir pas contesté la collocation de la créance de la cessionnaire. Le Tribunal de district de Zurich, puis le Tribunal supérieur du canton de Zurich avaient rejeté l'action en dommages-intérêts et le Tribunal fédéral a confirmé ce jugement. S'exprimant sur le dommage et le lien de causalité, le Tribunal fédéral a indiqué que des dommages-intérêts ne pouvaient être alloués que si la démarche effectivement omise par l'avocat devait amener au succès avec une vraisemblance prépondérante. Or le client n'avait pas soumis les allégations nécessaires quant à la vraisemblance du succès des démarches procédurales omises (à titre préalable, contestation du refus de colloquer la créance du client, puis à titre principal contestation de la collocation de la créance de la créancière cessionnaire).

25. Dans un arrêt de décembre 2003, le Tribunal fédéral a évoqué la question du pronostic de l'issue d'un recours[21]. Les clients reprochaient à l'avocat de ne pas leur avoir mentionné la possibilité d'un recours contre une décision du juge d'instruction (ordonnant la saisie de papiers valeurs). Le Tribunal de district avait admis l'action en dommages-intérêts (en allouant aux clients le montant correspondant au total de leurs prétentions litigieuses, estimant ainsi, semble-t-il, que le recours aurait été fructueux), mais le Tribunal cantonal fribourgeois l'avait rejetée, considérant que si l'avocat avait certes violé ses obligations, le dommage invoqué n'était pas en lien de causalité avec cette violation, dès lors qu'un recours n'aurait pas amélioré la position des clients. Le Tribunal fédéral a confirmé le jugement, la question de l'issue du recours n'étant pas de son appréciation.

26. Dans un arrêt de novembre 2004, le Tribunal fédéral a examiné la question d'un appel manqué[22]. Par la faute de l'avocat, l'avance de frais n'avait pas été faite dans le délai et l'appel formé contre un jugement de divorce avait été en conséquence déclaré irrecevable. Le client avait réclamé à son avocat une indemnisation de CHF 190 000.– environ. Le Tribunal cantonal de Glaris avait alloué environ CHF 29 000.– au client en rapport avec d'autres fautes de l'avocat (ne pas avoir demandé une réduction de rentes par la voie de la modification du jugement) et un montant de CHF 400.– correspondant aux frais mis à la charge du client dans la procédure engagée en vain pour rétablir la situation (demande en restitution de délai pour l'avance de frais). Le Tribunal cantonal avait considéré que l'appel n'aurait pas abouti à un résultat plus favorable pour le client[23]. Le Tribunal fédéral a confirmé ce jugement, considé-

---

21   Arrêt du Tribunal fédéral du 22 décembre 2003, non publié, dans la cause 4C.248/2003.

22   Arrêt du Tribunal fédéral du 18 novembre 2004, non publié, dans la cause 4C.274/2004.

23   Si le tribunal était convaincu que l'appel était vain, dès lors que le client aurait dû supporter des frais d'appel substantiels dans cette hypothèse de rejet de l'appel, aller au bout de la logique

rant que la charge de la preuve de la causalité hypothétique (un résultat plus favorable à l'issue de l'appel) incombait au client[24].

Le Tribunal fédéral a noté que la doctrine proposait un renversement du fardeau de la preuve lorsque l'avocat n'informe pas son client des risques du procès, mais a laissé cette question ouverte, dès lors que l'avocat avait attiré l'attention de son client sur les risques de l'appel dans le cas d'espèce[25].

Cet arrêt illustre la difficulté pour le client d'obtenir une indemnisation lorsqu'il s'agit d'un appel manqué et que l'avocat a correctement orienté le client sur les risques d'échec. Bien que l'appel ait en principe tout de même une certaine chance de succès, la perte de cette simple possibilité ne fonde pas un droit à réparation.

27. Dans un arrêt de mars 2005, le Tribunal fédéral s'est penché sur une question de causalité hypothétique[26]. Dans le cadre de la signature d'une convention de liquidation du régime matrimonial, le client reprochait à son avocat de ne pas avoir vérifié qu'il était effectivement libéré par la banque créancière des dettes relatives au commerce repris pas son épouse. Le Tribunal cantonal vaudois avait rejeté l'action en dommages-intérêts contre l'avocat et le Tribunal fédéral a confirmé ce jugement. La faute de l'avocat n'était plus contestée, mais le tribunal cantonal avait nié tout lien de causalité naturelle entre l'omission de l'avocat et le dommage subi par le client, au motif que, même si l'avocat avait agi conformément à ses obligations, le client n'aurait pas été libéré des dettes bancaires. Comme il n'apparaissait pas clairement si cette décision reposait sur l'examen des faits concrets ou sur l'expérience générale de la vie, le Tribunal fédéral a examiné la question et est parvenu à la conclusion que rien ne permettait de battre en brèche le scénario hypothétique retenu par le tribunal cantonal.

28. Dans un arrêt d'octobre 2006, le Tribunal fédéral a traité d'un cas de procès mal mené[27]. L'avocat avait intenté une procédure contre un entrepreneur

---

aurait consisté à permettre à l'avocat d'imputer sur le dommage mis à sa charge le montant des frais économisés par le client, c'est-à-dire le montant supplémentaire que le client aurait dû payer (à son avocat, au tribunal et à la partie adverse) si l'appel avait été régulièrement instruit (voir n° 58 ci-dessous).

[24] Le tribunal cantonal avait d'abord considéré que la charge de la preuve incombait en principe à l'avocat (sur la base d'une lecture erronée de l'ATF 127 III 357), mais avait ensuite considéré que, dès lors que le sort de l'appel dépendait de pièces supplémentaires à produire par le client, c'était au client qu'il eût incombé de démontrer l'existence de telles pièces (ce que le client n'avait pas démontré), à défaut de quoi il convenait d'admettre que l'appel eût été vain. Ce mouvement d'aller et retour dans le fardeau de la preuve illustre, nous semble-t-il, la difficulté à appliquer un principe général et la tendance à tenir compte des circonstances du cas d'espèce.

[25] Consid. 2.3 et 2.4.

[26] Arrêt du Tribunal fédéral du 9 mars 2005, non publié, dans la cause 4C.449/2004.

[27] Arrêt du Tribunal fédéral du 12 octobre 2006, non publié, dans la cause 4C.256/2006.

et un ingénieur, à qui le client reprochait d'avoir mal travaillé. La procédure de première instance, dans le cadre de laquelle le client avait ensuite changé d'avocat, avait abouti à un jugement imposant certains frais au client, puis une transaction avait été conclue dans le cadre de la procédure d'appel. Le client avait reproché à l'avocat d'avoir initié la procédure de manière fautive et réclamé un montant de CHF 30 000.– correspondant aux frais judiciaires à sa charge, à l'indemnité de procédure due à la partie adverse, à un tiers des honoraires de l'avocat fautif et à une prise en charge partielle des honoraires du nouvel avocat. Le Tribunal de district et le Tribunal cantonal des Grisons avaient admis la demande dans son intégralité, considérant notamment que si l'avocat avait laissé les parties adverses ouvrir action et avait simplement demandé la réduction de leurs prétentions, le résultat matériel eut été le même, mais que tous les frais auraient été mis à la charge de la partie adverse, de sorte que le montant de CHF 30 000.– n'aurait pas été engagé par les clients. Le Tribunal fédéral a confirmé ce jugement [28].

Cet arrêt n'est donc pas typique de notre problématique, mais il peut l'illustrer par contraste. Il semble plus facile d'établir le dommage concret, sous forme de frais effectivement payés, causé par des démarches superflues de l'avocat, que le dommage virtuel, sous forme de gain manqué, causé par l'omission des démarches nécessaires. Outre que le dommage subi apparaît plus directement perceptible [29], il est également plus facile de déterminer ce qui se serait passé en l'absence des démarches superflues, en fonction du résultat du procès maintenant connu, que de déterminer ce qui serait advenu si le procès manqué avait été instruit, ce pour quoi on ne dispose précisément pas de la base nécessaire.

29. Il apparaît ainsi que la jurisprudence suisse applique le critère de la vraisemblance prépondérante [30] de l'issue du procès. La jurisprudence suisse n'a jamais appliqué la théorie de la perte d'une chance (ni à propos d'un procès manqué, ni de manière plus générale), mais la jurisprudence n'a pas expressément exclu cette théorie : elle l'a jusqu'ici simplement ignorée.

---

[28] Notamment parce l'avocat fautif avait soumis au Tribunal fédéral des griefs de fait irrecevables et n'avait pas expliqué de manière suffisamment motivée en quoi le raisonnement du Tribunal cantonal aurait violé le droit fédéral (consid. 5.3 et 5.4). Le Tribunal fédéral a ainsi eu l'occasion de rappeler quelques principes, mais n'a pas tranché dans cet arrêt de questions qui nous intéressent ici.

[29] Hans Peter Walter confirme que la détermination du dommage constitué de dépenses inutiles ne pose pas de problème (WALTER Hans Peter, N 16.58).

[30] La notion de «vraisemblance prépondérante» (überwiegende Wahrscheinlichkeit) est définie comme suit: «La vraisemblance prépondérante suppose que, d'un point de vue objectif, des motifs importants plaident pour l'exactitude d'une allégation, sans que d'autres possibilités ne revêtent une importance significative ou n'entrent raisonnablement en considération» (ATF 133 III 81, consid. 4.2.2 p. 89).

30. Il n'est pas facile de déterminer de manière plus précise à quoi correspond ce critère de la vraisemblance prépondérante, en particulier à quelle probabilité chiffrée il correspond[31].

Comme le Tribunal fédéral ne revoit pas les faits, il se contente de reprendre les conclusions des tribunaux cantonaux quant aux scénarios hypothétiques admis avec une vraisemblance prépondérante. Les cas dans lesquels le Tribunal fédéral a annulé un jugement cantonal à propos de la probabilité de l'issue du procès manqué s'expliquent par des circonstances particulières[32] et n'infirment pas la règle générale, qui reste que le Tribunal fédéral s'abstient de revoir l'évaluation faite par l'autorité cantonale du scénario hypothétique le plus vraisemblable.

B.   Angleterre

31. Nous passons en revue quelques arrêts rendus en la matière par la Cour d'appel de Londres, pour élargir la casuistique et pour illustrer l'approche adoptée par les tribunaux anglais, différente de la jurisprudence suisse.

32. Dans un arrêt de 1958, la Cour d'appel a examiné notamment la question de l'évaluation du dommage[33]. Par la faute de l'avocat, la cliente avait été privée de la possibilité de faire valoir une prétention de £ 3000.–. Le premier juge avait considéré que son droit perdu avait une valeur de £ 2000.–. La Cour d'appel a confirmé le jugement. Elle a notamment estimé que la question n'était pas de savoir quelle aurait été la décision la plus probable, que la solution n'était pas nécessairement tout ou rien, mais que la cliente avait des droits qui n'étaient pas sans valeur et que cette valeur devait être évaluée par le tribunal même si elle n'était pas facile à déterminer, dans la mesure où sa prétention n'était pas vouée à l'échec.

33. Dans un arrêt de 1968, la Cour d'appel a évoqué l'hypothèse de la responsabilité de l'avocat comme un critère dans la décision de radier une cause

---

31   Fellmann considère que le critère est celui d'une perspective fondée (*begründete Aussicht*) de succès (FELLMANN Walter, «Die Haftung des Anwaltes», p. 189). On pourrait imaginer que ce critère abaisse le seuil de la probabilité par rapport au critère de la vraisemblance prépondérante, mais Michael Kull considère qu'il ne s'agit que d'une formulation différente du même concept (KULL Michael, p. 116).

32   Dans l'affaire du recours manqué contre le rejet de l'action en paternité (n° 22 ci-dessus), le Tribunal fédéral a seulement considéré que la question ne pouvait pas être tranchée par une autorité administrative au stade de la demande d'assistance judiciaire, mais devait être examinée par le juge du fond, et dans l'affaire du procès prescrit contre les responsables d'un accident de la circulation (n° 23 ci-dessus), le Tribunal fédéral a tranché une pure question de droit, à savoir si à un moment donné la prescription était acquise ou non, qui ne constitue qu'un élément dans l'évaluation du scénario hypothétique le plus vraisemblable.

33   Kitchen v Royal Air Forces Association, [1958] 2 All ER 241.

du rôle[34]. La Cour était saisie de plusieurs appels dirigés contre des décisions de radiation de causes que les avocats avaient tardé à faire instruire. En fonction de l'écoulement du temps, les cas ne pouvaient plus faire l'objet d'un procès équitable. La radiation s'opère au détriment du demandeur, mais la Cour a relevé qu'il pouvait se retourner contre son avocat et que le client serait mieux placé dans le procès en responsabilité contre l'avocat que dans le procès au fond contre la partie adverse, en particulier parce que c'est à l'avocat qu'il incomberait de démontrer que les prétentions du client étaient sans valeur[35], preuve qui paraît particulièrement difficile si l'avocat avait conseillé au client d'ouvrir action. La Cour a rejeté deux appels, mais accepté l'appel d'une cliente dont l'avocat était sans moyens et non assuré, en tenant compte également du fait que la partie adverse disposait en principe des éléments nécessaires à l'instruction de la cause.

34. Dans un arrêt de 2001, la Cour d'appel a examiné la question de l'évaluation des chances de succès du procès manqué[36]. La cause des clients contre leur partie adverse ayant été radiée, les clients avaient ouvert action contre leurs avocats. Les clients auraient pu obtenir de la partie adverse un montant de £ 840 000.–. Le juge de première instance avait considéré que les clients n'avaient pas prouvé l'issue du procès et leur avait attribué un montant négligeable. La Cour d'appel a annulé ce jugement et alloué aux clients un montant de £ 250 000.–, en considérant qu'il s'agissait de la valeur de leurs prétentions, si elles avaient pu être jugées à temps. La Cour d'appel a rappelé qu'il incombait aux avocats de démontrer que les prétentions des clients étaient sans valeur et qu'une éventuelle difficulté dans l'évaluation de la valeur de ces prétentions devait être tranchée au détriment de l'avocat et non au détriment du client[37]. La Cour d'appel a considéré que le juge de première instance avait eu tort de vouloir trancher les questions qui auraient fait l'objet du procès manqué: dès lors que la cause avait été radiée parce qu'un procès équitable n'était plus possible, cet exercice était vain. La Cour d'appel a jugé qu'il fallait

---

34 Allen v Sir Alfred McAlpine & Sons, [1968] 1 All ER 543.

35 En application d'un principe découlant d'une ancienne jurisprudence (Armory v Delamirie, 1722, [1558-1774] All ER 121) qui concernait une situation différente, où il s'agissait d'évaluer la valeur d'un diamant que le commerçant refusait de rendre, et où le tribunal avait jugé qu'il fallait alors présumer le degré le plus pur du diamant. S'il est vrai que l'avocat empêche par sa faute le procès de se dérouler et de faire établir ainsi par jugement la valeur des droits du client, comme le commerçant empêchait l'évaluation du diamant, la situation n'en est pas moins différente, en ce que le commerçant pourrait toujours produire le diamant, alors que l'avocat ne peut plus faire dévoiler l'issue du procès. Nonobstant l'imperfection de l'analogie, le principe semble solidement admis.

36 Sharif v Garrett & Co, [2002] 3 All ER 195.

37 Selon le principe remontant à 1722, voir n. 35 ci-dessus: «The Armory v Delamirie ... principle comes into play in the sense that the court will tend to assess the claimant's prospects generously given that it was the defendant's negligence which has lost him the chance of succeeding in full or fuller measure» (ch. 39 de l'arrêt).

prendre de la hauteur pour évaluer d'une manière globale les chances de succès des prétentions du client.

Dans un tel cas, la jurisprudence suisse aurait probablement abouti à dénier toute réparation aux clients, puisqu'ils avaient plus de risques de perdre que de chances de gagner[38].

35. Dans un arrêt de juillet 2004, la Cour d'appel a examiné la question de la prise en considération de circonstances hypothétiques[39]. Le client se plaignait de ce que les mauvais conseils de ses avocats l'avaient privé de la possibilité d'une transaction moins onéreuse que la condamnation prononcée judiciairement. Le juge de première instance avait considéré que le plus probable était qu'une transaction aurait eu lieu et avait fixé les dommages-intérêts en conséquence. La Cour d'appel a noté que ce résultat n'était pas certain, de sorte qu'il fallait tenir compte d'une possibilité, fixée à 20%, que la transaction n'ait pas pu être conclue et a ainsi réduit le montant des dommages-intérêts de 20%.

L'application de la jurisprudence suisse à ce cas n'aurait pas permis cette réduction, puisqu'il restait nettement vraisemblable (80% de chances) que la transaction avantageuse ait pu être conclue.

Cet arrêt illustre la souplesse offerte par la théorie de la perte d'une chance, qui reconnaît la qualité de dommage réparable (pour partie) d'un jugement rendu au terme d'une procédure régulière[40], en d'autres termes qui donne au client la possibilité de se plaindre d'un résultat pourtant juridiquement irréprochable.

36. Dans un autre arrêt de juillet 2004, la Cour d'appel s'est penchée sur les principes applicables à l'évaluation des chances de succès du procès manqué[41]. La cliente avait été privée par la faute de ses avocats de la possibilité de faire valoir une prétention en dommages-intérêts contre ses comptables. Le juge de première instance avait évalué ses chances de succès à 30% et avait alloué des dommages-intérêts à la cliente sur cette base. La Cour d'appel (saisie par les avocats) a confirmé qu'il ne s'agissait pas de déterminer l'issue hypothétique du procès au fond, de sorte que peu importait que ses chances de succès soient moins élevées que ses risques d'échec, mais qu'il s'agissait de procéder

---

38 «In short, there was a substantial risk that the appellants would lose altogether and if they won they were most unlikely to recover the full value of their claim» (ch. 32 de l'arrêt).

39 Maden v Clifford Coppock & Carter, [2005] 2 All ER 43.

40 Les griefs du client ne visaient pas la conduite de la procédure par les avocats, mais seulement les conseils des avocats quant aux risques de la procédure qui avaient dissuadé le client de rechercher une transaction avec plus d'énergie.

41 Patricia Dixon v Clement Jones Solicitors, arrêt non publié du 8 juillet 2004, [2004] EWCA Civ. 1005. Même si cet arrêt n'est (semble-t-il) pas publié, il nous paraît constituer l'exposé le plus clair et le plus complet des principes applicables au procès manqué dans la jurisprudence anglaise actuelle.

à une évaluation des perspectives de ses prétentions litigieuses contre ses comptables. Un juge d'appel a relevé qu'il aurait évalué différemment la probabilité des chances de succès, pour illustrer le fait que si un juge peut avoir une certaine opinion et un autre une autre, il se justifie de ne pas vouloir chercher à déterminer ce qui aurait pu être effectivement le résultat du jugement si le procès avait eu lieu[42].

37. Nous retenons de ce tour d'horizon que la jurisprudence anglaise, qui ne reconnaît pas la perte d'une chance de manière générale, notamment pas dans le domaine médical[43], applique volontiers la théorie de la perte d'une chance en cas de procès manqué. Cette théorie permet d'allouer des dommages-intérêts au client alors même que ses chances de succès dans le procès manqué étaient inférieures à ses risques d'échec[44] et cette théorie peut aussi amener à réduire le montant des dommages-intérêts dus au client pour tenir compte des risques d'échec, quand bien même ses chances de succès dans le procès manqué étaient nettement supérieures à ses risques d'échec[45].

38. Compte tenu du fait que plusieurs arrêts sont récents, cette jurisprudence ne nous semble pas encore suffisamment solidement établie, même si les principes appliqués sont plus anciens. Probablement faudra-t-il attendre encore quelques arrêts en la matière, et peut-être un arrêt de la Chambre des Lords, pour que l'on puisse déterminer de manière plus claire comment le droit anglais applique la théorie de la perte d'une chance dans le cadre du procès manqué.

C.   France[46]

39. Le droit français applique la théorie de la perte d'une chance de manière générale, notamment dans le domaine médical. En droit français, c'est ainsi sur la notion de perte d'une chance que la jurisprudence se fonde pour indemniser le client dont les droits ont été perdus suite à une faute de l'avocat.

40. La perte d'une chance ne peut donner lieu à réparation que si elle est réelle et sérieuse. Cette condition équivaut à exiger que la réalisation de la chance ait été au moins probable et non point une quelconque chimère. Pour vérifier si cette condition est remplie, les juges reconstituent fictivement le procès qui n'a pu avoir lieu pour déterminer les chances de succès de l'action

---

42   ch. 45 de l'arrêt.

43   Gregg v Scott, [2005] 4 All ER 812.

44   Voir n° 34 et n° 36 ci-dessus.

45   Voir n° 32 et n° 35 ci-dessus.

46   Je remercie ma collaboratrice Me Julie Le Bars, avocate au barreau de Paris, pour la préparation de cette partie.

qui n'a pas été exercée. Dans un arrêt de 2001[47], la Cour de cassation a considéré que « ... lorsque le dommage réside dans la perte d'une chance de réussite d'une action en justice, le caractère réel et sérieux de la chance perdue doit s'apprécier au regard de la probabilité de succès de cette action ». Cette appréciation de la chance perdue revient ainsi à exiger des juges qu'ils examinent l'affaire au fond et procèdent à un pronostic rétrospectif des chances de succès du procès, tout en tenant compte néanmoins de l'aléa que comporte la chance.

41.   Une fois qu'elle a été constatée, la perte de chance entraîne, pour celui qui subit la perte, le droit à une indemnisation. A cet égard, il convient d'éviter de confondre l'indemnisation de la chance perdue avec le bénéfice que le client aurait retiré de la survenance de l'événement. C'est ce qu'a jugé la Cour de cassation dans un arrêt de 1998[48]. Dans cette affaire, la Cour d'appel avait accueilli favorablement l'action de la cliente à l'encontre de son avoué et alloué la totalité du montant perdu dans le procès manqué. La Cour de cassation a cassé cet arrêt, au motif que, la chance étant par nature aléatoire, la réparation de la perte d'une chance devait être mesurée à la chance perdue et ne pouvait être égale à l'avantage qu'elle aurait procuré si elle s'était réalisée. L'indemnisation doit donc prendre en compte l'aléa, d'une manière plus ou moins importante, selon les chances de succès qu'avait le client. En d'autres termes, la réparation ne peut être intégrale et l'indemnité ne doit représenter qu'une fraction, plus ou moins importante selon la probabilité, de l'avantage espéré. Si, en effet, la perte de chance était indemnisée à hauteur de la totalité du bénéfice que le client aurait retiré de la survenance de l'événement dont la réalisation a été empêchée, ce n'est alors pas la chance perdue mais la totalité du gain manqué par le client qui serait indemnisée.

42.   Pour être indemnisé au titre de la perte de chance, encore faut-il que le préjudice dont réparation est demandée soit licite. C'est ce qu'a jugé la Cour de cassation dans un arrêt de 2004[49]. Dans cette affaire, la cliente avait attaqué son avocat pour ne pas l'avoir informée du caractère suspensif du recours en cassation en matière de divorce, alors qu'en l'espèce un tel recours lui aurait permis, si elle l'avait exercé, de gagner du temps et de maintenir les mesures provisoires dont elle bénéficiait. La Cour de cassation a cassé l'arrêt de la Cour d'appel qui avait accueilli favorablement la demande. Après avoir considéré que l'avocat ne pouvait être tenu de délivrer une information qui aurait eu pour seule justification de permettre au client d'engager un recours abusivement, à des fins purement dilatoires, elle a jugé que la perte du

---

47   Cass. 1re civ., 4 avril 2001, JCP 2001, II, 10640.

48   Cass. 1re civ., 16 juillet 1998, Bulletin 1998, I, N 260 p. 181

49   Cass. 1re civ., 23 novembre 2004, Bulletin 2004, I, N 281 p. 235

bénéfice d'une procédure abusive ne constituait, en tout état de cause, pas un préjudice indemnisable.

43. S'agissant de la preuve que doit rapporter le client pour obtenir réparation du préjudice qu'il estime avoir subi par la faute de son avocat, la jurisprudence se montre exigeante. Dans un arrêt de 2003[50], la Cour de cassation a confirmé l'arrêt de la Cour d'appel qui avait débouté la cliente de son action contre son ancien avocat qui n'avait transmis que tardivement les pièces de son dossier à son nouvel avocat, ce qui avait entraîné la péremption de l'instance d'appel. La Cour de cassation a rappelé que celui qui reproche à son avocat de n'avoir pas relevé appel d'un jugement alors qu'il en avait été prié, doit établir non pas seulement qu'il a de ce fait perdu la chance de voir la Cour connaître son appel, mais également les chances qu'il avait d'obtenir satisfaction en appel.

44. Il apparaît ainsi que la théorie de la perte d'une chance est clairement consacrée par la jurisprudence française s'agissant de la responsabilité de l'avocat à l'égard de son client. La réparation de ce préjudice contraint toutefois le juge à effectuer une véritable «gymnastique intellectuelle»: faire comme si le jugement éventuellement rendu n'existait pas et rétablir ce qui aurait pu être en l'absence de la faute de l'avocat, pour aboutir à un montant de dommages-intérêts représentant un pourcentage de l'avantage espéré.

IV.   Eléments de réflexion

A.   L'obligation de l'avocat de sauvegarder les droits du client

45. Il existe une distinction traditionnelle entre la responsabilité contractuelle et la responsabilité délictuelle. Il nous paraît justifié que la responsabilité contractuelle puisse avoir une portée différente de la responsabilité délictuelle (plus large ou plus étroite, suivant le contrat et les circonstances). Aux termes du contrat, l'avocat assume envers le client des obligations qui ont pour objet la sauvegarde et la promotion des droits du client. En acceptant son mandat, l'avocat reconnaît nécessairement la valeur des droits qu'il est chargé de sauvegarder. L'avocat sollicite (ou tout au moins accepte) des honoraires pour son mandat, honoraires qui confirment bien que le client attribue de la valeur à ses droits. Cette obligation spécifique de l'avocat peut justifier que l'on doive attribuer une valeur à ces droits, si le client en est privé par la faute de l'avocat.

---

[50]   Cass. 1re civ., 8 juillet 2003, Bulletin 2003, I, N 164 p. 128

B. L'appréciation par l'avocat des chances de succès du procès manqué

46. Avant de défendre les intérêts du client, l'avocat a dû lui exposer les faiblesses et les forces de sa position et a pu préparer des écritures. Quelle importance convient-il de donner, dans l'action en responsabilité, à ces écritures et conseils de l'avocat?

47. La doctrine a proposé que, dans la mesure où l'avocat n'avait pas attiré l'attention du client sur les risques du procès manqué, on présume que le procès manqué aurait été gagné, en fonction simplement de la confiance que l'avocat a suscité chez le client, l'avocat conservant alors la possibilité de renverser cette présomption[51]. Le Tribunal fédéral a évoqué cette thèse et a laissé la question ouverte[52].

Une telle construction nous paraîtrait justifiée, mais sans grande portée. Dans la mesure où cette présomption serait fondée sur la confiance suscitée par l'acceptation du mandat par l'avocat, elle ne s'appliquerait plus dans la mesure où l'avocat aurait informé son client des risques d'échec[53]. Dès lors que l'avocat devrait (en principe et en pratique) toujours attirer l'attention du client sur les risques d'échec, une telle présomption ne s'appliquerait qu'à des cas marginaux[54].

48. Il est possible que l'avocat se soit contenté d'une démarche formelle pour sauvegarder les droits du client (interruption de la prescription, dépôt d'une action avant l'échéance d'un délai de péremption, acte d'appel à former en urgence) sans procéder à une évaluation des chances de succès ou même en attirant l'attention du client sur l'absence de chances de succès sérieuses[55]. Dans un tel cas, il n'y a pas lieu de considérer que l'activité de l'avocat démontrerait

---

51   FELLMANN Walter, *Berner Kommentar*, N 213, «Die Haftung des Anwaltes», p. 189; WALTER Hans Peter, N 16.74. Si l'on admet la possibilité pour l'avocat de démontrer que le procès était voué à l'échec alors même que l'avocat ne l'avait pas annoncé à son client et que l'avocat parvient à faire cette démonstration, le client ne peut certes plus réclamer réparation pour le procès manqué, qui était de toute façon perdu, mais il peut réclamer réparation, le cas échéant, pour les frais engagés en vain dans le procès (FELLMANN Walter, «Die Haftung des Anwaltes», p. 190). L'avocat a en effet violé son obligation d'information en n'attirant pas l'attention du client sur l'échec programmé du procès. Si le client avait été informé correctement, il n'aurait pas engagé le procès et n'aurait donc pas engagé les frais correspondants.

52   Arrêt du Tribunal fédéral du 18 novembre 2004, non publié, dans la cause 4C.274/2004, consid. 2.4, voir n° 26 ci-dessus.

53   FELLMANN Walter, *Berner Kommentar*, N 215, «Die Haftung des Anwaltes», p. 189-190.

54   D'ailleurs, dans l'arrêt du Tribunal fédéral de novembre 2004, l'avocat avait effectivement attiré l'attention du client sur les risques de l'appel.

55   Par exemple, dans l'affaire ayant donné lieu à l'arrêt du Tribunal fédéral de novembre 2004 (n° 26 ci-dessus), l'acte d'appel ne contenait pas encore tous les éléments de fait nécessaires à obtenir l'annulation et l'avocat avait attiré l'attention du client sur le fait que le sort de l'appel dépendait de l'apport par le client de pièces supplémentaires, dont l'avocat n'avait pas connaissance.

que les droits perdus avaient une certaine probabilité de succès, ou une certaine valeur. Le renversement du fardeau de la preuve proposé par la doctrine ne devrait pas s'appliquer dans un tel cas.

49. Il est possible à l'inverse que l'avocat ait rédigé une écriture très complète, détaillant en fait et en droit les raisons pour lesquelles les droits du client seraient fondés. Dans la mesure où les arguments exposés par l'avocat ne sont pas contredits par les conseils communiqués au client, quelle portée conviendrait-il de leur reconnaître dans l'action en responsabilité, pour déterminer la probabilité de succès du procès manqué, la valeur des droits perdus?

50. Objectivement, l'avocat était bien placé pour procéder à une telle évaluation, il devait avoir en mains les éléments nécessaires, de sorte que son appréciation a pratiquement valeur d'expertise. L'appréciation de l'avocat avant le manquement constitue donc une bonne base d'évaluation des chances de succès des prétentions du client.

Peut-être pourrait-on ainsi considérer (de manière plus large que ne le propose la doctrine) que la vraisemblance du succès ou de l'échec du procès devrait se déterminer en premier lieu selon l'évaluation communiquée par l'avocat à son client antérieurement à la violation du contrat, le client conservant la possibilité de prouver que les chances de succès étaient plus élevées et l'avocat conservant la possibilité de prouver que les chances de succès étaient plus faibles.

51. Subjectivement, l'avocat qui se retrouve poursuivi devrait se voir opposer ce qu'il a lui-même affirmé antérieurement, conformément au principe de la confiance. L'avocat ne pourrait pas contredire l'appréciation à laquelle il avait lui-même procédé (qui avait d'ailleurs pu déterminer le client à engager le procès[56]). Peu importe une analyse objective, car il ne s'agit pas, pour juger des conséquences du procès manqué, d'établir une vérité absolue, mais seulement une vérité relative, s'appliquant uniquement dans le cadre des relations entre l'avocat et le client.

L'avocat ne peut en particulier pas se prévaloir de ce que ses propos visaient seulement à faire plaisir au client, à lui laisser une raison d'espérer et n'auraient pas constitué une appréciation sérieuse (si une telle possibilité ne peut certes être exclue dans la réalité, l'avocat ne peut pas lui-même se prévaloir de ce qu'il aurait donné des mauvais conseils). Le client doit pouvoir se fier à ce que lui dit son avocat.

Ainsi, bien que la doctrine propose simplement dans cette hypothèse un renversement du fardeau de la preuve, il me semble que l'on pourrait envisager de poser, dans le procès en responsabilité, une présomption irréfra-

---

[56] Il serait particulièrement choquant de voir l'avocat qui avait encouragé son client à intenter le procès venir affirmer désormais que ce procès était voué à l'échec.

gable, selon laquelle les chances de succès du procès manqué n'étaient pas inférieures à ce que l'avocat avait indiqué au client.

52. En tout état, l'avocat n'est lié par son appréciation que dans la mesure des connaissances qu'il avait au moment d'émettre cette appréciation. L'avocat doit ainsi avoir la possibilité de faire valoir que d'autres éléments, dont il n'avait alors pas connaissance, mais qui auraient été apportés au procès, modifieraient l'évaluation des chances de succès. De même, le client peut venir démontrer que de tels éléments augmentaient ses chances de succès.

C.   Investissements consentis pour reprendre le procès manqué

53. En pratique, il arrive relativement fréquemment qu'une erreur de l'avocat puisse être réparée par une mesure procédurale ou par un recours. Dans la pratique, le réflexe de l'avocat sera donc de tenter de rétablir la situation. S'il y parvient, la question est réglée à la satisfaction de chacun. S'il échoue, l'énergie mise en œuvre en vue du rétablissement de la situation peut constituer un indice de la valeur des droits perdus. Si l'avocat engage par exemple l'équivalent de 20 000 de frais pour rétablir la situation[57], cela démontre que l'avocat considère qu'il vaut la peine d'engager ce montant de 20 000 pour rétablir la situation, en d'autres termes que les droits perdus valent au moins 20 000 (à défaut de quoi il serait économiquement déraisonnable de dépenser un tel montant pour les sauvegarder[58]).

D.   La perte de la possibilité de transiger

54. Outre le gain du procès, il convient également de tenir compte de l'hypothèse d'une transaction. Si l'avocat avait sauvegardé les droits de son client, il est en effet possible que les parties auraient conclu une transaction avant l'issue du procès.

55. La vraisemblance d'une telle hypothèse est pratiquement impossible à quantifier, dès lors qu'elle met en jeu la volonté du client d'une part et de la

---

[57]   Les honoraires (théoriques, l'avocat y renonçant en pratique) pour la préparation et la mise au point du recours, l'émolument judiciaire réclamé par l'instance de recours et l'indemnité allouée à la partie adverse à la charge du client.

[58]   Que les frais soient mis à la charge du client ou supportés par l'avocat ne change rien. Si les frais sont supportés par le client, l'avocat reconnaît bien, en engageant ces frais pour le client, que les droits ont pour le client une valeur supérieure. Si l'avocat les garde à sa charge, il montre ainsi qu'il évalue l'étendue de sa responsabilité potentielle envers le client à un montant supérieur à celui des frais engagés (à défaut de quoi il serait économiquement préférable pour l'avocat de verser au client l'indemnité due plutôt que d'engager des frais supérieurs).

partie adverse d'autre part, ainsi que leur tactique de négociation. Le contenu d'une telle transaction est encore plus impossible à quantifier, en particulier dès lors qu'il dépend autant des forces réelles des parties que de leur perception subjective de leurs forces respectives.

56. Dans la pratique, on sait que les transactions sont fréquentes et il apparaît donc conforme à cette expérience de considérer que, si les droits du client avaient été sauvegardés, une transaction aurait pu être conclue, transaction qui aurait abouti à un compromis, en ce sens que le client aurait obtenu une partie, mais une partie seulement, de ce qu'il réclamait.

57. Dans l'hypothèse de l'application du critère de la vraisemblance prépondérante, cette hypothèse de la conclusion d'une transaction devra être ignorée, puisqu'elle ne paraît pas suffisamment vraisemblable. Dans l'hypothèse cependant de l'application de la théorie de la perte d'une chance, cette hypothèse de la conclusion d'une transaction peut permettre de confirmer le résultat de l'évaluation par des probabilités.

E. Frais épargnés

58. Il convient d'abord de s'assurer que la perte des droits a effectivement causé un préjudice au client. S'il apparaît que le procès était voué à l'échec, l'absence du procès a pu constituer un bénéfice pour le client, en ce qu'elle l'a dispensé des frais liés au procès (honoraires d'avocat, émoluments judiciaires, indemnité à la partie adverse)[59].

59. Convient-il d'imputer sur la valeur des droits perdus le montant des frais que le client aurait dû engager pour obtenir la reconnaissance de ses droits? Il nous semble qu'une réponse positive s'impose: il s'agit de replacer le client dans la situation qui serait la sienne si l'avocat n'avait pas violé son contrat et, dans cette hypothèse, le client aurait dû payer des honoraires à son avocat. Ces dépenses épargnées doivent ainsi être imputées sur le gain manqué[60].

---

[59] Hehli Christine, p. 167 et commentaire éloquent de Keller: «Eine Fristversäumnis kann geradezu ein Segen sein, indem sie dem Säumigen, dessen Begehren ohnehin verworfen worden wäre, weitere Kosten erspart.» (Keller Alfred, p. 467).

[60] Christine Hehli considère qu'une telle solution est injuste (Hehli Christine, pp. 53-54 et p. 170), mais nous ne sommes pas convaincus. Elle note d'une part que le client devrait payer deux fois, puisqu'il doit encore supporter les frais du deuxième avocat mandaté pour le procès en responsabilité contre l'avocat fautif, mais il nous semble que ces frais de mise en œuvre du deuxième avocat constituent un poste du dommage qui pourrait être réclamé à l'avocat fautif. Elle note également que l'avocat fautif serait indirectement récompensé pour sa violation contractuelle, mais il ne nous semble pas que ce soit le cas: l'avocat n'est pas en train d'encaisser les honoraires qui lui auraient été dus s'il avait exécuté ses obligations, mais il impute seulement de tels honoraires sur le montant dû au client, de sorte que l'avocat doit effectivement débourser un certain montant et que le client reçoit un montant qui le place effectivement dans la position qui aurait été la sienne si l'avocat avait exécuté ses obligations.

Cette imputation ne se justifie que pour la part des frais qui n'auraient pas été finalement mis à la charge de la partie adverse (si, par exemple, le juge considérait que les honoraires auraient été de 80 000 et qu'un montant de 50 000 aurait été alloué au client à la charge de la partie adverse en couverture de ses frais d'avocat, c'est un montant de 30 000 qu'il devrait imputer sur la valeur des droits du client).

F. Diversité des questions faisant l'objet de la causalité hypothétique

60. S'agissant de déterminer l'issue la plus vraisemblable du procès manqué, le juge de l'action en responsabilité peut devoir examiner des questions variées, de droit, d'appréciation, de procédure et de fait.

61. Le plus simple est l'examen des questions de droit. Le juge de l'action en responsabilité est en mesure de trancher ces questions comme s'il était lui-même saisi du procès manqué, en général en première instance déjà, en tout cas devant le Tribunal cantonal supérieur, et à nouveau au niveau du Tribunal fédéral. Ainsi, le Tribunal fédéral est parfaitement à l'aise pour déterminer la prescription applicable[61] ou la validité d'une convention séparée non soumise au juge du divorce[62].

62. On peut toutefois imaginer qu'un droit étranger ait été applicable au procès manqué ou que le droit applicable ait été incertain. Certes le juge de l'action en responsabilité doit pouvoir trancher des questions de droit étranger à titre préjudiciel comme dans d'autres affaires, mais le Tribunal fédéral ne peut pas assurer l'exactitude de la solution juridique comme il le fait pour le droit suisse.

63. Des questions relevant du pouvoir d'appréciation du juge peuvent se poser, par exemple quant à l'approbation d'une convention de divorce sans versement d'une rente à l'épouse ou au montant de la rente qui aurait été imposé[63]. Le juge de l'action en responsabilité devrait être en principe en mesure de trancher ces questions comme s'il était lui-même saisi du procès manqué (encore qu'en pratique il ne puisse la plupart du temps pas avoir la même vue d'ensemble que le tribunal qui aurait instruit le procès manqué)[64].

---

[61] Voir n° 23 ci-dessus.

[62] ATF 127 III 357, JdT 2002 I 192.

[63] ATF 127 III 357, JdT 2002 I 192.

[64] Il convient peut-être de faire une exception pour le procès manqué devant une juridiction spécialisée (Tribunal des baux ou Tribunal des prud'hommes), où le juge de l'action en responsabilité, non spécialisé, pourrait être mieux inspiré de tenter un pronostic de ce qu'aurait décidé la juridiction spécialisée (en fonction de la pratique connue) plutôt que de retenir ce que lui-même aurait pu décider.

64. Des questions de procédure peuvent se poser, par exemple la possibilité d'ordonner une expertise[65] ou l'allocation des coûts du procès perdu[66]. Si le juge de l'action en responsabilité siège dans le canton du procès manqué, il devrait pouvoir trancher facilement ces questions de procédure. S'il siège dans un autre canton, l'exercice sera plus difficile. Le Tribunal fédéral n'est guère en mesure de revoir ces questions (si ce n'est pour censurer une appréciation trop catégorique au niveau de l'assistance judiciaire[67]).

65. Des questions de fait qui auraient fait l'objet du procès manqué peuvent se poser, de nature extrêmement variée. Les questions peuvent être plutôt simples (la partie adverse est-elle le père[68], la créance contre la société en faillite était-elle fondée[69]) ou beaucoup plus complexes[70]. Le juge de l'action en responsabilité peut en règle générale élucider ces faits comme l'aurait fait le tribunal chargé du procès manqué. Mais il est aussi possible que l'écoulement du temps rende plus difficile l'établissement des faits. La complexité des faits hypothétiques compromet aussi la précision du pronostic du juge.

66. Des questions de fait hors du champ du procès manqué peuvent également se poser, par exemple l'acceptation par une banque créancière d'une restructuration des dettes du client[71]. Ces questions de causalité hypothétique ne sont certes pas spécifiques au procès manqué et le juge de l'action en responsabilité doit pouvoir s'interroger sur le cours hypothétique des événements, si la violation n'était pas intervenue, y compris sur l'attitude qu'aurait eue alors un tiers.

Mais on touche ici à des éléments très incertains et cette incertitude va peser finalement sur la partie qui a la charge de la preuve. Si l'on laisse ainsi la charge de la preuve au client, il échouera le plus souvent dans sa démonstration de la causalité hypothétique.

67. Il nous semble en définitive que c'est la combinaison des différents éléments qui risque de rendre illusoire l'exercice du pronostic. Au stade où un

---

65   Voir n° 22 ci-dessus.

66   Arrêt du Tribunal fédéral du 11 août 2005, non publié, dans la cause 4C.80/2005. Cet arrêt n'est pas présenté ici, car il concerne essentiellement la question de la faute de l'avocat dans un procès perdu. S'agissant de l'évaluation des coûts du procès perdu devant le Tribunal de district, les avocats n'avaient pas commis d'erreur car, selon la Cour d'appel du canton de Berne, la décision du Tribunal de district quant aux coûts n'était pas justifiée, de sorte que le dommage causé à la cliente ne provenait d'une mauvaise évaluation des ses avocats, mais d'une application erronée des dispositions pertinentes par le Tribunal de district.

67   Voir n° 22 ci-dessus.

68   Voir n° 21 ci-dessus.

69   Voir n° 24 ci-dessus.

70   Les praticiens savent bien que l'issue d'un procès dépend souvent de l'élucidation de nombreuses questions de fait, qu'il s'agisse notamment de l'interprétation d'un contrat ou de la causalité hypothétique...

71   Voir n° 27 ci-dessus.

cas est soumis au Tribunal fédéral, la question se limite souvent à un aspect particulier, parce que les autres aspects n'ont pas été attaqués, ou ne peuvent pas être attaqués (s'agissant de faits) ou n'ont même pas encore été examinés (parce que la question soumise au Tribunal fédéral avait suffi à rejeter l'action en responsabilité). C'est la raison pour laquelle l'examen de la causalité hypothétique pour une question limitée apparaît réaliste.

Mais au stade initial, au moment d'ouvrir action ou de négocier avec l'assureur responsabilité civile, il y a souvent de nombreuses questions à examiner dans le cadre de la causalité hypothétique. Une telle complexité rend plus ardue la détermination du scénario hypothétique le plus vraisemblable (et est à notre sens plus éloignée de la réalité du procès manqué). Une évaluation sommaire des chances de succès, déterminées globalement, nous semblerait plus logique, même si elle est nécessairement approximative, et plus conforme à la nature des droits perdus.

G.   Procès en demande ou en défense

68. Conviendrait-il de faire une différence suivant que, dans le procès manqué, le client était créancier demandeur ou débiteur défendeur? Existe-t-il une différence de nature de la prétention contre l'avocat suivant que le client se retrouve privé d'une prétention, par exemple 1 million, ou qu'il se retrouve à devoir payer un montant, par exemple 1 million, qu'il contestait devoir?

69. Dans le premier cas, le dommage consiste dans le fait qu'un montant n'a pas été encaissé (en principe *lucrum cessans*), tandis que dans le deuxième cas, le dommage consiste dans le fait qu'un montant a dû être décaissé (en principe *damnum emergens*), mais les deux cas ne sont pas toujours aussi clairement délimités[72].

70. Dans le premier cas, celui où le client est privé d'une prétention, le dommage peut apparaître incertain (qu'est-ce qui a été perdu par le client?), tandis que le dommage apparaît clairement établi dans le deuxième cas (le montant que le client doit payer à la partie adverse). La question ne nous semble toutefois pas vraiment différente, s'agissant de replacer le client dans la situation qui serait la sienne si l'avocat avait exécuté ses obligations:

---

72   Dans le premier cas, celui où le client est privé d'une prétention, il est également possible que la prétention consiste en une action récursoire et que le client se retrouve donc à devoir prendre en charge un montant, par exemple 1 million, qu'il considérait devoir être supporté par un autre. La perte du procès en demande peut donc déboucher sur une perte sèche (comme normalement la perte du procès en défense).
Dans le deuxième cas, il est possible que le montant que le client a finalement dû payer ait correspondu à un gain antérieur que le client et sa partie adverse se disputaient et que le client se retrouve à être privé d'un montant, par exemple 1 million, dont le client considérait pouvoir bénéficier seul. La perte du procès en défense peut donc déboucher sur un résultat nul (comme normalement la perte du procès en demande).

– Si l'on applique le critère du résultat vraisemblable du procès manqué, il s'agit de déterminer si le procès aurait abouti à un résultat plus favorable pour le client. Plus favorable peut signifier aussi bien l'encaissement d'un montant supérieur que le paiement d'un montant inférieur, aucune distinction n'étant proposée entre les deux hypothèses.

– Si l'on applique le critère de la perte d'une chance, il s'agit de déterminer la valeur des droits perdus. Aucune distinction ne semble proposée entre la chance de recevoir plus et la chance de payer moins[73].

H. Action en première instance ou en appel

71. Conviendrait-il de faire une différence suivant que l'erreur de l'avocat a entraîné la perte des droits du client avant le jugement de première instance ou au niveau d'un appel?

72. Dans le cas où un jugement de première instance a été rendu et où c'est l'appel qui a été manqué, le jugement de première instance peut constituer tout de même une base d'évaluation des droits du client.

73. Une possibilité extrême consisterait à présumer de manière irréfragable que le jugement de première instance est correct et n'aurait pu qu'être confirmé dans le cadre d'un appel. Une telle présomption ne saurait être admise de manière absolue, puisqu'il existe la possibilité de faire appel et qu'une procédure d'appel aboutit parfois à l'annulation du jugement de première instance.

74. Une possibilité consisterait à utiliser des statistiques pour déterminer la probabilité de succès d'un appel. Dès lors que les statistiques établissent une probabilité, mais ne déterminent pas une vraisemblance suffisante et encore moins une preuve stricte, des statistiques ne pourraient être appliquées que dans l'application de la théorie de la perte d'une chance. Les statistiques pourraient offrir l'avantage de constituer une solution simple, prévisible et facile, mais elles ne constitueraient qu'une solution théorique, qui ne tiendrait pas compte du cas particulier. On ne pourrait envisager d'en faire usage que si d'une part il apparaissait pratiquement impossible d'évaluer les circonstances du cas particulier et si d'autre part on pouvait considérer les statistiques comme suffisamment représentatives des chances de succès du cas particulier. Il nous paraît peu vraisemblable que ces conditions puissent être réunies et l'usage des statistiques ne nous paraît en principe pas approprié.

---

[73] La jurisprudence étrangère semble traiter du cas de procès en défense manqué sans suggérer de particularité liée à cette constellation, voir par exemple n° 35 et n° 41 ci-dessus.

75. On peut considérer que le jugement de première instance constitue au moins un indice de la solution juridique correcte et qu'il appartiendrait dès lors au client de démontrer les motifs concrets qui auraient dû amener l'instance d'appel à annuler le jugement. Il est possible que l'acte d'appel ait déjà été déposé, ou qu'un projet ait été préparé, ou que certains points aient déjà été discutés entre l'avocat et son client, documents qui permettraient de montrer quels griefs avaient été prévus à l'encontre du jugement de première instance[74]. Le client ne peut donc pas ignorer simplement le jugement de première instance et montrer pourquoi il a raison, mais il doit démontrer en quoi le tribunal de première instance a eu tort.

76. Dans le cas d'un appel manqué, il est possible que l'appel ne devait aboutir qu'à l'annulation du jugement de première instance, mais non à une décision au fond, en particulier parce que le tribunal de première instance avait omis de procéder à certaines mesures d'instruction. Dans ce cas, il ne suffit pas de démontrer que l'appel aurait abouti à l'annulation du jugement de première instance, mais il faut encore déterminer quelle aurait été la solution donnée en première instance dans la suite de la procédure. Suivant les cas, on peut considérer que le jugement de première instance existant constitue tout de même une base à prendre en considération et que le client devrait démontrer quels éléments auraient amené le juge de première instance à modifier son appréciation, ou alors l'on considérera que le dossier soumis au tribunal de première instance serait trop différent et qu'il convient d'évaluer la probabilité de succès de l'action en faisant abstraction du jugement effectivement rendu, comme si le procès de première instance avait été manqué.

77. De manière générale, une indemnisation pour un appel manqué ne devrait pas poser de problème particulier si l'on applique la théorie de la perte d'une chance, mais paraît particulièrement difficile si l'on pose l'exigence de la vraisemblance prépondérante[75].

V.   Conclusion

78. S'agissant d'un sujet étroitement circonscrit, nous aurions souhaité pouvoir présenter une analyse claire d'un système cohérent, mais il nous faut rester modeste : nous nous contentons de soumettre quelques éléments de réflexion à propos de la problématique du dommage causé par le procès manqué.

---

[74] Voir n° 49 ci-dessus.

[75] Voir les cas présentés n° 25, n° 26 et n° 43 ci-dessus.

79. La jurisprudence suisse privilégie la solution du pronostic du procès, le juge de l'action en responsabilité étant ainsi chargé de déterminer, avec une vraisemblance prépondérante, l'issue hypothétique du procès manqué. Cette solution est parfaitement conforme avec les principes généraux de la responsabilité, consistant à replacer le lésé dans la situation qui serait la sienne si le contrat avait été correctement exécuté. Cette solution est en outre satisfaisante si le pronostic du procès manqué est suffisamment clair.

80. Lorsque l'issue du procès manqué apparaît moins claire (ce qui nous semble être le plus souvent le cas), la preuve de la causalité hypothétique devenant difficile, l'issue de l'action en responsabilité dépendra de la charge de la preuve.

Laisser au client le fardeau de la preuve de la causalité hypothétique revient à rendre très aléatoire la réparation du procès manqué. La jurisprudence du Tribunal fédéral, très sévère pour l'avocat s'agissant de la violation du contrat et de la faute, nous paraît trop sévère pour le client s'agissant du dommage et de la causalité. Elle aboutit à admettre facilement la responsabilité théorique de l'avocat, tout en refusant d'indemniser le client, au risque de ne satisfaire personne.

Renverser la charge de la preuve de la causalité hypothétique ne serait pas non plus satisfaisant. L'avocat ne parviendrait pas mieux à démontrer l'échec très vraisemblable du procès manqué que le client à en prouver le succès fort probable. Exiger ce genre de preuve nous paraît trop attendre des plaideurs.

81. Tant que les questions sont examinées séparément, l'examen de la causalité hypothétique paraît un exercice raisonnable. Il nous paraît en revanche difficile de vouloir apporter une réponse précise à une combinaison de questions variées concernant le déroulement hypothétique du procès manqué. Une évaluation globale de la situation nous paraîtrait mieux tenir compte de l'incertitude affectant les différents scénarios hypothétiques.

82. Compte tenu du degré d'incertitude lié (le plus souvent) au procès manqué, les jurisprudences française et anglaise nous apparaissent mieux tenir compte des réalités liées à la perte des droits du client :

– Le client considérait que les droits perdus avaient une valeur non négligeable et l'avocat était chargé de protéger ces droits.

– Tant que n'était pas rendu un jugement définitif (le cas échéant d'une instance de recours), les droits du client avaient nécessairement une valeur, auraient pu selon toute vraisemblance faire l'objet d'une transaction avec la partie adverse.

– La théorie de la perte d'une chance permet aussi bien d'allouer au client une quote-part de la valeur des droits perdus en fonction d'une probabilité (limitée) de succès du procès manqué que de réduire le montant alloué au client en fonction d'un risque (limité) d'échec du procès manqué.

– Finalement, la théorie de la perte d'une chance pourrait permettre de favoriser les transactions dans le procès en responsabilité, en rapprochant les positions adverses.

83. Il ne nous semble pas que la jurisprudence suisse exclue catégoriquement la réparation de la perte d'une chance. Il reste donc à voir si cette théorie de la perte d'une chance pourrait être reconnue par la jurisprudence, en particulier dans la problématique du procès manqué, le cas échéant quels en seraient les contours.

84. Probablement faudra-t-il quelques arrêts (alimentés par les arguments contradictoires des avocats) et quelques contributions de doctrine (alimentées par les questions discutées dans la jurisprudence) pour parvenir à dresser un tableau plus clair d'un système relativement cohérent. Rendez-vous à la journée de la responsabilité civile 2016 ?

VI. Bibliographie

Fellmann Walter, «Die Haftung des Anwaltes», in *Schweizerisches Anwaltsrecht*, Bern 1998, pp. 185-218

Fellmann Walter, *Berner Kommentar VI/2/4*, 1992, OR 398

Hehli Christine, *Haftung des Anwalts für fehlerhafte Dienstleistung im schweizerischen und US-amerikanischen Recht*, Basel 1996

Keller Alfred, *Haftpflicht im Privatrecht*, 6ᵉ éd., Bern 2002, Band I

Kull Michael, *Die zivilrechtliche Haftung des Anwalts gegenüber dem Mandanten, der Gegenpartei und Dritten*, Zürich 2000

Schlüchter Fabio, «Haftung aus anwaltlicher Tätigkeit unter Einbezug praktischer Fragen der Haftpflichtversicherung», *PJA* 1997 pp. 1359-1368

Thévenoz Luc, «La perte d'une chance et sa réparation», in *Quelques questions fondamentales du droit de la responsabilité civile : actualités et perspectives*, Fribourg 2002, pp. 237-259

Walter Hans Peter, «Unsorgfältige Führung eines Anwaltsmandats», in *Handbücher für die Anwaltspraxis, V Schaden – Haftung – Versicherung*, Münch / Geiser, Basel 1999, pp. 781-824

Werro Franz, *La responsabilité civile*, Berne 2005

Perte de chance et causalité

Alain Hirsch[*]

Table des matières

Traditionnellement, la causalité juridique ne se divise pas, ne se mesure pas: elle est admise ou rejetée.

Ce principe est aujourd'hui remis en cause. Certains proposent d'admettre l'idée d'une causalité partielle (et donc d'une indemnité proportionnelle à la causalité). D'autres arrivent à un résultat semblable en appliquant de manière élargie la théorie de la perte de chance: c'est alors la notion de dommage (et non pas de causalité) qui est en cause. En droit suisse, on utilise parfois la règle permettant de fixer les dommages-intérêts à un montant inférieur à celui du dommage. Que faut-il en penser?

I. La perte d'une chance aléatoire

La véritable perte de chance correspond à la perte d'un avantage futur éventuel.

---

[*] Avocat, Schellenberg Wittmer; professeur honoraire à l'Université de Genève.

Le cas classique est celui d'un concours (course de cheval, concours de beauté... mais aussi, plus sérieusement, concours pour obtenir un emploi[1], etc.), auquel un concurrent est empêché de participer par la faute d'un tiers (soit un acte illicite, soit la violation d'un contrat). La personne ainsi empêchée ne peut pas prétendre qu'elle aurait gagné le concours: elle peut seulement prétendre qu'elle avait une certaine chance de le gagner. Il en va de même lorsqu'une personne est empêchée de participer à un appel d'offres d'une collectivité publique[2] ou lorsqu'elle est simplement privée de la possibilité de négocier un contrat.

Un autre cas, souvent admis par les tribunaux, est celui du procès perdu par la faute de l'avocat, alors qu'il n'est pas certain que le procès aurait été gagné sans cette faute[3].

On pourrait donner encore bien d'autres exemples[4]. A mon avis, il faut aussi mentionner le cas d'un contrat à long terme, inexécuté par la faute de l'une des parties. Le montant du gain manqué de l'autre partie est toujours évalué de manière très prudente, pour tenir compte des aléas possibles; les tribunaux appliquent ici la notion de perte de chance, même s'ils n'évoquent pas cette notion[5].

---

[1]   Cf., par exemple, l'arrêt du Tribunal de première instance de la Cour de justice des Communautés européennes du 27 octobre 1994 (Affaire T-47/93, Recueil 1994 II, p. 743 ss), p. 759: «Le Tribunal rappelle que, pour qu'une action en indemnité soit fondée, il doit être établi que la partie défenderesse est responsable d'une faute de service qui a causé au requérant un préjudice né et actuel. En l'espèce, le Tribunal considère que, en raison des avis médicaux erronés, le requérant a été privé d'une chance d'être recruté ... Or, la perte d'une chance est susceptible de constituer un préjudice réparable».

[2]   Cf. par exemple la sentence arbitrale CCI rendue en 2003 (affaire n° 10998), résumée au *Journal du droit international* 2006, p. 1408 ss, p. 1412-1413. Cette sentence, rendue en droit italien, se réfère à la jurisprudence et à la doctrine italiennes. Voir aussi le commentaire de Derains Bertrand. p. 1417.

[3]   Cf. Hirsch Laurent, *Le procès manqué*, dans le présent ouvrage. Juridiquement, il faudrait distinguer le procès perdu par le demandeur ou par le défendeur. Si le procès est perdu par le demandeur, celui-ci a perdu une chance aléatoire de le gagner. En revanche, si le procès est perdu par le défendeur, celui-ci subit effectivement un dommage; on peut dire tout au plus qu'il a perdu une «chance» d'éviter un préjudice (cf. ci-dessous II et IV). A mon avis, la question juridique est différente; mais il serait difficilement justifiable de traiter différemment les deux hypothèses, qui sont semblables en fait. Il en va de même dans d'autres cas: par exemple lorsqu'un dépôt de titres est bloqué sans droit: le propriétaire peut perdre une (vraie) chance d'obtenir des plus-values, ou simplement la possibilité de diminuer les moins-values (cf. ci-dessous n. 12).

[4]   Cf. Le Tourneau Philippe, *Droit de la responsabilité et des contrats*, Paris 2004, n°s 1422 à 1424.

[5]   Cf. Paulsson Jan, «The expectation model», in *Evaluation of Damages in International Arbitration*, ICC Institute of World Business Law, Paris 2006, p. 66 Exceptionnellement, les tribunaux évoquent expressément cette notion pour justifier leur décision; cf. la sentence arbitrale CCI 8331, Journal du droit international 1998, p. 1041 ss, citée et commentée par Thévenoz Luc, «La perte d'une chance et sa réparation», in Werro Franz (édit.), *Quelques questions fondamentales du droit de la responsabilité civile: actualités et perspectives*, Berne 2002, p. 241 ss, p. 250-251.

Dans tous ces cas, si l'on admet le principe de la réparation d'une perte de chance, on examine si cette perte de chance (provoquée par la faute d'un tiers) est suffisamment certaine pour pouvoir constituer un dommage, au sens juridique du terme. Il faut ensuite évaluer la valeur de cette perte de chance, c'est-à-dire le montant du dommage, en se demandant quelle était la probabilité que la personne en question gagne le concours, conclue le contrat, etc.; cette évaluation est facilitée, dès lors que la chance perdue avait généralement une valeur économique[6].

Nous ne parlerons plus, ci-dessous, de cette véritable perte d'une chance future aléatoire.

II.   La perte d'une «chance» d'éviter un préjudice

Qu'en est-il lorsqu'une personne perd non pas une véritable chance, mais simplement une possibilité d'éviter un préjudice?

Le cas classique est celui de la faute médicale: le patient n'a pas pu être guéri, mais il n'est pas certain qu'un traitement adéquat aurait permis de le guérir. Une expertise pourrait peut-être dire que, si le traitement avait été adéquat, le patient aurait eu 30% (ou 50%, ou 70%…) de chances de guérir. Ici, il n'y a pas d'aléa dans l'avenir: le patient n'est pas guéri et ne le sera pas. Généralement, l'évaluation de son dommage ne pose pas de problème particulier: il s'agit plutôt d'apprécier le rapport de causalité entre la faute médicale et le dommage subi.

Un problème semblable se pose lorsqu'une personne subit un dommage et qu'elle ne l'aurait probablement pas subi si un tiers lui avait donné des conseils ou des informations exacts, conformément à ses obligations. Ainsi, lorsqu'un médecin néglige d'informer le patient des risques d'une opération ou d'un traitement. Ou, exemple plus étonnant à première vue, lorsqu'une société publie des comptes inexacts, sur la base desquels un tiers lui accorde un crédit[7]. Et bien d'autres exemples pourraient être cités.

Face à cette situation, deux réactions juridiques sont possibles[8]:

---

6   L'existence d'une valeur économique constitue souvent un argument important pour admettre la réparation d'une perte de chance aléatoire. Cf. WERRO Franz, *La responsabilité civile*, Berne 2005, n. 129-131. Cf. aussi, WEIR Tony, "Loss of a Chance – Compensable in Tort? The Common Law", in Guillod Olivier (édit), *Développements récents du droit de la responsabilité civile*, Zurich 1991, p. 122.

7   Cf. n. 12 ci-dessous.

8   Cf. le récent ouvrage collectif de droit comparé: Digest of European Tort Law, Vol. 1, *Essential Cases on Natural Causation*, Winiger-Koziol-Koch-Zimmermann (édit.), Springer Vienne-New York, 2007. Et le précédent ouvrage collectif de droit comparé, *Unification of Tort Law: Causation*, Spier Jaap (édit.), European Center of Tort and Insurance Law, Volume 4, Kluwer Law International, La Haye 2000.

- il s'agit du rapport de causalité : le juge ne peut que l'admettre (en accordant une indemnité correspondant au dommage total) ou le rejeter totalement (ci-dessous III) ;

- le juge doit pouvoir nuancer la solution : soit en appliquant la théorie de la perte de chance (ci-dessous IV), soit en admettant la possibilité d'une causalité partielle (ci-dessous V), soit enfin en diminuant le montant des dommages-intérêts (ci-dessous VII). Ces trois dernières approches conduisent à des résultats semblables ; le raisonnement du juge est même probablement semblable en pratique, même si la base juridique est différente.

III. Causalité : la solution traditionnelle du « tout ou rien »

Traditionnellement, en matière de causalité, le juge doit trancher sans nuance. S'il est convaincu du rapport de causalité, il condamne le responsable à réparer la totalité du dommage. S'il n'en est pas convaincu, c'est-à-dire en cas de doute, il rejette complètement la demande. C'est le principe traditionnel du « tout ou rien » en matière de causalité.

Les partisans de cette solution[9] considèrent que, logiquement, la causalité ne se divise pas. En entrant dans des considérations probabilistes, le juge perdrait sa crédibilité et son prestige : il introduirait le doute là où la certitude doit régner. Pratiquement, l'approche traditionnelle conduirait à des solutions plus prévisibles, donc à une meilleure sécurité juridique ; elle permettrait aussi plus facilement la négociation de transactions extrajudiciaires. Enfin, et c'est à mon avis l'argument le plus important, si la véritable perte de chance (perte d'un avantage futur éventuel) n'a qu'un champ d'application limité, l'admission d'un raisonnement « probabiliste » en matière de causalité pourrait avoir des conséquences profondes dans tous les domaines de la responsabilité civile, contractuelle et extra contractuelle : une telle innovation ne pourrait donc être décidée que par le législateur[10].

Le principe du « tout ou rien » en matière de causalité a été récemment confirmé en Belgique, dans une saga judiciaire[11] qui démontre les faiblesses de cette solution. Une jeune femme avait eu une liaison avec un homme

---

[9] Pour une défense absolue du principe du « tout ou rien » : cf. par exemple WEIR Tony, op. cit., ci-dessus, n. 6, p. 111 ss.

[10] Cf. par exemple Lord HOFFMANN, dans l'arrêt récent de la Chambre des Lords, Gregg v. Scott, *2005 4 All ER 812*, nº 90.

[11] *Jurisprudence de Liège, Mons et Bruxelles*, 2005, p. 1076 ss (avec une note de PÜTZ Audrey et MONTERO Etienne, contenant toutes les références).

violent, qui la menaçait. Elle demanda à la police de prendre des mesures pour la protéger. La police ne prit aucune mesure. Quelques temps après, son ex ami lui jeta sur le visage un bidon de vitriol, provoquant de très graves brûlures. La victime, considérant que son dommage était dû à l'inaction de la police, demanda des dommages-intérêts à l'Etat belge. Dans un arrêt du 27 novembre 1996, la Cour d'appel de Liège considère qu'une intervention de la police aurait peut-être (mais non pas certainement) empêché l'agression. Elle estime que les manquements de la police avaient fait perdre à la victime « une chance de ne pas être agressée » (avec une probabilité de 50%) et condamne l'Etat belge à indemniser la victime à concurrence de 50% de son dommage. Sur pourvoi de l'Etat, la Cour de cassation (19 juin 1998) casse cet arrêt, en estimant qu'il s'agit d'un problème de causalité : comme l'arrêt n'admettait pas une causalité certaine, il était mal fondé. Statuant sur renvoi, la Cour d'appel de Bruxelles (4 janvier 2001) reprend en substance les motifs de la Cour d'appel de Liège ; elle considère cependant que, si la police avait pris des mesures adéquates, l'agression aurait pu être évitée avec une probabilité de 80% et elle condamne donc l'Etat belge à indemniser la victime dans la même proportion. A nouveau, sur pourvoi de l'Etat, la Cour de cassation, en Chambres réunies, casse cet arrêt pour les mêmes motifs (1er avril 2004).

Les motifs de ce dernier arrêt sont brefs ; il est donc intéressant de citer quelques passages des conclusions du ministère public : « Ce qui serait réparable, c'est la perte d'une véritable chance, c'est-à-dire d'une supputation légitime de l'avenir. Ici, le processus est allé jusqu'à son terme et il ne reste plus qu'à résoudre un problème de causalité. Et il n'y a que deux réponses possibles : oui ou non … Si l'on élargit ce raisonnement [i.e. sur la perte de chance], toute incertitude du juge sur le point de savoir si le dommage subi par le demandeur est en relation avec la faute du défendeur, devrait, dans n'importe quel théâtre de responsabilité civile, se traduire par une réparation partielle … L'arrêt attaqué … dénature ainsi le concept de perte de chance ».

Statuant sur renvoi, la Cour d'appel de Mons (10 octobre 2005) abandonne toute référence à la notion d'une perte de chance. Elle considère que la relation de causalité entre l'inaction de la police et le dommage subi par la victime était démontrée : si la police avait agi, l'agresseur aurait été « certainement mis hors d'état de mener jusqu'au bout sa résolution criminelle et n'aurait pas pu commettre l'agression litigieuse au moment et dans les circonstances où il l'a commise, de sorte que le dommage ne serait pas survenu tel qu'il est arrivé ». Elle condamne donc l'Etat belge à réparer la totalité du dommage, et non plus seulement 50% ou 80%. Et l'Etat belge ne s'est pas pourvu en cassation.

Cette affaire montre bien le caractère artificiel de la solution du « tout ou rien », dans les cas où la causalité est seulement partielle. Elle montre aussi qu'une solution nuancée peut conduire à un résultat plus équitable, même parfois en faveur de l'auteur du dommage.

IV. L'application élargie de la notion d'une perte de chance

Ceux qui sont opposés au principe du « tout ou rien » en matière de causalité, mais qui souhaitent ne pas rejeter ce principe traditionnel, considèrent que la perte d'une chance d'éviter un préjudice constitue un dommage spécifique, susceptible d'être évalué.

Cette application élargie de la notion d'une perte de chance est consacrée par la jurisprudence française, non seulement en matière médicale, mais dans bien d'autres domaines, notamment en cas de manquement à une obligation d'information ou de conseil[12].

Les réactions de la doctrine française sont très diverses. Certains auteurs sont clairement opposés à cette jurisprudence[13]. D'autres auteurs proposent de limiter cette jurisprudence aux cas où existait un véritable aléa[14]. Beaucoup d'auteurs expriment des réserves théoriques, sans proposer d'abandonner cette jurisprudence bien établie[15].

L'application élargie de la notion d'une perte de chance n'est guère appliquée par les tribunaux en dehors de la France. En Suisse, cette application élargie est proposée par plusieurs auteurs[16], influencés par la jurisprudence française ; à mon avis, ils pensent que cette théorie, qui porte sur la notion

---

[12] Cf. notamment LE TOURNEAU Philippe, op. cit., ci-dessus n. 4, n° 1425 ss, qui donne de nombreuses références de jurisprudence, par exemple la perte d'une chance de ne pas contracter, d'éviter un sinistre, etc. On peut ajouter le cas d'une saisie (infondée) d'un dépôt de titres pendant une période de baisse boursière : le propriétaire a ainsi perdu une « chance » de limiter ses moins-values (Cass. 2e civ. 29 janvier 2004, *Recueil Dalloz* 2004 p. 926). Ou encore le cas d'un rapport déficient des commissaires aux comptes : la société perd une chance de mettre fin à des détournements (Cour d'appel de Paris, 7 février 1997, *BCNCC* 1997 n° 106) ; un tiers perd une chance d'avoir évité de cautionner la société (Cass. com. 24 septembre 2003, *D. aff.* 2003 AI p. 2568).

[13] Ainsi notamment SAVATIER René, « Une faute peut-elle engendrer la responsabilité d'un dommage sans l'avoir causé ? », *Dalloz* 1970, p. 123.

[14] CHABAS François, « La perte d'une chance en droit français », in Olivier Guillod (édit.), op. cit., ci-dessus n. 6, p. 133-139. Cette proposition est critiquée par JOURDAIN Patrice, *Revue trimestrielle de droit civil*, 1992, p. 109.

[15] VINEY Geneviève et JOURDAIN Patrice, *Les conditions de la responsabilité*, 3e éd. 2006, n°s 278-284 et 369-373. Cf. aussi le remarquable article de DUBUISSON Bernard, en droit belge, « La théorie de la perte d'une chance en question : le droit contre l'aléa ? », à paraître en automne 2007 dans le *Journal des Tribunaux* (Bruxelles). En outre, cf. ci-dessous VI.

[16] KADNER Thomas, *La perte d'une chance en droit privé européen*, dans le présent ouvrage, avec toutes les références ; ce remarquable exposé m'a incité à écrire la présente contribution. MULLER Christoph, *La perte d'une chance*, Berne 2002, notamment p. 188-191 (analysant la doctrine suisse) et surtout p. 233-251 (et MULLER Christoph, « La perte de chance », in FOËX Bénédict et WERRO Franz (édit.), *La réforme du droit de la responsabilité civile*, Zurich 2004, p. 175 ss). De même, THÉVENOZ Luc, op. cit., ci-dessus n. 5, notamment p. 254-255 : « Il est vain de se focaliser, comme le font la plupart des auteurs, sur le problème de la causalité ». GUILLOD Olivier, op. cit., ci-dessus n. 6.

très souple de dommage, est plus facile à accepter qu'une théorie modifiant la notion traditionnelle de causalité. En particulier, Christoph Muller développe les raisons pour lesquelles la théorie de la perte de chance devrait être préférée à la théorie de la causalité partielle, en insistant sur l'expérience française. Selon lui, la théorie de la perte de chance «est la seule voie qui permet une solution dogmatique cohérente».

V. L'indemnité proportionnelle à la causalité (partielle)

Une tendance encore timide, mais qui gagne du terrain, propose de renoncer au principe du «tout ou rien» en matière de causalité. Lorsqu'un rapport de causalité ne peut pas être prouvé avec certitude, le demandeur pourrait prouver que cette causalité avait une certaine probabilité. Si cette probabilité est très faible (par exemple moins de 20%), le juge devrait rejeter la demande; si elle est très élevée (par exemple plus de 80%), le juge pourrait accepter totalement la demande. Mais entre environ 20 et 80%, le juge accorderait une indemnité proportionnelle à la probabilité du rapport de causalité.

Les partisans de cette théorie soutiennent que la théorie traditionnelle du «tout ou rien» n'a qu'une apparence de logique, car en réalité, le rapport de causalité est souvent plus probable que certain. Ils soulignent que la justice ne gagne pas en prestige par des jugements refusant de reconnaître la subtilité des faits. Sur le plan pratique, ils pensent qu'un système tenant compte d'une causalité partielle aboutirait à des jugements plus prévisibles et que les transactions extra judiciaires en seraient plutôt facilitées[17]. Ils considèrent surtout que le système traditionnel du «tout ou rien» aboutit à des résultats injustes, parfois pour le demandeur, souvent pour le défendeur.

Cette théorie a été adoptée pendant quelques années par les tribunaux français[18], mais ceux-ci préfèrent aujourd'hui appliquer la notion élargie de la perte de chance. Elle a été parfois admise par les tribunaux autrichiens[19],

---

[17] Ainsi, favorables à cette théorie pour des raisons économiques: FAURE Michael, «Causal uncertainty …», in Koziol Helmut et Spiers Jaap (édit.), *Liber Amicorum Pierre Widmer, Tort and Insurance Law*, Springer, Vienne-New York, 2003, p. 87. BIERI Laurent, «La responsabilité du mandataire proportionnelle à la causalité: une perspective économique», *ZSR* 2006 I, p. 515 ss.

[18] Ces arrêts ont été vivement critiqués par la doctrine: STARCK Boris, «La pluralité des causes de dommage et la responsabilité civile», *Jurisclasseur périodique*, 1970, n° 2339; CHABAS François, «Bilan de quelques années de jurisprudence en matière de rôle causal», *Dalloz*, 1970, p. 113.

[19] Cf. KOZIOL Helmut, «Schadenersatz für verlorene Chancen», *ZBJV* 2001, p. 889 ss, notamment 909-911. Cet article cite toute la doctrine autrichienne et allemande. Cf. aussi *Essential Cases*, op. cit., ci-dessus n. 8, p. 395-398. Déjà, en droit comparé, HONORÉ A.M., «Causation and Remoteness of Damage», in *International Encyclopedia of Comparative Law, Vol. XI Torts* (TUNC André, édit.), Chapter 7, s. 34 (1969).

notamment en appliquant par analogie la règle prévoyant la diminution des dommages-intérêts en cas de « faute propre » de la victime.

En Suisse, l'avant-projet de loi fédérale sur la révision et l'unification du droit de la responsabilité civile[20] propose d'adopter cette théorie. L'art. 47 de cet avant-projet prévoit : « Une personne n'est tenue à réparation que *dans la mesure où* le fait qui lui est imputable est dans un rapport de causalité juridique avec le dommage ». Le rapport explicatif précise : « Dans le cas où le fait imputable à la personne recherchée ne peut être établi avec certitude, mais que son rôle dans la chaîne causale apparaît suffisamment vraisemblable, la loi donnera expressément au tribunal le pouvoir de fixer l'étendue de la réparation d'après le degré de la vraisemblance. Cela revient à admettre qu'en la matière, la décision du juge ne doit pas forcément conclure à une solution alternative absolue en terme de « tout ou rien », mais elle peut éventuellement aussi conduire à une responsabilité partielle. En fin de compte, la *ratio legis* s'apparente à celle de l'actuel art. 43 al. 1 CO, selon lequel le juge détermine l'étendue de la réparation d'après les circonstances et la gravité de la faute ».

Enfin, cette théorie est proposée dans les « Principes du droit européen de la responsabilité civile » adoptés en 2005 par un groupe de professeurs[21].

VI. Entre la perte de chance et la causalité : l'ambiguïté de la doctrine française

La doctrine française approuve généralement les résultats auxquels aboutit la jurisprudence appliquant la théorie de la perte de chance de manière élargie. Mais elle relève souvent qu'en réalité, cette jurisprudence vise (sans le dire) le rapport de causalité : causalité incertaine, donc causalité partielle.

Ainsi, voici plus de trente ans, Jacques Boré écrivait : « Si la réparation allouée n'est que partielle … c'est parce que la réparation est *pondérée à la mesure du lien de causalité* probable constaté entre la faute et le dommage final … La découverte de la présence irréductible de la loi aléatoire dans le phénomène causal a fait prendre davantage conscience de ce que le juge ne pouvait parvenir en ce domaine qu'à des ‹ certitudes raisonnables › … et elle a conduit ainsi à admettre … que la responsabilité de l'auteur fut quantifiée selon l'influence causale *probable* de celui-ci dans le dommage final »[22].

20 WIDMER Pierre et WESSNER Pierre (Berne, 2000), avec un long rapport explicatif.

21 « European Group on Tort Law », *Principles of European Tort Law*, Vienne-New York, 2005, art. 3:101-3:106. Voir exposé des motifs ad. art. 3:102.

22 BORÉ Jacques, « L'indemnisation pour les chances perdues : une forme d'appréciation quantitative de la causalité d'un fait dommageable », *Jurisclasseur périodique*, 1974 I, 2620, ch. 14 et 46.

Dans sa toute récente et excellente thèse de doctorat consacrée à la causalité, Mme Florence G'sell-Macrez se rallie à la notion élargie de la perte de chance, mais avec une argumentation montrant bien l'ambiguïté de la doctrine française : « Qu'il s'agisse d'établir un lien causal entre des événements physiques ou humains, le juge n'aboutit que rarement à une certitude absolue. Le recours aux probabilités s'avère inéluctable … Dans bien des hypothèses, la ‹ moins mauvaise solution › sera de tenir compte du caractère seulement probable de la causalité pour le répercuter dans le jugement de responsabilité … Vouloir à tout prix maintenir une distinction de principe entre dommage et causalité nous semble illusoire. Dans la responsabilité civile, le recours à l'indemnisation pour *perte d'une chance*, qui permet de traduire le caractère probabiliste du raisonnement causal, doit être consacré et généralisé »[23].

VII. La solution suisse : le montant des dommages-intérêts

En droit suisse, l'art. 43 CO prévoit : « Le juge détermine le mode ainsi que l'étendue de la réparation d'après les circonstances et la gravité de la faute ». Cette disposition légale permet au juge, après avoir admis l'existence d'un rapport de causalité et après avoir établi le montant du dommage, de fixer les dommages-intérêts à un montant inférieur à celui du dommage. La jurisprudence n'utilise cette possibilité qu'avec une grande (trop grande ?) réserve.

Dans notre domaine, c'est en utilisant cette disposition légale que les tribunaux suisses ont parfois fixé le montant des dommages-intérêts proportionnellement à l'importance de la causalité. Ainsi, le fameux arrêt de l'Obergericht zurichois du 17 novembre 1988 concernant un traitement médical tardif d'un cancer. L'Obergericht admet que le patient aurait eu une probabilité de guérison de 60%. Il admet la relation de causalité entre la faute médicale et le dommage, mais fixa l'indemnité à 60% du dommage, en application de l'art. 43 CO[24].

---

23 G'SELL-MACREZ Florence, *Recherches sur la notion de causalité*, thèse Paris I 2005, à paraître (N. 588, 457 et 625). Voir aussi Caroline RUELLAN, « La perte de chance en droit privé », *Revue de la recherche juridique*, 1999, p. 729 ss ; LE TOURNEAU Philippe, op. cit., ci-dessus n. 4, n° 1425. HEERS Mireille, « L'indemnisation de la perte d'une chance », *Gazette du Palais*, 2000, p. 525 ; PORCHY-SIMON Stéphanie, *Jurisclasseur responsabilité civile et assurances*, fascicule 440-20, ch. 63 à 68.

24 SJZ 1989, p. 119. Dans le même sens, STARK Emil W., in Guillod Olivier (édit.), op. cit., ci-dessus n. 6, p. 148-149 ; WIDMER Pierre, op. cit., ci-dessus n. 6, p. 149 ; GUILLOD Olivier, op. cit., ci-dessus n. 6, p. 166 (mais proposant d'adopter plutôt la théorie de la perte d'une chance). BIERI Laurent, op. cit., ci-dessus n. 17.

Le Tribunal fédéral vient de confirmer cette solution, dans un arrêt qui me semble important[25]. A la suite d'un accident, la victime avait subi une incapacité de travail largement imputable à des facteurs neurologiques indépendants de l'accident. L'Obergericht d'Argovie avait néanmoins (étonnamment) admis le rapport de causalité entre l'accident et l'incapacité, mais avait fixé le montant des dommages-intérêts au tiers du dommage, en appliquant l'art. 44 al. 1 CO par analogie (alors que le Tribunal de première instance avait fixé le montant des dommages-intérêts aux deux tiers du dommage). Le Tribunal fédéral confirme cet arrêt, en précisant sa base juridique: «*Art und Grösse des Ersatzes für den eingetretenen Schaden bestimmt der Richter, der hierbei sowohl die Umstände als die Grösse des Verschuldens zu würdigen hat (Art. 43 Abs. 1 OR). Hat der Geschädigte in die schädigende Handlung eingewilligt, oder haben Umstände, für die er einstehen muss, auf die Entstehung oder Verschlimmerung des Schadens eingewirkt oder die Stellung des Ersatzpflichtigen sonst erschwert, so kann der Richter die Ersatzpflicht ermässigen oder gänzlich von ihr entbinden (Art. 44 Abs. 1 OR). Die Anwendungsbereiche von Art. 43 und 44 OR liegen nahe beieinander ... Nach der Rechtsprechung des Bundesgerichts kann der geringen Intensität der Unfallursache im Rahmen der Ersatzbemessung Rechnung getragen werden (BGE 123 III 110 E. 3c S. 115; Brehm, a.a.O., N. 53 f. zu Art. 43 OR). Auf diese Weise kann der Richter, der in einem Grenzfall zugunsten des Geschädigten zwar die Adäquanz bejaht, den Schadenersatz aber herabsetzt, eine ausgewogene Lösung finden. Der Klägerin ist demnach höchstens insofern zu folgen, als sich die Vorinstanz nicht nur auf Art. 44 Abs. 1 OR, sondern auch auf Art. 43 OR hätte stützen sollen*».

VIII. Conclusion

Pour ma part, je pense que la théorie absolue de la causalité, du «tout ou rien», est dépassée. La théorie de la causalité partielle (et de l'indemnité proportionnelle à la causalité) est préférable. D'une part, pour des raisons de principe: en réalité, la causalité n'est souvent pas certaine; d'autre part pour des raisons pratiques: contrairement à ce qui est souvent prétendu, la théorie de la causalité partielle devrait plutôt améliorer la sécurité juridique et encourager des solutions transactionnelles. Cette théorie me paraît logiquement préférable à celle de la perte de chance, qui ne devrait s'appliquer qu'à la perte d'un avantage futur aléatoire. Elle me paraît aussi préférable à la solution «suisse».

25 ATF du 27 février 2007, non publié (affaire 4 C.402/2006), cons 5.1 et 5.4. Il me semble que le Tribunal fédéral, jusqu'ici, n'avait jamais admis l'existence d'un rapport de causalité si l'intensité de ce rapport était inférieure à 50%.

A cet égard, je suis heureux de pouvoir me référer à l'autorité d'André Tunc, qui écrivait il y a plus de quarante ans[26] : « Il eut été probablement plus exact de dire que l'incapacité précise dont souffrait le demandeur était dans un rapport aléatoire de causalité avec la faute du radiographe et de diminuer l'indemnité en tenant compte de cet aléa plus ou moins grand. La solution n'eut sans doute pas été très classique. Mais quand les tribunaux indemnisent la perte d'une chance, ils sont en présence d'une faute dans un rapport certain de causalité avec un dommage aléatoire. Pourquoi, dès lors, ne pourraient-ils accorder une indemnisation quand un dommage certain est dans un rapport aléatoire de causalité avec une faute antérieure ? ».

La doctrine devrait encore examiner, de manière plus détaillée, quelles seraient les conséquences concrètes de la théorie de la causalité partielle, dans tous les domaines de la responsabilité civile, délictuelle et contractuelle, en tenant compte non seulement des cas où la causalité est incertaine, mais également d'autres cas (causalité multiple, force majeure, etc.).

---

26 TUNC André, *Revue trimestrielle de droit civil*, 1963, p. 334-335, commentant un arrêt de la Cour d'appel de Grenoble du 24 octobre 1962 appliquant la théorie élargie de la perte de chance. Une personne avait été blessée au poignet et le médecin n'avait pas diagnostiqué une fracture. Le blessé est devenu invalide. Il n'était pas médicalement certain qu'un diagnostic correct aurait permis un traitement efficace. La Cour de Grenoble avait décidé que l'erreur de diagnostic « a, de façon certaine, privé le blessé d'une chance de guérison, sur laquelle il était normalement en droit de compter ».

Annexe:
L'arrêt du Tribunal fédéral du 13 juin 2007

Cet article était terminé lorsque le Tribunal fédéral a rendu pour la première fois un arrêt sur la théorie de la perte de chance en droit suisse (ATF 133 III 462).

Il s'agissait d'une affaire dans laquelle un malade invoquait la responsabilité du «Réseau hospitalier fribourgeois», dès lors que sa méningite avait été diagnostiquée avec environ six heures de retard. Le Tribunal administratif du canton de Fribourg avait rejeté son action, parce que la causalité naturelle entre l'erreur de diagnostic et le dommage subi par le patient (consécutif à une surdité totale) n'était pas établie «avec une haute vraisemblance». Devant le Tribunal fédéral, le patient critiquait l'arrêt cantonal, notamment parce qu'il avait refusé d'appliquer la théorie de la perte d'une chance.

S'agissant d'une affaire jugée en vertu du droit public cantonal, le Tribunal fédéral ne pouvait admettre le recours qu'en cas d'arbitraire. Il considère que, en l'état de la doctrine et de la jurisprudence, le Tribunal administratif fribourgeois pouvait, sans arbitraire, refuser d'appliquer la théorie de la perte d'une chance. Le soin avec lequel le Tribunal fédéral motive son arrêt peut permettre de penser que, si un tribunal cantonal admettait d'appliquer cette théorie, cela ne serait pas non plus arbitraire. Reste à savoir quelle sera la solution adoptée par le Tribunal fédéral, lorsqu'il aura à se prononcer librement sur ce sujet, en application du droit fédéral.

Nous reproduisons ci-dessous les considérants essentiels de l'arrêt:

4.3 Il n'y a apparemment pas de précédent où la théorie de la perte d'une chance aurait été invoquée devant le Tribunal fédéral. Selon certains auteurs, un jugement zurichois (…) s'en est approché dans un cas de diagnostic tardif d'un cancer (Werro, La responsabilité civile, n. 131, p. 35; Thévenoz, La perte d'une chance et sa réparation, in Quelques questions fondamentales du droit de la responsabilité civile: actualités et perspectives, Colloque du droit de la responsabilité civile 2001, Université de Fribourg, p. 253; cf. également Emil W. Stark, Die «perte d'une chance» im schweizerischen Recht, in Développements récents du droit de la responsabilité civile – Colloque 1991, p. 108). A y regarder de plus près, cette décision n'est toutefois pas vraiment révélatrice d'une tendance en faveur de la théorie de la perte d'une chance. En effet, l'Obergericht a retenu que les chances de survie du patient finalement décédé auraient été de 60% s'il avait été pris en charge correctement. Il en a conclu qu'un lien de causalité naturelle entre le diagnostic tardif et la mort du patient existait avec une vraisemblance prépondérante, appliquant finalement la règle jurisprudentielle habituelle en matière de causalité naturelle. C'est lors de la fixation de l'indemnité que l'Obergericht a tenu compte de chances de succès du traitement limitées à 60% en réduisant les dommages-intérêts de 40% (jugement du 17 novembre 1988, reproduit in ZR 88/1989, n. 66; cf. également arrêt du 30 octobre 1989 du Kassationsgericht, in ZR 88/1989, n. 67).

Les auteurs qui se sont penchés sur la théorie de la perte d'une chance se montrent plutôt favorables à son introduction en droit suisse par la voie prétorienne, notamment par le biais de l'art. 42 al. 2 CO (Brehm, Berner Kommentar, n. 56a ad art. 42 CO; Werro, op. cit., n. 131, p. 35; Christoph Müller, La perte d'une chance, in la réforme du droit de la responsabilité civile, Bâle 2004, p. 175 et La perte d'une chance, thèse Neuchâtel 2002, n. 548 ss, p. 372; Thévenoz, op. cit., p. 254/255; Pierre Engel, Traité des obligations en droit suisse, 2ᵉ éd., p. 479-481).

4.4 Il convient à présent d'examiner si la cour cantonale a fait montre d'arbitraire en refusant d'envisager le dommage invoqué par le demandeur sous l'angle de la perte d'une chance.

4.4.1 En matière d'interprétation et d'application du droit cantonal, y compris du droit fédéral appliqué à titre de droit cantonal supplétif, il ne faut pas confondre arbitraire et violation de la loi. Une violation doit être manifeste et reconnue d'emblée pour être considérée comme arbitraire. Le Tribunal fédéral n'a pas à examiner quelle est l'interprétation correcte que l'autorité cantonale aurait dû donner des dispositions applicables; il doit uniquement se prononcer sur le caractère défendable de l'application ou de l'interprétation du droit cantonal qui a été faite. Il n'y a pas arbitraire du fait qu'une autre solution paraît également concevable, voire même préférable (ATF 132 I 13 consid. 5.1 p. 18; 131 I 217 consid. 2.1 p. 219).

4.4.2 Au préalable, il y a lieu de rappeler les définitions de la causalité naturelle et du dommage en droit suisse de la responsabilité civile, ainsi que les principes applicables à ces notions.

Un fait est la cause naturelle d'un résultat s'il en constitue l'une des conditions sine qua non (ATF 128 III 174 consid. 2b p. 177, 180 consid. 2d p. 184; 122 IV 17 consid. 2c/aa p. 23). En d'autres termes, il existe un lien de causalité naturelle entre deux événements lorsque, sans le premier, le second ne se serait pas produit; il n'est pas nécessaire que l'événement considéré soit la cause unique ou immédiate du résultat (ATF 125 IV 195 consid. 2b p. 197; 119 V 335 consid. 1 p. 337). L'existence d'un lien de causalité naturelle entre le fait générateur de responsabilité et le dommage est une question de fait que le juge doit trancher selon la règle du degré de vraisemblance prépondérante. En pareil cas, l'allégement de la preuve se justifie par le fait que, en raison de la nature même de l'affaire, une preuve stricte n'est pas possible ou ne peut être raisonnablement exigée de celui qui en supporte le fardeau (ATF 133 III 81 consid. 4.2.2 p. 88; 132 III 715 consid. 3.1 p. 720; 130 III 321 consid. 3.2 p. 324 et les références).

Pour sa part, le dommage se définit comme la diminution involontaire de la fortune nette; il correspond à la différence entre le montant actuel du patrimoine du lésé et le montant que ce même patrimoine aurait si l'événement dommageable ne s'était pas produit (ATF 132 III 359 consid. 4 p. 366; 129 III 331 consid. 2.1 p. 332 ; 128 III 22 consid. 2e/aa p. 26 ; 127 III 73 consid. 4a p. 76). Il peut se présenter sous la forme d'une diminution de l'actif, d'une augmentation du passif, d'une non-augmentation de l'actif ou d'une non-diminution du passif (ATF 132 III 359 consid. 4 p. 366 ; 128 III 22 consid. 2e/aa p. 26 ; 127 III 543 consid. 2b p. 546).

A teneur de l'art. 42 al. 2 CO, lorsque le montant exact du dommage ne peut pas être établi, le juge le détermine équitablement en considération du cours ordinaire des choses et des mesures prises par la partie lésée. Cette disposition édicte une règle de preuve de droit fédéral dont le but est de faciliter au lésé l'établissement du dommage. Elle s'applique aussi bien à la preuve de l'existence du dommage qu'à celle de son étendue (ATF 122 III 219 consid. 3a p. 221 et les références). L'art. 42 al. 2 CO allège le fardeau de la preuve, mais ne dispense pas le lésé de fournir au juge, dans la mesure du possible, tous les éléments de fait constituant des indices de l'existence du préjudice et permettant l'évaluation ex aequo et bono du montant du dommage. Les circonstances alléguées par le lésé doivent faire apparaître un dommage comme pratiquement certain ; une simple possibilité ne suffit pas pour allouer des dommages-intérêts. L'exception de l'art. 42 al. 2 CO à la règle du fardeau de la preuve doit être appliquée de manière restrictive (ATF 122 III 219 consid. 3a p. 221 ; cf. également ATF 128 III 271 consid. 2b/aa p. 276/277 ; François Chaix, La fixation du dommage par le juge (art. 42 al. 2 CO), in Le préjudice – une notion en devenir, Zurich 2005, p. 39 ss, n. 22 ; Werro, op. cit., n. 964, p. 245 ; Brehm, op. cit., n. 52 ad art. 42 CO ; Alfred Keller, Haftpflicht im Privatrecht, vol. I, 6e éd., p. 77).

4.4.3 L'application de la théorie de la perte d'une chance revient, en définitive, à admettre la réparation d'un préjudice en fonction de la probabilité – quelle qu'elle soit – que le fait générateur de responsabilité ait causé le dommage. Ainsi, en cas de soins tardifs ou inappropriés, les ayants droit d'un patient décédé qui avait une chance sur quatre de survivre à une maladie grave traitée correctement à temps pourraient prétendre à l'indemnisation de 25% du préjudice lié au décès. Pareille conséquence ne concorde pas avec la conception de la causalité naturelle telle que définie par la jurisprudence. Dans la situation susdécrite, on saurait difficilement retenir que l'acte reproché au médecin est, avec une vraisemblance prépondérante, la cause naturelle de la perte de l'issue favorable, alors qu'il est établi que la maladie aurait de toute façon provoqué le décès du patient dans les trois quarts des cas.

Certes, une manière de contourner cette difficulté consiste à qualifier de dommage réparable la perte de la chance elle-même. L'assimilation d'une chance à un élément d'un patrimoine ne se conçoit toutefois pas aisément. Il ne suffit pas de poser qu'une chance a une valeur économique pour que tel soit le cas. La chance ne se trouve pas dans le patrimoine actuel dès lors qu'elle a été perdue. Mais elle ne figure pas non plus dans le patrimoine hypothétique car, soit elle se serait transformée en un accroissement de fortune, soit elle ne se serait pas réalisée pour des raisons inconnues. Par nature, la chance est provisoire et tend vers sa réalisation : elle se transmuera en un gain ou en rien. Vu son caractère dynamique ou évolutif, la chance n'est pas destinée à rester dans le patrimoine. Or, la théorie de la différence, applicable en droit suisse au calcul du dommage, se fonde sur l'état du patrimoine à deux moments précis; elle ne permet ainsi pas d'appréhender économiquement la chance perdue (Müller, La perte d'une chance, thèse Neuchâtel 2002, p. 250; cf., en droit allemand, Walter Müller-Stoy, Schadenersatz für verlorene Chancen, thèse Freiburg im Breisgau 1973, p. 200).

Le recours à l'art. 42 al. 2 CO préconisé par d'aucuns n'apparaît guère plus convaincant. En effet, la faculté pour le juge, dans certains cas, de retenir l'existence d'un dommage en équité suppose que le préjudice soit pratiquement certain. Or, précisément, en matière de chance perdue, rien n'est sûr et tout se pose en termes de vraisemblance et de probabilité, même inférieure à 50%.

Il résulte de ce qui précède que la réception en droit suisse de la théorie de la perte d'une chance développée notamment par la jurisprudence française est, à tout le moins, problématique. En l'espèce, le Tribunal administratif ne saurait se voir reprocher d'avoir manifestement méconnu les notions juridiques de causalité et de dommage et, partant, d'avoir appliqué le droit cantonal de manière arbitraire. Par conséquent, le recours sera rejeté.

Les causes du dommage: entre incertitudes et évolution

CHRISTINE CHAPPUIS[*]

Table des matières

La causalité, pas plus que les autres conditions de la responsabilité, n'échappe pas à l'évolution que connaît le droit de la responsabilité civile en Suisse comme à l'étranger. En raison de son lien avec la logique et les sciences, elle revêt pourtant les apparences d'une condition objective échappant dans une large mesure à un jugement de valeur. Un fait (comportement ou situation à risque) est la cause d'un dommage ou il ne l'est pas. Si l'on ajoute à cette affirmation incantatoire le principe – qui l'est tout autant – de la réparation intégrale du dommage, les conditions d'un système garantissant la sécurité juridique semblent réunies.

Ce système radical du «tout ou rien» n'est pourtant souhaité par aucun des participants à la Journée de la responsabilité civile 2006, qui tous, à un titre ou à un autre, plaident pour la flexibilité, voire le considèrent comme dépassé. Le droit actuel connaît une souplesse certaine, mais qui concerne essentiellement la fixation de l'indemnité. Disposition sous-employée[1], l'art. 43 al. 1 CO permet certes de tenir compte des circonstances pour déterminer l'étendue de la réparation, alors que les faits dont la victime est responsable peuvent conduire à une réduction de l'indemnité en vertu de l'art. 44 al. 1 CO auquel les tribunaux n'hésitent pas à recourir. Toutefois, les conditions mêmes de la responsabilité prévues par l'art. 41 al. 1 CO ne profitent pas d'une souplesse semblable[2].

---

[*] Professeure à l'Université de Genève.

[1] Voir la contribution d'Alain HIRSCH au présent ouvrage.

[2] La causalité, de même que l'illicéité, existe ou elle n'existe pas. En revanche, le dommage est davantage susceptible de modulations.

Les contributions réunies dans le présent volume et les débats lors du colloque m'incitent à montrer les incertitudes actuelles en matière de causalité plutôt qu'à proposer des solutions définitives.

I. Terminologie

La première incertitude est d'ordre terminologique, voire conceptuel. Les notions développées par la doctrine[3], sur la définition et la portée desquelles ne règne d'ailleurs pas l'unanimité[4], ne sont pas appliquées directement par le Tribunal fédéral, même si une certaine évolution n'est pas à exclure[5]. Avant toute discussion, une clarification des notions utilisées (causalité naturelle, adéquate, dépassée, dépassante, outrepassante, hypothétique, psychologique, alternative, cumulative, partielle, proportionnelle, incertaine, etc.) est indispensable.

II. Causalité naturelle et adéquate

La distinction entre causalité naturelle et adéquate chère aux juristes suisses (et allemands), mais dont se passent les Principes de droit européen de la responsabilité civile (PETL)[6] et d'autres systèmes juridiques[7], conduit à des difficultés connues de délimitations. Touchant notamment à la preuve et, partant, au pouvoir d'examen du Tribunal fédéral saisi d'un recours, elle est d'une importance pratique indéniable.

---

3   Voir la contribution de Thomas PROBST au présent ouvrage.

4   On se demande ainsi si la notion de causalité hypothétique correspond à celle de causalité dépassée (WERRO Franz, La responsabilité civile, Berne 2005, N 183) ou dépassante (BREHM Roland, Berner Kommentar ad Art. 41-61 OR, 3ᵉ éd., Berne 2006, CO 41 N 149, distingue les notions; HONSELL Heinrich, Schweizerisches Haftpflichtrecht, 4ᵉ éd., Zurich, Bâle, Genève 2005, § 3 N 50, ne les distingue pas) et si elle intervient au stade des conditions de la responsabilité ou seulement lors du calcul du dommage (BREHM, CO 41 N 149a ss; SCHWENZER Ingeborg, Schweizerisches Obligationenrecht, Allgemeiner Teil, 4ᵉ éd., Berne 2006, N 21.05, calcul du dommage). Sur la causalité dépassée et dépassante, voir la contribution de Thomas PROBST au présent ouvrage, III.B et H. Quant à la jurisprudence, elle conçoit en principe la notion de causalité hypothétique de manière plus étroite comme le lien existant entre une omission et un dommage (ATF 133 III 715 c. 2.3-2.4). Sur les difficultés terminologiques, voir aussi, CHAPPUIS Benoît, Le moment du dommage, Analyse du rôle du temps dans la détermination et la réparation du dommage, Zurich et al. 2007, N 251 ss, 254.

5   Voir la contribution de Florence AUBRY GIRARDIN au présent ouvrage, I. et II.

6   EUROPEAN GROUP ON TORT LAW, Principles of European Tort Law, Text and Commentary, Vienne 2005, art. 3:101 à 3:201.

7   ZIMMERMANN Rolf, in Digest of European Tort Law, B. Winiger, H. Koziol, B. A. Koch, R. Zimmermann (édit.), vol. 1, Essential Cases on Natural Causation, Vienne 2007, 1/29 N 4.

Absence de consentement du patient

La difficulté de distinguer les deux aspects de la causalité est particulière-ment frappante en matière médicale. Ainsi, lorsque le juge examine la rela-tion de causalité entre l'absence de consentement éclairé du patient et le dom-mage subi par celui-ci, il ne distingue pas clairement ces deux aspects[8]. En réalité, la condition de causalité entre l'acte du médecin et le dommage n'est pas réellement exigée, puisqu'il suffit que le médecin n'ait pas correctement informé le patient pour répondre d'un acte médical même accompli dans les règles de l'art. La portée de la distinction entre causalité naturelle et adéquate est ainsi singulièrement restreinte lorsqu'il s'agit d'établir un lien entre le dé-faut d'information et l'intervention du médecin, puis entre l'intervention du médecin et le dommage.

Omission

De manière plus générale, la distinction doit être fortement relativisée dans l'appréciation de la relation de causalité entre une omission[9] et un dommage. En effet, le juge doit souvent raisonner de manière probabiliste et sur la base de l'expérience générale de la vie au stade de la causalité naturelle déjà, pour décider si l'acte omis – médical ou autre – aurait empêché la survenance du dommage. Il doit construire un enchaînement hypothétique de causalité en partant d'une omission, au lieu d'examiner le déroulement effectif des faits.

Responsabilité des administrateurs

C'est souvent une omission qui est reprochée aux administrateurs (défaut d'organisation, dépôt tardif du bilan, non paiement des cotisations sociales[10], indications trompeuses et incomplètes dans un prospectus d'émission[11]), ce qui explique peut-être la confusion entre la causalité naturelle et la causalité adéquate observée dans un certain nombre de décisions[12]. Henry PETER si-gnale un double danger : le risque, d'une part, que la causalité ne devienne le *talon d'Achille* de l'action en responsabilité contre les administrateurs par une interprétation trop restrictive de cette notion, d'autre part, que la causalité ne soit admise de manière excessivement généreuse pour la victime[13].

---

8   Voir la contribution de Philippe DUCOR au présent ouvrage, IV.B.

9   Voir les contributions de Thomas PROBST, III.I, et de Philippe DUCOR au présent ouvrage, IV.C. ATF 132 III 715 c. 2.3.

10   Exemples développés par Henry PETER dans sa contribution au présent ouvrage, IV, V.B-C, VI.

11   ATF 132 III 715 (causalité naturelle niée).

12   Confusion signalée par Henry PETER dans sa contribution au présent ouvrage, III.B et n. 21.

13   Cf. la contribution d'Henry PETER au présent ouvrage, VI.C et Conclusion.

Le rôle de l'expert médical

En matière médicale, on observe parfois un glissement de la causalité naturelle, qui seule devrait faire l'objet de l'expertise, vers la causalité adéquate. Tel est le cas lorsque l'expert – peut-être induit en erreur par l'acte de mission ou ne maîtrisant pas les subtilités juridiques de la distinction – se prononce sur des questions relevant en réalité d'une appréciation juridique de l'enchaînement des faits[14].

Le comportement de substitution licite

L'objection du comportement de substitution licite est une figure juridique connue du droit suisse[15], mais son nom savant est emprunté à la doctrine allemande. La question controversée de savoir si cette objection relève de la causalité naturelle ou adéquate n'est pas clairement tranchée par la jurisprudence fédérale, ce qui pose d'épineux problèmes de preuve[16].

La causalité psychologique

Animal non désigné comme tel mais connu du droit suisse (par exemple, art. 50 al. 1 CO), la «causalité psychologique» est un phénomène analysé dans nombre d'ordres juridiques[17]. Sous l'angle dogmatique, elle trouve difficilement sa place entre la causalité naturelle et la causalité adéquate.

Identité ou multiplicité des définitions

L'un des débats actuels porte sur l'absence d'uniformité de la notion de causalité en droit de la responsabilité civile et des assurances sociales. Les deux intervenants qui abordent ce thème, quoiqu'ils divergent sur la manière d'appréhender les lésions cervicales non objectivables, sont d'accord sur la nécessité d'adopter une seule et même définition de la causalité dans les deux domaines du droit[18], ce qui ne correspond toutefois pas à la jurisprudence actuelle du Tribunal fédéral et du Tribunal fédéral des assurances.

---

14   Voir la contribution de Philipe DUCOR au présent ouvrage, III.A et B.

15   Par exemple, art. 55 al. 1 et 56 al. 1 CO *in fine*.

16   Voir la contribution de Franz WERRO au présent ouvrage, I.2.d et III.2, et *infra*, IV.

17   Voir la contribution de Bénédict WINIGER au présent ouvrage. Voir aussi les rapports nationaux et autres (allemand, grec, français, italien, portugais, polonais, etc.) *in* Digest of European Tort Law, B. Winiger, H. Koziol, B. A. Koch, R. Zimmermann (édit.), vol. 1, Essential Cases on Natural Causation, Vienne 2007, 4/2-28.

18   Voir les contributions d'Alexandre GUYAZ, V.A, et de Vincent BRULHART, III.B et V, au présent ouvrage.

III. Preuve de la causalité naturelle

Il appartient au lésé de prouver la causalité naturelle, c'est-à-dire de convaincre le juge de ce que le fait incriminé est effectivement la *condictio sine qua* non du dommage par l'apport, en principe, de la preuve stricte de cette condition. Selon la sévérité des exigences de preuve posées par le juge, les prétentions en indemnisation sont plus ou moins facilement admises. La preuve est susceptible de jouer un rôle de régulateur, en quantité et en étendue, des indemnisations accordées par les tribunaux[19].

Allégement du fardeau de la preuve

De manière générale, le Tribunal fédéral admet que le demandeur n'a pas à apporter la preuve stricte d'un fait lorsqu'il existe un « état de nécessité en matière de preuve » (*Beweisnot*)[20]. Tel est le cas lorsque la « preuve stricte n'est pas possible ou ne peut être raisonnablement exigée, en particulier si les faits allégués par la partie qui supporte le fardeau de la preuve ne peuvent être établis qu'indirectement et par des indices »[21]. Le juge se contente alors d'une vraisemblance prépondérante (*überwiegende Wahrscheinlichkeit*) qui « suppose que, d'un point de vue objectif, des motifs importants plaident pour l'exactitude d'une allégation, sans que d'autres possibilités ne revêtent une importance significative ou n'entrent raisonnablement en considération »[22]. Quant au degré de preuve requis, la vraisemblance prépondérante se situe à mi-chemin entre la preuve stricte (*strikter Beweis*) et la simple vraisemblance (*Glaubhaftmachung*).

Le Tribunal fédéral admet un tel « état de nécessité en matière de preuve » s'agissant de la causalité hypothétique, *i.e.* la relation de causalité entre une omission et un dommage[23]. Il semble également l'admettre de manière plus générale en matière de causalité naturelle[24]. La partie lésée n'aura donc pas à apporter la preuve stricte que le fait incriminé est la *condictio sine qua non* du dommage, mais pourra se contenter d'établir la relation de causalité naturelle avec une vraisemblance prépondérante. A noter que l'avant-projet de révision du droit de la responsabilité civile, prenant acte de la jurisprudence[25], retient

---

19 L'avant-projet de révision du droit de la responsabilité civile reconnaît l'importance de la question à l'art. 56d.

20 ATF 133 III 81 c. 4.2.2 ; 132 III 715 c. 3.2.1 ; 130 III 321 c. 3.2.

21 ATF 133 III 81 c. 4.2.2 p. 88.

22 ATF 133 III 81 c. 4.2.2 p. 89.

23 ATF 133 III 81 c. 4.2.2 p. 88.

24 ATF 132 III 715 c. 3.2.1 p. 720.

25 Voir, Révision et unification du droit de la responsabilité civile, Rapport explicatif, p. 241 ss.

le critère de la «vraisemblance convaincante»; il habilite en outre le juge «à fixer l'étendue de la réparation d'après le degré de la vraisemblance» (art. 56d al. 2).

Renversement du fardeau de la preuve?

La thèse du renversement du fardeau de la preuve soutenue par une partie de la doctrine et invoquée par les parties lésées dans une action en responsabilité pour un prospectus d'émission (art. 752 CO) n'a pas été retenue par le Tribunal fédéral[26]. Le fardeau de la preuve de la causalité naturelle est certes allégé dans le sens de la vraisemblance prépondérante, mais non renversé au profit de la partie lésée par la jurisprudence.

Comportement de substitution licite

Franz Werro relève certaines contradictions de la jurisprudence quant à la répartition du fardeau de la preuve de la causalité lorsque l'objection du comportement de substitution licite est soulevée. Il propose de les résoudre au moyen d'une présomption de causalité lorsque telle est la solution légale (par exemple, aux art. 55 al. 1, 56 al. 1 et 103 al. 2 CO), d'une présomption de l'homme dans certains autres cas, ainsi lorsque le manquement et le dommage sont clairement établis[27].

IV. Et la perte d'une chance?

La théorie de la perte d'une chance, développée en droit comparé par Thomas Kadner, a été abondamment discutée, trouvant la faveur de la plupart des intervenants[28]. S'agit-il d'une manière d'éluder la causalité lorsque celle-ci est incertaine ou d'une nouvelle méthode de calcul du dommage, celui-ci consistant dans la perte d'une chance (d'améliorer sa situation juridique ou d'éviter la péjoration de celle-ci)? La question est fondamentale, notamment pour la responsabilité du médecin ou de l'avocat. La réponse est en construction.

Après un examen des arguments pour et contre l'indemnisation des chances perdues, Thomas Kadner propose une réponse nuancée fondée sur la différence entre la responsabilité contractuelle et délictuelle. Lorsque l'objet d'un contrat consiste précisément à sauvegarder les chances de l'autre partie,

---

[26] ATF 132 III 715 c. 3.2.2.

[27] Voir la contribution de Franz Werro au présent ouvrage, I.3 et III.2.

[28] Outre la contribution de Thomas Kadner, voir celles d'Alain Hirsch, de Laurent Hirsch et de Philippe Ducor, V, au présent ouvrage.

il s'agirait d'un problème de calcul du dommage. En matière délictuelle, les chances perdues, appréciées en fonction du bien juridique protégé, seraient qualifiées comme une question de causalité. Quelle que soit la méthode retenue, la théorie de la perte d'une chance permet de sortir du système drastique du « tout ou rien » qui ne satisfait plus.

Dans une affaire récente relative à la responsabilité de l'état pour des médecins[29], le Tribunal fédéral a considéré que l'autorité cantonale n'avait pas manifestement méconnu les notions juridiques de causalité et de dommage en refusant d'appliquer la théorie de la perte d'une chance. Rendue sous l'angle restreint de l'arbitraire, la décision examine pourtant de manière approfondie l'état de la question dans la jurisprudence et la doctrine suisses. Il ne serait sans doute pas non plus arbitraire, de la part d'une cour cantonale, d'appliquer cette théorie, tant il est vrai que la définition des notions de causalité et de dommage sont susceptibles d'évoluer. L'on est d'autant plus curieux de savoir dans quel sens la jurisprudence (cantonale et fédérale) va évoluer.

V.   Autres difficultés

La causalité dans le temps

L'établissement de la causalité peut poser de délicats problèmes lorsqu'un certain temps s'écoule entre le fait incriminé et la survenance d'un dommage, comme le montre l'exemple développé par Henry PETER[30]. Soit une société dans un état de surendettement exigeant le dépôt du bilan (art. 725 al. 2 CO), comment, traiter sous l'angle de la causalité, la situation dans laquelle un redressement – provisoire ou définitif – a lieu ? Partant d'un dommage, jusqu'où peut-on remonter dans le temps pour en trouver une cause ? En raisonnant à l'inverse, on se demandera, à partir de la violation du devoir de déposer le bilan, jusqu'à quel moment des conséquences dommageables peuvent être encore attribuées au non dépôt du bilan. Les mêmes problèmes se posent notamment en relation avec la responsabilité de l'auteur d'un prospectus d'émission (art. 752 CO). Comment apprécier la causalité lorsque la valeur des actions achetées sur la base d'un prospectus trompeur commence par augmenter avant que la faillite de la société ne soit prononcée[31] ?

---

29   Arrêt du Tribunal fédéral 4A.61/2007, du 13 juin 2007 (destiné à publication), partiellement reproduit en annexe à la contribution d'Alain HIRSCH au présent ouvrage.

30   Voir la contribution d'Henry PETER au présent ouvrage, VI.B.

31   Voir l'état de fait de l'ATF 132 III 715 et la contribution d'Henry PETER au présent ouvrage, n. 31 ss.

La question est étroitement liée à celle du dommage. A quel moment dans le temps convient-il de se placer pour déterminer le patrimoine hypothétique sans l'événement dommageable et le patrimoine actuel, dont la différence correspond au dommage[32]? L'on retrouve le problème déjà signalé[33] de savoir si un fait doit être pris en compte au stade de l'établissement du lien de causalité ou à celui du calcul du dommage.

Concours de plusieurs causes au même dommage

Thème abordé en introduction du présent colloque[34], le concours de plusieurs causes au même dommage peut conduire à une responsabilité plurale (art. 50 et 51 CO), voire à un partage de responsabilités partielles. Il s'agira, dans ce domaine également, de rester attentif à l'évolution de la doctrine et de la jurisprudence.

* * *

La condition de causalité – et, en particulier, la causalité naturelle – reste entourée de nombreuses incertitudes[35] comme l'ont montré les débats qui ont eu lieu lors de la quatrième Journée genevoise de responsabilité civile. Ces incertitudes laissent présager une évolution future qu'il conviendra de suivre avec attention.

---

32 Sur ce thème, voir l'étude de CHAPPUIS Benoît, op. cit. n. 4.

33 Voir *supra*, n. 4.

34 Voir la contribution de Thomas PROBST au présent ouvrage, II.E-G. Ce thème a également fait l'objet d'analyses de droit comparé dans le cadre des travaux qui ont conduit à l'élaboration des principes de droit européen de la responsabilité civile: HORTON ROGERS W.V (édit.), Unification of Tort Law: Multiple Tortfeasors, La Haye 2004.

35 Thomas PROBST, dans la conclusion de sa contribution au présent ouvrage, préconise une analyse interdisciplinaire de la causalité faisant appel à des connaissances tant philosophiques que scientifiques.

Liste des ouvrages

Collection Genevoise

Junod, Valérie   2005
Clinical drug trials
Studying the safety and efficacy of new
pharmaceuticals

Kastanas, Elias   1993
**Les origines et le fondement du
contrôle de la constitutionnalité des
lois en Suisse et en Grèce**

Lampert, Frank   2000
**Die Verlustverrechnung von
juristischen Personen im Schweizer
Steuerrecht unter besonderer
Berücksichtigung des DBG und StHG**

Languin, Noëlle/   1994
Liniger, Miranda/Monti, Brigitte/
Roth, Robert/Sardi, Massimo/
Strasser, François Roger
**La libération conditionnelle:
risque ou chance?**
La pratique en 1990 dans les cantons
romands

Languin, Noëlle/Kellerhals, Jean/   2006
Robert, Christian-Nils
L'art de punir
Les représentations sociales d'une ‹juste›
peine

Lempen, Karine   2006
**Le harcèlement sexuel sur le lieu
de travail et la responsabilité civile
de l'employeur**
Le droit suisse à la lumière de la critique
juridique féministe et de l'experience
états-unienne

Manaï, Dominique   1999
**Les droits du patient face à la méde-
cine contemporaine**

Mandofia Berney, Marina   1993
**Vérités de la filiation et procréation
assistée**
Etude des droits suisse et français

Marchand, Sylvain   1994
**Les limites de l'uniformisation
matérielle du droit de la vente
internationale**
Mise en œuvre de la Convention des
Nations Unies du 11 avril 1980 sur la
vente internationale de marchandises
dans le contexte juridique suisse

Martenet, Vincent   1999
**L'autonomie constitutionnelle des
cantons**

Morand, Charles-Albert (éd.)   1991
Les instruments d'action de l'Etat

Morand, Charles-Albert (éd.)   1992
**Droit de l'environnement:
mise en œuvre et coordination**

Morand, Charles-Albert (éd.)   1992
**La légalité: un principe à géométrie
variable**

Morand, Charles-Albert (éd.)   1995
**Aménagement du territoire et
protection de l'environnement:
la simplification des procédures**

Morand, Charles-Albert (éd.)   1996
La pesée globale des intérêts
Droit de l'environnement et de
l'aménagement du territoire

Moreno, Carlos   2002
**Legal Nature and Functions of the
Multimodal Transport Document**

Morin, Ariane   2002
**La responsabilité fondée sur la
confiance**
Etude critique des fondements d'une
innovation controversée

Oberson, Xavier   1991
Les taxes d'orientation
Nature juridique et constitutionnalité

Recueils de textes

(anciennement «Série rouge»)

Auer, Andreas/   2001
Delley, Jean-Daniel/Hottelier,
Michel/Malinverni, Giorgio (éd.)
Aux confins du droit
Essais en l'honneur du
Professeur Charles-Albert Morand

Chappuis, Christine/   2006
Foëx, Bénédict/Thévenoz, Luc (éd.)
Le législateur et le droit privé
Colloque en l'honneur du professeur
Gilles Petitpierre

Dufour, Alfred/Rens, Ivo/   1998
Meyer-Pritzl, Rudolf/
Winiger, Bénédict (éd.)
Pacte, convention, contrat
Mélanges en l'honneur du Professeur
Bruno Schmidlin

Foëx, Bénédict/Hottelier,   2007
Michel/Jeandin, Nicolas (éd.)
Les recours au Tribunal fédéral

Foëx, Bénédict/Thévenoz, Luc (éd.)   2000
Insolvence, désendettement et
redressement
Etudes réunies en l'honneur de Louis
Dallèves, Professeur à l'Université de
Genève

Kellerhals, Jean/   2002
Manaï, Dominique/Roth, Robert (éd.)
Pour un droit pluriel
Etudes offertes au Professeur
Jean-François Perrin

Knapp, Blaise/Oberson, Xavier (éd.)   1997
Problèmes actuels de droit
économique
Mélanges en l'honneur du Professeur
Charles-André Junod

Reymond, Jacques-André   1998
De l'autre côté du miroir
Etudes récentes

Schönle, Herbert   1995
Droit des obligations et droit bancaire
Etudes

Thévenoz, Luc/Reich, Norbert (éd.)   2006
Droit de la consommation/
Konsumentenrecht/Consumer Law
Liber amicorum Bernd Stauder

Ouvrages collectifs
Présence et actualité de la constitution
dans l'ordre juridique
Mélanges offerts à la Société suisse des
juristes pour son congrès 1991
à Genève.   1991

Problèmes actuels de droit fiscal
Mélanges en l'honneur du Professeur
Raoul Oberson   1995

Droit civil

Baddeley, Margareta (éd.)   2007
La protection de la personne par
le droit
Journée de droit civil 2006 en l'honneur
du Professeur Martin Stettler

Démocratie directe

Arx, Nicolas von   2002
Ähnlich, aber anders
Die Volksinitiative in Kalifornien und
in der Schweiz

Droit et Histoire
(anciennement «Droit et Histoire»,
«Les grands jurisconsultes» et
«Grands textes»)

Monnier, Victor 2003
Bonaparte, la Suisse et l'Europe
Colloque européen d'histoire
constitutionnelle pour le bicentenaire
de l'Acte de médiation (1803–2003)

Reiser, Christian M. 1998
Autonomie et démocratie dans les communes genevoises

Schmidlin, Bruno/
Dufour, Alfred (éd.) 1991
Jacques Godefroy (1587–1652) et l'Humanisme juridique à Genève
Actes du colloque Jacques Godefroy

Winiger, Bénédict 1997
La responsabilité aquilienne romaine
Damnum Iniuria Datum

Winiger, Bénédict 2002
La responsabilité aquilienne en droit commun
Damnum Culpa Datum

Droit de la propriété

Foëx, Bénédict/
Hottelier, Michel (éd.) 2007
Servitudes, droit de voisinage, responsabilités du propriétaire immobilier

Hottelier, Michel/
Foëx, Bénédict (éd.) 1999
Les gages immobiliers
Constitution volontaire et réalisation forcée

Hottelier, Michel/
Foëx, Bénédict (éd.) 2001
L'aménagement du territoire
Planification et enjeux

Hottelier, Michel/
Foëx, Bénédict (éd.) 2003
La propriété par étages
Fondements théoriques et questions pratiques

Hottelier, Michel/
Foëx, Bénédict (éd.) 2005
Protection de l'environnement et immobilier
Principes normatifs et pratique jurisprudentielle

Droit administratif

Bellanger, François/
Tanquerel, Thierry (éd.) 2002
Les contrats de prestations

Tanquerel, Thierry /
Bellanger, François (éd.) 2002
L'administration transparente

Droit de la responsabilité

Chappuis, Christine/   *2005*
Winiger, Bénédict (éd.)
Le préjudice
Une notion en devenir
(Journée de la responsabilité civile 2004)

Chappuis, Christine/   *2007*
Winiger, Bénédict (éd.)
Les causes du dommage
(Journée de la responsabilité civile 2006)

Etier, Guillaume   *2006*
Du risque à la faute
Evolution de la responsabilité civile
pour le risque du droit romain au droit
commun